國立中正大學歷史研究所·臺灣研究論叢

# 臺灣經驗㈡──社會文化篇

──────── 宋光宇編

東大圖書公司

國立中央圖書館出版品預行編目資料

臺灣經驗.二,社會文化篇／宋光宇編.
--初版.--臺北市：東大發行：
三民總經銷，民83
　　　面　　　公分.--（國立中正大學
歷史研究所臺灣研究論叢）
ISBN 957-19-1569-6（平裝）

1.臺灣-文化-論文,講詞等

673.24　　　　　　　　　82007556

© 臺灣經驗(二)—社會文化篇

編　者　宋光宇
發行人　劉仲文
著作財　東大圖書股份有限公司
產權人　臺北市復興北路三八六號
發行所　東大圖書股份有限公司
　　　　地　址／臺北市復興北路三八六號
　　　　郵　撥／〇一〇七一七五——〇號
印刷所　東大圖書股份有限公司
總經銷　三民書局股份有限公司
門市部　復北店／臺北市復興北路三八六號
　　　　重南店／臺北市重慶南路一段六十一號
初　版　中華民國八十三年七月

編　號　E 54091

基本定價　柒元伍角陸分

行政院新聞局登記證局版臺業字第〇一九七號

ISBN 957-19-1569-6（平裝）

# 序：臺灣研究的幾個特點

## 許 倬 雲

　　臺灣研究有其自己作的主體的意義，也有其在大格局中的意義：

　　臺灣研究的第一個特點是以整個中國文化作大背景，而發展出臺灣本地的特色。其特點是以臺灣這一個小珠子來看四週圍許多的珠子，四週圍區域的特點都可以反射到中央這顆珠子來，臺灣的歷史也就是以這許多發展形態的重新演過或修正，來發展其特色。例如以土地制度來說，在五千年中國出現過的現象，在臺灣也出現。土地制度本身可以歸納為「人多地少」、「地多人少」兩個原則，如以土地本身作為「所有權」的形態而言，在「人」、「地」分配的比例上的變遷，可以發展出不同的形式；臺灣的土地制度，就是從「人少地多」，慢慢演變成「人多地少」，在這長程的變化中，不同的條件，架構為不同的形態；中華民族的開拓與開展過程，臺灣有其具體而微的再現，反應了整個過程。

　　第二個特點，是從清末，經過日治時代到今天，中國走入了現代的世界與文化。臺灣有中國最早的現代都市設計 —— 臺北市，格局與舊長安城的規劃是不一樣的，臺北市是針對今日的條件而設計的今日都市，其道路、房子的格局、樣式，都是先規劃好的；而臺灣也是亞洲最早農業革命的地區。不論綠色革命正負評估，日本治臺期間為了農業的發展，對化學肥料、現代水利設備、育種、選種等農業推廣，不遺餘力，而這種有意識、有理性的推廣現代的農業革命，臺灣是引導了整個東方世界。

第三個特點是近四十年來，臺灣與大陸分離的情況下，走出了自己的路。這與中國過去走的道路不一樣，也與另一批中國人走的不一樣，這條路走的很艱辛，但也走過了。過去以為臺灣是與大陸平行，或是大陸的延伸，而今臺灣是以其獨特的形象和發展動力，更以與大陸不同的方式和態度的臺灣模式，進入了現代的世界體系。

此外，本人對臺灣研究提出幾點幾個觀望的角度：

一、臺灣遠古以來不僅是亞洲東方大陸地盤的中點，亦是海洋南北通道之據地。近來考古的發現，卑南、十三行遺址，都說明臺灣具有海陸雙重的特性。而有此特性的族羣，除了其文化有自己獨特的特質，以及文化滙同的交流外，臺灣更以自己的情況，不僅為東亞、東北亞研究的重心，更是以環太平洋地帶為著眼研究的範圍。

二、世界化的經濟體系中，有一重要的海上管道，是由非洲到印度、到東南亞、到中國大陸、到日本的區域經濟連繫。在此一地區，我們可以研究臺灣在鄭成功時期，及其政權結束以後，當年大批船隊的去向？因為船隊是鄭成功時期維持臺灣經濟獨立的勢力，而滿清入臺後，大批船隊散到那裏去了？建立了什麼據點？這一部分的研究可以說是重建一個很龐大的國際經濟網中的一環。若能結合東南亞考古、民族、傳說的研究，不僅可以找到線索，明瞭當時的經濟情況，對於此一區域的經濟的全貌，也有相當的貢獻。臺灣在鄭成功時代的經濟研究的重點，不全是以大陸與臺灣政權的對抗，或是忠於明朝與外族的對抗，作為主題，這一段臺灣史，也可以從不同的角度做研究，可以看到新的問題，更能了解事實。

三、日據時代的發展，也有很多需要研究。日據時代臺灣有很獨特發展，在此我們不能一筆勾銷，只把日本人作為佔有者、統治者，而抹殺了中國、日本文化與民俗在臺灣的結合。換言之，我們對此時期的研究，不能只著眼於殖民地的剝削、壓制或是本地同胞對日人的反抗為主

旨，因為這中間日本人與本地同胞共同構架的文化，不少我們值得注意與珍惜的成績。此外，我們更要避免，不能單單研究對日據時代的每一點，來突顯今天對中國大陸政權的不滿，或是以日據時代留下的痕跡與影響，來突顯臺灣是完全孤立於中國之外，而且與中國不一樣的東西。日據時代是一個中、日文化交流結合的年代，不是那一種文化可以單獨變成主流的。

四、戰後的發展：1945年以後，我們曾經歷一段民窮財盡、經濟崩潰的悲慘時候，其中還有令人傷心的二二八事件，而且1945年後，為防止中共之侵略，也有過極權政治下之壓制和恐怖政權，這五十年來有悲有喜，重補這一段，我們要以心平氣和、公正的立場，多方面的去探討，不要片面強調政府的領導功能，或片面抹殺新移民的功勞；以本地同胞攜手合作的外省人的努力、以及大批本省同胞努力的成績，作為這一時期對臺灣發展的過程與特色，當可有多一份的瞭解。

五、四、五十年來，臺灣在思想方面的重整，也經過了一條坎坷的路途，其中對中國文化的回顧與展望、檢討與反省 —— 中國文化究竟遭遇到什麼困難，才會有今日的病苦，來做為殷鑒；同時，臺灣與世界長期的接觸，引進世界各地的文化，其深度、廣度、豐富度，遠不是當年上海、廣州……或五四時代所可以比擬的，也不是1945至1949年之間可以比擬的。這種接受外來的思想，在世想史上，是相當少見的，而由於臺灣不是任何一個國家的殖民地，所以進入的東西，百無禁忌，這一個特點，給思想界百花齊放的空間，甚至將不同時代的外面發展的文化，同時引進臺灣造成了新的辯論，濃縮成平面的對抗，以此作一新的嘗試與新的整合。

以上的幾個層面，應該在不預設立場與結論下做研究，否則將淪為教條與束縛，不是學術研究的態度。

臺灣地小人才多，相對於廣土眾民的中國、以及更廣大的東南亞，

而且整齊集中。由於連繫的方便，彼此的接觸與辯論，可以重建許多理論；舉例言，經濟的發展，是否與強大的中產階級有關，而強大的中產階級，是否與民主化有關？在過去的研究，經濟的發展一定要配合中產階級，而且迅速的發展經濟，更要有強大的領導，甚至堅強的規劃，但臺灣的發展，卻沒有規劃，例如中小企業如「螞蟻雄兵」，無孔不入，也有其強處。以前以為富了，才可以談民主，而近期的看法是富了也不一定對民主有好的幫助，因為金錢與權力互相轉價時，是否對民主的推行有正面意義呢？

理論可以研究，但不可以全盤移植，例如工業化的過程，中南美洲的模式，若套在臺灣身上，也很多需要修正。理論是可以研究的，但套用理論是沒用的，日本、香港、韓國⋯⋯深圳等，每一個皆有其自己的模式，而且每一個擺在一起研究，或與臺灣對比，當可建構更多新的社會發展與經濟發展的互因，以新的假設，印證於學術研究，更可以田野調查的縝密與細緻，探究出更多的真象。

我們研究臺灣史，不要只局限於三、五個主題來當作是焦點的工作，臺灣雖小，但學術研究的天地很大，深盼此會有一個完美的開始，而不是終結，這只是第一屆，將來會有各種不同的主題在此討論，也期望不只在嘉義的中正大學，而是在各處都有同樣的討論會。謝謝各位！

# 臺灣經驗 (二)

## 社會文化篇

# 目 次

# 戰後臺灣經驗中的存在主義思潮

## ——以沙特爲中心

蔣 年 豐

## 一、前 言

　　戰後臺灣經驗之摶成，從思想潮流的端緒來看，應是多元複雜的。在90年代末，面臨世紀之交的今天來反省這個經驗對臺灣思想史之構作具有相當特殊的意義。本文要論析的是以沙特爲主的存在主義在戰後的臺灣經驗中所扮演的角色與蘊藏的義涵。

　　存在主義在本世紀的40年代到60年代末曾經風靡全球，無數的知識份子與年輕人曾在「存在」的氣氛中生活過、思想過、狂熱過。而存在主義之風靡又當以沙特最具感召力。此乃緣於存在主義之表現既是文學的，又是哲學的；故沙特以小說、戲劇與哲學的方式來表達存在主義的思想最爲膾炙人口。我們可以說，很多人之風靡存在主義主要是受到沙特的影響，或說，學術界多少亦是以沙特所說的「存在先於本質」來理解存在主義的。

　　臺灣之流行存在主義始於50年代，一直到70年代初才逐漸退熱；在流行過程中，也是以沙特的思想最受注目。從世界的局勢來看，臺灣之風靡存在主義與歐美、日本之風靡存在主義，和戰後自由世界經濟秩序之重建中，美國帶動日本、日本帶動臺灣的政經生態有著十分密切的關係。

## 二、

存在主義的表現既是文學的， 又是哲學的； 但對大多數風靡者而言，存在主義是透過文學氣氛被他們接受的，哲學體系對他們的誘惑力較小。在臺灣的情況更是如此。在存在主義的流行之下，臺灣有不少作品表達了人之存在的焦灼感、虛無感與荒謬感。其藝術表現有相當可觀之處。但在哲學上能對存在主義的思想給予系統性的闡揚的則不多。也由於這個緣故，以下對存在主義的論析乃先從文學動態入手。

最能反映出存在主義進入臺灣經驗的動態的，是由出身臺大外文系的白先勇、陳若曦、王文興等人在60年代初所創辦的《現代文學》。在第一本專號中，他們介紹卡夫卡的文學，並在該專號的發刊詞上宣稱：

> 我們打算分期有系統地翻譯介紹西方近代藝術學派和潮流、批評和思想，並盡可能選擇其代表作品。我們如此做並不表示我們對外國藝術的偏愛， 僅為依據「他山之石」之進步原則。……我們感於舊有的藝術形式和風格不足以表現我們作為現代人的藝術情感。所以，我們決定試驗， 摸索和創造新的藝術形式和風格（注1）。

我們可以說《現代文學》代表了存在主義真正進入臺灣的心靈，新生代的作家們在文學內容與表達手法上吸取了大量西方存在主義的要素。跟著《現代文學》陸續登場的文學雜誌有《文學季刊》（1966）與《純文學》（1967）。這三個雜誌盛行的時代乃是臺灣文學活動相當活躍的年代。在其中，存在主義的思想即是很重要的文學養分。這裏我們要特別

---

注1　見《現代文學》第一期（1960年，3月）＜發刊詞＞。

討論的是《現代文學》出現的歷史背景到底如何？遠在白先勇、陳若曦與王文興等人創辦《現代文學》之前，他們的老師夏濟安就曾辦過《文學雜誌》(1956)，而這幾位年輕人也曾在上面發表文章。但有人認爲這個雜誌與後來臺灣盛行的存在主義並沒有思想上的關聯（注2）。

　　最能從社會政經結構詳細分析這段文學淵源的是彭瑞金先生的《臺灣新文學運動四十年》。他提到撤退到臺灣的國民政府在50年代透過實施「戒嚴令」，遂行白色恐怖統治，建立嚴厲肅殺的政治格局，尤其在消除《自由中國》等雜音之後，到了60年代，政權逐漸穩固，社會也趨於安定。因而，60年代開始的臺灣，從官方到民間，都逐漸擺脫戰亂、飢餓、流亡的心態，開始認眞生產和建設。這時候的官方並著手進行第三期的四年經濟計劃。由於受教育人口增加，人口往都市集中，在60年代中期，臺灣已經完成以勞力密集、工資低廉，由農業社會轉型爲初級工業社會的準備。臺灣內部雖然日趨穩定，但由於堅持漢賊不兩立，使得在國際上逐漸走向孤立的處境。彭先生對這個時代的氣氛以如下的敍述來刻劃：

　　　　60年代是臺灣經歷驚濤駭浪重回孤立處境的歷程。臺灣在60年代
　　　　的僵硬封閉政策，把偶然開啓的國際門窗，又紛紛關閉了。整體
　　　　而言，60年代的臺灣，還是個燠熱而密閉的空間，不自禁也顯露
　　　　了某種焦燥、鬱悶和徬徨的時代氣息（注3）。

以上對60年代臺灣的描述都十分寫實。就是在這樣的處境之下，臺灣文學從50年代以反共抗俄爲主旨的戰鬥文學，進到60年代的以西洋思潮爲主流的現代文學。彭先生認爲其間的過渡是先由「現代派」的紀弦來開啓

注2　見劉紹銘先生之《小說與戲劇》，臺北：洪範，1986，頁5。
注3　見彭瑞金先生之《臺灣新文學運動四十年》，臺北：自立，1991，頁105。

的。他主張「橫的移植」，對50年代的反共文學給予大膽的挑戰；另外，夏濟安的《文學雜誌》雖然反叛的姿態較不明顯，但基本上也是採行西化的路線。這兩者點燃了反叛文學的火苗；當然他們只是表現了反叛的情緒，並未形成力量，也未能顯示出移植的成果。這個成果要等待《現代文學》的創作羣來完成（注4）。

從《現代文學》的發刊詞來看，這些新生代的文學創作者打算有系統地翻譯介紹西方近代藝術的思潮與表達形式，這種決裂與突破是有感於舊有的藝術形式與風格不足以表現現代人的情感，故只好依據他山之石的進步原則，決定、試驗、摸索、創造新的藝術形式和風格。也是身為《現代文學》社員之一的劉紹銘先生在十多年後則反省說：

> 影響與模倣不同。自己一直不感覺到「存在」問題的重要和緊張，一天突然看到卡繆的《異鄉人》，就連忙引為知己，這是東施效西施，屬於強作愁的模倣。這可說是借了人家的感性當作自己感覺的好例子。可是自己一直就為生存意義所困擾，道德問題所煩惱，一旦看到《異鄉人》，他會叫著說：呀，真是英雄所見略同，我老早就想到這種「解脫」方法，只是沒勇氣說出來而已。……在這種情形之下而走上存在、虛無或超現實主義的作者，與其說是受了外來文學的影響，不如說是中西文化心靈某一些共同點的互相印證更為正確（注5）。

劉先生這樣的反顧在心態上是很平正的。但這個說法卻也掩蓋了很多歷史眞象。我們並不反對說中國作家與西方存在主義相激盪其中包含中西文化心靈的共通處，也不反對說在吸收西方文化裏正可豐富自己的文化

注4　前揭書，頁106。
注5　見注2之書，頁8。

心靈，但我們卻要指出，60年代臺灣的存在主義文學創作者心中懷持的乃是另外的想法。關於這一點，彭先生對《現代文學》的分析是對的，他說：「……從歷史環境背景的條件看，它仍然兼採了『反叛』與『逃避』的雙重屬性，只是《現代文學》找到了另一個更堂皇的口實──師取西方文學長技而已，不再魯莽地用被人爭議的『西化』或『移植』口號。」（注6）彭先生說，雖然白先勇提出好的藉口：「五四以來，社會寫實主義為主流的中國現代小說，凡是成功的作品，都是社會意識，與藝術表現之間，得到一種協調平衡後的產品。」但彭先生還是認為《現代文學》基本上卻「放棄了來自政治、社會、階級解放未盡的文學傳統使命，……在理論上，它接受了歐美現代主義以人為探索、解放對象的反叛，而避免與統治機器的運作發生衝突。」（注7）彭先生這樣的批判非常中肯。的確，50年代之前的臺灣文學與大陸文學的基本方向都是社會寫實的，且敢於和統治機器衝突，而不是像現代主義的文學一味強調自我內在的解放。

　　事實上，彭先生這個論點並非首創，而是《現代文學》大將白先勇在60年代自我醒覺的。他在1967年的《明報月刊》上發表〈流浪的中國人──臺灣小說的放逐主題〉上真摯地剖白：「遷臺的第一代作者內心充滿思鄉情懷，為回憶所束縛而無法行動起來，只好生活在自我瞞騙中」；提到新一代的努力揭發歷史與社會真相，他說：「國府雖然很少干涉這些新進作家，出版檢查的陰影卻常常存在。」之後，他又說：

　　　　還有一點更重要的，就是這些新一代的作者沒有機會接觸到較早時代的作品，因為魯迅、茅盾及其他左翼作家的作品全遭封禁，他們未能承受上一代的文學遺產，找不到可以比擬、模仿、競爭

注6　見注3之書，頁107-108。
注7　前揭書，頁110。

的對象。因此，寫作生涯變成了困苦又孤獨的奮鬥。與「五四」
時代的作家完全相反，這些作家為了避過政府的檢查，處處避免
正面評議當前社會政治的問題，轉向個人內心的探索：他們在臺
的依歸終向問題、與傳統文化隔絕的問題、精神上不安全的感
受、在那小島上禁閉所造成的恐怖感、身為上一代罪孽的人質所
造成的迷惘等。因此不論在事實需要上面，或在本身意識的強烈
驅使下，這些作家只好轉向內在、心靈方面的探索（注8）。

　　由白先勇這段文字看來，無根與放逐乃是大陸來臺第二代作家共同
的存在感。這個存在感即構成他們接受存在主義的最佳媒介。葉石濤先
生在《臺灣文學史綱》中認為整個現代主義文學之把存在主義、意識
流、超現實主義，以至於反小說等現代前衛文學的意識形態和寫作技巧
引進來基本上都是橫的移植。而為什麼他們主張橫的移植呢？葉先生分
析：

　　　這和50年代的文學環境有關。他們大都屬於來臺第二代作家，
　　幼、少年時在大陸度過。……來到這亞熱帶的新天地，他們的生活
　　脫離了一般民眾的日常生活，……他們還沒有充分的時間紮根於
　　這塊土地。他們既不能承繼30年代、40年代的大陸文學，又無法跟
　　這塊新土地結合，只好大量吸收歐美現代文學潮流，在這外來的
　　文學的基礎中建立他們的文學王國，他們正是於梨華曾說的「沒
　　有根的一代」。……他們無法描寫臺灣民眾的現實生活，以及不瞭
　　解此地民眾三百多年被殖民的歷史，又無法深入地透視大陸生活
　　的歷史性轉變，所以在如此的真空狀態中不得不以西方文學來填

---

注8　這段白先勇先生的話語引述自葉石濤先生之《臺灣文學史綱》，臺北：
　　　文學界雜誌社，1987，頁115。

彌。他們不願以這塊新土地為直接描寫的對象，是因為50年代大肅清的陰影籠罩在心頭，而且他們都屬於依附權力機構生存的階層，生活環境限制他們不能摧毀自己生活之根的關係(注9)。

葉先生這段論析非常鞭闢入裏。但葉先生的立論包容性不夠，他太過於堅持臺灣文學的正統應是寫實文學，至於 50 年代的戰鬥文學與 60 年代的現代文學都是臺灣文學的自我迷失。其實仔細研讀現代主義的文學作品，可以發現他們從未反對葉先生所堅持的從日據時代以降本土文學所採取的寫實主義的立場。彭先生的看法比較持平。他說，現代文學的創作固然也用了意識流、暗喻、象徵等現代主義的表現技法以豐富他們的文學成就，但還不至於生吞活剝卡夫卡、沙特、卡謬等人的作品，成為只襲取其形骸的末流。他指出，

　　……包括白先勇在內，這些被歸類為現代主義文學一派的作家，基本的創作意識還是走寫實主義的路子，他們只是偏限性地取材於自己偏好偏向的某個現實角落而已，他們的作品在性格上並未忽略對現實人文或地理歷史環境的觀照，這也是他們同具反叛精神的理由。雖然，「現代文學社」沒有明白做這樣的宣示，但他們的作品却說明他們是以反映現實、反映時代的寫實作家(注10)。

這樣的見解是較正確的，尤其當我們看到不少鄉土文學家的作品都曾在《現代文學》裏出現就更加有說服力(注11)。事實上，包括白先勇在內的不少外省第二代作家對後來描寫與他們生活經驗迥然不同的鄉土文學

注9　見注8之書，頁114-115。
注10　見注3之書，頁109。
注11　例如王禎和、黃春明、陳映眞等人。

都抱著不排斥的態度。

# 三、

以《現代文學》為班底的學院出身的作家在散佈存在主義的思想上當然位居第一線。但除他們之外，還有不少其他類型的作家也發揮了廣大的散佈效果。這裏面以七等生與王尚義為代表。七等生的作品很多，在表達存在主義的義涵上都有相當可觀的成就。葉石濤先生認為七等生所刻劃的是現代人內心的悲劇。他說我們這一代人的悲劇是在每一個人的心靈中陰鬱地且晦暗地承載著單調灰色的世界。長期的桎梏使得人的心靈受到創傷與摧殘。葉先生又分析：

> 七等生小說裏慣用的手法之一，便是把小說裏的空間和時間限圍，固定在某一焦點上。而且小心謹慎地排除了與這一焦點上有任何聯繫的脈絡。因此，他的小說的時間之流就裹足不前，他企圖抓住「永恒」的一霎那。這好比是法蘭茲‧卡夫卡的小說一樣，有一個人想打開門進到城堡裏去，但他費盡心計的結果，仍然徘徊流連在城堡之外，永遠不得其門而入。卡夫卡成功地攔截遏止了時間之流，把我們牽進沒有時間、空間茫無際涯的虛無深淵 (注12)。

這些評論是針對七等生的小說集《僵局》而說的。七等生的另外一部作品《巨蟹集》，其中所刻劃的存在虛無感似乎更濃了。在〈木塊〉一文中，他描寫一位既不能在小鎮又不能在城市找到真實自我、到處受人窺伺、欺壓的教員。這位人物的心靈早已瀕臨幻滅的境地，而無法自拔 ——

---

注12　見葉石濤先生的〈論七等生的「僵局」〉。該文收集於七等生之《巨蟹集》，臺南：新風出版社，1972，附錄二，頁152。

這時，那番往事又引進了他的腦中，當他閉起一隻眼睛，把腮貼在槍把上時。在這個他所能用眼看到的空間裏，事物同樣不依真實而存在。這種荒謬的順序和全然順應感官的生活又同樣使他厭責起來了。這座城市和廣大的世界去比較不啻就是一個陋鄉僻壤罷了。……如同在那個小鎮，個人是個異常大而明顯的目標，不能像蟲蟻一樣渺小得看不出隱衷。是的，隨時隨地都將有人盯視他而把秘密洩露。一切都準備好了，想贏得自由，在這座城市是斷不能實現的；他唯一在最後一刻可做的便是毀滅；要是動亂起來的星星月亮不能拆散天空，人的醜惡也不能污染死亡 (註13)。

在七等生，虛在的虛無感是在「纖弱的、沒頭沒腦、失魂落魄的美感」中表現的。這種氣氛瀰漫著他大部份的小說，也反映了當時臺灣部份年輕人的心靈感受。

　　七等生是一種類型，王尚義又是另外一種類型。王尚義並不是專門從事文學研究的學者或學生，應該算是勤於寫作的大學生。但它獨特的生命姿態，以及令人感動的人生境遇，再加上情感渲染極強的文筆使得存在主義的思潮在他的倡導之下迅速滲透到青少年的心靈中(註14)。嚴格說來，王尚義的文學作品中精純的並不多，能在文學史上留傳的恐怕沒有；但在文化史上卻有交代他的必要。他的作品很可以反映60年代臺灣知識青年的心靈感受。他在他的《從異鄉人到失落的一代》這本書裏對存在主義作了不少介紹。這些介紹對從事思想研究的學者來說，當然算不上什麼，但對中學生、大學生而言卻是很能引人共鳴。王尚義對存在主義的介紹有兩點值得我們注意。第一，他認為現代的文學家刻劃的

註13　前揭書，頁34。
註14　王尚義之《野鴿子的黃昏》，臺北：水牛，1978，附錄為＜親友的悼念＞。從其中可以瞭解王尚義生平的思想、性格、與際遇。

正是存在主義所凸顯的陰沉下墜的人生，一個煩囂、零亂、令人窒息的世界。他並說這種存在狀態正是沙特所說的「自行延續，隨遇而亡」（註15）。事實上，他認爲沙特是這個幻滅時代的代言人，他說：

> 沙特所表象的是失去了幻想後的挫折、喪失和苦痛；沙特感受到這個時代中本質的脆薄，眞理的虛妄，存在的空無，所以他肯定的「存在」也就成了這一代生活面臨絕境的縮影（註16）。

職此之故，王尙義在解釋何謂存在主義時也喜歡用沙特「存在先於本質」這句話（註17）。第二點値得注意的是，王尙義本人便是存在主義文學中很具典範的人物寫照。他酷愛文學，卻在家庭壓力下勉強學醫。他是個神經敏銳又多愁善感的人。在他的作品中，存在的感受常是刻劃的主題。例如《野鴿子的黃昏》中提到：

> 這個時代的青年知識份子，面對著整個時代精神幻滅的悲劇，在一種絕望和茫然的悲苦中，企圖從物質生活裏，追尋生存的依據。於是，大家蜂湧地學工、學醫。投身於那種機械的、平面的、直線的生活方式中，美的情調沒有了，詩的昇華沒有了。但在他們的內心，在靈性的隱密處，實在壓抑著一股深沉的不安和苦悶。這點，我從同道學醫的朋友中，看得很清楚，當他們從醫院裏走出來的時候，他們自然地表現出一種恍惚無依的情緒，對死的恐懼，對生的猜疑，夾雜著空虛和憂煩。他們逃避眞理，逃避任何終極意義的追求……（註18）。

---

註15 見王尙義之《從異鄕人到失落的一代》，臺北：大林，1970，頁70-71。

註16 前揭書，頁82。

註17 前揭書，頁88、99、109。

　　王尚義的文學成就並不高，但他代表了存在主義流行於臺灣這個時代的年輕人的文化。在那個多愁善感的時代，更有些人心靈十分早熟，在高中，甚至初中階段就敏銳地思索人生存在的意義。

四、

　　對這一段的臺灣經驗在小說裏正面給予描繪的是張系國的《昨日之怒》。在這本小說裏，胡偉康便是相當具有存在感受的年輕人。他是哲學系的高材生，有著一張富有憂鬱氣質的臉孔，時常流露出狂熱痛苦的神情。他常常在校刊上寫些具有存在意味的評論。學校裏有不少女孩子暗地裏迷上他，其中有一位女孩叫咪咪，也呼應著胡偉康而寫些充滿虛無主義的新詩。久而久之，人們都公認他倆是中國的沙特和茜蒙波娃。胡偉康家境十分富有，家裏有很大的花園，他在花園後面擁有獨特的小屋。書中的其他人物：施平、葛日新以及咪咪都是哲學研究社的社員，胡偉康是社長。他們平常除了泡咖啡室、辦哲學討論會之外，幾乎都消磨在胡偉康的小屋裏[注19]。他們喜歡去美國新聞處跟新潮的年輕人聽有關嬉皮反文化的演講。有一次聽完之後，胡偉康的臉上浮現出紅暈，「他堅持嬉皮文化就是存在哲學的具體實踐」[注20]。而當這一夥年輕人回到胡偉康的小屋後，張系國寫到：

　　　　大家高談著世界的荒謬、人性的自由和自身的失落。胡偉康扯著
　　　　一頭厚厚的黑髮，大聲狂呼。「我們有什麼理由快樂？我們被投
　　　　入了這個世界，一切都是荒謬的！我們都失落了！」於是大家猛
　　　　吸著香菸，遂至小屋裏瀰漫著濃厚一層煙氣。但是等到胡家的漂

---

注18　見注14之書，頁19。
注19　見張系國先生之《昨日之怒》，臺北：洪範，1986，頁90、91、97。
注20　前揭書，頁93-94。

亮女僕自花園小徑施施然，走路提來香噴噴的飯菜時，大家又愉
快的狼吞虎嚥，把存在的荒謬忘記得一乾二淨了(注21)。

　　這段文字對當時年輕人崇尚存 在主義的景況描 繪得十分生動 。 還
有，我們不要以爲那只是年輕人好出風頭、虛僞做作，書中提到胡偉康
是平板腳，不能當兵，他爲此異常痛苦，因爲他最崇拜的沙特當年是法
國地下軍的領袖，曾經出生入死過 。「小胡沒有機會面對死亡，大概是
他這輩子最遺憾的事。」 (注22) 這多少可以看出胡偉康對存在主義的喜
愛是眞摯的。後來，胡偉康到了美國，想實現他對存在主義的夢想。但
是他發現美國竟然沒有人搞存在主義，反而一味搞邏輯與分析哲學。這
個事實使他十分痛苦(注23)。他對美國的嬉皮文化十分失望，所以他想
從美國轉至慕尼黑或巴黎 。他說：「我如果能夠跟海德格或沙特當面請
益一番，這輩子就心願已足了。」(注24)「胡偉康」只是個虛構的人物，
但卻有很強的實在性，代表了那個時代某種類型的年輕人。
　　臺灣這種形態的存在主義其命運又是如何呢?《現代文學》在維持
了十三年之後便結束了。結束的原因之一是大多數創刊成員都遠走美國，
留在臺灣能撐得住氣候的已不多。但這只是表面的現象，此現象背後實
隱藏一個更深刻的問題。這個深刻的問題正好忠實地在《昨日之怒》一
書中表露出來。事情的原委是這樣的，很巧的這些在臺灣搞存在主義的
外省第二代到了美國之後碰到了保釣運動。(當然也有本省籍的青年搞
存在主義，如前面提過的七等生，以及林懷民，但是在氣勢上，臺灣的
存在主義文學是由外省第二代青年帶頭的。)如白先勇所說的，外省第
二代在臺灣其實很不願也不敢去理會政治問題，這是他們不能面對的隱

注21　前揭書，頁97。
注22　前揭書，頁99。
注23　前揭書，頁123。
注24　前揭書，頁129。

痛。但是保釣運動卻殘酷地要他們攤牌，去處理他們以及帶他們流落在
臺灣的政府都無法解決的政治問題。從張系國這本小說中的葛日新這個
人物身上，我們可以看到一位存在主義追求者的幻滅。他到美國碰到保
釣運動之後，深埋在其內心之中的民族感情狂烈地爆發出來。他開始熱
切地閱讀中國近代史，想得知其真相，仰慕當年大陸左派學生的救國熱
忱。他對朋友說：

> 我們從小到大，只曉得死讀書。從幼稚園入學就開始考試。考小
> 學，考中學，考大學，考留學，就這麼鯉魚跳龍門似的，一關一
> 關的跳，把銳氣都磨光了。可是我們做了什麼？即使自己拿了博
> 士學位，光宗耀祖，對國家社會又有什麼貢獻？我們就這樣一步
> 一步，走入升學留學的死路。我們沒有自己的路，一切都經別人
> 安排好了。為什麼我們不能創造自己的命運（注25）？

這段話非常具有存在感受，是真實的存在感受。這個真實性可以突顯他
們在臺北大學生時代所擁抱的存在感受的浮華不實。葛日新又說：

> 你想想看，我們在臺灣那段日子，簡直像一場春夢。胡偉康那棟
> 小屋、明星咖啡屋、我們那些哲學討論會……都是些不切實際的
> 幻想。我有時回想起來，覺得我們實在應該感到羞恥，竟會過著
> 那種生活！我們有什麼權利這樣享樂？就因為我們是大學生？就
> 因為我們跨過了升學的窄門（注26）？

這樣的自我譴責是十分真切的。葛日新看到了昔日臺北生活的無根與放

注25　前揭書，頁107-108。
注26　前揭書，頁109。

逐。他認爲他已在保釣運動中找到生命的出路。他豪氣干雲地說:

> 我們現在終於看清楚我們的未來在那裏。以前我們只曉得喊迷失,
> 喊失落,難道我們眞的迷失了?難道我們眞的失落了?沒有!我
> 們並沒有失落!上一輩的人太關懷我們,希望我們永遠像溫室中
> 的花朶般,不必面對現實。但我們終於覺醒了,我們要走出溫
> 室,勇敢面對外面廣大的世界。我們要認識一切新生的事物,我
> 們要繼承中國青年光榮的愛國傳統,團結在一起,爲中國的富強
> 而奮鬪(注27)!

以上這些寫照都是很寫實的。葛日新後來雖然沒有像部份留學生因保釣
運動而認同回歸,但他卻與留洋拿博士決裂,隱居在美國社會角落裏賣
包子。葛日新無疑地看到自己在臺灣的無根與放逐,但他在美國也是無
根且自我放逐的。所以,強調現代人無根感的存在主義基本上是被無根
感濃烈的外省第二代吸收消納,不管在臺灣或在美國。保釣運動則讓他
們洞察到在政治處境上這種無根的悲哀。這種生命情調也可在聶華苓與
於梨華的小說裏體會到。

　　1970年保釣運動之後,臺灣的青年在心靈上有了新的轉向。當國府
當局不領情他們從大陸帶來的第二代的民族意識,甚至懷疑他們統一的
情感有與中共掛勾的意圖時,部份島內保釣人士深受挫折之餘,不得不
從虛懸的民族主義回到現實來思考。這也說明了臺灣對外的挫折其癥結
所在仍是臺灣本身。這樣覺醒的青年爲數不少。王拓這位作家便是一個
很好的例子。他認識到「要抵抗帝國主義的侵略、要爭取國際的生存
權,首先還是在於自己國內政治和社會的徹底革新!」(注28)這些深受

注27　前揭書,頁131。
注28　見注3之書,頁150。

保釣運動挫折的一輩於是結社組團，上山下海，到農村、工廠、礦坑實
地去調查瞭解，親身體驗中下階層民生的艱苦。關於這段歷史，彭瑞金
先生的論析很值得參考，他說：

> 此一從現實紮根的參與行動，固然糾正了虛無縹緲的民族主義情
> 結，最重要的是把他們的注意力從仇外的愛國迷思轉換為對社
> 會、現實、人民、生活的擁抱熱情。擁抱現實、社會參與的呼
> 聲，不但團結了知識份子，也把知識份子的言行與農工等民眾的
> 權利和利益結合在一起，這種現實化，是臺灣社會最重要的蛻變
> 之一（注29）。

彭先生接著說，就是這些力量滙聚成向萬年不改選的國會、軍事戒嚴統
治挑戰的洪流，並迸發出建立民主法治社會的呼聲。這些力量結合成前
仆後繼的政治反對運動的勢力，並逼使官方做某種程度的回應而有所革
新。從這樣的歷史回顧著眼，是保釣運動結束了存在主義在臺灣所施佈
的迷障。臺灣的存在主義文學也在70年代逐漸為鄉土文學所取代。臺灣
的知識份子終於逐漸存在地體悟到自己的真處境。這個過程不必看成是
存在主義的消逝，而應被看成是存在主義真正的落實。事實上，沙特為
主的存在主義進入臺灣時就被此地特有的政治禁忌壓縮得喪失原形：沙
特被理解為愛國抗暴的地下軍領袖，被理解為虛無荒謬的時代代言人。
臺灣的存在主義作家沒有人敢正視沙特的反體制精神，以及他對共產黨
的同情。臺灣一直到存在主義熱潮過後都還不太知道沙特在這方面的強
烈表現。沙特晚期的思想結晶《辯證理性批判》從未得到60年代臺灣知
識份子的青睞。這並非不為也，而是不能也。在白色恐怖的時代，誰敢

---

注29　前揭書，頁151。

提充滿批判與叛逆色彩的沙特的社會哲學思想。沙特一生的思考重心都在於擺脫體制的桎梏，但到了臺灣卻成了體制寄存者美化生活情調的資源。這其中的關鍵可能在於臺灣的知識界並不曉得沙特愈到後來愈是限在馬克思哲學的框架中發展存在主義，甚而形成所謂的「存在主義式的馬克思主義」(existentialist Marxism)。依沙特之見，存在主義可替業已僵化的馬克思主義奠定新基礎，以完成具體的哲學人類學。這項任務完成之後，存在主義就被消化到馬克思主義這個目前以及未來我們唯一擁有的哲學中去而轉化成一個意識形態。關於這一點，沙特說：

> 從馬克思思想以人的面向（也就是存在的投向）為人類學知識的
> 基礎那天起，存在主義就沒有理由再存在了，被哲學的全體化進
> 展消融、超克、與保留之後，存在主義將不再是個特殊的一門學
> 問，而是所有的學問的根基[注30]。

與以沙特為主的法國存在主義相比較，臺灣所流行的存在主義並沒有立足在一個含帶著更大的現實批判與具體行動的哲學視野中發展。陳鼓應的表現可能是個差強人意的例外。他在思想上醉心於尼采，在言論上則時常切入政治批判。然而那時候臺灣的政治戒嚴氣氛對他這種人來說卻是十分不利的。總政戰部主任王昇隻眼獨具，洞識到「沙特的存在主義就是共產主義」，當然對這種共產主義的同路思想之極盡撻伐是可以想見的。到後來，刻意營造的，以〈一個小市民的心聲〉為代表，旨在鞏固政權的保守心態充斥整個的臺灣知識界，形成了一種封殺思想自由、

---

注30　引述自沙特的《尋求一個方法》(*Search for a Method*) H. E. Barnes 譯 (New York: Vintage Books, 1968), p. 181; 關於沙特論存在主義與馬克思主義的關係，拙文〈沙特政治哲學的方法論〉（收於《中國文化月刊》114期，臺中：東海大學，1989年4月）可參考。

禁絕批判實踐的氣氛（注31）。陳鼓應卽在這種空氣之下隨著「臺大哲學系事件」而退出臺灣知識界（注32）。雖然有陳鼓應的激烈表現，但整個說來，臺灣的存在主義的崇信者在社會實踐的意識上是十分薄弱的，也因此，對臺灣的統治機器而言，批判者與叛逆者並不是存在主義的崇信者，而是取代存在主義文學而興起的鄉土文學，由對以上這現象的反省，我們似乎可說，保釣運動存在地揭露了大陸來臺政權以及這些政權依附者的無根性，也存在地激發了本土知識份子及社會大眾強烈地要求自主性。此運動之後，社會實踐的意識才正式進入臺灣知識份子的心靈。

## 五、

　　哲學界方面，就理念的傳播與實踐而言，陳鼓應的表現雖然最爲突出，但對存在主義思想眞正能深入剖析的研究一直付之闕如，僅有趙雅博、項退結、何欣、周伯乃、李天命等學者一般性介紹的論著（注33）。反而儒學界那邊，唐君毅與牟宗三對存在主義的回應有相當發人深省的觀點，必須在此一提。

　　唐君毅對存在主義的發展一向十分注意。他在《人生之體驗》裏，對尼采與齊克果兩位哲學家的思想性格做了深刻的分析（注34）。在《中

注31　以孤影爲筆名所發表的〈一個小市民的心聲〉，民國61年4月4,5,6日連載於《中央日報》，後並輯爲小册子，發行全國，中學以上學生幾乎人手一册。

注32　關於發生在民國62年的「臺大哲學系事件」，雖然始末眞相仍未水落石出，但至少大概可以確定是一樁思想言論迫害事件。關於這點，可參考1992年2月15日，《中國時報》的專題報導。

注33　趙雅博先生曾發表〈存在主義的人文主義〉（《自由青年》，1967年7月）、〈存在主義與文學〉（《大陸雜誌》，1957年1月）與〈存在主義與美學〉（《大陸雜誌》，1963年3、4月）；項退結先生曾出版《現代存在思想家》一書（臺北：先知，1974）；何欣先生有《存在主義引論》一書（臺北：仙人掌）；周伯乃先生有《存在主義與現代文學》一書（臺北：水芙蓉出版社，1976）；李天命先生有《存在主義概論》一書（臺北：學生，1976）。

注34　見唐君毅之《人生之體驗》，臺北：學生，1977，頁12-14。

華人文與當今世界》裏有〈人的學問與人的存在〉、〈東西哲學學人會議與世界文化中之「疏外」問題〉、〈存在主義與現代文化教育問題〉、〈存在主義哲學之方向〉四篇文章（注35）。在《中國人文精神之發展》裏，他又發表〈人文主義與純粹哲學之結合之存在主義〉一文（注36）。在《哲學概論》裏也收集他的〈述海德格之存在哲學〉一文（注37）。他的《哲學論集》又有〈海德格之「人生存在性相論」〉一文（注38）。他也寫過〈論存在主義哲學之起原〉這樣的雜文（注39）。事實上，唐君毅的很多文章都具有存在主義的色彩，如他的《說中華民族之花果飄零》一書可說是在描述當前中華民族的命運存在感（注40）。另外，〈我們的精神病痛〉、〈論精神上的大赦〉、〈精神上的合內外之道〉三篇文章皆是深刻地剖析清末以來中國知識份子所懷持的存在感受（注41）。在諸多論著當中，唐君毅對存在主義發揮得最透徹的是他的《人生之體驗續編》這本書（注42）。這本書共分七篇：〈俗情世間中的毀譽及形上世間〉、〈心靈之凝聚與開發〉、〈人生之艱難與哀樂相生〉、〈立志之道及我與世界〉、〈死生之說與幽明之際〉、〈人生之虛妄與真實〉、〈人生之顛倒與復位〉。這其中最與本文相關的是第一與第七兩篇。第一篇的主題牽涉到他人存在的問題。人在社會中生存事實上即是活在他人的眼光中，我們都關切別人的眼光，也關切別人對我們的毀譽。這是無所逃於天地之間的。即使我們人都死了，毀譽還會繼續流傳下去，而別人的眼光與毀譽即讓我們覺得不自由。這個意旨即是沙特《實有與虛

注35　見唐君毅之《中華人文與當今世界》，臺北：學生，1975。
注36　見唐君毅之《中國人文精神之發展》，臺北：學生，1974，頁72-76。
注37　見唐君毅之《哲學概論》下冊，臺北：學生，1974，附錄部份，頁54-115。
注38　見唐君毅之《哲學論集》，臺北：學生，1990，頁402-413。
注39　該文發表於《文藝》八期，1970年2月，頁4-15。
注40　該書由臺北：三民書局於1974年出版，在《三民文庫》內，編號190。
注41　見注36之書，第四部。
注42　該書由臺北：人生出版社於1961年出版。

無》的重要論點之一。事實上，沙特對這個意旨講得更尖銳。他認爲我
們是在別人的眼光中才具體地感受到自己的存在，且當別人看我們時，
我們會覺得自慚形穢，像是赤裸裸地站在他人面前受到羞辱一樣。所以
爲了抵擋別人對我們的威脅，我們也用我們的眼光反擊，去蹂躪別人。
如此一來，人我關係乃形成你死我活的鬥爭關係（注43）。唐君毅筆下的
毀譽世界沒這麼緊張，但頗令人有與我心有戚戚焉之感。他說：

> ……人之於流俗之毀譽，實處於兩難之境。人如欲有真正個人之
> 精神生活與創造性之文化生活、道德生活，必須視流俗之毀譽若
> 無物，而求超拔於一切毀譽之外；然人果超拔於流俗之毀譽，孤
> 行獨往，又不能絕單寒孤獨之感，仍不能絕好譽惡毀之根。……
> 此人生之大可悲者也。……此兩難所自生之原因，是人既要求
> 有拔乎流俗之精神，而又不能離世而孤往，人必求與世人通情。
> 由是我們可逐漸了解人最難根絕之好譽惡毀之心理，實是人之要
> 「通人我而爲一」之道德感情的一種虛映的倒影（注44）。

唐君毅這樣的論點多少都是爲了解決沙特所提出來的人我關係的存
在問題。唐君毅在〈論存在主義哲學之起原〉一文提到沙特這種互相爭
爲主體而導致的生死鬥爭的世界。他認爲沙特提出一個相當深刻且實在
性極強的問題。對這樣悲慘的情境，唐君毅批評：

> ……沙特爾之說，可說是一最重要的人之自由主體之建立，而又
> 能感此中之有此一深刻的問題，而終於成爲一悲觀的結論者。但

---

注43　關於這一點，可參考 Jean-Paul Sartre, *Being and Nothingness*,
　　　trans. H. E. Barnes (New York : Philosophical Library,
　　　1956), pp. 252-359.

注44　見注42《人生之體驗續編》，頁14。

沙特爾之說可能全錯了，錯在其不知人可以不只爭為一認識的主體，而在求為一道德宗教性的主體，而此一道德宗教性的主體，可以涵攝其他同類的主體，而不必有此生死的鬥爭（注45）。

這個道德宗教性的主體在《人生之體驗續編》中乃是從眞正的自信入手而又能兼懷他人，卽是「人之心光，相慰相勉，相照相溫，見無限光明，無限情懷之世間。」（注46）另外，在〈人生之顚倒與復位〉中，唐君毅所描寫的衆生之顚倒妄想與沙特所描寫的，實有不少相呼應之處。（注47）但在唐君毅的道德世界中，這些顚倒妄想都是可消解的。他說：

> 人果能隨處自證此心量之無限，以觀其現實之生命之存在中之有限，亦觀他人之現實之生命存在中之有限；乃使有限者，皆各成其限，仁也；使有限者相限，而各得其限，義也；使有限者互尊其限，禮也；知有限者之必有其限，智也。而我之此仁義禮智之心，則意在曲成天下之有限，亦卽自成其為無限。……我有此心，人有此心，而同其無限量，以相攝相涵，而此心之廣居，在人我之中，亦在人我之上……（注48）

由上面的論析可以看到，唐君毅的《人生之體驗續篇》之深刻的見解正可解消沙特所鋪陳的各種衆生顚倒相。事實上，沙特哲學裏這種人我尖銳對立的論點在法國早就受到梅洛-龐帝 (M. Merleau-Ponty) 的批判。他認爲沙特將人之共處理解成如此對立乃是很不眞實的。梅洛-龐帝認爲人與人之間的關聯是透過「體會」（primordial contact of the body）而有其存有論的深厚基礎的。他強調人與人之間的親和性。此親和性誠然不易以概念說明之，但一定要承認此親和性，其他的關係

---

注45 見注39〈論存在主義哲學之起原〉一文，頁14。
注46 見注42之書，頁21。
注47 關於這一點，可參考注43之書，pp. 364-412。
注48 見注42之書，頁154-155。

才能安立（注49）。

　　當以沙特爲主的存在主義在臺灣流行時，牟宗三先生也站在儒家的立場批判過沙特。牟先生對存在主義也是非常注意。他的文章〈論無人性與人無定義〉、〈論「上帝的隱退」〉、〈從西方哲學進至儒家學術〉、〈爲學與做人〉皆涉及存在主義的哲學思想（注50）。依牟先生之見，從西方哲學要躍進至中國哲學，透過齊克果這位存在主義先驅者的心靈是很具關鍵性的。事實上，牟先生的《王陽明致良知教》即是由存在主義的進路切入的。他說：

> ……從觀解的形上學轉至道德的形上學，轉至康德的輪廓，再轉至契爾克伽德的輪廓，我們都承認，都深致其贊嘆。但我們不能停於此，我們必須再進一步而歸到儒家的學術上。這一步如果透徹了，我深信必能給西方宗教以開展，以轉進。現在由契爾克伽德而開出的存在主義，如能善紹契氏的精神，如能留意這一部學問，我亦深信必能對於他們的意向與思想有大助益。我在本書裏，將陽明的致良知教，盡力之所可能，不失其原義而表出（注51）。

牟先生從存在主義處體會到儒家的學問乃是眞能建立價值主體者。所以，他稱儒家的學問爲生命的學問，認爲儒家在這方面的成就遠遠超過西方。後來牟先生的學術發展也常在這個問題上辨解分析，而相對於毫

---

注49　關於梅洛-龐帝對沙特的批評，可參考前者的 *Adventures of the Dialectic*, trans. Joseph Bien（Evanston: Northwestern University Press, 1973), pp. 95-201, 以及 *The Visible and the Invisible* (Evanston: Northwestern University Press, 1968), pp. 50-104。

注50　前兩篇文章見牟先生之《道德的理想主義》，臺中：東海大學，1959；後兩篇文章見牟先生之《生命的學問》，臺北：三民，1978。

注51　見注50《生命的學問》，頁27-28。

不保留地讚賞齊克果，牟先生卻毫不留情地批評沙特。他之批評沙特是起因於沙特在《存在主義與人文主義》對存在主義基本立場的宣稱。沙特認爲西方傳統思想皆持人的本質先於我們在經驗中的現實存在。沙特特別強調：

> 無神論的存在主義（我是其中一代表），則宣稱：如果上帝不存在，則至少有一種實有，其存在是前于它的本質。此實有，在能用任何它的概念去規定它以前，它卽存在。這個實有就是人，或如海德格（Heidegger）所說，就是人類實在。我們所謂「存在先于本質」，是什麼意思？其意卽……人，首先是存在，遭遇他自己，如波濤然，隆起于世界中，而規定他自己是以後的事。如果人，如存在主義者之所見，是不可定義的，那是因爲開始他根本是一無所有。除他後來之所是，他不能是任何東西。他所創造的他自己是什麼，他就是什麼（他將是他所創造的他自己）。如是，這並無所謂人性，因爲並無一個上帝對他有一個概念。人只是「是」（在）。……人不過是他所創造的他自己。這就是存在主義底第一原則（注52）。

牟先生對沙特這段話的初步印象是，它「有它的精義，也有它的誇大處；有它足以鼓勵人處，亦有它足以遺害人處。」牟先生認爲沙特的意思是，人開始一無所有，只是存在；他乃由他的「意志自由」創造他後來之所是。牟先生認爲沙特這個意思是很不錯的。但牟先生說：「這並

---

注52 見注50《道德的理想主義》，頁 115-116。這段話是沙特說的，這裏我們引用牟先生的翻譯。讀者若有興趣，可參考沙特的 *Existentialism and Human Emotions*, trans. H. E. Barnes (New York: Philosophical Library, 1957) p. 15.

不妨礙人性之成立。」(注53) 他指出，沙特所講的一無所有是就特殊的
生活形態立說的。但人是有形體與心靈的，他說：

> ……人，當其一無所有而只是「在」時，形體是其一括弧，心靈
> 又是他的一括弧。就是因為這兩個括弧，遂形成「人性」一概
> 念，亦使人之定義為可能(注54)。

依牟先生之見，這樣瞭解的「人性」與所構成的人之定義並不妨礙人開
始時在特殊的生活形態方面一無所有，也不妨礙他在未來的無限量的創
造。若以為人開始時在特殊生活形態方面一無所有，即認為人無所謂
「人性」，人是不可定義的，則是徒增混淆。換句話說，我們是從人之
有具體的形體與具體的心靈兩者而建立普遍的人性(注55)。牟先生肯定
沙特所強調的人之創造性，因為人有一個全幅敞開的心靈，沒有任何限
制。但是，人的心靈卻必須在其形體的特殊形態中表現，因為他是有限
的存在。牟先生接著說：「是以其如是之心靈與其如是之形體就是他的
兩個括弧，而此就確定他後來創造變化之範圍；他有此範圍以冒之，所
以他不能漫無限制地以為無限多之變化。」(注56) 牟先生說，我們當然要
知道，形體、氣質、與心靈的表現含帶著無窮的複雜，但此無窮的複雜
絕不違反人的人性乃植基於他有具體的心靈與形體這個永恒的事實。所
以，只要人性有常，人便是可定義的。既然人是可定義的，牟先生又
說：

---

注53　前揭書，頁116。
注54　前揭書，頁117。
注55　前揭書，頁118。
注56　前揭書，頁119。

現在就「成之謂性」一原則，而爲邏輯的言辭，則當人被投擲于
世界中時，卽可對之作一定義而表示其括弧劃類的「形成之理」。
假定此形成之理卽人之本質（定義中所表示的），則卽可以說：
有一存在之人，卽函有人之本質（注57）。

牟先生接著又說，這個邏輯的言辭並不表示本質一定先於或不先於存
在。但是，他指出，事實上我們在這段文字裏是可以體察到「本質先於
存在」的兩種講法。一種是柏拉圖傳統的進路。由實現之理來安立本質在
存有論上的先在性 —— 這也就是理型論（注58）。但這種進路並未能就個
人自己之實踐主體以言人性，所以其中所立的人性之定然只是外在的，
「觀解的形上學」中的定然性，卽，只就「成之謂性」之形成之理向上
推進一步以言人性之定然性。牟先生評論「此尚不足以眞能見出人之可
貴，人性之可尊」。依他之見，對人性之眞見解必由儒家提出，因爲它
能認識到「歸於個人自己之實踐主體以言實現之理之性，則此性惟是就
人心之靈覺言，而心之靈覺，此時，又不注意其爲觀解的認識的靈覺，
而是注意其爲實踐的道德的靈覺。」（注59）這也就是走孟子的路，順著
四端之心而談人所具有的道德實踐的性理。這樣的解析之後，牟先生又
做了一個尖銳的批評：

近時西方「存在主義」一派，不滿意於其傳統之在邏輯言辭中所
成之外在的，觀解的形上學，而欲翻轉之在「存在言辭」中歸於
具體而眞實之人生以考察全幅人生之意義，此雖在西方文化中表
示一新方向，甚可喜，然而大都思不能透，理不能達，未眞能歸

注57　前揭書，頁127。
注58　前揭書，頁129。
注59　前揭書，頁130。

> 于個人自己之實踐主體之知性盡性，以見人性之定然而不可移，
> 以及其全幅之意義。此派中之薩特利尤其悖謬。竟謂並無所謂人
> 性，因而亦不可定義。……其正面之不能知人性、立人性，則人
> 真成無根底之飄萍，悖謬不可解 (absurd irrational) 之東倒
> 西、歪橫衝直撞之尊障（注60）。

　　唐、牟兩先生都對沙特的哲學世界有深切之洞察與體會。他們之批評沙特都能突顯儒家在人生哲學上之立場。但平心而論，唐、牟兩先生的社會實踐意識也是十分薄弱的。對臺灣的政治體制與社會大眾，他們的關懷是不夠的。他們當然不依附統治機器，但也從未與統治機器相違抗，只能遠避香港，置身事外。這其中卽蘊含著相當多的時代悲劇。

## 六、結　論

　　回顧戰後以來的臺灣思想史，存在主義無疑是曾經扮演過重大角色的哲學思潮。這個哲學思潮配合著它流行時特定的政經處境也造就了部份極特殊的臺灣經驗。這一部份的臺灣經驗當然可從更寬廣的角度來描繪。在這篇文章裏，我們只選取了幾個角度管窺其中，只能算是對此問題初步的探討。希望能拋磚引玉，引發更多更深入的探討。

---

注60　前揭書，頁132-133。

# 戰後臺灣的自由主義者與
# 海耶克思想
## ——以殷海光、夏道平、周德偉為例

熊 自 健

## 一、前 言

　　1949年10月中共在北平建立政權，國民政府退守臺灣，從中國大陸流亡到臺灣的自由主義者，在痛定思痛與驚駭中一致把建設自由民主的中華民國與重構一套完整的反共理論當成生死存亡的神聖使命。1949年11月《自由中國》在臺北創刊，由胡適擔任發行人，雷震主持其事，張佛泉、夏道平、殷海光為其中最重要的健筆，共同築起中國自由主義的堡壘，試圖引導中華民國步入自由民主的陣營，並抵擋席捲神州大陸的紅潮。稍後，周德偉於1951年多起約集張佛泉、徐道鄰、殷海光等學人每兩星期於臺北寓所討論反共思想問題。周德偉提議譯述當代自由主義大師海耶克(F. A. Hayek)、米塞斯(L. Mises)、洛卜克(W. Röpke)等人的經典著作，認為必須徹底瞭解這些著作才能建立系統的反共理論。並邀請殷海光先譯介海耶克的《到奴役之路》開啟風氣，而他則從事另一較大工作(注1)。50年代起臺灣的自由主義者陸續翻譯與闡述了海耶克、米塞斯、洛卜克的著作，給中國殘存的自由主義注入新的生命，開拓出新的思想格局。其中以海耶克最具影響力；1965、1967年海

---

注1　周德偉，《社會政治哲學論著》，臺北，龍田出版社，民國70年，頁369-370。

耶克兩度訪臺，以及1974年海耶克獲得諾貝爾經濟獎，增進了海耶克在臺灣的聲勢。然而海耶克的臺灣之行及其著作卻只在少數幾位學者身上烙下深刻的印痕，未能成為一股澎湃的思潮，也沒有發生指導政策的作用，至今則將面臨慘遭退出臺灣學界的黯淡光景。本文旨在探討戰後臺灣的自由主義者殷海光、夏道平、周德偉三位學者是如何吸納與闡述海耶克思想，並解釋海耶克思想在戰後臺灣未能成為顯學的原因，期勉臺灣的自由主義者在思想工作上再接再勵，繼續前進。

## 二、殷海光與海耶克思想

臺灣戰後翻譯與闡述海耶克思想以殷海光譯介海耶克《到奴役之路》(*The Road to Serfdom*) 為起始。《到奴役之路》於 1944 年出版，立即風行歐美，有11國譯文，為反共的經典著作。殷海光於1953年才經周德偉介紹研讀這本名著，立即引起思想的震動，給他一個新的衝擊，使他對自由主義的認識加深並且加廣。為了說明海耶克對殷海光的關鍵性影響，有必要先追溯一下殷海光的思想發展歷程。殷海光自述他的思想發展經歷三個階段，從他在西南聯大讀哲學系起至抗日戰爭勝利後為第一階段，在這段時期中，他接受自由教育，尤愛析理的東西，這套自由教育的基礎，使他根本不喜歡也瞧不起共產黨那一套玩意。同時他也受到利害羣組的影響，與左派分子做公開的鬥爭。這兩種成分，在實質上本是極不相同的，卻一直裝在他同一個腦袋中，有好多年而不自覺。那個時期他的反共熱情是真切的，談及反共純理論問題時，尚能合於他所受自由教育，可是在一接觸到現實問題時，他所吸入和呼出的，多是一個黨派的觀點，一個組織的成見，或一個集體的利害；黑褐色的法西斯味太濃厚了（注2）。

注2　殷海光，＜我為什麼反共？＞收編在《殷海光全集政治與社會》(上)，臺北，桂冠圖書有限公司，1990年初版，頁251-255。

　　到了國共內戰的末期，殷海光目擊時艱，他的思想漸有所轉變，特
別是當他從下關至徐州親身看到「赤野千里，廬舍爲墟，極目四顧，心
慟神傷」。在人民的血泊之中，他開始恍然大悟，認識到中國的問題不
是派系口號所喊的那麼簡單。五十年來，中國思想上的激變和激盪，參
與的任何一批人都振振有詞，而身受實禍者，終歸是千千萬萬無辜人
民。他開始瞭解觀念與實際之間的距離，瞭解黨派的偏見如何有害於中
國問題的適切解決。因而，他開始懷疑他自少年時代以來於無意之間
吸入的由派系所製造的一部分世界觀，對共黨問題的看法及其解決辦法
（注3）。在這一個大鬥爭的轉振時期，由於人心望治，調和思想以各種
形式出現，社會民主主義或民主社會主義的思想爲其中最受人注意的。
民主社會主義把民主主義與社會主義的優點凝合起來創造一個理想的社
會，在這樣的一個社會裏，既富於思想、言論、集會、結社各種自由，
又無貧富懸殊的現象。因而實行民主社會主義，既可避免許多人藉共產
主義暴力劫奪政權以造成嚴酷的極權政治，又可以科學的進化方法消弭
資本制度所產生的社會矛盾並達到社會主義目的。這套思想可用「政治
自由，經濟平等」來概括其精義。殷海光傾心於這個理想，但認爲民主
社會主義只是一個美麗的遠景，當務之急必須設法消弭中國當前的動亂
（注4）。當中共奪取政權後，他到臺灣，繼續思索民主社會主義問題，
他覺得共黨持以惑衆的是高調解決吃飯問題，而解決吃飯問題乃經濟平
等的問題。因此他把「經濟平等」與「政治民主」列爲同等重要，並在
報紙雜誌撰文表達。但是這類思想出於浮泛的調和願望者多，出於眞知
灼見者少，出於接觸並分析實際問題者尤少。這種將二者並列的想法，
一旦與實際情境遭遇，究竟是否可以同時實行，實在大成問題，今日中

---

注3　同上，頁255-256。
注4　殷海光，＜我們走那條路？＞，收編在《殷海光全集政治與社會》（上），
　　　同上書，頁6-7。

國政治在實際上極應把握的重點究竟是「政治民主」還是「經濟平等」呢？為了這個問題，他和他的友人苦思許久(注5)。

苦思以後殷海光於1952年宣佈他的答案：在中國的現在政治民主重於經濟平等。沒有政治民主，一切都無從談起。失去了政治自由的人，自身先淪為農奴、工奴、商奴、文奴，先失去了人的身分，那裏還能爭取什麼經濟平等？顯然在中國的現在談社會主義將構成民主之致命的威脅，其結果一定走向新奴隸制度。從此，他拋棄了將二者並重的不切實際的想法，而向政治民主之路走去。殷海光自稱結束了思想上的第二階段，步入第三階段(注6)。

影響殷海光思想轉變的則是海耶克，殷海光生動地寫下海耶克給他的洗禮與啓發：

> 我是一個自由主義者。正同五四運動以後許多傾向自由主義的年青人一樣，那個時候我之傾向自由主義是從政治層面進入的。自由主義還有經濟層面，自由主義的經濟層面受到社會主義者嚴重的批評和打擊。包括以英國從邊沁 (Jeremy Bentham) 這一路導衍出來的自由主義者為主流的自由主義者，守不住自由主義的正統經濟思想，紛紛放棄了自由主義的這一基幹陣地，而向社會主義妥協。同時，挾「經濟平等」的要求而來的共產主義者攻勢凌厲。在這種危疑震撼的情勢逼迫之下，並且部分地由於緩和情勢的心情驅使，中國許多傾向自由主義的知識分子醞釀出「政治民主，經濟平等」的主張。這個主張是根本不通的。這個主張的實質，就是「在政治上作主人，在經濟上作奴隸」。我個人覺得這個主張是怪瞥扭的。但是，我個人既未正式研究政治科學更

注5　同注2，頁256-257。
注6　同注2，頁257。

不懂得經濟科學。因此，我雖然覺得這個主張怪彆扭，然而只是有這種「感覺」而已，說不出一個所以然來。正在我的思想陷於這種困惑之境的時候，忽然讀到海耶克教授的《到奴役之路》這本論著，我的困惑迎刃而解，我的疑慮頓時消失。海耶克教授的理論將自由主義失落到社會主義的經濟理論從新救回來。一個人的飯碗被強有力者抓住了，那裏還有自由可言？這一振興自由主義的功績，真是太大了（註7）。

正是海耶克的《到奴役之路》把殷海光的困惑迎刃而解，將自由主義失落到社會主義的經濟理論從新救回來，並且從新認識自由主義。可以說殷海光是接受海耶克思想的洗禮後才真正成為一個徹頭徹尾的自由主義者。出於感激與興奮之情，殷海光很願意把他讀海耶克《到奴役之路》這本書所得到的益處分給讀者，於是著手「翻譯」，並做「注解」，分章發表在《自由中國》半月刊上。這個工作從1953年開始，到1954年完成。《到奴役之路》一書的譯述，標誌中國自由主義的再出發，重新武裝思想。

從殷海光的自述來看，海耶克給殷海光最大的啓發是破除社會主義經濟平等的迷夢，清醒地指出社會主義式的經濟將只有帶來奴隸社會的結局，危害自由與人權。海耶克認為只有自由競爭的市場經濟才能落實自由與平等，誘發個人的創造力。海耶克在《到奴役之路》一書中指出：自由主義的論證是依據於一項信念之上，即當有效的自由競爭較任何其他方法更能誘發個人的創造力，因為在自由競爭制度之下，我們的經濟活動不受外力壓制，也不受官力權威之隨意的干涉，而是彼此自動地調整各自的經濟行為，最為靈活有效，也是構成社會組織的原則。在

---

註7　殷海光，《到奴役之路》自序，見殷海光，《到奴役之路》，臺北，傳記文學出版社，民國74年再版，頁112。

自由競爭制度之下，我們無法確知誰會獲利、誰會遭受損失，報酬與罰款依照各人的能力和幸運而定，各人機會均等。然而由於私有財產和遺產常具有影響作用，因而在競爭場合，各人所有的機會並不完全均等。可是只要各人先天的差異存在，機會之不均等可以逐漸設法減少。窮人雖然較富人有較少的發展機會，但窮人畢竟有致富的可能。在自由競爭制度下，沒有人能阻止誰發財致富，財富並非建立於權勢之上，而建立於想獲致財富的人身上。如果廢除私有財產，將一切私有財產轉變為政府財產時，政府的行動在實際上便決定大家的收入，我們就是將「生活權利」交給政府了。吾人須知，只要財產為個人分別享有，則誰都不能具有決定的力量來決定某人該收入多少，決定誰的社會地位該如何。私有財產係保障個人自由最重要的制度，也保障窮人的自由。在自由競爭的社會，一個收入不豐又技術欠佳的工人，其得以處理其生活之自由較之收入遠為豐厚的蘇俄經理為大（注8）。

　　海耶克進而指出自由競爭機能要發揮出來，不僅需要貨幣、市場、通訊等社會機構，還要有一個適當的法治系統。法律承認私有財產以及契約自由原則，與法律不容許任何個人或團體企圖用公開或秘密勢力禁人從事交易，都是自由競爭必須具備的條件。而法律的制定須為抽象普遍性的形式規律。形式規律所指的是一些典型的情境，任何人可以有機會置身此類情境之中。吾人立法時既然不能確知誰會因此條文而獲利，誰會因此條文而蒙受損失，這麼一來，就可造成機會之均等。同時，依據這類形式的規律，我們可以知道在何種情境中政府可依何種確定的方式而採取何種行動，或者是政府要求人民依照何種方式而行動，依此，各人可自行計劃自己的事業。形式規律是對於一般人有用的工具。而法治的遵行則是政府在採取任何措施或行動時，都依照事先規定的和宣示

注8　參看殷海光，《到奴役之路》，前引書，第三章＜管制計劃與自由計劃＞，第八章＜迷妄的平等＞。

了的規律而行事，當政府違反法律規定侵犯個人權利時，人民依據法律採取相當行動阻止政府干擾個人行為，同時政府機構之行使鎮制權力必須儘可能減少。 但是行使專斷權力的政府則不然， 在這種政府統治之下， 政府常好把生產之事導向其政策所欲達到的目標，法律條文成為政策的工具，而非自由的保障，扼殺了自由競爭的機能（注9）。

　　海耶克嚴密的論證了個人自由、法治、民主與自由競爭市場經濟之間的相關性，環環相扣，成為一套系統的自由主義理論。同時海耶克也以這套理論與蘇聯社會主義制度及其意識形態交鋒，指責社會主義給人類自由、人性尊嚴所帶來的危害，認為社會主義是一種新的奴役制度。殷海光讀過海耶克的《到奴役之路》後，拳拳服膺其立論精當，重新武裝了他的反共思想， 更加堅信自由主義。因此殷海光做了許多注腳，寫下不少譯者的話， 進一步闡述海耶克的思想。然而殷海光在注釋與發揮海耶克思想時， 有其相應之處， 也有許多不相應的地方。相應之處大都在堅持個人自由、維護人性尊嚴、反對共產主義法西斯主義論題上， 例如下列這段譯文與譯注：

　　　　吾人須知， 一個邦國如果有一個超乎一切的共同政治目標時， 那
　　　　末任何普遍的道德便無容身之地。（例如， 在蘇俄， 所謂「實行
　　　　共產主義」高於一切， 於是所有道德、宗教、倫理、藝術， 都得
　　　　退避三舍； 最低限度， 也得編入這一政治目標之下。海耶克教授
　　　　此言所表現的識見， 較之那些閉起雙眼來捧頌「仁義道德」的泛
　　　　道德主義者高明萬倍。弄不清病勢而妄投藥石的江湖郎中， 鮮有
　　　　不盲目殺死病人者。 ── 譯者）在某種程度以內， 即使是民主國
　　　　家， 在戰時也難免發生類似的情況。不過， 在民主邦國， 即使在

---

注9　參看殷海光，《到奴役之路》，前引書，第六章〈法治的要旨〉。

戰時或遭逢最大的危機，其採取極權主義的方法之程度也是非常有限的。民主邦國為了達到一個單一的目標很少把其他一切置諸不顧的。（極權邦國視講自由為搞亂，動輒藉口「緊急需要」而剝奪個人自由。共產國家把這一點表現得最為徹底。——譯者）吾人須知，一旦少數幾個目標支配著整個社羣則人民之忍受殘暴便成為一項無可避免的義務。在集體主義者來看，為了達到社羣底共同目標，個人底權利和價值都是可以犧牲的。（這是人間最大的罪惡與詐欺。現代的大悲劇，主要由此詐欺造成。究其實際，倡此說者，以納粹和共黨之流為例，不是一人，便是一黨。彼等於奪得權力以後，置全社羣於其鐵掌控制之下，為所欲為。這樣一來，所謂「社羣底共同目標」，不過彼等利用之一藉口而已。——譯者）

如果一個人在極權統治底建立中想有所效勞，那末必須準備接受那些為卑鄙行為而設的虛偽辯護之詞。在極權統治之下，只有最高的首領一人才可單獨決定政治目標。而作工具的人，本身不能堅持道德上的任何信條。（可悲之至！——海光）總而言之，他們必須毫無保留地獻身於首領。除此以外，最關重要的事，就是他們作人必須完全沒有原則（unprincipled）；而且，至少在理論上，他們必須什麼事都做得出來。他們作人，必須沒有自己想要達到的目標；也沒有是非善惡的觀念。因為，是非善惡觀念如果橫在他們心裏，便可能攪亂首領底意圖。（一語道破。欲行極權統治，必須破除人情，破除道德，破除風俗習慣，而不顧一切。——譯者）權力者能滿足的口胃，只有權力的嗜好，以及別人對自己服從時所得到的快樂 (注10)。

---

注10　同上，頁180-181。

至於殷海光對海耶克思想未能深入瞭解，造成不相應的誤釋，則以海耶克的法治思想為最，例如下列的譯文與譯注：

吾人須知，法律上形式的公正，與法律前形式的平等，這二者是有著衝突的。有些人對於「特權」概念及其後果為何，普遍發生誤解。利用特權之最重要的事例，就是將特權用到財產範圍裏。在過去，土地財產權掌握於貴族份子之手。現在，某些人經官方許可保有製造某些貨品之專利權，或者保有出售某些貨品之專利權。無疑，這都是特權。但是，如果所有的人在同樣的法規下都可能獲得財產，而在實際上只有某些人得到財產，我們因此便說這一部份人享有「特權」，那末我們便是濫用「特權」這一名詞。（這是語意學的解析之一例。許許多多社會主義者，尤其是共產黨徒，窮年累月將個人由此獲得之私有財產宣傳做「特權」，有意或無意誇大社會財富分配之不平。這便是「特權」一詞之濫用。今經海耶克教授指出，此種毛病立顯。在政治學，以及經濟學之非科學的部份裏，這類毛病簡直不勝枚舉。至於表現「歷史文化」所用語言，及此類巨大名詞 (big terms) 所犯語意的毛病，更觸目皆是。凡不能自拔於語言文字所形成之魔陣者，鮮有不思想迷亂者。思想迷亂，與思想高深，是不可混為一談的。欲救此類弊病，必先自語意學始。——譯者）(注11)

海耶克論旨在於說明法律前形式的平等，可能產生經濟的不平等，而法治所造成的經濟的不平等，並非有意以一特殊的方法為特殊人物獲致利益，也並非有計劃地使另一部份人陷於貧困，而是通過法治下的自

---

注11　同上，頁98-99。

由競爭自然形成的財富分配。這種財富之獲得不可名爲特權；它與法律上形式的公正是有衝突的；不可用直接分配正義的理想目標重新加以分配，破壞了法律前形式的平等。然而殷海光卻是強調語意學的政治功能，與海耶克的論旨毫不相干。

稍後殷覺察到他譯注的《到奴役之路》有許多不妥當的地方，有必要更動，而且有些地方不能算是嚴格的翻譯，只能算是意譯，還有節譯的情形，也有幾章未譯。因此殷海光聲稱這本書叫做《到奴役之路》的「述要」。但由於《到奴役之路》原書已歸還原主，無法補救，希望將來有機會改進 (注12)。

殷海光繼譯述海耶克《到奴役之路》後，於1962年閱讀海耶克的代表作《自由的憲章》(*Constitution of Liberty*)。殷海光認爲這本書是保衞自由的偉大著作，氣象籠罩著整個自由世界的存亡，思域概括著整個自由制度的經緯，而且能將其所立的原則，具體地引用於一些緊要的個別問題，這是一般思想家所望塵莫及的地方 (注13)。殷海光讀後，在給他的學生林毓生 (當時正留學美國，曾上海耶克的課) 書信中，一再表示折服之至，自恨無緣作海耶克的入門弟子 (注14)，恨不能從此人遊 (注15)。1965年海耶克初訪臺灣，殷海光償宿願得以和海耶克會晤，相聚甚歡，寫了兩篇有關海耶克思想的論文〈海耶克論自由的創造力〉、〈自由的倫理基礎〉，把他多年來研讀海耶克著作的心得發表出來。

殷海光指出：海耶克是把個人自由當作人類存在與活動的原始地位，當作「終極的社會原子」。從這一終極的單位出發，人類的價值才能落實。人類的文明才得到源頭，人類的文化創建才能展開。個人的潛在才能有而且只有在自由的環境才能得到充分的正當發展。如果人間沒

注12　同注7，頁5-6。
注13　《殷海光、林毓生書信錄》，臺北，遠流出版社，民國73年再版，頁45。
注14　同上。
注15　同上，頁83。

有康正的個人自由，那麼一切平等、富裕、健康，都將失去意義。海耶克強調我們必須確認自由是每個人固有的，不是任何人賞賜的。每個人固有的自由是整全而不可分割的。自由的展開固然因作不同的分殊而得到不同的名謂，例如言論自由、集會自由等等，但是卻不可只許有這項自由，而不許有那項自由。如果只許有這項自由而不許有那項自由，那麼自由的整全性便遭到破壞。自由的整全性遭到破壞，自由很可能完全喪失。進而海耶克指出保持自由的條件有兩種：一是私有財產權，另一是法治。保持私有財產乃保持個體生存之生物邏輯的基礎。有了這種基礎，不一定即有自由，但是失去這種基礎，自由便像無源之水。如果一個人沒有私有財產，那麼為了生物邏輯的生活勢必將就甚至聽命於控制他肚皮的人。當一般人的基本生存受到動搖或威脅時，道德、真理、是非、美的情操……都受到動搖，甚至被迫放棄。而在現代社會，保障個人自由不只是保障私有財產，而且必須保有物質的工具，使之不完全受其他的力量控制。這些工具乃助他完成有計劃的行為所必需，如交通、資訊等。此外另一保障個人自由的條件是法治。法治是制定並且依照法律來保障人民的基本人權，使之免於受任何濫用鎮制權力的侵害或專斷權力的冒犯。一個政府除非依據已成的規章，否則不得對任何人施行鎮制。這樣就限制了一切政府的權力。這種法治的基本精神在維護自由 (注16)。

　　殷海光不僅依據海耶克思想申述自由的意義、價值與保持自由的條件，也釐清自由與平等的關係。殷海光指出：海耶克認為個人和個人之間的差異是人類最奇特的地方，使每個人產生獨特的賦性。這獨特的賦性是人的尊嚴，是自由之所本，也是追求自由的重要理由。如果人和人

---

注16　殷海光，＜自由的倫理基礎＞，收編在《殷海光先生文集》，臺北，桂冠圖書公司，民國 69 年二版，頁 744-766。亦收編在《海耶克和他的思想》，臺北，傳記文學出版社，民國68年再版，頁1-60。

之間沒有差異，那麼就沒有不同的理想待實現，沒有不同的才能待發揮，也沒有不同的需要待滿足。這麼一來，自由就顯得無關重要了。在事實上，人和人之間有不平等的情形，除了在法律上和道德上以外，人和人之間是否在每一種條件之下應須平等，以及是否可能平等，根本就很成問題。毫無疑問，每個人在人格上應須是平等的，可是人人有權利在地位和待遇上高於他人。一個健全的和自由的社會應須為所有的人提供這樣機會。一個社會產生了合理的不平等，才會激起合理的競爭；一個社會有合理的競爭，才能有合理的進步。近代共產主義者鼓勵人民不分個人成就大小、能力強弱，盲目要求平等，是替自己的嫉妒心找安頓。在共產主義所造成「要求平等」的空氣中，海耶克很勇敢地說：「平等待遇之唯一的方法就是差別待遇」。集中營裏的奴隸和奴隸之間是相當平等了，他們穿一樣的號衣，吃一樣的配給，聽一樣的政治訓詞，然則這樣的平等有什麼可取？解決不合理的不平等的有效方式並非拿起「革命」的刀子把大家剷得「一刀平」，而是創造公正的機會讓大家上進，大家致富（注17）。

股海光大加發揮海耶克思想的地方，是在論述自由與鎮制的關係上。股海光指出：自由的最大剋星是鎮制。鎮制是鎮制者所施展出來的一種力量，或藉力量所佈置出來的一種網狀形勢，使被鎮制者不得不隨著鎮制的意向作反應。當一個人不得不順著別人的意向去做事，一個人不能為他自擇的目標做事，就有鎮制存在。構成鎮制的要素有 (1) 赤裸的暴力，(2)神話，(3)經濟。神話是從心靈上構成鎮制，這種鎮制力可使冒犯的人感到自卑、孤獨、心神震動，以至於不能自持。經濟則是從生物邏輯上構成鎮制，受到這種鎮制的人可以經常在生存的威脅之下，甚至基本生存完全失去依憑，以至未流血而死。後兩種鎮制是經常而持

---

注17　同上，頁756-760。

久的，當這兩種鎮制有效時，簡直用不著訴諸暴力。依海耶克所說，一項鎮制對一個人施行時的效力爲何，與這個人的內在力量是否堅強相關。自古以來，鎮制對人收效，依次說來是，受鎮制者顧慮名譽受到損害，地位受到動搖，財產被沒收，親戚朋友遭人離間，基本生活的資源被截斷，以至於最後個體生命被毀滅。如果鎮制者依此提高梯次，步步進逼，受鎮制的人可能節節後退，步步放棄，一直退守到基本的生命線爲止。但每個人也有一種超生物的內在力量，它可以是道德的堅持，可以是宗教信仰，可以是美的情操，可以是對眞理的熱愛，人人可藉自我觀察來認知的，人人可由自我訓練得到的，如果一個人的這種內在力量夠堅強，那麼他可能不在鎮制的刀尖之前退卻的，「富貴不能淫，威武不能屈」。如果人對生死問題有所透視因而對死亡無所恐懼，那麼任何鎮制手段都會失效。雖然鎮制對於自由有這樣大的剋害作用，但是一種完全無鎮制的情境只是一種理想的境地。鎮制是存在的，而且有時是無可避免的。所不同者是：(1)民主國家使用鎮制權力受到嚴格的限制，極權國家的鎮制權力之使用趨向於無窮大。(2) 民主國家之使用鎮制權力，主要是在保障社會的秩序以及人民的生命和財產。極權國家的鎮制權力之主要用途在壓制內部，並且利用鎮制權力延伸到社會的每一個角落。(3) 自由的民主國家政府絕不干涉私人生活，更把道德目標和政府決策予以劃分。可是極權國家政府干涉私人生活，並把道德日標從屬於政治目標，藉鎮制權力推銷道德價值。於是道德價值賦予鎮制威力。因此，同樣握有鎮制權力，自由的民主國家的人民不覺得恐怖，而在極權國家裏，鎮制權力乃恐怖之源 (注18)。

　　綜觀殷海光對海耶克思想的闡述，主要集中在自由的意義與價值、保持自由的條件、自由與平等、自由與鎮制的關係上；對於海耶克反對

---

注18　同上，頁775-787。

共產主義與法西斯主義的見解，尤表贊佩。至於海耶克深切關心的西方
自由民主法治體制的演進過程、制度的功能、各種具體的自由主義經濟
政策、財政政策、社會政策等，都沒有深入瞭解，加以闡述。尤其是海
耶克一再強調的自由與民主之間的相關性與緊張性，法治爲自由與民主
的基礎等核心思想，殷海光缺乏相應的理解，大大削弱了海耶克思想的
深度與廣度。同時殷海光也沒有覺察到他所信奉的科學方法論、邏輯實
證論與海耶克思想的衝突與矛盾，這些都一再顯示出殷海光思想的局限
（注19）。

## 三、夏道平與海耶克思想

與殷海光相互輝映，同時在戰後臺灣燃起自由主義火把的是夏道平
先生。誠如張忠棟所言：「夏道平與殷海光，絕對是《自由中國》最重
要的兩支健筆。殷先生從理論入手，闡發民主自由的思想，夏先生則從
實際問題入手，鞭策民主自由的制度。」（注20）據夏道平自述，他走上
自由主義的道路是漫長又曲折的。 1935 年夏道平畢業於武漢大學經濟
系，後任助教兩年，抗日戰爭時從軍，戰爭後期任職於國民參政會。他
在國民參政會工作中結識國民參政會副秘書長雷震，開始對自由主義產
生興趣。1949年他隨政府來臺，並成爲雷震主持的《自由中國》半月刊
主筆。爾後在《自由中國》的11年中，他一面撰稿，一面教書，也不斷
地充實學識，特別對自由理論的鑽研更爲起勁，並與張佛泉、殷海光互
相切磋。由於他是學經濟學出身，比他們更易接近海耶克思想。《自由
中國》於1960年結束，他與周德偉交往密切，並共同獻身於翻譯自由主

注19 林毓生已經指出殷海光思想的局限，參看林毓生，《政治秩序與多元社
會》，臺北，聯經出版社，民國78年，頁24。
注20 張忠棟，〈序夏道平著我在「自由中國」〉，見夏道平，《我在「自由
中國」》，臺北，遠流出版社，1989年，頁20。

義經典著作。夏道平先後譯出米塞斯《經濟科學的最後基礎》(1968)、
海耶克《個人主義與經濟秩序》(1970)、米塞斯《人的行爲》(1976)、
G. Haberler《經濟成長與安定》、洛卜克《自由社會的經濟學》
(1979) 等名著，並撰寫許多闡述自由經濟的論文。夏道平自認爲他是
由於體驗到種種反自由的政權爲害之深而步入自由主義的，並在好友們
相互激勵與啓導下成爲一個自由主義者，而他的思路則應歸宗於海耶克
理論體系(注21)。在此，筆者僅就夏道平如何吸納與闡述海耶克思想做
一簡要說明，看海耶克怎樣影響臺灣的自由主義。

　　夏道平在翻譯海耶克《個人主義與經濟秩序》的譯序中指出：他知
道這本書並不是海耶克的代表作，也知道他的好友周德偉正在翻譯海耶
克的代表作《自由的憲章》，而他之所以要費心譯這本海耶克的論文
集，是要完成他的一個心願，翻譯海耶克的著作給國人認識海耶克，並
希望扭轉時下經濟學學風。夏道平指出：米塞斯與海耶克這兩位經濟學
家都不只是經濟學家，更不同於當代籍籍有名的一般經濟工程師。他們
的經濟理論是植根於「把人當人」的社會哲學，而不像後者的所謂經濟
思想之受制於聯立方程式或電子計算機。前者有助於維持或恢復以某些
公認的原則作基礎的社會秩序，後者則有利於用命令來創造社會秩序。
由於對第一種秩序的偏好，所以他有翻譯海耶克的著作的心願(注22)。
夏道平接著說明他所偏好的第一種秩序即基於個人們自由協作而形成的
秩序，不是由中央計劃而以命令創造的經濟秩序(注23)。從夏道平的譯
序來看，海耶克超拔於現代經濟工程師的視野與心態，力挽狂瀾，給予

---

注21　夏道平，＜自由經濟的思路自序＞，見夏道平，《自由經濟的思路》，
　　　臺北，遠流出版社，1989年，頁5-10。
注22　夏道平，＜個人主義與經濟秩序譯者序＞，收編在夏道平，《自由經濟
　　　的思路》，臺北遠流出版社，1989年，頁25。夏譯《個人主義與經濟秩
　　　序》，原刊臺灣銀行經濟研究室、經濟學名著譯叢第58種，民國59年。
注23　同上，頁26。

他莫大的啓發，而夏道平一再引述海耶克的論點來批評經濟學上的「科學迷」與「工程師心態」，生動地說明海耶克給夏道平當頭棒喝的啓發是在破除經濟工程師與科學迷的虛妄，把經濟學根植於把人當人的社會哲學之中。我們看夏道平是如何吸納海耶克這種超拔於「科學迷」與「工程師心態」的精神：

> 科學迷的出現，是由於近代自然科學的成就，實在叫人驚服，科學方法給人以萬能的印象。於是熱心於社會改良者急於事功，對於社會問題，包括經濟問題的研究與解決，也一律訴之於科學方法。這就是海耶克所說的科學迷。科學迷，實際上正是「非科學的」。因為他把科學的方法錯用在不是科學所能研究所能解決的對象上。科學研究的對象是物，或物與物之間機械的因果關係。經濟學的研究對象離不開人，是人與物，或人與人之間互動的目的與手段之關係。當科學迷把經濟問題當作科學的技術問題來處理的時候，也卽把活生生而有心靈的一個一個的人，當作無願望、無意志的一堆一堆的物來看待。就這個意義來講，馬克斯把他所倡導的社會主義叫做科學的社會主義。倒是很恰當的。與科學迷有密切關係的，是工程師心態之泛濫，泛濫到經濟問題的思考與決策。
>
> 工程師所從事的工作，其目的是單純的。凡是可以達到這個目的的一切力量，他都可以控制。為他的目的，他可以自由支配一個既定量的資源。因此，他一開始就可以把全部過程中各部份的施工，計畫得清清楚楚作成一個藍圖，再一步一步完成其全部預定計畫。換言之，工程師在他所從事的這個特定的小世界裏有完全的控制力。凡是與他的工程有關的各方面，他都可以一一觀察到，都可以十分明瞭。而他所處理的事物，只是一些「已知量」。

在他遇到工程上的問題要解決的時候，並沒有別人的獨立決定來
干擾他。 換言之， 僅就他在解決工程上的問題這個範圍以內來
講， 他並不參與社會過程。他僅憑他個人的頭腦，活動於一個屬
於他自己的隔離的世界裏，所以從一個工程師的觀點來看，他的
工作本身就具有完全性。其實，這種想法却有幾分幻覺。他可以
按照既定的價格購買他所需要的原料，按照既定的工資僱用他所
需要的工人。那些價格和工資他通常是視作當然，而不會了解那
都是錯綜複雜的市場運作所形成。所以一遇到物價或工資的波動
出乎他的意外而影響到他的計畫的時候， 他就認為是一些不合理
的力量在作祟； 而他所謂的不合理的力量，意思是指未被好好管
制的力量，於是乎工程師的見解就擴張地應用到社會問題、 經濟
問題，而要求廣泛的計畫和管制（注24）。

科學迷與工程師心理狀態的泛濫，激起了近代的社會主義、統制
經濟或計畫經濟的潮流。於是個人自由 —— 民主社會的文明所賴
以成長、所賴以持續的個人自由，就橫遭侵襲（注25）。

　　海耶克不僅使夏道平超拔於「 科學迷 」與「 經濟工程師 」心態之
外，而且把夏道平導入服膺於一種基於個人主義，爲個人們自由協作自
生自長的秩序。海耶克區分了兩種不同的秩序，一是設計作成的秩序，
另一是自生自長的秩序，分別給予定位，並強調人類文明的進展有賴自
生自長的秩序。夏道平用簡潔清晰的中文，闡述了海耶克這一論點：

---

注24　夏道平，＜一本新書的讀後感＞，收編在夏道平，《 自由經濟的思路 》，
　　　前引書，頁64-65。

注25　夏道平， ＜ 海耶克教授經濟思想的結構 ＞，收編在《 海耶克和他的思
　　　想 》，臺北，傳記文學出版社，民國68年，再版，頁68。後夏道平自覺
　　　「結構」二字太誇張，改題爲「海耶克教授經濟思想的簡介」，收編在
　　　夏道平，《 自由經濟的思路 》，前引書，頁75。

現代社會愈來愈複雜，我們要談到它的秩序，首先要在觀念上明白區分兩種截然不同的秩序。一種是設計作成的（簡稱作成的社會秩序），一種是自生自長的（簡稱長成的社會秩序）。作成的社會秩序，每個人都熟悉。像各級各部門的官署、法院、憲兵、警察、以及種種法律命令，都是這種秩序的象徵。它的存在，只憑我們的感官隨時隨地都可直接察覺到，用不著大腦去思索。因此一般人一講到秩序，就是指這種秩序，一聽說秩序不好，就想訴之於政府的權力。當然，作成的社會秩序是必要的，我們沒有任何健全的理由否定它的功用。但是，同樣必要，而且現代文明所賴以擴展，而其內容所賴以豐富的，畢竟是長成的社會秩序。

長成的社會秩序，畢竟還是「人」的行為組成。離開「人」就無所謂社會。但是長成的社會秩序雖由人的行為組成，每個人只就他自己直接接觸到的環境而調整他的行為。各人主觀的願望不同，各有其不同的行為目的。儘管他們全體行為的「總」結果湊成了這種秩序，而這個總結果並不是他們行為時所預期的或有意追求的目的。換言之，這種秩序不是由特定的某人或特定的某些人設計造成的，而是在大家不知不覺中呈現出來。所以我們把它叫做長成的社會秩序。

市場秩序是長成的社會秩序之一部份，它是經由市場供需法則所形成的價格體系之指引，生產資源會用在最有效率的途徑。私有財產與個人選擇自由，是市場秩序的兩大基石，市場秩序除具有長成的社會秩序之共性之外，其基本特性是其中每個分子（個人，和政府機關之外的團體、機構）比在其他任何秩序中得有更多的機會可以享有更多的財貨和勞務。這，當然是各個分子的協作結果，可是他們之間的協作，絕不同於通常所說的合作。通常的合作總有一個具體共同目的，市場秩序中的協作不是這樣，而

是各個分子利用他自己的知識和技能，為各自的目的而自作決定。他們之間的協作，不是由於目的相同，只由於手段一致。手段是「交換」，是「取與捨」。市場秩序的形成，是手段的關聯，而非目的的關聯。這是它的又一特徵。在貨幣經濟時代，交換要用金錢作媒介。金錢雖是經濟行為所不可少，但不是經濟行為的最後目的，它的最後目的總是屬於非經濟的。

市場秩序的妙處，還不止於上面所講的「各分子的行為目的雖不同，而不礙於他們的協作」，而且目的愈不同，行為人彼此的受益反而愈大。還有更妙的，在一個很大的市場（尤其國際市場）裏面，這種協作的參與者是些什麼人，相互間大都不知道，也不必要知道。所以在市場秩序中，行為目的不同或相反的人們，彼此間不僅不成為敵人，而且成為實質上互助的朋友。

市場秩序不是靜態的。它是個不斷調整的過程。調整是基於當事人既有的知識和對未來的期望；其成敗還有幾分要靠運氣。所以在市場秩序中，總不免有些人失望乃致受到嚴重的損失。這是市場秩序之成為市場秩序的一點代價。這個代價既無大害而且有益。無大害，是因為它不會長久固著在某些特定的人身上。有益，是因為它有激勵的作用。激勵來自正反兩方面，也即利潤與虧損。

大體上講，市場秩序既有利於人羣和平相處，更有利於人羣生活水準的不斷提昇。其中各分子的行為相激相盪，行為的目的相反相成，因而不斷地保持著一個趨向於平衡的動態。如果有些分子的行為，要由外來的任意的強制力作決定，而不能自己作主，則市場秩序內在的動態平衡就被破壞。其結果必然是混亂，乃至演成大混亂。

「秩序」是人羣生活的必要條件，為有別於自然秩序，我們把人羣生活的秩序叫做社會秩序。社會秩序，除在規模最小的人羣結

合以外，任何社會都有兩種截然不同的秩序：作成的與長成的。兩者雖都不可少，惟長成的秩序愈擴展，則顯示這個社會愈文明愈偉大（不一定龐大）。市場秩序是長成的秩序中最重要的一部份。它的存在和運作，當然要靠作成的秩序來維護來輔助，但不容許後者的強制力任意侵入干擾。否則就搞得市場秩序大混亂。我們知道，現代政府的功能，見之於兩方面：一是權威型的依法強制，一是輔導性的公平服務。前者是作成的社會秩序所賴以維持，後者則有利於包括市場秩序在內的長成秩序之擴展（注26）。

夏道平簡要的論證了自生自長秩序的性質與功能，強調不可用設計作成的秩序任意侵入與干擾，而是用它來維護與輔助自生自長秩序，這就點出了海耶克對現代政府功能的分析與角色的定位。夏道平也依據海耶克的觀點，逐一闡明現代政府的角色與功能，它首先是在保障個人自由。夏道平說：

> 海耶克所使用「自由」一詞，是指人所處的一種情況，在這種情況，他的行為（當然也包括不行為），完全按照自己的意願或打算，而不受他人任意的強制（arbetrary coercion）。（筆者按：coercion 殷海光譯為鎮制。）茲以甲代表強制者，乙代表被強制者。強制並不意謂乙毫無選擇餘地，而是意謂在甲所造成所控制的情況下，乙為避免更重的禍害，不得不違背自己的一向意願而選擇一個禍害較輕的途徑，以達到甲所希望的目的。就其避重就輕這一點講，乙並不是毫無選擇。可是這一選擇，是在甲所造成所控制的環境下逼出來的。換句話說，甲既控制住這個情

---

注26 夏道平，〈經濟自由化與市場秩序〉，收編在夏道平，《自由經濟的思路》，前引書266-271。筆者節錄其要點。

況，則乙的選擇實際上也就是由甲決定的。在這個時候，乙既不能利用他自己的聰明或知識，也不能依循他自己的目的或信念。強制之為害，正因為它消滅了能思想能評價的個人，而使其成為一個單純的工具，被用來達到別人的目的。社會上能獨立思想能獨立評價的個人多被消滅一個，即是對社會進程中的生機多窒死一分。強制之為害，不僅是落在被強制者個人的身上而已。

但是，在我們現階段的社會中，強制仍然是不可完全避免的。因為防止強制，只有一個方法，就是用強制來阻嚇。所以一個自由社會也得賦予邦國以強制權，使其獨占強制權的使用，但是另一方面也得嚴格地限定強制權使用的範圍與方法。範圍只限於用以防止人對人或人羣對個人的強制。凡是與防止強制無關的事情，不得藉任何理由使用強制權。方法則是法治 (the rule of law)。法治的要義是一般性，法律之前人人平等，而不是對付某個或某些特定的人：同時也是明白確定的。讓大家事先知曉，而不是官吏所可任意作為。在這個限定的範圍與方法下，讓邦國獨占強制權的行使，才可把強制的為害減至最少（註27）。

簡言之政府是保障個人自由的「必要之惡」，以政府的強制權獨占來制止個人任意運用強制力量，而且通過法治嚴格規定與限制強制權使用的範圍與方法，把政府獨占強制的危害減到最少。如此一來，在一個經常性的法治架構內，讓個人按照各人的計劃從事各種活動。其次，夏道平指出，海耶克強調政府還必須維持一個穩定的幣制、統一的度量衡制、保障私有財產與契約自由等，以利於維持與幫助自生自長的秩序；

註27　夏道平，＜海耶克教授經濟思想的簡介＞，收編在夏道平，《自由經濟的思路》，前引書，頁77-78。

　　同時，政府還必須從事一些服務性的工作。促進繁榮。夏道平闡述了海耶克論政府角色與功能的所在：

　　一個自由社會，在一定的範圍以內，賦予政府以強制權。強制權是政府所獨占，而政府所可獨占的，也只限於強制權的行使；至於其他方面，政府都得與人民或人民團體在同等條件下活動。但在這個原則下，並不妨礙政府對於某些勞務的提供負起專責。像貨幣制度的統一與安定，度量衡制度的制定與管理，市場消息的情報與統計，都是這一類的事例。其次，有些勞務所提供的利益是一般性的，不能只限之於那些願付代價的人們才能享受，例如環境衛生的維持、公園、博物館的設備等等。這一類勞務的提供，我們不能寄望於私營企業來賠本經營，必得由政府來舉辦。還有一類的勞務，其所提供的利益，無法或難於分割成某種單位；論件地向受益人出賣，也即是說，這種勞務是自由市場所難於提供的。如長程公路的建築與保養由政府來主辦，就是一個最明顯的事例。因為長程公路不像短程公路可以在路口設卡收費（如台北木柵到指南宮的那條私營公路），所以只好由政府經營。政府可利用它的課稅權來征收汽油稅及汽車牌照稅以籌取經費，而不必設卡征收以致妨礙交通。此外，還有些對於社會有益的公共工程，因其成本浩大而收益又相對的微薄，不是私營企業所能或所願經營的。這類的事情也得由政府來作。以上所例舉的這些活動，雖為政府所專辦，但不同於強制的獨占，對於自由市場不僅沒有妨害，像幣制與度量衡的統一，正是自由市場所依賴的要件。至於政府從事這類的活動如何做到恰好的程度，那就要靠遵守一個經濟原則 —— 社會邊際利益等於社會邊際成本。
　　服務性的活動，除上述的那些應由政府專有的以外，其他一切服

務性的活動，大都沒有理由由政府包辦。政府可以參與，可以領導，也可以負擔一部份或全部的經費而委託有相當競爭性的私人機構來作。政府決不可用強制權來獨占，否則就與一個自由社會不相容(注28)。

　　明瞭自生自長的秩序與設計作成的秩序的不同，並確定了政府的角色與功能後，海耶克對現代政府經常運用強制權力干擾與管制各種自生自長的秩序，表達強烈的憂慮與責難，指出它將帶給人類莫大的災難，以至於有毀滅人類文明基礎的危險。海耶克不僅針對現代政府各種不當的管制措施大加批評，而且從自由的原則出發，提出了適切的相應方案。其中關於管制物價問題，抽取累進個人所得稅問題，管制金融問題，以及通貨膨脹問題，最獲得夏道平的共鳴，反覆在他所撰寫的文章引用與闡述。夏道平是希望透過海耶克嚴密的論證來說服當局，以精深的學理來影響中華民國的財經政策，導向一個自由市場、自由競爭的自由社會。這些問題過於專門，而且長篇大論，在此筆者僅舉一例，看夏道平是如何闡述海耶克對現代政府運用權力干擾與管制自生自長秩序所發出的責難與憂慮:

　　物價管制，無論是政府直接定價，還是只定下若干規則，政府依此規則來核價，都與一個自由制度的運作絕不相容。適當的物價，決定於經常在變動的環境，隨環境的變動而物價必須繼續調整。物價一經硬性規定，它們就失掉了作用——不能有效地指導生產。另一方面，如果依照某些規則（例如物價必須與成本保持一定的關係）來核價，則同一物品的不同的賣者所被核准的價格

注28　同上，頁79-80。

勢必不同（因為各個賣者所負擔的成本不會一樣）。但是，這樣作又妨害了市場的功用。更重要的一點，物價既不是自由市場所形成的，供給與需要就不會相等，因而要使物價管制有效，那又必須採取若干措施來決定誰可以買誰可以賣。這樣一來，人與人之間就必然遭遇到任意的差別待遇。而且經驗告訴我們，有效的物價管制，只有靠數量的管制來達成，也即靠行政當局來決定某些特定的人或某些特定的行號可以買多少或賣多少。這又是個任意的決定 —— 行政當局認為怎樣重要就怎樣辦。由此可以知道，價格與數量的管制之所以與自由制度不相容，理由有二：（一）這種管制一定是任意的；（二）這種管制不可能讓市場功能順利地發生作用（注29）。

夏道平所撰寫的 這類型文章，尤其是有關反對抽 取累進個人所得稅，是寄望當局能接納海耶克的理論及其所衍生的政策，導向一個自由社會；但始終沒有發生多少影響當局的作用（注30）。建言無效，因此，夏道平也就更專注於翻譯經典名著了。

夏道平除了闡述海耶克的思想外，也對海耶克的行誼推崇有加。夏道平撰文介紹了海耶克創建的蒙貝勒蘭學會（The Mont Pelerin Society 簡稱 MPS），並翻譯海耶克諾貝爾得獎感言，表彰海耶克謙遜、誠篤、毅力、堅定的人格典型（注31）。

綜觀夏道平所闡述的海耶克，由於夏道平是經濟學出身，其重點自然落在海耶克的經濟思想上。夏道平消化了海耶克的經濟思想，用簡潔

---

注29　同上，頁85。
注30　參看夏道平，<海耶克論凱因斯的通貨膨脹>，收編在夏道平，《自由經濟的思路》，前引書，頁119-128。
注31　夏道平，<一個自由派國際學會的成長>，收編在夏道平，《自由經濟的思路》，前引書，頁248-265。

的中文道出海耶克經濟思想的精華，不但深入而且淺出，相當有功力。
至於海耶克經濟思想背後的哲學基礎，包括其倫理學、知識論、歷史觀
等，夏道平都下過工夫去理解。沒有相當深入理解海耶克的哲學思想，
是很難清楚地掌握海耶克的經濟思路。我們從夏道平翻譯海耶克《個人
主義與經濟秩序》這本論文集，看到他努力研讀海耶克哲學思想留下一
麟半爪。然而夏道平自認為他的哲學（尤其是知識論部門）訓練和科學
方法訓練太缺乏，因此沒把這本論文集中的第二篇〈經濟學與知識〉和
第十一篇〈李嘉圖效果〉譯好。但是我們從他譯介這本論文集的第一篇
〈個人主義：真的和假的〉，以及他認為海耶克把這篇論文擺在第一篇，
而且用它的題目作為全書題目的前半截，這就意涵它是全書的骨幹，這
裏所講求的經濟秩序是個人主義的經濟秩序，也即基於個人們自由協作
而形成的經濟秩序這些論點（注32），我們看出夏道平是相當深入理解海
耶克經濟思想的哲學基礎。但夏道平認為給臺灣學界更為完整全面的述
譯海耶克思想，則非周德偉莫屬，他則致力於譯介米塞斯、洛卜克等其
他自由主義大師的著作去了。

## 四、周德偉與海耶克思想

　　1973年周德偉譯出海耶克《自由的憲章》，1975年他出版《當代大
思想家海耶克學說綜述》一書，這兩本書漂誌海耶克思想在臺灣已嚴正
登場，邁步向前。周德偉於1931年進入倫敦大學經濟政治學院，即參加
海耶克主持的貨幣理論及經濟循環研究班，此後接受海耶克的指導精讀
奧國學派的著作。1935年周德偉轉到柏林大學攻讀哲學，並開始寫貨
幣理論的著作，得到海耶克的指正。中日戰爭爆發後，周德偉返國，先
後在長沙大學、重慶大學、中央大學任教，並任公職。1946年周德偉奉

注32　同注22，頁28。

派擔任中華民國出席國際貿易會議代表團代表，才得與海耶克相見，繼續交往。1949 年政府來臺，周德偉任關務署長，並在臺灣大學兼課。來臺後，周德偉深感中國知識分子沒有深入瞭解自由主義，以彰顯自由主義大師們的理論體系，致使無力抵抗馬克思主義的泛濫，造成國難當頭。因此於 1951 年冬起約集學界好友致力研讀譯介海耶克、米塞斯、洛卜克的著作。同時也撰寫許多論文批判馬克思主義，闡揚自由主義。1965 年海耶克訪臺，周德偉撰文介紹海耶克。1969 年他自關務署長退休，全心投入譯述海耶克思想工作，全文譯出《自由的憲章》並撰寫《海耶克學說綜述》，給臺灣戰後的自由主義帶入新的里程，打開新的思想格局。

海耶克《自由的憲章》於 1960 年出版，被譽爲二十世紀自由主義的經典著作。全書分爲三部分，首先是通論自由的意義、價值與功能，也論述了自由與平等、自由與民主、自由與責任、自由的道德基礎等問題。第二部分則研討西方保障個人自由所建立的法治，論述其法理、制度、演進的歷史。第三部分則就現代經濟、社會、政治等實際問題，提出合於自由的解決方案，並針對福利國家與社會主義危及自由的各種措施加以指責。

周德偉翻譯海耶克《自由的憲章》是採用意譯與增加解釋的方法，卽譯者不拘守譯事的繩墨，在融通全章節的意旨後，用自己最嫻熟的文章體裁寫出，隨時用括號加以釋意原文。這些地方雖然在形式上沒有保住原著的面貌，但在意義上確有助於對原著的瞭解。爲明示這一特色，周德偉用「達旨」一詞，而不用「譯」。茲選錄二段以見其風格 —— 括號（　）爲其增補的說明非原文本身。

自由社會內，一人之專門才能並非使其有特權獲得任一特殊之地位。如作此要求，則必指某一主司享有權力，據此主司之判斷，

安排每人之特殊職位，此無異要求每人放棄其自由。凡自由社會所提供者乃各人追求其適當位置的機會（但亦僅為機會，無定式，無定型，運用之妙存乎其人）。此即謂各人為其才能尋求市場，亦不能不擔當風險。吾人不必否認：自由社會制度，對個人施予此類壓力常為人所憤怒（但何者可資替代乎？感情之憤怒於事無補）。凡設想他種社會制度以解除此類壓力，均幻想也。個人負自己命運之責，誠為壓力，但任何替代之制度，亦必須人遵守一定秩序。被人安排之為壓力，必更煩瑣而嚴重(注33)。

與別人發生交往時，對同樣的服務酬以同樣的價值，不必追問特殊個人為提供此服務所費之特殊辛勞及精力，即已符於公道。提供服務者之經常合理期待，亦止此而已。彼亦無權要求更高之價值也。決定吾人之責任者，乃吾人自別人所提供之服務人所獲致之利益，非其人提供此項服務所需之德業。至於期待別人之酬於吾人者，其理其情亦無不同。吾人期待之報酬，非根據於吾人之主觀德業，乃根據於吾人所提供之服務對別人有何價值。自由人的標識，乃其資以為生者非依據於別人對其德業所抱持之見解，乃依據於其所提供於別人之服務是否獲致了公平的報酬，此則自己所能主張所能要求者（至於德業乃身心內事，別人無權干預，吾既不求人知，受苦受難亦所自甘，不強人所難而求額外報酬也）(注34)。

　　細讀周德偉達旨的《自由的憲章》，的確甚能展現海耶克思想的精神面貌，周德偉相當自信的說：「譯者敢保證每一增補均根據原著者在

---

注33　海耶克著、周德偉譯，《自由的憲章》，臺北，臺灣銀行經濟研究室，民國62年，頁20-21。
注34　同上，頁140。

別處之發揮，絕非臆斷。」（注35）

　　爲了傳播和闡發海耶克的思想，周德偉除用力翻譯了《自由的憲章》之外，還撰寫了一本《當代大思想家海耶克學說綜述》。這本書除海耶克的序文外，共有二十六篇文章，分做四編：(1)社會哲學與法治思想；(2)經濟學理及政策；(3) 中立貨幣論；(4) 具體問題的研究。周德偉在這本書中相當全面的闡述海耶克的思想，也引申海耶克的觀點來討論一些具體的財經政策與反共之道。海耶克在序文中表示：「近五十年來，凡余何以從貨幣理論及產業波動之專門著作，進到大社會內自發秩序之功能的廣泛觀念，以及適當的運用此種功能之法律的及道德的條件，彼均洞悉無遺（注36）。」海耶克深信周德偉已深入透徹的瞭解他思想的精義，而周德偉這本《當代大思想家海耶克學說綜述》也的確展現出海耶克思想的深度與廣度，爲中文世界第一本獲得海耶克首肯通論海耶克思想的專著。

　　周德偉強調海耶克論自由的創造力。周德偉引述海耶克的話：「自由乃一切價值之園地。無自由，則不能產出價值。從自由所產出之價值未必衆意感同，此無害於自由之可貴。人人能行使其主觀評價，能行使其創發，乃能產生更多、更高之價值。人人之主觀評價不同，卽此不同，乃爲自由奮發之動力。」「無人能預知別人創造潛力，所給予一人之自由必須同樣同度給予人人。」「自由社會內每一個人利用自由之成就均利於人人，知識創新及技術創新，雖成就於個人，但社會內之任一成員均得享用之。」

　　繼而周德偉指出海耶克支持自由的主要理據有二 (1) 尊重自發勢力；(2) 個人知識有限。周德偉說：

　　　　彼（海耶克）之造論，永將兩個最重要的因素，而爲一般學人所

注35　周德偉，〈寫在自由的憲章的前面〉，前引書，頁15。
注36　同上，頁8-14。

忽視者納入考慮。第一，在人類自原始時代起之長期社會生活經
驗中，長養出無數自發的勢力 Spontaneous forces 促致人類所
特有的「行為模式及規律」Pattern and rules of Conduct 之
形成，決非一人或少數人之力量所能立意創造。且此等模式及規
律，大部分常非語文所能表達；人人在採取行動時，不思而得，
不勉而行，且由之而不知其道，但有助於吾人之續進。彼曾謂：
「吾人可不假思索能執行的活動的數量愈擴展，則文化愈進步」。
無人能明確知道此類模式及規律發生之真實情形，亦無人能凌駕
大社會內已發生功能並不斷發生功能之無數自發的勢力。第二，
在一進步之社會內，無知之領域擴展不已，每人之所知，只限於
極狹小範圍之所學習及所遭逢之特殊情境。科學亦只能獲知「類
現象」之共同特徵，或其出現之「蓋然率」。海耶克一反於流俗，
宣稱「科學決非特殊情境之學」，特殊情境只有遭逢者個人知之，
別人無從知及，運用之妙存乎其人。根據此二理，故海耶克畢生
為自由的政策而奮鬥，即讓各種自發的勢力及規律早已先於任何
研究人員及執政人員之努力，納於社會秩序內發生功能者，自由
發揮其創發及相互濟達的力量，千萬不能予以阻遏，否則必障礙
社會之進步，甚至召致悲劇 (注37)。

　　而站在此自由哲學對立面的，為海耶克一再抨擊的是構想主義者的
唯理主義（Constructionist Rationalism），由笛卡兒發端，發展為
社會主義。周德偉也引述海耶克的話來說明此派見解的特質與錯誤：

　　笛卡兒謂理性為根據明確的前提 explicit Premises 之邏輯的

---

注37　周德偉，《當代大思想家海耶克學說綜述》，臺北，正中書局，民國64
　　　年，頁12-13。

演繹 (注意: 邏輯原義由邏各斯 Logos 演變而來, 原指心性之學), 從而認定．理性的行動, 完全被既知的及可闡明的真理所決定, 且不承認為理性所不能表達之知識境地。根據此認定, 無從避免達到一結論: 即只有在此一意義上真實者, 方能導致成功的行動, 因此, 人須歸本一切成就於邏輯及理性的推理。各種制度及各種實踐不經由此一方式所設計者, 如發生有益的效果, 只是偶合, 人們不能憑偶合以指導文化之進步, 彼等始終相信: 具有超越的智慧之人可以設計未來, 指導未來。

事實上唯理主義的接觸方法, 乃退到古老的人宗主義的思維方式。彼等恢復一古老的傾向, 將文化上之一切制度均溯源於特定人士之發明及設計。舉凡道德、宗教、法律、語言、文字、風習、書契、貨幣以及市場, 均被認為係出於特定人士之睿智的構想, 或至少認為: 此類事象之具有適宜性及完備性, 均須歸功於特殊的設計。

但相信: 人之所以能控制其環境, 主要的由於人心能從明確的前提容受邏輯演繹的容量, 乃事實上極不正確的信念。並非採取行動之人, 人人均懂得邏輯學。人之有成就, 並非人先行確知應遵守之規律, 但在事實上彼常遵守之。人甚至不能將一切規律用語文表達, 但它被若干流行之規律所支配。此類規律乃經由淘汰程序 à process of selection, 從人所生存之社會中, 演化而出。試見吾人生活於社會內, 有無數最廣義之工具, 如風俗習慣、道德實踐、語言、文字、生活規律, 乃至各種制度, 如交換中介, 往古之日中為市及邊荒地區之定期趕集, 以及人與人相處之道, 如父子兄弟夫婦朋友間之信守, 吾人能追溯其源泉乎? 吾人能舉出何等人士所發明乎, 但吾人均不思而得, 不勉而行, 由之而不知道, 資以為續進之工具。此乃無數代人士演化之結晶, 吾人無

從知之，亦無須一一探究，且對吾人有莫大之補益。

故吾人可將存在之知識分成兩大部分，其一為明確之知識，即科學家、哲學家所發見之原理原則，可以文字表達並由邏輯技術求得者。另一為非明確的及不可知之知識，更非考證家所能考證其源泉者，包括最廣義之工具及不能用語文表達完全之生活規律，此類事態幫助吾人成功，亦不能，且從未納入學人求取專門知識之邏輯推理。笛卡兒欲憑今人之理性，摧毀一切傳統，可謂謬誤之極。笛卡兒及其信徒斷不知人之理性，亦為一不斷生長之體系，任何人無設計未來之能力，後人亦不受其往昔特殊人士之安排（注38）。

關於周德偉詳細周延地闡述海耶克思想，限於篇幅，筆者不能大肆列舉，從以上周德偉闡述海耶克的自由哲學，可見其融會貫通的功力。在此筆者必須突顯周德偉闡述海耶克思想的另一特色是在周德偉常借海耶克來反省中國傳統文化，試圖把海耶克思想紮根於中國。

周德偉在達旨《自由的憲章》時，作了許多注解說明中國傳統文化與海耶克思想相合之處，茲舉三例：

①按司馬遷主張保障進步之源並反對財富之再分配，較之海耶克之議論，不謀而合。彼曰：「原大則饒，原小則鮮，上則富國，下則富家，巧者有餘拙者不足，貧富之道莫之奪予。」又曰：「此乃道之所符而自然之驗」，實已道出了真理。又〈禮運・大同〉篇：「不患寡而患不均」，並未主張均分私人所有之財富，只主張增進國家設施，使男有分，女有歸，幼有所養，壯有所用，鰥寡孤獨有所恃，此應為施政之方針，而非武斷的收奪人民之財富（注39）。

②海耶克謂「人際間之輕微壓力，不能一一由法律管轄，有賴於人人

注38　同上，頁104-109。
注39　同注33，頁77。

志願遵守之規律，父子夫妻及親屬以及親密人士間之一切細節，政府果能一一管轄乎」。此與中國聖哲謂敦厚風俗有助於治化之最大理由，亦卽尊重禮治之最大理由。法治之力有時而窮，若人際間一切細故，均待法律以爲規定，其弊害將較警察國家爲甚，關於此點，中西說法完全相同。旨哉嚴又陵先生之言曰，西學愈盛則中學亦益明，此其例也（注40）。

③海耶克主張遺產制度及家庭傳授，在中國今日之時髦潮流下可能不受歡迎，但此制度在中國已行之數千年，確有其理，茲再補充海耶克之說如次：文王、箕子、周公、公孫僑均貴族也，享有最優厚之學術遺產，孔子之祖先亦世爲大夫，享有學術遺產，孔伋亦然，顏回、曾參之父均爲學人，司馬談之後，方有司馬遷，劉向之後，方有劉歆，此類事項，不勝枚舉，歐美尤多此例，一般言之，遺產及家庭傳授無害於事業、才能、品德之陶養亦已明矣。難者不難舉出相反之例。但如一切人均從一無所有之貧困境地做起反較有益，決無其理。至於改革教育制度，使一切貧困之人從最幼之時，均無例外的受到同等教育，牽涉問題之廣，海耶克已於本書最末一章（〈教育與研究〉）詳論之，必須細讀（注41）。

我們從周德偉這些注解，不難看出周德偉相當用心保留中國傳統文化許多值得珍惜的地方。 這與海耶克演化 的社會哲學中 所強調尊重傳統，反對以個人的才智完全否定傳統是一致的。當然，周德偉也不是沒有看出中國傳統文化的缺點，周德偉從自由主義的立場指出中國缺乏保障自由之法律制度以及人民自己挺身出來要求人權的觀念。周德偉說：

中國古籍只有墨子仁法，荀子義法之學說，只有道德效力，而無法律效力，使中國政治文明遜色。中國聖哲垂教只警戒帝王施仁

注40　同注33，頁222。
注41　同注33，頁194。

政，施仁政就是愛民，不戕害老百姓，省刑司，薄賦歛，一切責
任都課在帝王及大臣身上，　而且這個責任只是道德的，非法律
的，凡道德責任無強制執行之力，帝王不施仁政，學人至多罵他
們為暴君，為桀紂，為獨夫。最急進的孟子只說出君之視臣如草
芥，則臣視君為寇讎。周公及荀卿亦只主張制禮定分，主張各階
層包括執政人員在內各守界限，多少包含有尊重人民之觀念，但
無人民自己抗爭其權利的概念。老莊一派亦只主張天法道，道法
自然，主張無為而治。主張帝王少干涉老百姓的事，中國兩千年
的政治文化始終未發展限制帝王權力，保障個人自由的制度，豈
中國聖哲學人之智慧不及西方聖哲乎。不能不勤求其故。……各
國之歷史背景不同，故其學說之發展亦異，吾人不必以此自卑，
總之中國過去之最高道德為仁，西方則為自由，自由乃產生高尚
價值之園地，時代進步，吾人必須創建自己之自由制度，獲致高
尚之發展（注42）。

周德偉感到欣慰的是中國雖沒有保障自由的法律制度，但有自由的
**傳統**，它可以與西方自由主義相容，為中國建立保障人權的法律制度的
資源。周德偉在《自由的憲章》的注解說：

中國古文化中有無自由一觀念頗為政治學者所爭論。但孫中山先
生謂中國人民的自由太多，　究何所據乎！　茲分兩點論之：（1）
「自絲境地」Freedom，中國人民之有自絲境地，史例太多。
中國人民不被政治干涉之私的領域，相當廣大，享有自由及人權
確為事實，帝堯時代之擊壤歌：「日出而作，日入而息，鑿井而

---

注42　同注33，頁192-194。

飲，耕田而食，帝力何有於我哉」。此為自繇存在之鐵證。中國
經傳，主張政府不干涉人民的私生活領域，及最高治理原則，為
與民相安，與民休息。史例之多，更難縷舉。西漢以後廢奴婢之
政令與古希臘廢除奴婢敕令之意義相同，亦尊重獨立之人權也。
希臘之自由思想約輝煌於2,500年以前，中國亦起於3,000年前，
既有自由境地，即有各項言論思想、生活方式之自由，毫無可
疑。(2)關於思想自由問題，孔子死後，儒分為八，墨分為三，
且諸子百家並起，各有異同，西漢以後各大儒之思想，從未完全
一致，政府並無干涉，六朝以後佛學傳入，政府且從而提倡之，
道家學問亦相當發展，此非思想自由而何。關於自由學說，中國
較之西方名異而實同者，或名異而實更精者亦甚豐富，孔子萬物
並育而不相害,道並行而不相悖,墨子主兼愛及分工，均自由也,
分工以有自由就業為前提，亞丹斯密，即如是言之。孔子曰：己
欲立而立人,己欲達而達人,此與約翰・密爾 John Mill 及海耶
克所詁自由之義完全相同，蓋自由非不負責任之浪漫的自由，故
嚴又陵詁自由為羣己權界。海耶克在本書第五章，發揮更精，均
與中國聖哲之說相符， 讀者可細加研究， 譯者不過發其端而已
(注43)。


　　由此可見周德偉是自覺地以中國的自由傳統吸納海耶克思想，希望
會通中國傳統文化與西方自由主義，由此建立自由、民主、法治的制度與
生活，這是他譯述海耶克思想的宗旨。周德偉雖致力於溝通中國傳統文
化與海耶克思想,可惜只是發其端,未能竟其功。這個工作由海耶克另一
入室弟子林毓生深入進行，已理出自由主義與儒學的相通之處，並釐清

---

注43　同注33，頁192。

出海耶克的法治思想與中國傳統文化的扞格之處（注44）。

## 五、海耶克思想無法成爲戰後臺灣學界顯學的原因

從以上的論述，我們得知戰後臺灣的自由主義是以海耶克的思想爲主導，殷海光、夏道平、周德偉都宗海耶克爲師，努力譯述海耶克的思想。周德偉的貢獻最大，譯出海耶克的代表作《自由的憲章》，並撰寫《當代大思想家海耶克學說綜述》，全面闡述海耶克的思想。此外，許大川翻譯海耶克的《價格與生產》（臺銀），張尙德翻譯海耶克的《到奴役之路》（桂冠），以及何信全著《海耶克自由理論研究》（聯經），這些著作對傳播海耶克思想都發生過一定的作用。但是總的說來，海耶克的思想在戰後臺灣始終不是顯學，對於政治、經濟，以及學術的影響甚小。因此，筆者想檢討其中的原因，展望未來臺灣自由主義在思想上努力的方向。

海耶克思想之所以在戰後臺灣未能成爲顯學的原因之一是它不受到政府當局的重視。當1954年殷海光翻譯海耶克的《到奴役之路》於《自由中國》刊載時，胡適就一針見血指出「現在臺灣的經濟，大部份都是國營的經濟，像海耶克這種自由經濟的理論，可以說是很不中聽的」（注45）。而夏道平、周德偉引述海耶克批評抽取個人所得稅累進稅、管制金融等措施，也都是不中聽的。政府當局在「節制私人資本，發達國家資本」的指導下，在完成反攻復國的使命下，是很難聽得下海耶克的理論的。因爲它意味著政府要放開管制的權力，尊重自由競爭的市場秩序，開放國營企業民營化……等，大大削弱政府當局權威與領導全局的角色。政府的施政方針與海耶克理論大相徑庭，這是海耶克思想未能成爲顯學的外緣性因素。

---

注44　參看林毓生，《思想與人物》，臺北，聯經出版社，民國72年，及其《政治秩序與多元社會》，臺北，聯經出版社，民國78年。

注45　胡適，〈從到奴役之路說起〉，收編在《海耶克和他的思想》，臺北，傳記文學出版社，民國68年再版，頁150。

其次是戰後臺灣的自由主義沒有公開在學術殿堂上講授海耶克思想，影響對海耶克思想的研討與傳佈。殷海光在臺大哲學系教「邏輯實證論」、「分析哲學」、「理論語意學」，於 1966 年被迫離開臺大。夏道平在政大經濟學系教「經濟學英文名著選讀」，1976年退休。殷海光、夏道平因種種原因沒有公開在學術殿堂上講授海耶克思想，只是在《自由中國》、《文星》等雜誌上散播海耶克思想，也就無法培養出一支以海耶克掛帥的自由主義理論隊伍，導致研討與傳播海耶克思想只落在少數幾位學者身上，做零星式的個人奮鬥，形成斷層的現象，不能造成一代又一代的知識累積，大力推動海耶克思想在臺灣逐漸成長。當然西方國家到80年代才開始眞正重視海耶克思想，也影響臺灣學界遲遲理會海耶克。

除了以上這些外緣性的因素嚴重影響海耶克思想在臺灣的傳佈外，海耶克思想之所以未能成爲戰後臺灣的顯學，最主要的原因還在於思想本身的原因。海耶克自述其思想源於奧國學派與其所謂英國自由主義傳統，在行文中經常祖述洛克（J. Locke）、休姆（D. Hume）、斯密（A. Smith）、弗格森（A. Fergnson）、康德（I. Kant）、柏克（E. Burke）、托克維爾（A. Tocqueville）、阿克吞（L. Acton）、維克塞（K. Wicksell）、孟格爾（C. Menger）、米塞斯等前輩的著作，申論他們的觀點。然而這些奧國學派及其所謂英國自由主義傳統的重要著作到90年代海峽兩岸學人只譯出其中一部份，導致研讀海耶克思想時缺乏相關資料而不能深入探究，甚至於讀不懂海耶克的著作。這就大大影響海耶克思想在臺灣的傳佈。同時這也說明海耶克思想是從西方十七世紀以來自由主義發展出來的，只有當中國人能掌握西方自由主義的來龍去脈時，才能眞正理解海耶克在西方自由主義的地位及其貢獻。

此外，海耶克的思想中始終面對四大對手 —— 社會主義、凱因斯主義、唯理主義、福利國家，針對他們理論與實踐，展開針鋒相對的論

戰。而在戰後臺灣的學術界不盛行這四派學說，致使海耶克思想無用武之地。同時臺灣當局最主要的經濟導向，是把臺灣帶出落後國家貧窮循環的困境，走上經濟起飛，而海耶克所面臨西方成熟資本主義、社會主義、福利國家的種種問題都還沒有在臺灣出現，從而他所提出的種種對策也就失去了相應的吸引力。那麼何以戰後臺灣自由主義者奉海耶克為師，海耶克思想吸引臺灣自由主義者的魅力在那呢？

我們從思想的層面看，戰後臺灣的自由主義者之所以特別青睞海耶克思想是因為海耶克提供給他們一整套反共的理論與一整套自由的義理，這是流亡於臺灣的自由主義者在飽嘗中共的威脅與法西斯的陰影下感到最迫切需要的武器和思想武裝，以此來抵擋馬克思主義的泛濫，並引導臺灣當局肯定自由、民主、法治的價值，而走出法西斯陰影，奔向自由民主陣營。殷海光、夏道平、周德偉都明白地表達出此一立場與使命感，堅決反共，肯定自由民主並引導當局與學子走上自由主義，對戰後臺灣的文化思想做出一定的貢獻。

隨著臺灣經濟的大幅成長、威權政治體制的解體，兩岸關係的緩和與交流日益密切，自由主義經典的充實，以及教育普及等新局面的到來，臺灣自由主義者在思想工作上應如何繼承前輩們的努力成果，向前邁進呢？林毓生特別提倡海耶克以及自由主義的法治思想，指出臺灣自由主義者應朝向海耶克強調的法治上努力，這不僅僅是思想的工作，而且須從事社會運動在制度的層面落實(注46)。這的確是臺灣自由主義者目前迫切的重點工作。我們也希望有志之士能譯出海耶克繼《自由的憲章》後完成的巨著《法律、立法與自由》(*Law*、*Legislation and Liberty*)，把海耶克的法治思想及其背後的文化哲學，系統的介紹給國人，加速海耶克思想在臺灣的成長茁壯。此外，筆者認為臺灣的自由主

---

注46　同注19。

義者應加強研討海耶克大力推崇的托克維爾思想，托克維爾考察了美國民主政治的成長過程，對美國的地方自治、憲法架構、公民社會、法治、文化精神都詳加研討，系統的探討民主是如何在美國成長出來，而對人類文明有何意義（注47）。臺灣正值民主的幼年期，如何能順利地成功地長出民主，參考托克維爾的著作一定會得到有益的啓發。如何面對臺灣目前的民主浪潮對其相關的問題提出相應的解決之道，應是這一代臺灣自由主義者思想上著力點，也將是臺灣自由主義開花結果的日子。

注47　參看托克維爾著，秦修明等譯，《美國的民主》，香港，今日世界社，1985年再版。或董果良譯，《論美國的民主》，北京，商務印書館，1988年。

# 臺灣七〇年代鄉土文學論戰

彭　小　妍

　　1977年前後，鄉土文學論戰在文壇掀起一陣狂飆之際，臺灣也正面臨空前的政治、經濟、社會的轉型期。論戰過程中，知識分子對所謂「本土」、「鄉土」（指臺灣）和「大鄉土」（指中國）的界定，在文化認同上何去何從的爭議，對西化及民族主義對立的反省，在在都顯示出此次論戰不只牽涉到「現代派」和「鄉土派」在文學理論和實踐上的分歧，更是兩種政經社會意識型態理念的抗爭。故而無論是當時參與論戰的作家或是日後的評者，大多強調此次論戰意識型態的層面[注1]，反而忽略了這兩派作家本身如何透過文學形式和內涵，表達不同的理念；換句話說，對文學作品文本和理念間的關係，一直欠缺較爲系統性

---

注1　參考尉天驄編著，《鄉土文學討論集》，1978年初版（據尉天驄先生透露，本書實際上由臺北書林書局出版，但因當時政治忌諱，未標明出版社名稱）；彭歌等著，《當前文學問題總批判》，臺北中華民國靑溪文藝學會，1977年，《當前文學問題總批判》所收集的論戰文章僅到1977年11月發表的爲止，而且內容的偏向都是打擊「鄉土派」，在抽樣選擇上完全沒有包括相反立場的作品。相對的，《鄉土文學討論集》收集的文章到1978年3月爲止，而且雖然在基本立場上是替「鄉土派」辯護，在選文時也收入反對者的代表作品，供讀者比較參考，例如尹雪曼的＜消除文壇「旋風」＞、彭歌的＜不談文性，何有文學？＞、余光中的＜狼來了＞等等，甚至有許多重要作品是《當前文學問題總批判》沒有列入的，例如彭歌的＜三三草（九則）＞、銀正雄的＜墳地那來的鐘聲＞等等。很明顯的，在選文方面，《鄉土文學討論集》較爲周全，而且兼顧雙方論點，比較起來，較《當前文學問題總批判》公正完整，故而較富參考價值。因此本文提起論戰作品時，主要以《鄉土文學討論集》爲依據。

的分析（注2）。

　　今天我們回顧這一段文學史，首先應該釐清下列事實：(1)參與論戰者並不一定是從事文學創作的作家，如尉天驄、胡秋原是支持鄉土派的文論家，如銀正雄則是支持現代派的評家；(2)兩派作家中，有直接參與論戰者，如鄉土派的陳映眞、楊靑矗、王拓，如現代派的余光中和彭歌，也有只創作而似乎未直接捲入論戰風潮者，如鄉土派的王禎和、黃春明，現代派的白先勇。由這個事實的了解，我們要問的是：參與論戰的評論家固然各執一辭，不惜積極爲對方戴上各形各色的帽子，兩派作家在理論和實踐上究竟區別何在，在語言和文學形式上是否著意表現出互相抗衡的意識型態？鄉土作家把閩南語夾雜在白話文中，和王文興《家變》（1972）中大量運用的福州話，在用意上有何不同？還是都不妨視爲創作語言上的實驗？這些問題的解答，有助於我們了解此次鄉土文學論戰的本質及其延伸的意義。本文將嘗試探討這些項目，設法澄清一般的誤解或成見。

　　本文在結論中將指出，就兩派作家本身藝術理念上的分歧而言，基本上是「爲藝術而藝術」（現代派）或「爲人生而藝術」（鄉土派）的

---

注2　李歐梵曾對現代派的文學理論和實踐作過比較詳細的剖析，顏元叔則曾研究鄉土派的「社會寫實」。Cf. Leo Ou-fan Lee, "Modernism in Modern Chinese Literature: A Study (Somewhat Comparative) in Literary History," a paper delivered at the "Symposium on Taiwan Fiction" (Feb. 23-24, 1979, Austin, Texas) and again at The Third Conference of the International Comparative Literature Association, Tamkang University (Aug. 7-12, 1979); and Yen Yuan-Shu, "Social Realism in Recent Chinese Fiction in Taiwan," a paper delivered at "The Fourth Asian Writers' Conference" (April 25-May 2, 1976), later collected in *Thirty Years of Journal in Asian Literature* (The Taipei Chinese Center, International P.E.N.), pp. 197-232. 在中文論述方面，葉石濤的《臺灣文學史綱》於〈七〇年代的臺灣文學——鄉土乎？人性乎？〉一文中，提綱挈領地回顧鄉土論戰，也對個別作家作了一些簡介，但在文本的詳細分析方面，仍付諸闕如。見《臺灣文學史綱》，高雄，文學界雜誌社，1991年，頁137-65.

爭議。這是無論中外文學史上，每隔一段期間必然周而復始的辯論，而
這類辯論的顯現，多半和政經文化轉型或產生危機感有密切的關聯，例
如英國工業革命後，費邊社和現代派的對立；又如兩次世界大戰間，德
國寫實主義派和前衛主義的爭論；以及五四文化運動過程中，「文學研
究會」和「創造社」的論戰。「爲藝術而藝術」或「爲人生而藝術」可
說是文學史上一個永恆的辯論，臺灣77年鄉土文學論戰可以放在這個脈
絡中來看。而60年代末到70年代初兩派作家藝術上不同的理念，引導出
一連串有關政經意識型態的爭論，其影響牽涉範圍的深遠，恐怕是當初
許多創作者始料所未及的。

## 一、臺灣意識與中國意識

　　有關鄉土論戰方面的論述，到目前爲止，唯一的專書是李祖琛的
《七十年代臺灣鄉土文學運動析論──傳播結構的觀察》。李氏如此界
定他的論文主題：「此處的臺灣一辭，只是地理意義，無關乎臺灣意識
與中國意識的爭執。」（注3）如果說李氏只是藉此說明他有意廻避論戰
中有關「臺灣意識與中國意識的爭執」，以免引發不必要的牽連，倒是
情有可原；但如果他的意思是此次論戰並未涉及這方面的爭議，那就有
扭曲之嫌，甚至是蓄意誤導讀者了（注4）。

　　坦言之，鄉土論戰期間最敏感的話題之一，就是本省籍與外省籍的
劃分，民族主義與西化的對立。葉石濤在〈臺灣鄉土文學史導論〉中，
公然標明所謂「臺灣意識」的立場：

　　　　儘管我們的鄉土文學不受膚色和語言的束縛，但是臺灣的鄉土文

---

注3　李祖琛，國立政治大學新聞研究所碩士論文，1986年，頁2。
注4　事實上這整篇碩士論文並沒有讓讀者了解作者的眞正立場，因此筆者難
　　　以下斷言。

學應該有一個前提條件，那便是臺灣的鄉土文學應該是以「臺灣為中心」寫出來的作品；換言之，它應該是站在臺灣的立場上來透視整個世界的作品。儘管臺灣作家作品的題材是自由、毫無限制的，作家可以寫出任何他們感興趣及喜愛的事物，但是他們應具有根深蒂固的「臺灣意識」，否則臺灣鄉土文學豈不成為某種「流亡文學」(注5)？

換言之，葉氏在此透露的訊息是：可以有一種超乎文學領域之外的標準 (criterion) 來判定作品的價值。葉氏直接指出，當時「一部份留美作家的作品」就是他所謂的「流亡文學」，因爲「他們的作品跟居住在此地的現代中國人的共通經驗，壓根兒扯不上關係」(注6)。很明顯地，這種評論，等於影射了現代派作家如白先勇、王文興、於梨華、聶華苓、余光中、叢甦等，都是或定居於美國、或經常旅美訪問的作家。按照陳映眞的說法，早期夏濟安主編的《文學雜誌》(注7) 時代，作家所表現的是回想大陸經驗爲主的題材，因此是「回憶的文學」(注8)。至於後來《現代文學》(注9) 的作家，如白先勇、陳若曦、歐陽子、王文興等，在「西洋文學中找傳統，模仿西方文學的內容和形式」，則是「被籠罩在一片西化的潮流之下」(注10)。換句話說，這類回憶大陸經驗或

注5　葉石濤，《臺灣鄉土文學討論集》，頁72。原載於《夏潮》，第14期，1977年5月1日。
注6　《臺灣鄉土文學討論集》，頁72。
注7　按《文學雜誌》月刊於1956年9月至1960年9月發行，共48期。
注8　陳映眞，〈文學來自社會反映社會〉，《臺灣鄉土文學討論集》，頁62。原載於《仙人掌雜誌》，第5期，1977年7月1日。
注9　按《現代文學》雙月刊於1960年7月至1973年9月發行，共51期，曾於17期到35期改爲季刊，36期到45期改回爲雙月刊，46期到51期又改爲季刊。原由仙人掌出版社發行，41期起改由晨鐘出版社發行。1977年8月至1984年11月復刊爲季刊，共22期，由遠景出版社發行。
注10　〈文學來自社會反映社會〉，頁62。

西化的作品，就鄉土派的標準而言，是缺乏「臺灣意識」的。

　　但我們如果回過頭來看鄉土派的大本營，也就是1966年創刊的《文學季刊》（注11），會發現這個刊物其實也介紹了不少西洋文學理論和作家流派。陳映眞自圓其說的說辭是，《現代文學》「全心全意的往西方走」，而《文學季刊》則「一直在找尋自己的道路」。根據他的說法，這種「尋找」的趨勢自1970年以後就更爲明確（注12）。當然，鄉土派如此斷言現代派作家只是一味模仿西方，而毫無藝術上求新求變的動機和企圖，是相當不公平的說法。白先勇、王文興等在藝術上的突破性成就，已是衆所周知，筆者無庸贅言。主張鄉土文學的評家，以極端「西化」和缺乏「臺灣意識」否決了現代派在藝術上求新求變的努力和成就，只不過凸顯出鄉土派本身的排「外」立場。

　　除了「臺灣意識」，鄉土派還標榜「民族精神」、「現實主義」等理念。試看鄉土派文論的標題，便可窺其端倪：如吳明仁的〈從崇洋媚外到民族意識的覺醒〉（注13），林義雄的〈知識份子的崇洋媚外〉（注14），或王拓的〈是現實主義，不是鄉土文學〉（注15）。王拓的文章引申臺灣光復來第一代作家之一鍾肇政對「鄉土文學」的定義（注16），認爲這類作品「包括了鄉村，同時又不排斥都市」。王氏寫道：

---

注11　按《文學季刊》於1966年10月至1970年1月發行，共10期。
注12　〈文學來自社會反映社會〉，頁62-3。
注13　吳明仁，《鄉土文學討論集》，頁3-13。原載於《中國論壇》，第2卷第1期，1976年4月10日。
注14　《鄉土文學討論集》，第一輯，頁 14-21。原載於《中國論壇》，第3卷第1期，1976年10月10日。
注15　《鄉土文學討論集》，第二輯，頁 100-119。原載於《仙人掌》，第2期，1977年4月1日。
注16　王拓於頁118引用鍾肇政的看法：「我認爲『鄉土文學』如果要嚴格的賦與定義，我想是不可能的，沒有所謂『鄉土文學』。用一種比較廣泛的眼光來看，所有的文學作品都是鄉土的，沒有一件文學作品可以離開鄉土……」鍾文原刊於《出版家雜誌》，52期，1976年11月20日，頁64。

它（鄉土文學）不是只以鄉村為背景的來描寫鄉村人物的鄉村文學，它也是以都市為背景來描寫都市人的文學。這樣的文學不只反映、刻畫農人與工人，它也描寫刻畫民族企業家、小商人、自由職業者、公務員、教員以及所有在工商社會裏為生活而掙扎的各式各樣的人……這樣的文學，我認為應該稱之為「現實主義」的文學，而不是「鄉土文學」；而且為了避免引起觀念上的混淆以及感情上的誤解和誤導，我認為也有必要把時下所謂的「鄉土文學」改稱為「現實主義」的文學。（頁119）

這段文字透露出此次論戰的複雜後果：「鄉土派」和「現代派」之間的爭議，已經引發出各方面越演越烈、難以掌握的糾紛。而王拓之所以提出「現實主義」的口號來取代「鄉土文學」，表面上說是為了避免「觀念上的混淆和感情上的誤解和誤導」，實際上是為了廻避政治、經濟、文化方面的敏感話題吧。仔細研讀當時的文獻，鄉土派和現代派相互攻詰時的遣詞用字，的確是扣帽子之嫌大於就事論事。例如吳明仁和林義雄指控某些知識分子「崇洋媚外」，就是典型的傷「感情」的例子。

吳明仁指出，「近代的洋槍大炮打進了中國」後，滿清「喪權辱國，割地賠款」，才由「懼外」而產生了崇洋媚外的心理。吳氏批評當前臺灣科學不能「中化」，科學論文必須以英文撰寫；更譴責擁有「雙重國籍」而任公職者，以及國內對客座教授和本國教授間懸殊的待遇。他辛辣的筆鋒，難免會使許多學者專家心虛，甚至如坐針氈：

……如此，又怎能不叫國內專家不日思夜想「跳龍門」呢？一朝「鍍金」，身價百倍，「利之所趨士死之」，何況渾身是「金」，除非聖賢再世，誰又真的「富貴不能淫」而不崇洋媚外呢（注17）？

注17　吳明仁，頁12。

實際上，我們回頭看看現代派作家，是否眞的對這些不合理的現象不聞不問呢？最明顯的反證是白先勇的短篇小說〈冬夜〉（1970），描寫居住在溫州街小巷裏的余嶔磊教授，窮困潦倒。他北平時代的老友吳柱國從美國回來，搖身一變，成了歸國學人，衆記者、政要紛紛巴結，好不風光。吳坦白地告訴余教授，他在美國只是勉強兩年出一本有關唐代硏究的書，混飯吃罷了，五四時代的理想抱負根本就談不上了。臨別時，余教授請吳有機會推薦他到美國去敎一、兩年書。吳十分詫異，遲疑地回答：「可是 ── 恐怕他們不會請中國人敎英國文學哩。」余教授尷尬地說道：「當然，當然……我不會到美國去敎拜侖了 ── 我是說有學校需要人敎中文什麼的。」（註18）

　　白先勇這篇小說實在寫活了「崇洋媚外」的學者嘴臉：在美國賣中國文學，在臺灣靠英美文學混飯吃；只不過作家懷抱的胸襟，是憐憫多於諷刺、同情多於謾罵罷了。這樣的作品，憑什麼來指責它脫離了臺灣的「現實」環境呢？就鄉土派的標準而言，它的確缺乏「臺灣意識」；故事中的角色不是緬懷大陸，就是心繫美國。但是如果因此而指控這類作品不符合「現實主義」，這個標籤就有重新檢討的必要了。這些角色不也是在臺灣生活的人物嗎？ 他們的經驗不正是臺灣「現實」環境中的一部份嗎？王拓所說的「現實主義」，與西方（例如 Auerbach 或 Lukács）所定義的「現實主義」（realism）有何異同，礙於篇幅所限，又因本文重點不在此，故暫且不談。

## 二、殖民經濟

　　1977年的鄉土論戰引起各方矚目，連一代鴻儒徐復觀，在雜文中也曾表明支持鄉土文學的立場。他說道：

---

註18　《現代文學》，第41期，1990年10月，頁138。《臺北人》之十一。

> 自1970年以來，臺灣在經濟上有了畸型的發展，在文化上也出現
> 了轉形的蛻化。所謂「畸形」是指對外國資本家，尤其是對日本
> 資本家的開門揖盜而言。所謂「轉形」是指在中華文化復興的虛
> 僞口號下瘋狂地把中國人的心靈徹底出賣爲外國人的心靈而言。
> 對此一趨向的反抗表現爲若干年輕人所提倡的「鄉土文學」，要
> 使文學在自己土生土長、血肉相連的鄉土上生根，由此以充實民
> 族文學國民文學的內容，不准自己的靈魂被出賣……（注19）

　　很明顯的，徐氏應和的是鄉土派的重要概念：70 年代以前，臺灣
是「殖民經濟」，臺灣文學則是「文化附庸」中的文學。陳映眞的〈文
學來自社會反映社會〉（注20）就明確指出，1953 年美援開始到 1965 年
美援的結束，臺灣的政經文化是附庸於美國的；1965年以後，則是日本
的資本文化開始入侵臺灣的時機。陳在結論中說道：「70年代以前，臺
灣不論在社會上、經濟上、文化上都受到東西方強國強大的支配。在文
學上，也相應地呈現出文學對西方附庸的性格。」（頁67）就陳而言，
到1971年的保護釣魚臺運動，才掀起了臺灣的「民族主義和愛國主義的
熱潮」(頁67)（注21）。

　　實際上當年的政治環境錯綜複雜，「民族主義和愛國主義的熱潮」之
所以會引發，不是三言兩語說得清的。如衆所周知，打從 60 年前後，
臺灣「自由化運動」（陳氏語）的暗潮就一波未平，一波又起。60 年
代以來的「白色恐怖」案，有心人記憶猶新。影響牽連較爲深遠的，例

---

注19　〈從「瞎遊」向「謎遊」〉，《徐復觀雜文：憶往事》，1980 年，頁
　　　134。原載於《華僑日報》，1977年 9 月21-22日。亦收於《鄉土論戰討
　　　論集》，集中注明是原載於《中華雜誌》，第171期，1977年10月。
注20　《臺灣鄉土文學討論集》，頁53-68。
注21　按1971年 4 月 9 日，美國國務院聲明擬將釣魚臺列嶼的主權交給日本，
　　　引發海內外一連串的保釣運動。

如雷震因匪諜案被捕（1960）（注22），臺大教授彭明敏以叛亂罪嫌收押（1964）（注23），一直到林義雄住宅血案（1980）（注24），和陳文成案（1981）等的發生（注25），可謂餘波盪漾，大有一發不可收拾的態勢。綜觀當年國際情勢，也是臺灣面臨前所未有的風雨飄搖時刻。外交上一連串的挫敗，使得海內外人心惶惶。除了釣魚臺事件（1971），例如1971年7月15日尼克森宣布訪問中國大陸、同年10月25日臺灣退出聯合國、1972年2月27日美國與大陸發表上海公報、同年9月29日與日本斷交等，對臺灣而言，都是國際關係上慘痛的打擊。「臺獨聯盟」之所以於1970年在美國成立，不能不說是部份臺灣知識分子面對長期內憂外患所形成的反動。

　　就這個角度來說，1977年爆發的鄉土論戰和臺灣的政經文化轉型，顯然是息息相關的。在〈「鄉土文學」的盲點〉中，許南村（卽陳映真）響應葉石濤的〈臺灣鄉土文學史導論〉，認為臺灣由日據時代受日帝壓迫，到後來受美援的支配，美援斷絕後又受到日本經濟傾銷的左右，養成了民衆可悲的「殖民地性格」（注26）。鄉土作家反美反日的情緒，卽使如黃春明、王禎和等，未曾直接參與筆戰的作家，也在作品中流露出來。例如黃春明的〈蘋果的滋味〉中，一名工人給美國軍用車撞

---

注22　按雷震主編的《自由中國》雜誌，原來接受國民黨「反共抗俄宣傳費」的津貼，1956年《自由中國》的《祝壽專刊》卻刊出〈反攻無望論〉。雷震後來和本土政治人物連繫，1960年《自由中國》9月號刊出籌組新黨的公開聲明；9月4日，雷震便因匪諜案被捕。

注23　事情發生於1964年9月20日。

注24　林義雄因涉及美麗島事件而被收押，當局認為他是策畫該次行動的「五人小組」之一（另包括黃信介、姚嘉文、施明德、張俊宏）。林家弱小婦孺於1980年2月28日被殺害，只留下一個活口。此案引起多方揣測。

注25　陳氏是美國 Carnegie Mollon 大學統計學敎授，在美曾參與臺獨活動。1981年他返臺探親，遭警總約談後，於7月3日凌晨，被發現死於臺大校園。

注26　見《鄉土文學討論集》，頁93-99。原發表於《臺灣文藝》革新第二期，1977年6月。

了，兩腿斷了有殘廢之虞，幸而肇事的美國上校不但負責醫療費用，而
且給他大筆的撫恤金，以免他一家帶六個孩子生活陷入絕境。來慰問的
工人代表嘲笑他，這一撞車倒是交了好運：「喂，阿發，你是不是故意
的？哈哈哈⋯⋯」（注27）。外事警察也對阿發說：「這次你運氣好，被美
國車撞到，要是給別的撞到了，現在你恐怕躺在路旁，用草蓆蓋著哪！」
（頁83）至於美國人是否純粹基於責任感和同情心而行善呢？只要看故
事中肇事上校的上司（某二等秘書）接到電話報告時的反應，便知其中
的政治含意，不可等閒視之：

> ⋯⋯你要知道，這裏是亞洲啊！對方又是工人，啊？——是不
> 是工人？⋯⋯是工人！所以說嘛，我們惹不起。嗯？⋯⋯聽我說
> 完這個。這裏是亞洲唯一和我們最合作，對我們最友善的地方，
> 啊？⋯⋯聽我說完嘛！美國不想雙腳都陷入泥沼裏！我們的總統
> 先生，我們的人民都這樣想⋯⋯（頁58）。

一起單純的車禍，變成兩國間的外交大事；二等秘書的語氣，擺明
了既是牽涉到安撫殖民地工人，茲事體大，萬不能掉以輕心。然而作者
除了諷刺美國人自居臺灣的宗主國之外，卻也不忘嘲弄殖民地人的媚外
心態。阿發的妻子阿桂，固然傷心丈夫可能殘廢，更擔心的是沒有人作
工，如何養家活口。美國人既是活菩薩，她只要一見洋人在場，就呼天
搶地哭得更兇，擺出一副束手無策、等人救濟的可憐樣。洋人開車來
接她和孩子們去醫院時，「到了車旁，阿桂的哭聲有意無意變大聲了，
至少她是有一種心理，想要讓美國人知道他們正遭到絕境哪。」（頁69）
到了醫院，看見外國修女，「使他們想到卡片上帶翅膀的天使來」。阿桂

---

注27　收入《莎喲娜啦·再見》，臺北，遠景出版社，1974，頁 86。原刊載
　　　於《中國時報·人間副刊》，1972年12月28日至31日。

「更覺得應該讓外人明白她的困境」，於是又激動難過地放聲大哭起來。小說結束時，一家人圍著阿發的病床吃美國蘋果的一幕，是整個故事的高潮：難得吃到的蘋果似乎並沒有想像中香甜，但是一想到「一隻蘋果可以買四斤米，突然味道又變好了似的。」（頁87）固然作者以嬉笑嘲弄的態度處理美援的施與受的問題，基本上來說，他對這些貧窮小人物的悲哀，是懷抱同情的。

黃春明另一篇「臺灣意識」濃厚、反「殖民主義」的作品，是〈莎喲娜拉・再見〉（1973）（注28），描寫日本人到臺灣礁妓的醜惡嘴臉。敘事者黃君是貿易公司的職員，奉命陪同七名日本人到他的家鄉礁溪礁妓。黃君的內心難堪極了，因為前不久他為了報上一則新聞，曾在同事面前「極端民族主義地臭罵過日本人，那麼現在我將要唯唯諾諾地帶七個日本人，去礁我們的女同胞。」（頁160）另外一個使他內心矛盾的理由是，由於他對近代史上日本人殘害中國人認識深刻，如今被迫替日本人「拉皮條」，基本上違反了他為人的原則。「放棄了原則，我還有什麼？」他自問。但是家中有柔弱的妻子和嗷嗷待哺的幼兒，在吃飯問題威脅下，也顧不得原則了。見了面後，親耳聽到這七名日本礁客自己組成「千人斬俱樂部」，意思是一生要和一千名女子睡覺，而且除了自己的妻子以外，不和同一個女子發生一次以上的關係。這不是會規，主要原因是「一個人精力有限，不要說一千個人，算一千次都不簡單」。（頁174）黃君十分不恥這些日本人在臺灣作威作福、荒淫無狀，但苦於不能明白地教訓他們。他的想法流露出典型的反「殖民經濟」思考方式：

> ……在他們的潛意識裏面，還是把臺灣看成他們的殖民地。不，不只是意識上的感覺，實際上的像日本商人，來到臺灣在商業上

注28　本文引用版本為《莎喲娜啦・再見》，臺北，遠景出版社，1974。

　　那種趾高氣揚的姿態，就是在他們的經濟殖民地上昂首闊步……
（頁178）

　　在黃君的敍述中，這批日本人到了妓院，用幾雙廉價的「玻璃絲襪」，就引得衆妓女爭先恐後地搶奪，日本人也「乘機動手打趷，十二隻手伸到小姐的身上亂摸」。這種打交道的情況，他說道：「總叫我想到所謂的中日經濟合作，和中日技術合作的態勢來。」（頁186）在他想，連妓女也比這些日本人來得文明：因爲坐在嫖客落合身上的妓女不許另一名嫖客佐佐木碰她，嘴裏還學著歌仔戲裏小丑的唱辭：「朋友妻，不可欺。」黃君心目中，這固然是戲謔之言，畢竟表現了中國人的美德。（頁183）最後他憋了一肚子的鬱悶之氣，終於在回臺北的火車上藉機發洩出來。

　　火車上的一幕，是整個故事最滑稽逗趣、也譴責得最凌厲的一段。黃春明筆鋒的刀口兩面傷人，不但殖民主義者被罵得遍體鱗傷，連自充洋奴的也被損得狗血噴頭。話說車上一名年輕人，看見敍事者黃君和幾個日本人用日語流利交談，便上前自我介紹，說是臺大中文系四年級學生，想到日本研究，同時請問這些日本人的身分。黃君大爲反感，一方面是嫌他冒昧，一方面是：「再說讀中國文學的人，跑到異邦的地方去研究，這不是本末顚倒嗎？然後靈機一動，我爲何不借這個機會刺刺日本人，同時也訓訓我們的小老弟。」（頁211）跑到異邦去研究中國文學的，當然不只是跑到日本去；所以歷來出國學中文和想這樣做的人，都遭到當頭棒喝。黃君騙年輕人說這些日本人是「大學敎授考察團」，告訴日本人說這個年輕人是學歷史的，正在「寫有關八年抗戰的論文」。一場雙重審判就此展開，黃君不但假借日本人之名，把這名崇洋的大學生訓了一頓，又利用大學生之名，替全體受迫害的中國人向日本人算了一次血債的總帳。受愚弄的兩造都汗流浹背；年輕人自慚形穢，日本人

也沉痛地承認對中國武力侵略和經濟侵略的錯誤。當然，這樣的雙重審判，使殖民主義的施與受雙方都接受良心的懲戒，只有小說裏才能出現，不可不謂大快人心。這是敍事者黃君、也是作者黃春明一廂情願的想法吧？

我們要注意的是，〈莎喲娜啦‧再見〉發表於1973年。雖然在1977年前後的鄉土文學論戰中，黃春明始終沒有正式參與筆戰，同時否認他自己的作品是所謂的「鄉土文學」(注29)，但是不可諱言的，當時滋生的許多意識型態上的問題，黃氏這類小說可能難辭始作俑者之嫌。也不承認自己是鄉土派的王禎和(注30)，同時期也發表了題材類似的〈小林在臺北〉(1973)，同樣曾引起廣泛注意。無論他們是否認同鄉土文學的歸類，至少他們在作品中明白表現了反崇洋媚外、反殖民經濟的情緒，而這種情緒到論戰期間白熱化了，變成口號式的辯論工具。從文學作品的內涵演變成意識型態的爭辯，因此是有軌跡可尋的。

另一名鄉土派的主力作家陳映眞，則曾積極參與論戰，在論戰中扮演主導角色。他或以本名、或以「許南村」的筆名，發表了一系列的文章，鼓吹「民族文學」(注31)，分析攻訐「現代派」藝術，認爲現代派不但一味模仿西方，同時追求藝術的「純粹」，作品中「抽離了一切人的、生活中、社會的、勞動的因素，而追求極端歧義化和不可知化了的『內在』的世界」(注32)。雖然陳氏這裏主要談的是繪畫，他對現代派文學的觀點是類似的。在〈關懷的人生觀〉一文中，他指出小說應該

---

注29　參考陳映眞〈文學來自社會反映社會〉，頁 65:「說到鄉土文學，有趣的是：一般所稱『鄉土文學』的代表作家如黃春明和王禎和等，都不同意將他們的文學稱爲『鄉土文學』。」

注30　〈文學來自社會反映社會〉，頁65。

注31　例如〈建立民族文學的風格〉，《鄉土文學討論集》，頁 334-341。原載於《中華雜誌》，171期，1977年。

注32　許南村，〈臺灣畫界三十年來的初春〉，《鄉土文學討論集》，頁 135。原載於《夏潮》，第 3 卷第 1 期，1977 年 7 月 1 日。

「反映社會現實」。他假定有兩種作家：

> 甲作家以為自己有高人一等的心靈世界，高人一等的藝術才能。
> 他覺得藝術的世界，是少數精英人的世界。藝術由少數 —— 所謂
> 「創造性的少數」 —— 創造，也只能由少數人去欣賞。藝術家最
> 崇高的法律就是藝術本身，「現實的一切都不是他所關切的」。
> 然而乙作家也許覺得藝術家只是辛勞地創造和維持這個世界的無
> 數民眾的一員。他覺得藝術應該來自生動活潑的具體社會生活，認
> 為藝術的快樂和感動，應該和無數創造和維持了這個社會，却幾千
> 年來從來沒有分享過藝術的快樂和感動的人們分享之……（注33）

當然，這段文字主要討論的是文藝的本質和藝術家對藝術抱持的態
度。也就是這一類的觀點使得鄉土文學被貼上「社會主義」，甚至「普
羅文藝」和「工農兵文藝」的標籤（注34）。至於這樣的標籤貼得是否公
平、是否有必要，我們留到下一節再談。對陳映眞而言，「反映社會現
實」、走出「精英人的世界」(the elite world) 的文藝，才是「光明
的、激盪的和鼓舞人心的現實，和反面的、激發人去改革的現實 —— 是
『為了建造一個更好的世界和人生』的手段之一。對於這一類作家，寫
作不是怡神養性；不是『高貴心靈』的享受。寫作，對於他們，是藉著
『反映社會現實』，來建設人間樂園 —— 例如三民主義的幸福社會 ——
的手段。」（注35）他所謂的「幸福社會」是「三民主義」還是「社會主
義」，實際上並不重要；要點是他對文藝的烏托邦本質的看法。

---

注33　＜關懷的人生觀＞，《鄉土文學討論集》，頁 343。原載於《小說新
　　　潮》，第 2 期，1977年10月。
注34　參考余光中，＜狼來了＞，《鄉土文學討論集》，頁 264-270。原載於
　　　《聯合副刊》，1977年 8 月20日。
注35　＜關懷的人生觀＞，頁344。

　　由陳映真的〈文學來自社會反映社會〉，我們看得出來他最關切的「社會現實」是「臺灣不論在社會上、經濟上、文化上都受到東西方強國強大的支配。在文學上，也相應地呈現出文學對西方附庸的性格」（注36），這點本文稍前已談到過。他如何在文學作品中實踐他的理論，或是如何批判他所體會到的「殖民文化」或「文化附庸」現象呢？最能表現他這方面關懷的作品是〈夜行貨車〉（1978）。故事中的女主角劉小玲是個外省人，在一家跨國公司上班。中國上司拿她作情婦，美國老闆也對她不斷性騷擾，當然都只是玩弄她，她為了混口飯吃，也是身不由己，只能逆來順受。後來公司裏一個本省職員愛上她，讓她懷了孕，卻又不願負責任娶她，一方面是不確定如果帶了一個外省婆回家，鄉間的父母是否能接受；一方面是不恥她人盡可夫的行徑。他經常對她拳打腳踢，甚至罵她：「你的褲帶，就不能束緊一點！」（注37）但有一次他又想動手時，她為了保護肚裏的胎兒，下意識地拿起一把尖刀自衛，使他深受震撼，知難而退。

　　故事的結局柳暗花明，凸顯出小說的象徵意義。劉小玲最後決定移民到美國，獨力把孩子養大。在公司為她舉辦的歡送酒會上，美國老闆半開玩笑地對中國員工說："……you f……ing Chinese think the United States is a f……ing paradise." 此時本省職員的民族意識突然擡頭了，他不屑地用英語警告道：「先生們，當心你們的舌頭……我以辭職表示我的抗議，摩索根先生……你欠下我一個鄭重的道歉……像一個來自偉大的民主共和國的公民那樣的道歉。」此時中國上司想勸他相忍為安，他轉身面對中國上司，特意用臺語說道：「J. P.，……在蕃仔面前我們不要吵架……你，我不知道，我，可是再也不要龜龜縮縮地過日子了。」（頁286-287）然後他告訴劉小玲，他要帶她回鄉下。本省男

注36　〈文學來自社會反映社會〉，頁67。
注37　〈夜行貨車〉，《夜行貨車》，臺北，遠景出版社，1979初版，頁269。

孩最後接受了歷盡滄桑的外省女孩為妻；很明顯地，農村成為一個烏托
邦的象徵：外省人跟著本省人回鄉去生養孩子，建立一個有民族尊嚴的
新國度。

這不正如陳映眞所說的：文學寫作的目的應該是「建造一個更好的
世界和人生」，或「建設人間樂園」？放眼看論戰十五年後的臺灣，「本
省」、「外省」的區分，白熱化的統獨之爭，國會的肢體語言，彷彿尚未
脫離〈夜行貨車〉所描寫的「社會現實」；只不過臺灣已搖身一變，有
能力從事經濟外交，似乎已脫離了、或決心擺脫「附庸文化」的心態。
也許陳映眞筆下的「人間樂園」，眞能由「本省人」、「外省人」同心協
力地建設起來？

## 三、〈狼來了〉：工農兵文藝？

在整個論戰過程中，從現代派的角度而言，鄉土派替他們戴了不少
頂帽子，「奴性」、「買辦」、「崇洋媚外」、「殖民地文學」等（注38），但
換個角度看，現代派不是也替對方戴帽子嗎？而且如果不幸帽子表面上
合頭的話，即使不涉及殺頭之罪，也足夠令人繫身囹圄吧？

先是彭歌的〈三三草（九則）〉(1977)（注39），提出〈「卡爾說」之
類〉，影射鄉土論戰作家追隨卡爾·馬克斯 (Karl Marx) 和伊里奇·
列寧 (Ilich Lenin) 的「紅色或粉紅色」路線。(頁227-229)其中〈統
戰的主與從〉指出：「中共對臺灣的統戰工夫……一是利用地方意識，
挑撥所謂外省、本省之間的感情，一是攻擊我們的經濟建設。近幾年尤
著重後者。」(頁237-238) 其中的指涉，不言自明，〈前事不忘〉一文

---

注38　參考余光中，〈狼來了〉，頁267。
注39　《鄉土文學討論集》，頁227-244。按〈三三草（九則）〉除了本段所提
　　　三篇外，尚包括〈溫柔敦厚〉、〈堡壘內部〉、〈傅斯年論「懶」〉、
　　　〈對偏向的警覺〉、〈勿為親痛仇快〉和〈文學之道路〉，於《聯合
　　　報》，1977年7月15日至10月7日陸續發表。

明白指出鄉土派和30年代左傾作家之間，共產黨意識型態的聯繫。他認爲左傾文藝是「大陸淪陷的悲劇」導因之一，進而預言70年代可能悲劇重演（頁244），讀來令人怵目驚心。

　　論戰期間最出人意表的是余光中的〈狼來了〉(08/20/1977)，公然指控鄉土派的「工農兵文藝」傳承了1942年毛澤東〈延安文藝座談會講話〉的綱領（注40）。這頂帽子，眞是沒有頭戴得起。而余氏此文，恐怕是意氣之爭的成分居多吧。按余光中曾是1971到72年現代詩論戰中的靶子。首先發難的是唐文標的〈僵斃的現代詩〉、〈詩的沒落〉等（注41），「認爲現代詩是『頹廢文學』集大成者，指責現代詩脫離社會、脫離羣衆並宣稱今日的新詩已經死亡。並且進一步點名批判三名廣受歡迎的詩人：葉珊（後改名楊牧）、周夢蝶及余光中，指責他們詩中充滿封建貴族思想，也是廉價的傷感主義。」（注42）接著是關傑明的〈中國現代詩人的困境〉和〈中國現代詩的幻境〉（注43），「指摘張默主編的《中國現代詩論選》這本書是『文學殖民地主義』的產物」（注44）。難怪余氏對鄉土派標榜的反現代主義論調特別敏感，可是貿然扯出毛的「文藝講

注40　余氏文中引用1942年5月毛的延安講話：「我們的文藝，第一是爲工人的，這是領導革命的階級。第二是爲農民的，他們是革命中最廣大最堅決的同盟軍。第三是爲武裝起來了的工人農民卽八路軍、新四軍和其他人民武裝隊伍的，這是革命戰爭的主力。」見《鄉土文學論戰》，頁264。
注41　收於《天國不是我們的》，臺北，聯經，1976年。〈僵斃的現代詩〉原載《中外文學》，2卷3期，1971年1月11日。〈詩的沒落〉原載《文季季刊》，第1期，1971年1月11日。按李祖琛的《七十年代臺灣鄉土文學運動析論》沒有查明唐文標這幾篇論文的原出處，只提供1976年聯經版，因此認爲首開現代詩論戰的，是關傑明1972年在《中國時報·人間副刊》發表的文章。實際上唐文標才是首先發難者。參考《七十年代臺灣鄉土文學運動析論》，頁24-25。
注42　《七十年代臺灣鄉土文學運動析論》，頁25。
注43　見《七十年代臺灣鄉土文學運動析論》，頁24-25。關氏這兩篇文章分別發表於《中國時報·人間副刊》，1972年2月28日，及9月10日至11日。
注44　語出《七十年代臺灣鄉土文學運動析論》，頁25。

話」，也未免有失風度吧。

　　果然余光中的〈狼來了〉一發表，立即引起軒然大波。反擊聲浪中，以陳鼓應最爲來勢洶洶。在〈評余光中的頹廢意識與色情主義〉(11/1977)中，他攻訐道：

> 聯想、幻想、潛意識的過份膨脹，是現代文學、藝術的重要特質
> 之一。工商社會的灼傷，使人的意識往內省的世界逃遁……一句
> 話：「現代詩」是一種病的文學，是現代工商業社會下被歪扭、
> 灼傷、空虛化的心靈的囈語……（注45）

這一段話，可說是鄉土派對現代派文學的典型批評方式。在〈評余光中的流亡心態〉(12/1977) 中，陳鼓應眞是來意不善，開篇就說：「時代苦痛摧擊下的臺灣知識界，近年來產生了兩種主流的心態：一種是中興心態，一種是流亡心態。中興心態是面對現實，對不合理的現象希求改革；流亡心態是逃避現實（包括逃避到色情玩樂裡面），演成牙刷主義。」（注46）當時余氏在香港講學，「牙刷主義」當然是諷刺他一類經常出國講學的學者。鄉土論戰到後來，雙方都落入人身攻擊的陷阱，實無必要。不過這裏值得我們注意的是，陳鼓應如何定義所謂的「中興心態」：「是面對現實，對不合理的現象希求改革」。這既是重申鄉土派一貫的「現實主義文學」的概念，也是呼應陳映眞在〈關懷的人生觀〉 (10/1977)中所揭櫫的烏托邦理念：「反映社會現實」、「建造一個更好的世界和人生」和「建設人間樂園」。就此點而言，我們不妨想想鄉土派標榜的「現實主義」和五四時期「寫實主義」的傳承關係。兩者都有濃厚的烏托邦色彩，目的都是批判現世、期望建立一個公平合理世界的未來

---

注45　《鄉土文學討論集》，頁383。原刊載於《中華雜誌》，172期。
注46　《鄉土文學討論集》，頁383。原刊載於《中華雜誌》，172期。

世界。這是評家一向忽略的層面。

　　論戰期間雙方互扣帽子的結果，使得一場文學討論變成意識型態的對抗，雙方都步步爲營，打擊對方之餘也隨時不忘自衞。胡秋原替《鄉土文學討論集》寫的序名爲〈中國人立場的復歸〉，便說明鄉土文學主張的是從「小鄉土」（臺灣）走回「大鄉土」（中國），用意主要是替鄉土文學的立場辯護，藉以擺脫臺獨路線的嫌疑（注47）。論戰時有不少評家，如胡秋原，都指出鄉土文學論戰是五四東西文化之爭的延續，基本上來說是不錯的。他的序文，一開始就分析五四的「新文化運動」與「新文學運動」企圖全盤「西化」和到後來「由西化而俄化」的過失，指出到 60 年代爲止，一直「沒有出現一個眞正的中國人的新文化」。（頁3）他批評現代派是「大學的外文系的教授」爲主，模仿「『新批評派』或『象徵派』兼佛羅以德派（不知他們是否自稱象徵派，但他們講『純粹美感』）」，接著指出「象徵主義與頹廢之類是促成共黨發展的引火物。」（頁34）姑且不談此論點是否成理，很明顯的，胡氏是以敵人的武器反擊之；現代派指控鄉土派是工農兵文藝，胡氏也替現代派冠上「促成共黨發展」的帽子。

## 四、結　論

　　胡秋原的〈中國人立場之歸復〉，結論是：鄉土派「能正視自己同胞的憂患，要在自己土地上創作中國人的文藝」，根據他的說法，這正是當前我們需要的文藝。他呼籲「大陸與臺灣青年作家互相鼓舞，共同發揚民族精神之光熱，使中國人由自外之劫運回到中國人立場之上，在同胞愛之發揚中實現中國之再統一。」（頁43）這在當時也許是爲了和臺獨畫清界線，不得不爾。然而十五年後的今天，我們再回頭讀這段文

---

注47　《鄉土文學討論集》，頁1–44。此序文日期爲1978年3月1日。

字時，似乎能看出其中預言式的含意。無論政治演變的結果是統或獨，起碼在文學上已有走向「統一」的趨勢。雖然有《臺灣文藝》一類的雜誌，始終嘗試以閩南語創作，但是讀者畢竟是少數。大多數的讀者欣賞的是本土作家（不分本省、外省）的純正中文作品，而遠流小說館等推介的大陸作家，如蘇童、葉兆言等，也逐漸成爲許多讀者和評家的最愛。文學、文化的自然交流，也許是解決統獨之爭的可能途徑吧。

胡氏這篇爲《鄉土文學討論集》作的序文，還有一點洞見值得我們重視。他點明許多評家所忽略的層面：現代派和鄉土派所爭議的，基本上是文藝本質的問題 —— 究竟應該「爲藝術而藝術」(art for art)呢，還是「爲人生而藝術」(art for life)？這其實是無論中外，文學史上經常出現的辯論；而這類辯論通常在一國的政經文化面臨轉型時出現。例如英國現代文學史上著名的費邊社 (The Fabian Society) 和現代派作家的爭論。

按費邊社是韋伯夫婦(Sidney and Martha Wabb)於1884年創辦的，成員包括作家 Havelock Ellis(1859-1939)，Bernard Shaw(1856-1950)，H. G. Wells (1866-1946) 等，都有明顯的社會主義傾向。當時英國正因工業革命產生了許多社會問題，如貧富不均、勞資糾紛等，引起文人的關懷。像救世軍 ( The Salvation Army ) 的成員威廉·布斯 (William Booth, 1829-1912)，出版了《最黑暗的英國與脫困之道》(*In Darkest England and The Way Out,* 1890)，把英國的貧民窟比成黑暗非洲，震驚英國上流社會。費邊社作家同情勞工階級的困境，作品中經常反映出這種心態。例如 Bernard Shaw 的劇本《芭芭拉少校》(*Major Babara,* 1905)，就是描寫一位救世軍女將爲改善勞工階級的生活，自甘放棄階級享受的故事。

相對的，布隆斯北里社 (The Bloomsbury Group ) 的首腦人物 Virginia Woolf (1882-1941) 和 James Joyce (1882-1941), D.H.

Lawrence (1885-1930) 等人同屬於現代派（亦即臺灣現代派的模仿對
象）。他們主張藝術的純粹性，從事意識流的實驗，作品經常流於晦澀
難讀，和費邊社作家的走向羣衆傾向大異其趣。但實際上「藝術至上」
和「藝術爲人生」眞的完全不能相容嗎？試看 Woolf 的作品 *Mrs.*
*Dalloway* (1925), *To the Lighthouse* (1927)，等，描寫的都是中
上層階級家庭主婦瑣碎的家居生活；James Joyce 的作品如 *Ulysses*
(1922)，寫一個青年的性啓蒙和人生經驗的轉捩點。這些主題，難道是
「脫離現實」的嗎？只不過他們在語言和文學形式上的實驗，容易產生
閱讀上的障礙，給人「象牙塔」文藝的印象罷了。反過來看費邊社作家
的作品，固然標榜的是人生關懷，難道就完全不追求藝術的完美或創新？
H.G. Wells 的科幻和烏托邦作品（如 *A Modern Utopia*, 1905,
*The Wold Set Free*, 1931 ）已經成爲經典，蕭伯納在戲劇史上也
自成一格，他們在藝術形式上的努力也是公認的。

　　因此即使是追求藝術的完美，文學的內涵還是脫離不了人生；標榜
藝術爲人生的作家，也不至於認爲藝術技巧不應精益求精。無論「藝術
爲藝術」或「藝術爲人生」，在口號上固然蓄意敵對，在文學實踐上並
非截然對立的。二十世紀上葉另一個轟動歐洲文壇的爭辯，也有類似的
特質。德國的 Georg Lukács (1885-1971) 主張巴爾札克式的寫實主
義，攻訐表現主義派的作品脫離現實（注48）；另一作家 Ernst Bloch
(1875-1977) 則替表現主義辯護，認爲前衞主義的流派嘗試擺脫寫實主
義的包袱，是爲了追求藝術上的創新，而非不顧民生疾苦。這場辯論
於1938年在 *Das Wort* 雜誌上展開，影響深遠。事實上表現主義派

---

注48　參考 Georg Lukács, "Realism in the Balance," in Ronald
　　　Taylor, ed., *Aesthetics and Politics*, 2nd ed. (Thetford,
　　　Norfolk: Thetford Press Limited, 1986), pp. 44-46: Ernst
　　　Bloch 的文章 "Discussing Expressionism," 也收在同一個集子
　　　中，頁16-27.

的作品是批判現世、嚮往未來美好社會的烏托邦文學 (注49)，雖然不合寫實主義的藝術標準，並非脫離現實的作品。

中國現代文學史上也有類似的論戰，例如五四時期「文學研究會」和「創造社」的爭辯。周作人在〈文學研究會宣言〉(1921)中 (注50)，提出「藝術爲人生」的口號，而創造社的郭沫若則在〈文藝之社會的使命〉(1923)中 (注51)，高張「藝術至上」的旗幟，認爲「文藝是沒有目的的」。這場爭辯當然也牽涉到政治意識的問題，雙方互相攻訐。創造社作家如郁達夫、張資平等，被扣上「唯美、頹廢」的罪名。到後來，主張「藝術至上」的創造社轉而提倡「革命文學」(注52)，認同了文藝的社會使命。

有了上述對近代中外文學史上論戰的初步了解，我們回頭再看看臺灣的鄉土文學論戰的本質，其實不也是「藝術爲人生」或「藝術爲藝術」的爭辯嗎？陳映眞〈關懷的人生〉中指出的「甲作家」和「乙作家」不就是現代和鄉土兩派作家的代表？但是現代派的「唯美、頹廢」，並無礙於他們對「現實」的關懷。余光中的「流亡文學」，反映出被歷史、政治犧牲了的一代知識分子「無根」的傷痛；王文興的《家變》，固然是受到西方「伊底帕斯」情結傳統的影響，又何嘗不能看成是「國變」的象徵？小說中的中產階級家庭，兒子趕走了父親，不正間接反映出許多大陸來臺的家庭妻離子散的悲劇？這些都是過渡時期的臺灣「現實」的一部份吧。 作家白先勇最近在一次座談會上， 回顧當年寫作時的心

---

注49　參考 Ernst Bloch, *The Utopian Function of Art and Literature: Selected Essays,* trans. Jack Zipes and Frank Mecklenburg (Cambridge, Mass.: The MIT Press, 1988). 德文原著爲1930到1972年陸續發表的。
注50　見《小說月報》，1921年1月。
注51　原爲郭氏1923年5月20日在上海大學的演講。
注52　見郭沫若，〈革命與文學〉，《創造月刊》，1卷，第2期，1926年4月。

態:

> 我那時的觀念是: 不談政治卽是反抗政治，不去正面指涉它或根本當它是不存在的 —— 就是對當時不能直接去批判的「威權政治」的反抗。 文學因此不僅是精神寄託，也成爲「武器」; 特別是要與官方所謂的「健康寫實」的路線區隔開來⋯⋯像那時創作上寫的「性放縱」主題，其實大有豁出去的意思，是對當時社會道德、社會秩序的一種反動⋯⋯（注53）

這是「現代派」「脫離現實」說法的最有力反證了。

再看被評爲「工農兵文藝」的鄉土派作家，如描寫漁村的王拓、寫工人生活的楊青矗和寫農村的宋澤萊。他們作品的內涵固然是關懷鄉土，在文學形式上的嘗試和努力，也不下於現代派作家的表現。例如王拓的〈吊人樹〉（1970），寫漁村裏一個女孩阿蘭，和外鄉人談戀愛懷了孕，但是奉父命嫁給同村的討海人，後來就變痴呆了。夫家爲了治好她的病，弄獅作法，全村的人都來看熱鬧。正好一名外鄉人（也就是女孩的舊情人）從外地來賣膏藥，告訴村人說他是來找情人跟孩子的。他無意間在人羣中看見阿蘭和她身邊的丈夫、孩子，便明白她已經嫁人了。阿蘭一看見是他，立即發病。第二天村人發現外鄉人吊死在阿蘭窗外的樹上。隔天，阿蘭也在同一棵樹上吊死了。

這篇作品值得注意的是敍事的技巧。全知敍事者只描寫故事中人物的外在行爲、談話、表情和活動，而甚少描寫其內心世界。尤其是男女主角的思想、情感，完全是讀者自己揣測出來的。而更有意思的是，女孩從頭到尾沒說過一句話，她過去的戀愛故事，是由看熱鬧的兩名討

---

注53　見《中國時報‧人間副刊》，1992年4月9日。

海人的交談中透露出來的。這兩名討海人並不知道賣膏藥的就是她的舊情人，敍事者也沒有告訴我們這個事實；但由男女主角互認出對方時的震驚表情，讀者自然就把整個故事串連起來了。因此結局時，他們前後上吊自殺，只是印證了讀者的揣測。男女主角為情而狂的澎湃情感，則由弄獅時的鑼鈸聲影射出來：「情！狂！情！狂！」這種敍事技巧，形成類似偵探小說的懸疑氣氛。閱讀的過程中，看似一切事件都很明朗，實際上卻暗藏玄機，讀者對整個事件的了解是一點一點拼湊起來的，到最後終於恍然大悟。這種捉迷藏似的筆法是相當特殊的。

　　行文至此，應該暫時作個結論了。但是我情願提出幾個問題，希望能引發學者重新評估兩派作家，探討他們在藝術內涵上和形式上的成就。鄉土派的「現實主義」和「反映社會」是一般熟知的，但是作家在敍事技巧上如何表現出有別於現代派的敍事技巧？如果說意識流是現代派作家的主要技巧，他們的故事中敍事者的聲音是隱藏性的，而讀者是透過角色的看法、思考和情緒反應去了解故事的情節；那麼是否有這樣的可能性：鄉土派作家故事中的敍事者多半是干預性的，或經常作道德判斷（例如楊青矗的《工廠人》，1975，與《工廠女兒圈》，1978），或者較著重外在行為的描述，而不直接刻劃人物的內在世界（例如王拓的〈吊人樹〉）？

　　從另一方面看，現代派的「藝術至上」口號和實踐，也是眾所周知的；但也許我們應該探討的是：並非他們不關懷「現實」，而是他們所了解和關懷的「現實」層面有異於鄉土派所關懷的層面。例如白先勇筆下的風塵女子，和黃春明〈看海的日子〉(1967)或楊青矗的〈在室男〉(1969)中的妓女有何異或同？同樣是年華將逝、想急流勇退，白先勇的尹雪艷和金大班仍有其風采和玩弄男人於股掌間的能耐，黃春明的白梅和楊青矗的大目仔卻似乎處於人老珠黃的劣勢，只能捕捉一個難圓的夢？

　　最後，我們可以進一步追問：兩派作家在內涵、敍事技巧和文學形式上不同的表現，是否反映出雙方對於文學的社會文化目的和在認知上的差異？至於文學實踐與功能之間是否有創作者預想的關連，則爲另一議題（注54）。這些都有待探討，筆者只冀望拋磚引玉，引起學者專家重新評估 70 年代臺灣文學的興趣。

---

注54　梁啓超＜論小說與群治之關係＞(1902) 已發此議題之端緒。

# 牟宗三思想中的儒家與康德

## ——戰後臺灣儒家思想發展之一例

### 李 明 輝

一、

　　在二次大戰後的臺灣經驗中，儒家思想無疑是個不容忽視的力量。儘管有關儒家思想在東亞（特別是臺灣）底現代化過程中產生了何種影響，在國內外學者當中始終是個爭論不休的議題（注 1），但是幾乎無人能否認儒家思想在戰後的東亞社會中顯示出一股持續的潛在力量（姑不論這股力量是否有助於東亞之現代化）。甚至在儒家思想受到中共當局徹底壓制的中國大陸，它仍以各種方式直接或間接地在發生作用。這項事實明顯地反映於近年來在海內外頗爲流行的「馬克思主義儒家化」之論點。儘管筆者對這項論點有所保留（注 2），但也相信持此論者對於「儒家思想在中國大陸仍在繼續發生影響」這項事實的感受和觀察有相當程度的眞實性。然而，在這類爭論中，「儒家思想」一詞底概念內涵極不確定，它可能指哲學家所理解的儒學義理，也可能指這類義理經過

---

注 1　關於這項議題之爭論,讀者可參閱黃光國;《儒家思想與東亞現代化》,
　　　臺北: 巨流圖書公司, 1988年, 頁3-17; 張德勝:《儒家倫理與秩序情
　　　結》,臺北: 巨流圖書公司, 1988年, 頁237-263; 杜念中、楊君實編:
　　　《儒家倫理與經濟發展》,臺北: 允晨文化公司, 1987年。
注 2　請參閱拙作: <論所謂「馬克思主義的儒家化」>, 收入拙著:《儒學
　　　與現代意識》,臺北: 文津出版社, 1991年。

俗化後在一般民眾之意識底層積澱而成的思維模式或行為方式，甚至可能指因特殊的歷史機緣而被錯誤地歸諸「儒家」名下的價值觀和倫理規範。這種概念上的含混不清為上述問題之釐清增添了不少困難。

本文無意涉入上述的爭論，而將討論底重點置於近年來一般學者所習稱的「當代新儒學」或「現代新儒學」。西方學者過去常稱宋明儒學為「新儒學」（Neo-Confucianism），加上「當代」或「現代」，是為了與宋明儒學加以區別。當作一種思想方向（而非嚴格意義的「學派」）來看，當代新儒學是由民國以來逐漸 極端化的全盤性反 傳統思想所激起。筆者在《儒學與現代意識》一書中曾對當代新儒學之興起與發展作了如下的描述：

> 民國初年的新文化運動終於激化成全面性的反傳統運動，首當其衝的便是儒家思想，傳統儒學成為眾矢之的。在一片「打倒孔家店」聲中，梁漱溟先生首先挺身為儒家思想辯護。幾乎在同時，張君勱、馬一浮和熊十力三位先生也起而闡揚儒家思想，再加上抗戰時期的賀麟和錢穆兩位先生，一個以重建儒家思想為職志的保守主義思潮已蔚成氣候，足以與當時在中國最具影響力的其他兩個思想方向 —— 鼓吹英、美議會民主的中國自由主義和以俄國革命為師的中國馬克思主義 —— 鼎足而立。但自1949年中共在大陸奪得政權後，馬克思主義憑藉中共底勢力，成為大陸上獨尊的思想方向，迫使保守主義和自由主義底勢力轉至臺灣及香港兩地活動。因避共禍而流亡到香港的錢穆、唐君毅、張丕介諸先生懷著顧炎武所謂「亡天下」之痛，結合同道，在作為英國殖民地的香港赤手空拳建立了一座以弘揚中國文化為宗旨的新亞書院，並且與當時在國外講學的張君勱先生和在臺灣任教的牟宗三、徐復觀兩位先生相呼應，使保守主義底命脈得以在臺、港及海外延續

下去。（注3）

在當代新儒學底這些代表人物當中，對戰後臺灣思想界有直接影響的是錢穆、張君勱、唐君毅、牟宗三、徐復觀五人。後四者並且於1958年元月共同在《民主評論》及《再生》兩雜誌發表〈爲中國文化敬告世界人士宣言〉（注4），表達他們對中國文化（尤其是儒家思想）的共同理解和期望。

　　由於錢先生並未在這篇〈宣言〉上簽字，余英時先生最近在其〈錢穆與新儒家〉一文中反對將錢先生歸於「新儒家」之列（注5）。余先生花了不少篇幅來證明錢先生不論和第一代新儒家熊十力先生，還是和第二代的唐君毅、牟宗三、徐復觀三人之間，均是「所同不勝其異」。錢先生和上述四位先生對中國傳統文化及學術的許多見解甚有出入，是不容否認的事實。譬如，徐先生於 1955 年在〈儒家的修己與治人的區別及其意義〉一文中批評錢先生在其《四書釋義》一書中關於《論語》中「仁」字的解釋，錢先生則以〈心與性情與好惡〉一文作答（注6）。又錢先生於次年發表〈中庸新義〉，依莊子義解釋《中庸》（注7）。徐先生乃撰寫〈中庸的地位問題〉一文以駁之（注8），錢先生則答以〈關於中庸新義之再申辯〉一文（注9）。然而，最嚴重的爭論是關於「中國歷

---

注3　見該書〈序言〉，頁2。
注4　此〈宣言〉原刊於《民主評論》第9卷第1期（1958 年1月5日）及
　　　《再生》第1卷第1期（1958 年1月），後收入張君勱著、程文熙編：
　　　《中西印哲學文集》，臺北：學生書局，1981年，以及張君勱：《新儒
　　　家思想史》，臺北：張君勱先生獎學金基金會，1980年(附全文英譯)；
　　　亦以〈中國文化與世界〉之名收入唐君毅：《中華人文與當今世界》，
　　　臺北：學生書局，1975年，以及唐君毅：《說中華民族之花果飄零》，
　　　臺北：三民書局，1974年。
注5　此文收入其《猶記風吹水上鱗》（臺北：三民書局，1991年）一書中。
注6　此二文同時刊於《民主評論》第6卷第12期（1955年6月20日出版）。
注7　此文刊於《民主評論》第6卷第16期（1955年8月20日出版）。
注8　此文刊於《民主評論》第7卷第5期（1956年3月5日出版）。
注9　此文刊於《民主評論》第7卷第6期（1956年3月20日出版）。

史上是否有專制政治」的問題。錢先生一貫反對以將秦、漢以後的中國傳統政治視爲「專制政治」。他在 1950 年發表了〈中國傳統政治〉一文,申論此義(注10)。張君勱先生爲反駁此文之論點,竟然撰成一巨冊的《中國專制君主政制之評議》(注11)。徐先生也於1978年12月16至20日的《華僑日報》上發表〈良知的迷惘 —— 錢穆先生的史學〉一文(注12),駁斥錢先生此論。至於唐先生與錢先生在學術觀點上的距離,可由前者於1955年8月23日致徐先生之函看出。在此函中,唐先生對錢先生底思想有如下的評價:

> 錢先生之思想自其三百年學術史看便知其素同情卽情欲卽性理一路之清人之思想,此對彼影響至深。彼喜自然主義、喜進化論、行爲主義。由此以論德性,亦一向如此。彼有歷史慧解,生活上喜道家,故在歷史上善觀變。但其思想實自來不是孟子、中庸至宋明理學之心學道學一路。(注13)

此所謂「卽情欲卽性理一路之清人之思想」,卽指戴東原之思想,而爲唐、牟、徐、張四人所共同反對。

筆者在此無意評斷這些爭論之是非,只要說明這篇〈宣言〉發表時錢先生與唐、牟、徐、張四人在學術觀點上旣存的距離以及其相關背景,以顯示:錢先生不肯在這篇〈宣言〉上簽字,實非偶然,亦非僅由私人情感及人事上的因素所造成。但是筆者仍主張將錢先生歸入「當代

---

注10 此文刊於《民主評論》第2卷第11/12期(1950年12月5/20日出版)。
注11 此書自1965年3月起在他所創辦《自由鐘》雜誌連載,至1986年始由臺北弘文館出版社結集出版。
注12 此文後收入徐復觀著、蕭欣義編:《儒家政治思想與民主自由人權》,臺北:學生書局,1988年增訂版一書中。
注13 見《唐君毅全集》卷26,《書簡》,臺北:學生書局,1990年,頁98。

新儒家」之列，其理由如下：第一，錢先生參與了新亞書院之創建，與它有密切關係，而第二代新儒家之發展亦以新亞書院爲主要據點；若將錢先生排除於新儒家之列，對他並不公平。第二，「新儒家」之稱號並非當事人自己所標榜的，而是輓近海內外的學術界爲了研究之方便而採用的。照目前通行的用法，「新儒家」並非指嚴格意義的「學派」，而是指一種思想方向。在這個意義之下，將錢先生歸入新儒家之列，似無不當。第三，儘管錢先生與唐、牟、徐、張四人在學術觀點及思想進路上有所歧異，但就大方向而言，他們之間有更明顯的相同處，此即：他們均堅持以儒家思想爲本位，吸納西方文化，以促成中國之現代化。尤其對比於當時以《自由中國》雜誌爲據點而批判儒家思想的自由主義學者，我們很難不將錢先生與上述四人歸於同一陣營。

就整體來看，當代新儒家在面對西方文化之衝擊及中國現代化之要求時，均同時肯定儒家思想中有其不可捨棄的本質，且認爲這種本質不但無礙於中國之現代化，反而是其必要的憑藉。但是他們也充分了解：中國當前所面對的變局使儒學不可能完全保持傳統的形態，而必須有所轉化；換言之，他們必須重建儒學。在其重建儒學的工作中，他們往往由佛學或西方哲學擷取思想資源；前者如梁漱溟和熊十力兩位先生，後者如賀麟、張君勱、唐君毅、牟宗三諸先生。其中，牟先生藉康德哲學詮釋儒家思想，並以此會通中西哲學，勝義迭出，卓然成一家之言。故本文將探討牟先生這種藉康德哲學重建儒學的工作，作爲儒家思想在戰後臺灣的發展之例證。

二、

牟先生底哲學思想對戰後臺灣學術界的影響可由他在1949年大陸赤化後的經歷窺見一斑（注14）。他於1949年渡海來臺，次年起任教於臺灣

注14　關於牟先生底學行著述，蔡仁厚先生曾撰＜牟宗三先生學行著述紀要＞，

師範學院（後改爲臺灣師範大學）國文系，1956年轉往東海大學中文系任教。1960年他轉往香港大學中文系任教，1968年應唐君毅先生之邀轉往中文大學哲學系任教。1974年他自中文大學退休，轉往中國文化大學哲學研究所任教。1975年起他任教於香港新亞研究所。1976至1979年他在臺灣大學哲學系擔任客座教授。1979年以後，他往來於港、臺之間，先後在臺灣大學、臺灣師範大學及中央大學授課。在1960至1974年居港期間他發表了《政道與治道》（1961年）、《中國哲學的特質》（1963年）、《才性與玄理》（1963年）、《心體與性體》（1968至1969年）、《生命的學問》（1970年）、《智的直覺與中國哲學》（1971年）諸書。在這段期間內，牟先生透過這些著作及其早年在臺的門人弟子，仍對臺灣學術界發生極大的影響。其中，三巨冊的《心體與性體》對宋明儒學底詮釋和理解尤其造成了革命性的影響，使日後宋明儒學之研究者，無論其觀點爲何，均不能不面對牟先生在這部著作中所提出的詮釋。

關於康德哲學在牟先生底儒學重建工作中的地位，我們可以從發展底角度分爲兩個階段來討論，而以《心體與性體》一書之撰寫爲分界點。他從1961年起開始陸續撰寫此書中的各章節，而於1966及1967兩年間全力撰寫此書。從1949年至六十年代中葉，由於大陸赤化所引發的悲憤憂惕之感，他所關切的主要問題在於重新疏解以儒家思想爲核心的中國文化，以肯定民主政治，並且對抗共產主義。他在這個時期內所撰寫的三部重要著作《歷史哲學》、《道德的理想主義》及《政道與治道》均強烈表現出這種現實的關懷，而以傳統儒學底「外王」問題爲主。在這個階段，他與康德哲學直接相關的學思活動只有兩件事可說：一是兩巨冊的《認識心之批判》於1956及1957年分別出版；二是他於1964年譯出康德討論道德哲學的小書《道德底形上學之基礎》（但遲至1982年始

刊於《鵝湖月刊》第165-167期（1989年3-5月），是目前在這方面最完整且最可靠的資料。筆者以下的敍述均以此爲據，而不一一注明出處。

出版）。但是《認識心之批判》醞釀於40年代，完稿於1949年。
此書所處理的是知識論底問題，其主要目的在於以康德之思路融攝羅素
（Bertrand Russell）與維根斯坦（Ludwig Wittgenstein）所理解
的邏輯與數學於純粹知性（注15）。因此，這部著作與以實踐興趣爲主的
儒家思想並無直接的相切點。

　　牟先生在撰寫《心體與性體》期間，對康德底道德哲學有進一步的
探討和消化；這由此書第一冊〈綜論〉部可明顯地看出來。在此部第三
章「自律道德與道德的形上學」中，他一語中的地道出：康德倫理學與
正宗儒家底良知學均肯定道德之「自律」（Autonomie）。但是他也指
出康德倫理學之不足及儒家有進於康德之處，此卽：由於康德僅將人類
意志底自由視爲一項「設準」（Postulat），他只能建立「道德底形上
學」（metaphysics of morals），而無法像儒家那樣，基於對良知的
直接體證建立一套「道德的形上學」（moral metaphysics）。

　　此後，牟先生有不少著作直接涉及儒學與康德哲學之會通。這類著
作包括《智的直覺與中國哲學》(1971年)、《現象與物自身》(1975年)、
《圓善論》（1985年），以及由學生依課程講義整理成的《中國哲學十
九講》(1983年出版)及《中西哲學之會通十四講》(1990年)二書。同
時，他也著手翻譯康德底重要著作。首先，《實踐理性批判》和《道德
底形上學之基礎》二書之譯本於1982年以《康德的道德哲學》之名出
版。次年，《純粹理性批判》一書之譯本亦出版（但未譯出該書之最後
部分，卽〈方法論〉）。其中，《實踐理性批判》之譯本附有不少注
解，這些注解不時將儒家底義理與康德底觀點對比而觀，論其異同。近
年來，他又譯出了《判斷力批判》一書，於1993年出版。他曾表示：西
方的康德學者至多獨力譯出康德三大批判之一，尚未有人如他以一人之

注15　參閱《認識心之批判》，臺北：學生書局，1990年，上冊，頁2。

力譯出三大批判。故此誠中國學術史之盛事，在中國歷史上唯有玄奘之譯唯識經典可與媲美。

## 三、

如上文所述，牟先生在1949年以後至撰寫《心體與性體》時的這個階段，除了翻譯《道德底形上學之基礎》一書之外，對康德底道德哲學並未特別加以探討。這使人很容易產生一個印象，彷彿他此時所理解的儒家思想與康德哲學之間並無特別密切的關係。在另一方面，一般學者卻常注意到黑格爾哲學在這個階段中對其思想所造成的影響，因為這種影響很明顯地表現在《歷史哲學》及《政道與治道》二書中。牟先生之撰寫這兩部著作，受到黑格爾底《歷史哲學講義》及《法哲學大綱》二書之啓發，這是不可否認的事實。但一般學者常忽略一個事實：《歷史哲學》及《政道與治道》二書預設了一個由康德哲學所撐起的思想間架，而這個間架爲牟先生在撰寫《認識心之批判》的過程中所逐步把握。這種忽略會妨礙我們對他當時的思想之理解[註16]。牟先生在1951年所發表的〈論黑格爾的辯證法〉一文中於綜論黑格爾辯證法底哲學涵義之餘，特別聲明：

> ……有一點須注意，即：「辯證的綜合系統」（在有機發展中建立者），必以「超越的分解系統」爲根據。這兩者都需要有極大的智力與極高的智慧，方能言之無礙。在西方哲學中，康德作「超越的分解」於前，黑格爾作「辯證的綜合」於後。雖不能無小疵，

---

註16 由此而生的誤解之一個明顯例子是陳忠信先生底論文：〈新儒家「民主開出論」的檢討〉，刊於《臺灣社會研究》季刊第 1 卷第 4 期（1988年多季號）。筆者在〈歷史與目的〉一文（收入《儒學與現代意識》一書）中，對此有所辨正，可參看。

　　而大體規模已具。吾本文所言，以辯證的綜合為主，而實有一超
　　越的分解作背景。（注17）

　　由此可見，牟先生在運用黑格爾底辯證法來疏解當前儒家底「外王」問
題（主要指透過民主政治以建立政統，透過知性主體以開出學統）時，
他已自覺地預設了康德底「超越的分解系統」。他在《道德的理想主義》
一書之〈序〉中也特別強調：「又吾此書所開闢之各領域，其哲學系統
之根據乃在吾『認識心之批判』。其措辭運思有牽連到西方哲學者，或
以西方哲學之術語為根據者，其表現之路數亦悉以『認識心之批判』為
本。」（注18）可見離開了康德哲學底系統間架，我們將無法正確地把握
牟先生在這個階段中的思想。

　　然則，牟先生自覺地預設的「超越的分解系統」究竟何所指？這與
儒家思想有什麼關聯呢？他在《五十自述》中的一段話可使我們明白其
故。他在此書中自述其逐步理解《純粹理性批判》一書的過程道：

　　我因對於邏輯數學之解析之步步扭轉，認識了純理自己之展現，
　　所以我首先了解了他的「超越辯證」一部。這是他對於「超越形上
　　學」的批判，由如何不可能透露出如何可能。其中兩個關鍵性的
　　名詞就是「軌約原則」與「構成原則」。這兩個為何如何的批判
　　思辨上的名詞，在康氏「純理批判」中非常重要。……在「超越
　　的辯證」中，他明純粹理性順經驗依據範疇向後追溯，以期超出
　　經驗，提供超越理念，這種追溯與由提供而置定的超越理念，只
　　是「軌約的」，而不能認為是「構成的」。依範疇以追溯，在提供

注17　見牟宗三：《生命的學問》，臺北：三民書局，1970年，頁227。
注18　見牟宗三：《道德的理想主義》，臺北：學生書局，1978年，〈序〉，
　　　　頁6。

超越理念上，只是軌約原則，而不是構成原則。以軌約為構成，這便形成超越辯證所示的虛幻性。這表示在純粹理性依據範疇以追溯上，並不能明超越理念之真實可能性，並不能獲得其真實的客觀妥實性。這裏即表現了純粹理性有效使用的範圍，劃開了「知識域」與「超越域」。在「超越域」上，即算開闢了價值域，此則必須另有根源以契之與實之。此另一根源即是「認識主體」外之「道德主體」。（注19）

康德在《純粹理性批判》一書底〈辯證論〉中批判西方傳統的「超越形上學」，是為了確定人類知識底界限，而將「理論理性」（theoretische Vernunft）——或稱為「思辨理性」（spekulative Vernunft）——底作用局限於「現象」界。但這只是其批判哲學之消極功能，它尚有另一種積極的功能，即是將人類知識所不及的「物自身」界保留給「實踐理性」（praktische Vernunft），透過實踐理性去開啟價值域。故在人類底理性主體中，他肯定實踐理性對於理論理性的優先性，實踐理性方是人類底真正主體之所在。因此，「現象」與「物自身」分別表示知識域與超越域（價值域），由此構成一個「兩層存有論」底思想間架。以後牟先生即借《大乘起信論》中的用語，以「一心開二門」來稱這個間架（注20）。他所預設的「超越的分解系統」便是指這個間架。他也正是根據這個間架來安排儒家底良知之教，並且疏解其「外王」問題。

在《道德的理想主義》一書中，我們已可明白地看出康德哲學與儒家思想間的密切關聯。在此書中，牟先生指出：儒家思想在本質上代表一種「道德的理想主義」或「理性的理想主義」。這裏所謂「理性的」

---

注19　牟宗三：《五十自述》，臺北：鵝湖出版社，1989年，頁75-76。
注20　參閱牟宗三：《中國哲學十九講》，臺北：學生書局，1983年，第13及14講；亦參閱其《中西哲學之會通十四講》，臺北：學生書局，1990年，第6及7講。

是就「實踐理性」（或稱「道德理性」）而言，故冠之以「道德的」或
「理性的」，其義並無不同。所謂「道德的理想主義」，意謂以「怵惕惻
隱之仁」為價值之根源，亦即理想之根源（注21）。牟先生之所以使用此
名，是為了將儒家思想與兩種不同的觀點區別開來，如他自己所說：「吾
人此處所謂理性是指道德實踐的理性言：一方簡別理智主義而非理想主
義的邏輯理性，一方簡別只講生命衝動不講實踐理性的直覺主義，浪漫
的理想主義，而非理性的理想主義。」（注22）所謂「理智主義而非理想
主義的邏輯理性」，是指在主體方面片面突出理智或理論理性之作用，而
無視於其他心靈活動的一種觀點。這種觀點他稱為「理智一元論」，進
一步發展即成為「科學一層論」，亦即我們通常所說的「科學主義」
(scientism)，主要指實證主義、現實主義、功利主義、自然主義，甚
至包括馬克思主義。所謂「只講生命衝動不講實踐理性的直覺主義，浪
漫的理想主義，而非理性的理想主義」，主要是指柏格森 (Henri Berg-
son) 底直覺主義，也包含十八世紀末、十九世紀初隨著德國「狂飆運
動」(Sturm und Drang) 所興起的人文主義，以及一切形態的英雄
主義。

　　依牟先生之見，康德哲學基本上也屬於「道德的理想主義」，因為
康德所謂「善的意志」即是儒家所肯定的「怵惕惻隱之心」（注23）。就
此而言，他肯定康德在西方哲學史上的獨特地位。他寫道：

　　　　又，哲學，自康德始，順希臘的傳統，進一步，提出實踐理性優
　　　越於理論理性，把握住善的意志及意志之自由，此可謂大有關于
　　　道德的實踐。下屆費息特、謝林、黑格爾，皆重視精神生活之發

注21　牟宗三：《道德的理想主義》，〈序〉，頁5。
注22　同上書，頁17。
注23　同上書，頁19，25。

展，大有造于德國國家之建立，甚能表示哲學之在歷史文化上所起的作用。故至黑格爾遂正面建立歷史哲學及法律哲學。此與希臘傳統之為「觀論的」稍不同，而已進於道德的實踐之精神生活及其歷史文化之客觀的意義。此可謂康德所開啓，而充其極于黑格爾。（注24）

康德與儒家之所以同屬於「道德的理想主義」，是因為康德底「善的意志」與儒家底「怵惕惻隱之心」均是道德心之表現，而儒家與康德均肯定道德心之眞實性。因此，牟先生批評馬克思將「善的意志」僅視為抽象的虛構概念，視為資產階級底幻想（注25）。因為道德心不是知識底對象，其眞實的意義不表現於經驗界中，而表現於超越界中。故康德肯定實踐理性優先於理論理性（思辨理性），正可保住儒家底道德理想，成就其「道德的理想主義」。這是儒學與康德哲學在本質上的聯繫點。

四、

　　其次，牟先生當時為「外王」問題所構思的解決之道，亦須放在康德底兩層存有論之間架中始能理解。牟先生認為：中國過去之所以未產生民主政治與科學，是由於理性之運用僅偏於實踐理性一面，而於理論理性這一面的表現有所不足。為了說明此義，他提出了三組對比性概念：在《歷史哲學》一書中，他提出了「綜和的盡理之精神」與「分解的盡理之精神」這組概念；在《政道與治道》一書中，他則提出了「理性之運用表現與架構表現」和「理性之內容的表現與外延的表現」兩組概念。這些概念底涵義，筆者在〈論所謂「儒家的泛道德主義」〉一文

---

注24　同上書，頁20。
注25　同上書，頁20-21,25-26。

中已有詳細的討論，讀者可參看（注26）。此處僅就討論之所需，簡要地加以說明。

這三組對比性概念所要表達的其實是同一個意思，即是由實踐理性與理論理性（牟先生有時譯爲「觀解理性」）之對比所撐起的立體間架，亦卽上文所提到的「一心開二門」底間架。所謂「綜和的盡理之精神」、「理性之運用表現」、「理性之內容的表現」均是就實踐理性底表現而言，所謂「分解的盡理之精神」、「理性之架構表現」、「理性之外延的表現」則是就理論理性底表現而言。爲求說明之簡要，筆者在此引述牟先生在《政道與治道》中解釋「理性之運用表現與架構表現」的一段文字，以明理性底兩種表現方式。他在書中寫道：

> ……凡是運用表現都是「攝所歸能」、「攝物歸心」。這二者皆在免去對立：它或者把對象收進自己的主體裏面來，或者把自己投到對象裏面去，成爲徹上徹下的絕對。內收則全物在心，外投則全心在物。其實一也。這裏面若強分能所而說一個關係，便是「隸屬關係」（Sub-Ordination）。聖賢人格之「化」是如此；聖君賢相的政體，君相對人民的關係猶如父母對於子女，子女不是父母的敵體，亦是如此；而道心之觀照亦是如此。是以運用表現便以「隸屬關係」來歸〔規〕定。而架構表現則相反。它的底子是對待關係，由對待關係而成一「對列之局」（Co-Ordination）。是以架構表現便以「對列之局」來規定。而架構表現中之「理性」也頓時卽失去其人格中德性卽具體地說的實踐理性之意義而轉爲非道德意義的「觀解理性」或「理論理性」，因而也是屬於知性層上的（運用表現不屬於知性層）。民主政治與科學正

---

注26　參閱拙著：《儒學與現代意識》，頁107–115。

好是這知性層上的「理性之架構表現」之所成就。（注27）

依此所言，實踐理性之活動(主要表現在道德實踐中)並不預設主體與對象(客體)之對立，因為嚴格說來，主客之區分只有在知識中才有意義。但若我們勉強類比於認知活動，而在道德實踐底活動中區分主客，這種主客關係只能是一種上下統屬的縱的關係，也就是說，對象隸屬於主體，而為其所攝。反之，理論理性之活動（主要表現在認知作用中）必須在一個主客對列的橫的關係中發生；在這種關係中，對象並不隸屬於主體，而是與主體並列，成為其所對之物。這是人類理性底兩種表現方式，但是這兩種表現方式並非並列的，而是有主從關係的。因為在「實踐理性優先於理論理性」的前提下，實踐理性代表道德主體，這才是自我之所以為自我之體，而理論理性（代表認知主體）則是道德主體之用，用牟先生自己的用語來說，即其「自我坎陷」（自我否定）之結果（注28）。牟先生指出：道德主體本身就包含一種內在要求，要透過這種「自我坎陷」求其自我實現，這是一種「辯證發展的必然性」（注29）。所以謂之「自我坎陷」者，是因為實踐理性要求一個與其本性相違反的東西，即理論理性，由此形成一種「矛盾」（辯證意義的「矛盾」，而非邏輯意義的「矛盾」）。

一般學者不難在此看出黑格爾辯證法對牟先生這套思想的影響，但也往往忽略了它預設康德底哲學間架，此即由實踐理性和理論理性底兩層主體所撐起的兩層存有論。在康德哲學中，理論理性只能透過知性而在現象界成就知識；它不能超越知性而有其獨立的領域，故其作用是虛的。實踐理性才能表現理性之本質作用，而在知性底領域之上開顯一個獨立的領域，即「物自身」或「理體」(Noumenon)。故實踐理性和理

注27 牟宗三：《政道與治道》，臺北：學生書局，1980年，頁52-53。
注28 同上，頁58。
注29 同上，頁57。

論理性之層級區分亦可說成理性與知性之區分。所以，牟先生才會說:
架構表現中之「理性」屬於「知性」層。在近代西方哲學中，康德首
先對理性與知性底作用加以區分，這項區分爲其後的「德國理念論」
(deutscher Idealismus) 所共同接受。但是牟先生對康德所提供的
間架作了一項重要的修正，卽是: 他取消康德哲學中理性與直覺之對立
性，而像非希特 (J. G. Fichte) 一樣，將「智的直覺」視爲實踐理性
之表現方式。「智的直覺」(intellektuelie Anschauung) 本是康德哲
學中的術語，但康德不承認人類擁有這種直覺方式，僅將它歸諸上帝。
但牟先生在《歷史哲學》一書中卻指出: 道家底「道心」與儒家底「仁
心」均表現「智的直覺」，這種直覺卽屬於「綜和的盡理之精神」(注30)。
這樣一來，「綜和的盡理之精神」與「分解的盡理之精神」底對立亦可
說是智之「直覺形態」與「知性形態」底對立。

　　牟先生提出理性底兩層作用之區分，是爲了說明中國過去未能產生
民主政治與科學之故。因爲依其所見，民主政治與科學均屬知性層上的
「理性之架構表現」。科學需要「理性之架構表現」，這不難理解; 因
爲科學所成就者是知識，而知識之成立預設認知主體與其對象之對立。
至於民主政治之成立，亦需要解除統治者與人民間的隸屬關係，承認人
民在政治上的獨立人格，使統治者與人民間形成一種對待關係與對列之
局; 這顯然也需要「理性之架構表現」。牟先生對於這兩個問題的詳細說
明，俱見於《歷史哲學》及《政道與治道》二書中，讀者可自行參閱。

　　牟先生這套理論除了說明中國過去未能產生民主政治與科學之故，
藉以指出中國文化未來的發展方向之外，尚有其現實上的針砭作用。他
順著康德底思路，將認知主體繫屬於道德主體，一方面是爲了指出上文
所提到的「科學一層論」之弊，另一方面則是要對治他所謂的「泛政治

注30　參閱牟宗三:《歷史哲學》，臺北: 學生書局，1974年，頁174-181。

主義」（注31）。所謂「泛政治主義」是指在當時的中國自由主義者中常
見的一種政治觀點或態度，卽是僅停留在理論理性底層面上肯定自由民
主，而割截其上的道德理性之根源。這猶如持「科學一層論」者僅在理
論理性底層面上肯定科學，而截斷它與道德理性之關係一樣。所以，
「科學一層論」與「泛政治主義」往往互爲表裏，形成當時以胡適爲首
的自由主義者之基本態度。牟先生基本上肯定自由主義，但他在不同的
場合一再強調：不以理想主義爲依據的自由主義是無根的，根本不足以
對付共產主義（注32）。總之，在牟先生這個階段的思想中，康德底哲學
間架不但爲儒家底「內聖」之學提供了理論依據，也爲其「外王」問題
提供了解決底線索。

五、

如果我們細讀牟先生底《心體與性體》一書及其後出版的有關儒家
與康德的著作，將會發現：他先前有關儒學與康德哲學的基本見解大體
上仍保留在這些著作中，但以更加深入、更有系統的方式繼續發展。在這
個階段中，他明白主張透過康德哲學來會通中西哲學。中國哲學當然不
限於儒家，也包含佛、道兩家，但後兩家與本文底主題無直接關係。就牟
先生在這個階段中的思想而言，我們可以從三方面來說明他藉以會通儒
家思想與康德哲學的契合點，此卽「一心開二門」底思想間架、「實踐
理性優先於思辨理性」的觀點，以及「自律倫理學」底概念。以下卽分
別論之。

如上文所述，牟先生在上一階段中已順著康德底思路區分「理性」
與「知性」底作用，以撐起「物自身」與「現象」底兩層存有論。他也

---

注31　參閱牟宗三：《政道與治道》，頁 57-62；亦參閱其《道德的理想主
義》，頁253-259。
注32　其主要意旨可參閱其＜自由主義之理想主義的根據＞一文，此文收入
《生命的學問》一書中。

敏銳地看出：究極而言,「物自身」概念所指向的超越域即是價值域。這個觀點其實已隱含在康德底著作中, 只是一般學者未必會注意到。 一般學者如果僅根據康德在《純粹理性批判》一書中的說明來了解「物自身」一詞底涵義, 必然會將此概念視爲一個知識論的概念, 即視之爲現象之對立面及其界限。如今, 牟先生在《智的直覺與中國哲學》及《現象與物自身》二書中對「現象」與「物自身」之區分加以詳細的闡釋。在前書中, 他順著海德格(Martin Heidegger)在《康德與形上學底問題》(*Kant und das Problem der Metaphysik*) 一書中對康德哲學所作的詮釋, 釐清「現象」與「物自身」底涵義。他在後書中則明白指出：

> ……依康德, 物自身之概念似乎不是一個「事實上的原樣」之概念, 因此, 也不是一個可以求接近之而總不能接近之的客觀事實, 它乃是根本不可以我們的感性和知性去接近的。 因此, 它是一個超絕的概念。我們的知識之不能達到它乃是一個超越的問題, 不是一個程度底問題。 (注33)

他認爲： 儘管康德自己對「物自身」概念所作的說明不很明確, 但就康德將「現象」與「物自身」之區分視爲「超越的」(transzendental) 而言(注34), 「物自身」應當是一個有價值意味的概念。故他強調：

> 如果「物自身」之概念是一個價值意味的概念, 而不是一個事實概念, 則現象與物自身之分是超越的, 乃始能穩定得住, 而吾人

---

注33　牟宗三：《現象與物自身》, 臺北: 學生書局, 1975年, 頁7。
注34　筆者通常將transzendental一詞譯爲「先驗的」, 而將transzendent一詞譯爲「超越的」。爲避免不必要的困擾, 此處保留牟先生底譯名。

之認知心（知性）之不能認知它乃始真成為一超越問題，而不是一程度問題。（注35）

這種詮釋雖是採取一種佛典所謂「依義不依語，依法不依人」的態度，但我們在康德底著作（特別是其倫理學著作）中卻不難發現其依據。譬如，在《實踐理性批判》底〈前言〉中有這麼一段話：

> ……只要我們對道德和自由仍未形成確定的概念，我們就一方面無法揣測：我們想要為所謂的現象置為其基礎的理體是什麼，另一方面也無法揣測：當我們已先將純粹知性在理論性運用中的一切概念完全只用於現象時，是否還有任何可能性為理體形成一個概念。（注36）

康德在此將「理體」與「現象」（Erscheinung）相對而言，可見他是將「理體」視為「物自身」底同義詞（注37）。既然「物自身／理體」底概念必須透過「道德」與「自由」這類的倫理學概念才能確定，則前者顯然是一個具有價值意味的概念，而不是一個事實概念。事實上，康德也明白地將「物自身／理體」底概念所指涉的「智思世界」(intelligible Welt) 理解為一個「目的王國」(Reich der Zwecke)（注38）。所謂「目的王國」，即是「有理性者藉共同的客觀法則所形成的一個有秩序

---

注35　牟宗三：《現象與物自身》，頁7。

注36　*Kritik der praktischen Vernunft*, in: *Kants Gesammelte Schriften* (Akademieausgabe), Bd. 5, S. 6.

注37　康德在其著作中並未對「物自身」與「理體」二詞作明白的區分，反而常常互換其詞。

注38　*Grundlegung zur Metaphysik der Sitten*, in: *Kants Gesammelte Schriften* (Akademieausgabe), Bd. 4, S. 438.

的結合」，而這「只是一個理想」（注39）。由此可見，即使按照康德本人底想法，「物自身」底概念也是指向一個理想世界或價值世界。

　　確定「物自身」是一個具有價值意味的概念，對牟先生之會通儒家思想與康德哲學至爲重要。因爲只有這樣，現象與物自身之區分才能是一個立體的區分，足以表示價值層級之高低；而儒家底道德理想主義只能在這樣一個立體的間架中凸顯出道德理想之超越性。如果現象與物自身之區分像一般學者所了解的，僅是一種平面的、知識論的區分，它將無法安排儒家思想中具超越意義的道德理想及作爲其本原的本心良知。牟先生在《中西哲學之會通十四講》之最後一講中於詳細討論康德藉現象與物自身底區分所撐起的思想間架之餘，歸結道：

> ……西方哲學與東方哲學之相會通，只有通過康德的這一個間架才可能，其他都是不相干的。康德這個間架合乎《大乘起信論》所說的「一心開二門」。古今中外的哲學都是「一心開二門」。這一句話所表示的哲學間架（philosophical frame）有共同性。（注40）

所謂「一心開二門」，即是由一「眞心」開出「心生滅門」與「心眞如門」。牟先生認爲：此二門相當於康德所謂的「現象」與「物自身」，或者說，「事相」（Phaenomennon）與「理體」（注41）。

　　儘管牟先生將這個哲學間架視爲中西哲學所共有，但他也指出：中國哲學在現象界方面的態度是消極的，在智思界方面的態度是積極的；

---

注39　同上，S. 433。

注40　牟宗三：《中西哲學之會通十四講》，頁225；參閱頁95，111；亦參閱其《中國哲學十九講》，頁298。

注41　「理體」、「事相」是筆者所採用的譯名。牟先生對 Noumenon 一詞，先後用過「物自體」、「智思物」、「本自物」諸譯名，而以我們通常用來譯 Erscheinung 的「現象」一詞來譯 Phaenomenon。爲避免不必要的困擾，筆者在本文中一律使用「理體」、「事相」之譯名。

反之，康德哲學在現象界方面的態度是積極的，在智思界方面的態度是消極的（注42）。以儒家來說，宋、明儒者雖有「見聞之知」與「德性之知」底分別，但對於「見聞之知」並無積極的說明。儒學，乃至中國過去的傳統學術均不能正視科學之所以為「學」的意義，故未發展出知識論，亦未發展出成其為「學」的邏輯與數學。所以說：中國哲學在現象界方面的態度是消極的。然而，儒家卻能正視「德性之知」，在這方面有積極的意識，故能建立心性之學，並且在此基礎上建立其獨特形態的存有論（牟先生稱之為「無執的存有論」）。所以說：儒家在智思界方面的態度是積極的。在另一方面，康德一步步分析知識據以成立的條件，並且說明邏輯、數學及自然科學底基礎；換言之，他為整個現象界作了一個存有論的說明。所以說：他在現象界方面的態度是積極的。何以說他在智思界方面的態度是消極的呢？這是因為他不承認人有智的直覺，使「物自身」底概念對我們只具有消極的意義，而屬於智思界的「意志底自由」、「靈魂之不滅」、「上帝底存在」亦只成為「設準」。

承認人有智的直覺，這是牟先生對康德哲學的一項重要修正。我們可從兩方面來說明這項修正之必要性：一方面就康德哲學底內在理路而言，另一方面就中國哲學底詮釋問題而言。就康德哲學底內在理路而言，牟先生指出：如果我們不承認人有智的直覺，康德對現象與物自身所作的「超越區分」便穩不住。故他寫道：

> 同一物也，對有限心而言為現象，對無限心而言為物自身，這是很有意義的一個觀念，可是康德不能充分證成之。我們如想穩住這有價值意味的物自身，我們必須在我們身上即可展露一主體，它自身即具有智的直覺，它能使有價值意味的物自身具體地朗現

注42　關於此項論斷底理由，請參閱牟宗三：《中西哲學之會通十四講》，第6及7講。

在吾人的眼前，吾人能清楚而明確地把這有價值意味的物自身之具體而真實的意義表象出來。我們不要把無限心只移置於上帝那裏，即在我們人類身上即可展露出。（注43）

康德以後的菲希特即順著其思路承認人有智的直覺，可見在康德哲學之中已隱含著向此發展的內在要求。就中國哲學底詮釋問題而言，如果我們不承認人有智的直覺，則過去儒、釋、道三教所說的一切將完全成為虛妄。就此，牟先生說：

依康德智的直覺只屬於上帝，吾人不能有之。我以為這影響太大。我反觀中國的哲學，若以康德的詞語衡之，我乃見出無論儒釋或道，似乎都已肯定了吾人可有智的直覺，否則成聖成佛，乃至成真人，俱不可能。因此，智的直覺不能單劃給上帝；人雖有限而可無限。……如若真地人類不能有智的直覺，則全部中國哲學必完全倒塌，以往幾千年的心血必完全白費，只是妄想。（注44）

我們在什麼意義下可以說儒家肯定人有智的直覺呢？牟先生認為：「本心仁體之明覺活動反而自知自證其自己，如其為一『在其自己』者而知之證之，此在中國以前即名曰逆覺體證。此種逆覺即是智的直覺……」（注45），其詳細說明主要見於《現象與物自身》及《智的直覺與中國哲學》二書底相關章節中，讀者可參閱。

六、

---

注43　牟宗三：《現象與物自身》，頁16。
注44　同上，〈序〉，頁3。
注45　牟宗三：《智的直覺與中國哲學》，臺北：商務印書館，1974 年，頁196。

其次，康德「實踐理性優先於思辨理性」的觀點也構成其哲學與儒家思想間的一個契合點。康德底全部哲學預設了這項觀點，但是直到他撰寫《實踐理性批判》一書時，他才正式提出「純粹實踐理性在與純粹思辨理性聯結時的優先性」（注46）。康德以前的西方形上學，基本上屬於「思辨形上學」，亦即透過思辨理性所建立的形上學。但是康德在《純粹理性批判》中對這種形態的形上學作了全面性的批判，證明其為獨斷的，因而不能成立之後，傳統西方形上學之發展至此告一段落。然而，康德對西方傳統形上學的批判不僅是消極的、破壞性的，而是有其積極的意義，此即顯示形上學底眞實意義與功能。依康德對形上學的新構想，形上學分為兩種，即「自然底形上學」(Metaphysik der Natur) 和「道德底形上學」(Metaphysik der Sitten)（注47）。前者包括「一切單由概念而來，關於所有事物底**理論性**知識的純粹的理性原則」，後者則包括「先天地決定**行止**，且使之有必然性的原則」（注48）。由此可知，「自然底形上學」僅限於探討我們對於自然界（現象界）的知識所依據之先天原則，而不涉入智思界。這顯然改變了「形上學」底傳統意義，因為西方傳統的形上學主要在取得關於智思界的知識。早在十八世紀中葉，康德在其《通靈者之夢》一書中便已了解到傳統意義的形上學不可能成立，而將「形上學」重新界定為「一門關於**人類理性底界限**的學問」（注49）。如依康德「實踐理性優先於思辨理性」的觀點，我們有理由期待他從實踐理性底基礎上建立一套關於智思界的形上學。這似乎

---

注46　參閱 *Kritik der praktischen Vernunft*, S. 119–121。
注47　*Kritik der reinen Vernunft*, hg. von Raymund Schmidt (Hamburg 1976), A841/B869.（A＝1781 年第一版，B＝1787 年第二版）
注48　同上。
注49　*Träume eines Geistersehers, erläutert durch Träume der Metaphysik*, in: *Kants Gesammelte Schriften* (Akademieausgabe), Bd. 2, S. 368.

應當是「道德底形上學」之任務。但如上文所述，康德所謂的「道德底
形上學」僅是對先天的道德原則之說明與證成，而不包含一套關於智思
界的學說；用他自己的話來說，它只是「純粹道德學」（注50）。

牟先生敏銳地注意到康德對形上學的構想尚缺一截，即欠缺一套依
道德進路而建立的關於智思界的形上學。為了與康德所謂的「道德底形
上學」加以區別，他將這種形上學稱為「道德的形上學」。在他看來，
儒家基於對本心良知的體證所建立的形上學即是一種「道德的形上學」。
其實，在康德哲學中，「道德的形上學」之構想已呼之欲出。譬如他在
《實踐理性批判》一書底〈前言〉中寫道：

> 只要自由底概念之實在性透過實踐理性底一項必然法則而得到證
> 明，此概念便構成純粹理性（甚至思辨理性）底一個系統之全部
> 結構底拱心石，而其他一切單單作為理念而在思辨理性中始終無
> 立足點的概念（上帝和不朽底理念）如今聯繫上自由底概念，並
> 且隨著它且透過它得到持久性和客觀實在性。這就是說，由於自
> 由是實在的，這些概念之可能性得到證明；因為這個理念透過道
> 德法則而呈顯出來。（注51）

這裏所提到的以自由底理念為拱心石，包含上帝和不朽底理念的「純粹
理性底一個系統」即隱含一個「道德的形上學」底概念。因為這三個對
思辨理性而言僅具有消極意義的理念全屬於智思界，而今康德透過我們
對道德法則的直接意識證明其實在性。依這個進路所建立的哲學系統應
當是一門「道德的形上學」，而非他所謂的「道德底形上學」。在康德以
後的德國埋念論中，這種「道德的形上學」係由菲希特透過「自我自

---

注50 *Kritik der reinen Vernunft*, A842/B870.
注51 *Kritik der praktischen Vernunft*, S. 3f.

身」(Ich an sich)──而非「物自身」──底絕對前提而建立起來。

　　然而，康德畢竟沒有提出「道德的形上學」底概念，而僅提出了「道德神學」(Moraltheologie)底概念。按康德自己的說法:「道德神學包含對一個最高存有者底存在的一項信念，這項信念係以道德法則為依據。」（注52）換言之，這是一套建立在實踐理性底基礎上的神學。如果康德可以基於實踐理性底優先性提出「道德神學」底概念，他應當也可以基於同樣的理由提出「道德的形上學」底概念。但他何以不如此做呢？其關鍵就在於: 他不承認人類具有智的直覺，故上帝、自由和不朽三者均只是實踐理性底「設準」──亦即在理論上無法證明、但在實踐上必要的預設。儘管康德將自由底概念視為一套實踐意義的形上學底全部結構之「拱心石」，但自由並不能直接呈現於我們的意識之前，而只能透過道德法則間接地得到證實。故自由與上帝、不朽一樣，同為設準（儘管後二者係透過前者得到證實）。因此，康德在《道德底形上學之基礎》一書中強調「自由」底理念之不可理解性，而將「自由如何可能」的問題劃歸於「一切實踐哲學底極限」之外（注53）。

　　但是牟先生發現: 當康德將「自由如何可能」的問題劃歸於「一切實踐哲學底極限」之外時，他在思考過程中有一項滑轉。康德之所以認為「自由」底理念是不可理解的，其理由如下:

　　　　因為我們能將一些事物還原於法則，而這些法則底對象能在某個可能的經驗中被給與; 除了這些事物之外，我們無法說明任何事物。但自由是個純然的理念，其客觀實在性決無法依自然法則被顯示，因而也無法在任何一個可能的經驗中被顯示。是故，由於這個理念本身決不可能依任何一種類比被配上一個實例，所以它

---

注52　*Kritik der reinen Vernunft*, A632/B660 Anm.
注53　*Grundlegung zur Metaphysik der Sitten*, S. 458f.

決無法被理解，或甚至僅被了解。（注54）

按照康德在這裏所提出的理由來看，他只能說：「自由」底理念對於我們的思辨理性而言是不可理解的。因為依康德底觀點，思辨理性之運用以可能的經驗為範圍，它無法提供我們任何有關超經驗界（智思界）的知識，而自由正是屬於智思界。故牟先生針對康德所謂「一切實踐哲學底極限」而寫道：

> 這其實不是實踐哲學實踐理性底極限，乃只是**經驗知識思辨理性底極限**，而因以知識為貫通一切底標準，又因不能正視道德真理（法則）與道德主體（意志）之實踐地呈現，遂錯覺地誤移為實踐哲學之極限。實則實踐哲學、實踐理性可衝破此界限。惟衝破此界限，道德始能落實，「道德的形上學」始能出現，而人始能真為一「道德的存在」，其最高目標是成聖。到這裏，始真可以看出康德的道德哲學之限度，（卽他造詣到什麼程度），亦可以看出儒家經過宋明儒底發展和弘揚，其造詣與境界何以早超過了康德。（注55）

這段話可謂一針見血！如果康德只因不承認人有智的直覺，便將「自由如何可能」的問題劃歸於「一切實踐哲學底極限」之外，視之為不可理解（不但對於思辨理性，也對於實踐理性），則自由作為道德主體（意志）底眞正特質的這種積極意義便無法得到充分的證成，他所強調的「實踐理性對思辨理性的優先性」亦無實義可言，而在其哲學構想中呼之欲出的「道德的形上學」也因之不可能成立。因此，康德如要貫徹

---

注54　同上，S. 459。
注55　牟宗三：《心體與性體》第1冊，臺北：正中書局，1973年，頁160。

「實踐理性優先於思辨理性」的觀點，就必須如牟先生所主張的，將自由視爲一呈現，而不只是一設準（注56）。經過這一步轉換，康德哲學便可與儒家義理接上頭。如此，不但儒家底智慧與洞見可藉康德底哲學間架得到支持，康德哲學亦可順其內在理路而有進一步的開展。

七、

儘管在康德哲學與儒家思想之間有上述的契合之處，但是在康德哲學中，對儒家思想之詮釋最有意義的概念莫過於「自律」底概念。「自律」是康德倫理學 底核心概念； 由於其 核心地位， 德國學者 亨利希 (Dieter Henrich) 甚至將康德倫理學視爲一種「自律倫理學」(Ethik der Autononmie)（注57）。這較諸一般學者以「形式倫理學」(formale Ethik) 或「形式主義倫理學」(formalistische Ethik) 來指稱康德倫理學，更能表示其特性，且不易引起誤解。

「自律」概念底涵義極爲豐富，筆者曾在〈儒家與自律道德〉一文中詳細說明此概念底來源與內涵（注58）。就本文底目的而言，筆者只消指出：康德係以「自律」底概念來說明道德底本質，而「自律」即是道德主體（意志）之自我立法；換言之，我們的意志所須服從的道德法則正是它自己所制定的法則，而非來自其他來源。如果我們在道德主體以外尋求道德法則之根源，便是以「他律」(Heteronomie) 爲原則；而根據「他律」，我們只能建立虛假的道德原則。

基本上，康德底哲學觀點是一種「主體主義」(subjectivism)。在知識論上，他扭轉「對象使表象成爲可能」的實在論觀點，而提出「表

---

注56　參閱牟宗三：《現象與物自身》，頁76-79。
注57　參閱 Dieter Henrich: *Selbstverhältnisse* (Stuttgart 1982), S. 6-56.
注58　參閱拙著：《儒家與康德》，臺北：聯經出版公司，1990年，頁14-21。

象使對象成爲可能」的主體主義觀點；套用德國學者克隆納（Richard Kroner）底說法，這是一種「知識論的主體主義」(注59)。康德自己將這種知識論觀點上的轉向比擬爲哥白尼底天文學革命 (注60)。同樣的，在其倫理學中也包含一種道德觀點上的轉向，亦即將決定道德法則的判準不置於對象中，而置於道德主體中。克隆納將康德底這種道德觀點稱爲「倫理學的主體主義」(注61)。美國學者西爾柏（John R. Silber）很恰當地將這種道德觀點上的轉向稱爲「倫理學中的哥白尼式革命」(注62)。基於康德「實踐理性優先於思辨理性」的觀點，其「倫理學的主體主義」較諸「知識論的主體主義」具有更爲本質性的意義(注63)。

　　康德底「自律倫理學」所代表的，其實便是一種「倫理學的主體主義」。像康德自己所清楚意識到的，這在西方倫理學底發展中是一項根本的扭轉，甚至可以說是一項重大的突破。牟先生在《心體與性體》中已經敏銳地看出：儒家思想從孔、孟開始，便走向這樣一個思考方向，而這個思考方向經《中庸》、《易傳》發展至宋明儒學，代表儒家思想底主流。當然，儒家並未提出「自律」一詞，但是孟子底「仁義內在」說實已包含康德藉「自律」概念所表達的全部思想。傳統注疏家對孟子此說的詮釋往往曲折繳繞，不得其旨。及至牟先生在《圓善論》一書中藉「自律」概念詳細疏解《孟子・告子上》底相關章節，此說之哲學意涵始豁然大明。大體而言，告子將決定道德法則的判準置於對象中，代表「他律」底觀點；孟子則堅持將此判準置於道德主體（本心良知）

---

注59　Richard Kroner: *Kants Weltanschauung* (Tübingen 1914), S. 51.

注60　參閱 *Kritik der reinen Vernunft*, BXVI u. BXXII Anm.。

注61　Kroner: *Kants Weltanschauung*, S. 52.

注62　John R. Silber, "The Copernican Revolution in Ethics: The Good Reexamined", in: *Kant: A Collection of Critical Essays*, ed. Robert Paul Wolff (Notre Dame 1967), p. 266.

注63　參閱Kroner: *Kants Weltanschauung*, S. 55。

中，代表「自律」底觀點。此義旣明，乃可據以分判宋明儒學內部的義
理型態。據牟先生之分判，北宋周濂溪、張橫渠、程明道三家和其後的
陸象山、王陽明一系及胡五峰、劉蕺山一系大體均能繼承孔、孟、《中
庸》、《易傳》所決定的思考方向，代表自律道德；唯獨伊川、朱子一
系代表他律道德，故爲歧出。

　　當牟先生藉康德底「自律」概念來詮釋儒家義理之際，他同時發現
康德底哲學間架並不能完全順成「自律」之義。因爲康德將「良心」與
「道德情感」僅視爲主觀的感受性，使之旁落到感性層上，而將意志僅
視爲實踐理性，結果形成一個心、理爲二的間架。但牟先生指出：我們
若要極成「自律」之義，就得將康德所說的「良心」與「道德情感」上
提至超越層面，使之在「心卽理」的義理間架中成爲一種「實體性的覺
情」。因此，他寫道：

　　　　一說自由自律的意志必函心理是一，這是一個分析的命題。自由
　　　　自律的意志是當下卽明覺卽法則的；而自由就是這實體性的覺情
　　　　之自發與自律，獨立不依於任何外在的對象而卽可給吾人決定一
　　　　方向；實體性的覺情卽含一智的直覺之可能，因此，他自身必是
　　　　一呈現；它旣是一呈現，則自由當然亦是一呈現。這些都是「自
　　　　由自律的意志」一概念之輾轉引申，因此都是分析的。　(注64)

在這個「心卽理」的義理間架中，康德所說的「良心」、「道德情感」與
「智的直覺」合而爲一，成爲一種「實體性的覺情」。這種覺情雖是
「情」，但卻是自發的、非感性的。牟先生認爲：正宗儒家均肯定這種
覺情，視之爲道德本心之本質作用。故他說：

　　注64　牟宗三：《現象與物自身》，頁71。

　　孔子由「不安」說仁，孟子由不忍人之心或惻隱之心說仁，就是
這樣的一種覺情，是即心即理的。諸葛亮說「惻然有所覺」，即
是這覺情之覺。程明道以不麻木說仁(此即函以萬物一體說仁)，
謝上蔡承之，復以覺訓仁，亦就是這樣一種覺情。這覺情是即心
即理，即明覺即法則的，故是實體性的覺情。只有當把康德所說
的道德情感復原為覺情，自由才不只是一設準，而是一朗現。蓋
亦正因此覺情，智的直覺始可能故。（注65）

筆者在〈儒家與自律道德〉與〈孟子的四端之心與康德的道德情感〉二
文（注66）中也曾就康德倫理學底內在理路論證這種「心即理」的義理間架
之必要性。因此，牟先生對康德底「自律倫理學」所作的修正並不僅是
為了使之合於儒學底義理型態，也是為了順成康德倫理學之內在理路。

## 八、

　　上文分別就牟先生於1949年渡海來臺後的兩個階段說明康德與儒學
在其思想中的關係。在第一個階段，康德哲學為牟先生提供了一個完整
的思想架構，以便為儒家底「內聖」之學定位，並且疏解其「外王」問
題。此處所說的「外王」主要是指科學與民主政治，牟先生稱之為「新
外王」（注67）。稱之為「新外王」，即表示此處需要對傳統的思想格局
有所突破，也就是要將理性之「作用表現」轉為「架構表現」，開出對
列之局。在第二個階段，由於牟先生對康德底著作作了更深入的研究，
他在第一個階段中有關儒學與康德哲學的觀點得到進一步的發展。他特
別強調透過康德哲學來會通中西哲學。筆者分別就「一心開二門」底思

注65　同上，頁70。
注66　俱收入拙著《儒家與康德》中。
注67　參閱牟宗三：《政道與治道》，〈新版序〉，頁11-16。

想間架、「實踐理性優先於思辨理性」的觀點、「自律倫理學」底概念這三方面來說明他如何會通儒學與康德哲學。這三方面的分析均顯示：牟先生並非簡單地套用康德哲學底概念和思想間架來詮釋儒家思想，而是從哲學思考底高度上比較其異同，分判其型態。故其詮釋工作本身即是一種哲學思考，並且包含一種新的判教。

二次大戰後的臺灣就像所有非西方的國家與地區一樣，在傳統與現代化、本土文化與西方文化之間面對極爲複雜的抉擇與調適底問題。五四新文化運動已過了七十多個年頭，五十及六十年代新儒家與自由主義間的爭辯也隨著臺灣社會之轉型與問題意識之轉移而逐漸隱入歷史中。然而，歷史底發展畢竟功不唐捐。對目前大多數的臺灣知識分子而言，傳統與現代化、本土文化與西方文化之間不再是「能否相容」的問題，而是「如何調適」的問題。五四時期的全盤反傳統思想已逐漸爲「創造的轉化」、「批判的繼承」等口號所取代。如果這些口號不止代表一種廉價的折中主義策略，而是有其眞切的意義，則我們可以說：牟先生在康德哲學與儒家思想底會通上所取得的成就已經爲這種「轉化」或「繼承」提供了一個絕佳的典範。

# 臺灣中部「客仔師」與客家移民社會

## ——一個宗教、民俗史的考察

### 李 豐 楙

　　有關臺灣的信仰習俗史料，由於修史的地方官與士人對它所採取的傳統儒家心態，因而常讓現在的治史者常有簡略而不足之感，這是研究臺灣三百年信仰習俗史頗感缺憾之處。惟其中類似「客仔師」的信仰習俗事跡，卻被多數的方志所紀錄，對於理解臺灣早期移民社會中的信仰習俗確是彌足珍貴的宗教學、民俗學資料。由於臺灣的歷史文化歷經不同階段的移民過程，因而處於社會政經的劇烈變遷中，信仰習俗也隨之發生變化。因此要解讀這些與客仔師相關的習俗遺存，勢必運用文獻及口述資料，從移民史的肌理脈絡中，理解其中所蘊含的豐富意義。對於客仔師的信仰習俗現象及史料記載，劉枝萬博士早在其民間信仰的研究中既已注意及此（注1）。從臺灣移民的空間分布言，客家人優佔區是在北部和南部的丘陵、臺地或近山的平原地帶；而此文則以中部地區（嘉義、雲林、彰化及臺中）為主要的考察範圍，實因其為客家人遷移、變動較明顯的區域，經由歷史文獻及現存的客仔師個案，可以觀察出客仔師習俗在社會文化的變遷中的變化。而從民俗醫療的觀點，客仔師與移民社會的關係自有其社會功能，此處則較從史的立場嘗試解說，在臺灣

---

注1　劉枝萬在＜閭山教之收魂法＞提及潮州籍的客仔教，《中國民間信仰論集》，臺北，中研院民族所，1974，頁208。

不同階段的閩客關係史上，「客仔師」這一名稱所象徵的時代意義，它如何與客莊、客仔聯結，這將是臺灣民間信仰、風俗史上極具意義的符號（注2）。

## 一、康熙末葉方志史料中的「客仔師」及其意義

在臺灣夙稱豐贍的方志史料中，由於適逢康熙中葉以來清廷禮部奉旨檄催各省通志設局纂修的大好機會，因而臺灣在新隸版圖的情況下，就經由首任知府蔣毓英及繼任者高拱乾等，在運用王喜舊稿，與知縣李麟光(諸羅)、楊芳聲（鳳山）遍詢耆老，並經儒士的參與修撰，完成兩種《臺灣府志》：由於「蔣志」是刊行於離任（康熙23年至27年在任）之後，約康熙30年以後家刻；「高志」則在33年倡修，34年刊行（注3）。兩種所採錄、撰述的時間較早，也就是郁永河旅遊時所親見的「臺民皆漳、泉寄籍人。」（注4）因此其中有關風俗也多為閩俗：前者卷五風俗、卷六歲時，所記的以「三邑之人民」為主、「皆係內地人民流寓到臺，則（歲俗）與內地相彷彿」；後者卷七風土志漢人風俗、歲時兩項，據舊稿而略作增補釐訂，在歲時結語也仍說是「多漳泉之人流寓在臺者，故所尚亦大概相似。」也就是最早兩部府志的纂修期間（康熙 34 年以前），修志的士人尚未敘及客家人及其風俗，更遑論有關於客仔師的習俗記事。

---

注2　作者另有一篇＜做獅的儀式及其宗敎世界＞，將另行發表，為相關之作。

注3　蔣毓英所修《臺灣府志》的編成問題，近人論著頗多，其中風俗部分高志彬考為「李麟光原纂稿所有」。蔣志有中華書局影印上海圖書館藏康熙年間刊本（1984）頁 95-99。高文＜臺灣府志創修考＞，《臺灣史研究暨史蹟維護研討會論文集》，臺南，成大歷史系、臺南市政府，民79年，頁156。

注4　郁永河，《裨海紀遊》卷下(臺灣文獻叢刊第四四種，民52年)，頁 32。以下一律簡稱文叢。

　　但一到康熙末葉旣有三部縣志，分別記述了諸羅、鳳山及臺灣的地方史料，在知縣周鍾瑄及主修者王珍、王禮的支持下，由陳夢林、陳文達總纂修成，其中並有部分儒生，在完成《諸羅縣志》（康熙55、56年）後，繼續參與《鳳山縣志》及《臺灣縣志》的修史工作：前者有陳逸（任編次）；李欽文、陳慧（分任編纂）；後者有林中桂、李欽文、陳慧均分任編纂（注5）。不過這些士人所參與的撰述，基於《諸志》爲後來修方志者的楷模，又是熟悉同一批史料的修志者，對於其中的部分資料有因襲之處，自然也有實際採錄者，這本來也是方志修纂的常情，唯其中有關「客仔師」的記事，卻只見於諸羅一志中就有值得深入探討之處。當時陳夢林挾其豐富的修志經驗（先前修《漳浦縣志》、《漳州府志》），尤其熟悉漳人的生活習慣，應聘來臺從事地方志，圓滿完成一部傑出的方志；但是參與其事的林中桂、陳慧俱爲諸羅貢生，都是熟悉地方志的儒生，因此在記述縣內的客莊、客俗時，就常出之以閩籍的、傳統儒家的立場，在他們的筆下表現出記錄另一族羣、文化的觀察角度，並有頗爲明顯的「詆毀」客家人及其文化的微意（注6），從這一視角就可解讀出有關客仔師習俗的豐富意義。

　　對於客仔師的記載見於《諸志》卷八風俗中，這是從移民與風俗的關係作考察，充分瞭解風俗作爲常民生活的一環，尤其能注意及當時社會環境下的各移民族羣，的確是當得起楷模，以後諸種縣志反而不能注意及此。因而在「漢俗」的總述及雜俗等條目中，所敍及的客家人的移民狀況，是幾部志書中最爲詳盡的，也成爲今人考述客家移民史早期史料中極爲珍貴的少數一批資料。它是在有關客家移民及風俗志內的相關

　　注5　周鍾瑄、陳夢林《諸羅縣志》（文叢41，民51）有關陳夢林等人的修志貢獻，有方杰人先生＜修志專家與臺灣方志的纂修＞，《方豪六十自訂稿》，學生，民國56年，頁656。
　　注6　方杰人先生在所撰＜臺灣語言與文化傳統＞一文，曾就語言與屬籍的關係指明這一問題，前引書，頁768。

敍述後，才記述這則信仰習俗，是作為「雜俗」項中的一則記事：

> 尚巫，疾病輒令禳之。又有非僧、非道，名客仔師；携一撮米，往占病者，謂之米卦，稱說鬼神。鄉人為其所愚，倩貼符行法而禱於神；鼓角喧天，竟夜而罷。病未愈，費已三、五金矣。不特邪說惑人，亦糜財之一竇也。

其中的敍述筆法值得考察的，一是何種立場給予「名」稱？二是「客仔」為何種籍貫的自稱或他稱？三是「鄉人」指何種聚落及鄉貫？解讀諸如此類的疑問需要與風俗志的其他敍述配合起來，甚至與撰史的士人的思想、立場結合，始能理解當時不同的移民羣與風俗習慣的關係。從臺灣移民史考察祖籍的不同也表現出相異的地域文化：包括語言、宗教信仰及風俗習尚等，這些文化的差異性在臺灣初墾的階段實具有深刻的社會文化意義。

　　從康熙23年（1684）起直至末葉，諸羅縣的行政區域是極其遼闊的，在縣志「疆界」內所總述的「東界大山，西抵大海，南界鳳山縣，西南界臺灣縣，北界大雞籠山，在臺灣府北一百一十七里。」為當時轄區最廣的一縣，根據縣志卷七兵防志的描述「淡水以南至半線三百餘里，水泉沃衍，多曠野平林」、「今半線以至淡水，水泉沃衍，諸港四達，猶玉之在璞」，類此優厚的開發誘因自能吸引各籍移民前來。對於康熙末葉前開發、移民的情況，「總論」部分有清楚的敍述，凡分三階段：首一階段「自蔦松、新港至斗六門一百八十餘里」，共四里九保，漢人有室家、田產以樂其生，諸番也頗染政教；而自斗六門至雞籠山後八百餘里則為險遠的溪谷，「流移開墾之眾極遠不過斗六門」；第二階段從康熙35年到43年，原本寄居在佳里興的官吏奉文歸治後，「流移開墾之眾已漸過斗六門以北」；第三階段則是自49年設淡水分防千總、增大甲以

上七塘後，數年間而「流移開墾之衆又漸過半線大肚溪以北。」類此流移開墾之衆中，到底有多少粵籍客民？在「水陸防汛」的附語中，有一段明確的說明：「今流民大半潮之饒平、大埔、程鄉、鎮平；惠之海豐。」這是較早載明粵籍移民所自的一條移民史料，應是總結康熙中葉到末葉的移民形勢。

　　史家對於客屬移民的渡海來臺，其時間較漳、泉籍晚，人數也較少，都會歸諸清廷，尤其是施琅所建議的三大禁令：即欲渡臺者需取得原籍地方照章，又要稽查驗核；二是不准携眷；三是以粵地原爲海盜淵藪，積習未脫，禁客民渡臺。根據近人的研究指出在康熙25、26年，旣有嘉應四縣（鎮平、平遠、興寧、長樂）人隨閩人渡海抵府城，又迫於耕地早被開墾而南下到下淡水河、東港溪流域（註7）。不過初期的人數不會太多，由於施琅嚴禁「粵中惠、潮之民不許渡臺」，直到其卒後（康熙35年），而「漸弛其禁，惠、潮之民乃得越渡。」（註8）其越渡的原因在客民能適應自然地理環境，養成勤勞的性格，在清初男子旣能習於行賈四方，販賣米鹽；當時應也有見於臺地的優厚條件：墾區的廣闊、官吏及墾首的招徠及鄉人的鼓勵成行等（註9），就採取正式或非正式方式（如偸渡）來臺。屬於諸羅縣境的例子，黃叔璥（康熙61年任御史）曾據所知提及的「羅漢內門、外門田，皆大傑巔社也。康熙42年，臺、諸民人招汀州屬縣民墾治，自後往來漸衆。」（註10）羅漢內外門（現高雄縣內門鄉內門、內豐、光興等村），指東至楠梓仙溪、西達島山山脈間的地域，西拉雅平埔族大傑巔社人爲漢人所迫先退居於此，後來漢人續

註7　連文希，＜客家之南遷本移及其人口的流布＞，《臺灣文獻》23-24頁4。

註8　黃叔璥，《臺海便槎錄》卷4＜赤嵌筆談＞朱逆附略條所引之芳＜理臺末議＞（文叢4、民國46年）頁92。

註9　有關客家移民的論著凡有多種。如施添福《清代在臺漢人的祖籍分布和原鄉生活方式》，師大地理系：民76年，頁156-176。

註10　黃叔璥前引書，卷五番俗六考、北路諸羅番四、附載，頁112。

至而再退進內山。由此情況也可概見移民卽是這樣一批批湧至，閩、粤兩省兼而有之。所以康熙50年知府周元文卽察知「閩、廣之梯航日衆，綜稽簿籍，每歲以十數萬計。」(注11) 其中當也有不少閩、粤籍客家移民。

關於臺灣早期的土地開發，在清領之後承續明鄭的墾地，而有官佃田、文武官田及營盤田，施琅屬下的將領侵佔幾達臺灣田園之半；其餘先到的漳、泉人也多設法取得墾照，請得番租地，開闢荒野，稱爲草地。縣志卷六〈賦役志〉說諸羅田少園多，田園之主有四：官莊（文武各官招墾）、業戶（紳衿士民自墾納賦或承買收租）、管事（鄉人耕而交稅）及番社。前兩種常需要招徠努力，粤籍客民卽爲此類佃丁的來源之一。陳夢林爲了說明風俗的形成與社會的密切關係，就在總論及雜俗分別論列客莊、客仔的情形。

> 佃田者，多內地依山之獷悍無賴下貧觸法亡命，潮人尤多，厥名曰客；多者千人，少亦數百，號曰客莊。
> 各莊佣丁，山客十居七、八，靡有室家；漳、泉人稱之曰客仔。
> 客稱莊主，曰頭家。頭家始藉其力以墾草地，招而來之；漸乃引類呼朋，連千累百，餓來飽去，行兇竊盜，頭家不得過而問矣。
> 田之轉移交兑，頭家拱手以聽，權盡出於佃丁。

此爲修志士人觀察紀錄的當時情況，從彼此的語言運用在相對稱呼上也彰顯出閩客的協同、對立關係：莊主與佃丁、頭家與客仔，總論說「莊主多僑居郡治，借客之力以共其租。」也就是潮、惠等客家人都成羣聚居草地，居於斯墾於斯，成爲「客莊」。這一情況在此之前旣有相當的

---

注11　周元文，《重修臺灣府志》卷十〈藝文志〉收〈申請嚴禁儌販米穀詳稿〉（文叢第六六種，民49年），頁323。

普遍:「臺屬原有官莊產業，其佃丁半屬粵人。」(註12) 應是當時移民社
會的實際情況。

　　對於閩客的關係與其居處方式，夏之芳及王瑛曾俱曾提到「閩恆散
處，粵悉萃居」(註13)，粵客在原鄉旣已培養出「團結互助，習武自衞」
的性格(註14)，及抵漳、泉人先到爲主的臺灣、諸羅等縣，更易於形成
數百人乃至千人的聚居方式。由於語言、生活方式的差異，客莊的客家
人在漳、泉閩人的環伺下更易具有自保、自衞的習性，基於族羣意識的
作用，紀錄者也易於因彼此的隔閡而產生誤解。「總論」詆毀客莊之人「朋
比齊力而自護，小故輒譁然以起，毆而殺人、毀匿其戶」; 又在「雜俗」
中指客莊之人有盜牛之嫌等，都可見其間存在的族羣歧見。根據儒家所
解說的中國社會的倫理結構爲「差序格局」(註15)，在等級、親疏的關
係中構成不同的倫理圈。在康熙末葉，分籍意識雖尙不明顯，但已有類
此閩客的分籍觀念。陳夢林也指出另一情況，是初闢時，風最近古，「先
至者爲主，其本郡後至之人不必齎糧也。」但後來緣事生波，也有閉門
相拒者。前者乃緣於「流寓者無期功強近之親，同鄉井如骨肉」，或有
失路者繞一借寓，「同姓則爲弟姪，異姓則爲中表爲妻族如至親者」，類
此「推解之誼」是由同鄉、同姓等親疏關係而推及的，在共同墾拓的初
闢時期，同籍者較易構成較內較密的關係網絡。閩人如此，客人更有此
一傾向，類此因地緣、血緣所形成的族羣意識，由於客莊的保守性必
會造成某種程度的誤解。所以主佃關係中主要的仍是利害關係，其協
同乃基於互利，再加以客家人士的移墾方式更讓他們在諸羅郡較少穩定

註12　張伯行，〈申飭臺地行事宜條款檄〉，《清經世文編選錄》（文叢229，
　　　民國60年）頁63。
註13　王瑛曾，《重修鳳山縣志》(文叢146，民51年)，頁 276。又黃叔璥前
　　　引書，頁92，夏之芳亦有此一說法。
註14　施添福前列書，頁170。
註15　此一觀念1947年由費孝通所提出，〈差序格局〉原收《鄉土中國》，今
　　　又收於《費孝通選集》，天津，天津人民出版社，1988，頁93-100。

性（注16）。

　　由於客家人所採取的客莊聚居方式，較易形成原鄉習俗、生活方式的傳承性；而閩籍散居的漳、泉寄籍者，此一階段也多獨身在臺，較常往返原鄉，所以從風俗史考察，仍屬內地化的階段；陳夢林在「總論」一開始就說諸羅實具五民，「唯是閩、粵各省之輻輳，飲食、居處、衣冠、歲時伏臘，與中土同」，在歷史文化的傳承關係上，風俗、歲時等常民文化就如同語言文字、宗教信仰，在移民社會中具有文化認同感、族羣認同感的功能，尤其面對先住民及其「番俗」時，更具有華夷之辨的中原優越感，這是就中華的大傳統而言。但落實於更細的族羣時，就有分籍的意識，《諸羅縣志》的撰述期間乃是基於先至爲主的觀念，雖則流寓者「客莊最多，漳泉次之，興化、福州又次之」，但修志時漢俗的「各莊婚姻、喪葬大約相倣」者是漳泉風俗；對於客俗則說「唯潮之大埔、程鄉、鎮平諸山客，其俗頗異；禮節皆以簡爲貴，略去者十之六、七」，其下就只雜記四條「客莊之俗」，在末條禁祭條末且因其有異於漳泉者，評之爲「惑」；而在歲時部分卽注明「諸羅俗與郡治略同，就《郡志》稍加刪補」；又在最末注云：「多漳、泉之人流寓者，客莊亦大略相似」，完全是以郡治、漳泉爲主的敍述法，也因此在本位的文化優越感的情況下，陳夢林等從地域風土與文化優劣的關係，建立其從風土觀人情的論點。

　　關於諸羅縣境內客屬移民的空間分布及其風俗習尚，從縣志卷二規制志所列的坊里、街市，可以看出漢人及其文化是從府城往北逐漸減少的形勢，這裏的漢文化雖以閩南爲本位的敍述，實則越是往北反而成爲客莊漸多、客俗漸盛的情況，在總述中對於移民區與風俗文化的關係有

注16　尹章義在＜臺灣北部拓墾初期「通事」所扮演之角色與功能＞與＜閩粵移民的協和與對立＞二文均作同一推論，《臺灣開發史研究》，臺北、聯經，民78，頁200-201。

一段敍述：

> 諸羅自急水溪以下，距郡治不遠，俗頗與臺灣同。自下加冬至斗
> 六門，客莊、漳泉人相半，稍失之野；然近縣故畏法。斗六以北
> 客莊逾多，雜諸番而各自為俗，風景亦殊郇以下矣。

從斗六以北其實包括了今雲林與彰化相鄰部分，及彰化、南投、臺中縣市
等廣闊的中部地區，當時客莊與番社參錯的情形，以縣志內所載的縣北
有三莊（打貓、他里霧及半線）；至於社的數目極多，從打貓社、他里
霧社至沙轆社、牛罵社，凡二十四社等都在中部範圍內。這些社至乾嘉
以後紛紛改稱為堡，逐漸成為漢人移居、開墾的區域。不過在康熙末葉
客莊到底有多少，縣志內並未明顯的記載，倒是在有關山川、海道及水
陸防汛時，一再提及「海豐港」（今雲林縣麥寮附近），為商船可到、設
有防汛的海港，是否與惠州海豐的移民有關？有關客莊在中部地區所自
稱或他稱的地名，在清代中葉以後的方志、採訪冊的輿地志「疆域」或
「積方」等，都可發現有粵東、閩西客家人聚居區的縣名、地名，它提
供了瞭解較早期客莊大量分布的形勢。

　　從《諸羅縣志》及時間相近時期的各類遊記、雜記，確能建立起中
部地區閩客相半，甚或客多於閩的印象，然而他們並不能完全在此奠定
穩定性的墾拓事業，而只是作「客」──佃田之客，類此情況應與其保
守的外出謀生歸以養家的習慣有關，而頭家也喜藉此外客的勞力繼續其
莊主的身分。所以近人傾向於採取「季節性或週期性的移墾方式」來解
說這一地區的客家人變動特大的主因[注17]。而史家所載漳泉人對之具
有的印象是：「今佃田之客，裸體而來，譬之飢鷹，飽則颺去，積穀數

---

注17　施添福前引書，頁64。

歲，復其邦族。」類此佃客的感覺固是閩漳人在原鄉旣已有之，而在臺地更易對此具有新的體認，因而從「厥名曰客」到「漳泉人稱之曰客仔」，其實是具有新移民社會新賦予的新義。也因此「客仔師」在這期間出現，應是一種他稱，爲閩人、閩籍士人對於另一外來、新來族羣的信仰習俗的稱呼，因而具有不同祖籍的族羣意識、分籍意識的時代意義。不過就客莊內的「鄉人」言，他們遠離故鄉、家眷，隻身在此閩人爲頭家，又與「番人」參錯的生活中，隨時需面對瘴癘、水土不服及族羣紛爭等移民者的困境，在生命的危機感中，對內除更團結爲萃居的客莊生活，維繫其與原鄉具有地緣、文化緣關係的民俗、習慣，成爲與內地、內郡相同，而具有一體感的擬似情境。一旦遇到生命危厄時，則屬於同一文化體系的「客仔師」就較易成爲心理、生理所需的治療法。

從醫療人類學的角度考察客仔師與客莊中的鄉人，其間存在的醫療者與求醫者的關係，完全是建立在同一民俗文化的體系上。他們具有同一宇宙觀、文化觀，對於「疾病」——不管是生理上或心理上的失調、抑是一種社會文化上的反應，都有相同的疾病觀念，這是經由同一文化圈、生活圈的長久認同的，在社會化的學習過程中，對於疾病的名稱、描述語言及狀態旣有共同的認可，所以在治療方法上，採取米卦的占卜、符法的神秘靈力及吹角通神的效用，都在共同建立的表達、認知過程中，使宗敎性儀式成爲一種超越物質、理性的神聖、神秘性體驗。在民俗療法中，這些師公除了嫻熟同一文化內的相關機制的運作，通常也精熟於草藥及望聞問切的傳統醫療知識，尤其對於不同情況下的求醫者的生理、心理有豐富的經驗，所以對於心身症（Somatization）的治療效果，其治癒與否自具有其一套解釋系統，這是從事中國人民俗醫療研究者所承認的理論（注18）。在人類學家的方法論中，師公對於米卦、符法

---

注18 有關醫療人類學，參閱 Goorge M. Fostor and Barbara G.
　　　Andenson, *Medical Antbropology*，有中川米造監譯本（東京、

及儀式過程的祕密，自有其 emic 的瞭解，而鄉人在遭遇生命危厄的關卡時，虔誠請求作法，縱使所費不貲，也屬於 etic 的理解。也因此神祕的作法產生其不可思議的效果，但作爲觀察者的史家，或是不屬於客家文化圈的閩籍漳泉人，所有「客仔師」習俗的現象，他們都是屬於 etic 的瞭解，尤其爲傳統儒家和理性主義者更會在夾敍夾議中，批判其爲「愚」、爲「邪說」，這是一種文化差異的現象，尤其以優勢族羣自居時的觀察與批判，對客仔、客仔師自是較缺少一種「同情的瞭解」。

康熙55、56年陳夢林等人在這部前無所承的優異方志中，妥切地從移民社會與風俗歲時的關係，初步建立臺灣修史者的楷模，而有關客仔師的記載也因之幸運地被保存於雜俗中，這較諸正統的佛、道敎事跡的湮沒不彰，確是可倖幸之事，這條記事也使後之修志者不得不因而注意各地方有無此一習俗，並進一步記錄其變化情況。但最奇特的是稍後修纂的鳳山、臺灣兩縣志，由於時間相次，且編纂者當中又有多人爲「職業」修志者，他們對於客仔師的記述就頗值得注意：先說《臺灣縣志》在卷一〈輿地志〉中簡單列出「風俗」項，先提到「海外之區，風尙習俗，三邑約略相等。鳳、諸二志載之詳矣。」然後強調窄狹的邑治爲醇雅的漢俗，不似二邑地廣而多番漢雜處之俗；惟婚喪祭祀較簡，「雜俗」則敍述較繁，其構想、文字也有受《諸志》啓發之處，其中特別提及「臺無客莊」、「客人多處於南、北二路之遠方」兩條，對於客莊則有補充說明：「潮人所居之莊也 —— 北路自諸羅山以上、南路自淡水溪而下，類皆潮人聚集以耕，名曰客人，故莊亦稱客莊。每莊至數百人，少者亦百餘」，而「漳泉之人不與焉，以其不同類也。」卽以此說明臺灣縣較少客莊、客俗。惟范咸在乾隆10、11年(1745、1746)修《臺灣府志》卷十三

---

株式會社。リブロボト，1987）；又參張珣《疾病與文化》，稻鄉，民國78年；林克明〈中國傳統醫學與精神疾病及精神醫學的關係〉，《文化與行爲》，香港，中文大學，1990。

風俗「附著」中引述注明《臺灣縣志》三條，其第三條卻是客仔師條，其實縣志並無此條，疑是採自《諸志》而刪略「不特邪說」以下的批判文字（注19）。而《鳳志》卷七〈風土志〉有漢俗、歲時，在簡短的文字敍述中也隨從諸志的體例，從移民論土風，但在「自淡水溪以南，則番漢雜居，而客人尤夥，好事輕生，健訟樂鬥，所從來舊矣。」卻又不載客俗，而閩俗也以「俗略與郡治同」一言帶過；歲時則在最末記下一句「至於客莊亦多內郡之人，故儀文不至大相遠云」，完全不及客俗及客仔師之事，當是由於修史限期迫近而採錄不周之故。惟乾隆 29 年知縣王瑛曾《重修鳳山縣志》體例較備且多有附錄，卷三〈風土志〉「氣候」附歲時、「風俗」有雜俗項，就明顯引述《諸志》（惟不如同其他而注明是「諸羅雜識」）雜俗的不少資料，但其中引用流寓客莊最多一事恐不盡符合鳳山的實際情況，特別值得注意的是不引用有關客仔師條，在敍述喜博一事後，《諸志》中有關客仔師、佣丁多山客及客莊盜牛等均略過不錄。其原因應是鳳山縣境並無此類客莊的事件，或是並未深入客莊中作實地的採錄？類此與客莊有關的矛盾之處，顯示王瑛曾及其他參閱者（黃佾、卓肇昌）、校對者（柯廷第、林夢麟、張源義）確有疏忽之處。否則以當時南路客莊的衆多，小莊、大莊能聯結爲六堆的區域性組織，且在雍、乾時期能繼續維持並有相當的擴張勢力。然則陳文達等旣疏略於前，王瑛曾又蹈襲其缺陷於後，難道南路客莊中就無客仔師的存在及客俗的客家文化？由此可證當時儒生的修志，卽有爲家國、爲文化立史的優良傳統，但也難以逾越儒家傳統的心態，對於信仰文化常多疏忽，或是漠視，從三部縣志所記載的王醮事，其中多移風易俗的敎化意識，卽可知其宗敎認知的心態仍是傳統儒家的思想意識。

注19　范咸《臺灣府志》，中華書局據北京圖書館柏林寺分館藏本，頁2075。惟伊能嘉矩《臺灣文化志》中卷，省文獻會中譯，民國80年，頁 245，亦言「臺灣縣志所載略同」，疑是採用「范志」而非直接參考《臺志》。

　　總之，陳夢林等人所纂修的《諸志》，確是如史家所讚美的為其後修志者的楷模，他們能深入觀察康熙末葉諸羅縣境內的社會組織及與不同移民族羣的密切關係，也因此以先至者佔多數者的角度觀察後至的客家族羣及其文化。「客仔師」及其習俗就在這一社會文化的肌理脈絡中存在並被紀錄下來，成為地方志中少見的信仰習俗史料，而且深刻影響及後來的修志者，凡是境內有客家人就必須考察有無此一現象（惟鳳、臺二志較例外），所以史志的相互參考、襲用，有時也不只是文字的抄襲而已，而是對同一現象的重覆查考。然則從康熙末葉以後，客仔師的名稱及其功能，在社會文化的變遷中，對於臺灣中部的客家移民的大變動，其因革、調適就更值得深入探討。

## 二、雍乾至割臺前客家移民與客仔師習俗

　　有關客家人在臺灣開發史上，從康熙末葉以後到光緒21年臺灣割讓前，一般多將它分作前、後兩大階段，前七十餘年各籍移民經歷共同開墾的協同合作，在中部地區完成了彰化平原、臺中平原的開發，並在土地大致開墾之後，基於土地利益的需求及墾拓人口的增加，而開始各分氣類，分籍械鬥，進行了一段時期的移民與土地的再分配。然後進入後一階段，各籍移民社會逐漸趨於穩定。閩、粵客民在經歷這段大變動後，原本曾有多數佃戶的客莊呈現大幅退出、減少的現象，以嘉雲地區為例，在業主多漳泉籍的形勢下，客籍佃戶常因移墾方式而不易大量地定居，所餘的少量客莊就較易於與漳籍雜處而逐漸福佬化。彰化縣境原由閩客豪族招徠佃戶開發，也因客族人較少而被迫遷居於少數鄉鎮或遷往近山地帶，類此客屬移民社會的變動，均會影響客仔師的分布及其活動區域。

　　對於中部地區客屬移民變動的相關記載，由於相關縣志等地方史料的修纂並未如康熙末年的持續進行，所以將近百餘年的時間就呈現簡缺

不足的情況。 早在伊能嘉矩搜集方志時既已注意及修志始末, 就發現諸、鳳、臺三志後, 直到周璽始在道光年間（7至14年）修成《彰化縣志》, 適時彌補了「彰邑缺如」(周璽敍) 的缺失, 這部前「無有爲之撰述」者的新縣志中, 既承《諸志》之後, 故也注意及轄區內的客仔師習俗, 也多少敍及客民的移民情況。此後有關中部的方志撰述, 直到光緒18年始又有纂修《臺灣通志》之議, 因而訂出採訪冊式以供各行政區參考, 直至20年才陸續完成其中的一部分, 其中有關中部的嘉義、雲林及彰化並未全部完成, 而只留下部分的原稿(注20)。惟其中《嘉義採訪冊》直至日據之後, 又經過臺南打貓辦事署的增補, 而大體則保存了原稿的採訪情況(注21)。這些採訪冊既承續《諸志》的傳統, 因而在莊社、街市等保存了當時存在的客莊地名, 並檢查、印證了有關客仔師的材料。其中只有嘉義縣城的部分不足, 其餘都是這一期間內既普遍也能相當眞實地反映了客俗的遺跡。

從康熙末葉在閩、客關係中, 粤客如何處理與清廷的對待關係, 對此後粤客的渡海來臺、與閩籍的相對關係具有關鍵性的影響, 這就是所謂「義」的問題(注22)。從雍正初葉夏之芳〈理臺末議〉提議粤民爲義民、良民, 何以禁其渡海移民? 到乾隆末、嘉慶初瞿灝在臺十年(1793-1805 ) 最推許粤民的「倡義」、粤莊之人「安居樂業, 協力同心」; 而

---

注20　伊能喜矩前引書（中卷）, 頁276-287。
注21　不著撰人,《嘉義管內采訪冊》(文叢58, 民48年), 倪贊元,《雲林縣采訪冊》(文叢37, 民48年), 根據臺灣銀行出版文獻叢刊, 周憲文所作的弁言, 指出倪贊元在光緒20年編輯《雲林縣采訪冊》; 而《嘉義管內采訪冊》, 則有明治紀年且文字亦欠圓潤等證明爲光緒23年5月至27年11月內編成。不過從對照兩冊中,《嘉冊》（頁 10-13）、《雲冊》(27-29) 的居處、衣服、土習、雜俗等項, 可以發現前者反較完備、流暢; 而後者較簡略, 文字也大體相同。所以頗疑嘉義冊原稿較雲林冊早出, 倪氏等曾參用過; 至日據初臺南打貓辦務署又據原稿再增益成爲今本而已。
注22　伊能嘉矩前引書, 上卷, 頁 499-504 。所論義民的範圍較廣而不及於夏、瞿二氏所論。

致疑於漳泉義民乃「有所爲而爲，有所爲而後當爲」，「安得謂之義也哉？」(注23) 對於粵籍客民有較深刻瞭解的當推藍鼎元，他在隨兄廷珍征剿朱一貴事變，又親身經歷南北各路而有深入的觀察，因而對於客民是否爲「義」早就有所論議，至於他所分析的客家人的生活習性，是當時陳夢林所修《諸志》外，較能解說客莊的始來、客仔的佃傭等諸般情況的，也是雍正初葉頗可珍貴的一批史料。

　　藍鼎元對於當時客莊、客仔的原鄉及來臺以後的生活，常見諸給地方官的建議中，而且反覆敍及，關懷備至：「廣東饒平、程鄉、大埔、平遠等縣之人赴臺傭雇佃田者，謂之客仔；每村落聚居千人或數百人，謂之客莊。」「廣東潮惠人民，在臺地傭工，謂之客仔；所居莊曰客莊。人衆不下數十萬，皆無妻孥，時聞強悍。然其志在力田謀生，不敢稍萌異念。往年渡禁稍寬，皆於歲終賣穀過粵，置產贍家。春初又復之臺，歲以爲常。」(注24) 他總結當時的客家人來臺的生活情況，因同情及親身的瞭解，較諸陳夢林等所敍的應是較客觀、公正的。其後雍正8年又在《鎮平圖志》中從原鄉的理解描述其情形：「田少山多，人稠地狹，雖有健耙肥牛，苦無可耕之地，羣趨臺灣，墾闢成家。臺中客仔壯數十萬衆，皆程、大、平、鎮人民，而鎮平尤依賴之，竟以臺灣爲外宅。」(注25) 對於客莊的人數是否數達數十萬衆，今人固然尚有疑問，但可推知當時的移民人口在急遽增加中，凡此均具有影響客家風俗存在的條件。

　　雍、乾時期臺灣中部的大舉開發，是當時有識的官吏基於實際的考

注23　夏之芳之論見前(注8)所引文，翟灝凡有＜粵莊義民論＞、＜漳泉義民論＞兩短文，收於《臺陽筆記》中(文叢20，民47年)，頁314、317。

注24　藍鼎元，＜與吳觀察論治臺灣事宜書＞，《平臺紀略》，文叢14(民47年)頁51，《粵中風聞臺灣事論》，同前，頁63。前一書信作於雍正2年(1724)，吳觀察指時任臺灣道的吳昌祚，參陳運棟《客家人》，臺北，東門，1978，頁139。

注25　藍鼎元，《鎮平縣圖說》引自伊能嘉矩《臺灣文化志》中卷，前引書，頁142。

察後對態度保守、謹慎的朝廷深具決策的影響，尤其有關三條禁令的解除，在屢開屢禁的情況下，歷經在臺官員的建議才逐次解禁。通常除官方正式許可的給照之外，一些經由私渡、偷渡的移民才是大宗，這是由於臺地確有需要也有能力吸納人口過剩的閩、粵百姓之處。對於中部(中路)的開墾，從周鍾瑄任職，到藍鼎元的實地瞭解，都承認當時「臺北彰化縣，地多荒蕪，宜令開墾爲田，勿致閒曠。」(同注24) 此即在半線(彰化)另設一縣以便開發、管轄的主因，閩、粵籍客民之大舉移入，並組成客莊，正是掌握了這一大好契機；不過這段時間漳、泉籍閩人也紛紛在此開墾，因而形成參錯而居的情形，范咸在乾隆 10、11 年(1745、1746)撰修《臺灣府志》卷十三風俗曾引《舊志》，說彰化縣「邑新設未久而願耕於野、藏於市者，四方紛至，故街衢巷陌漸有可觀，山海珍錯之物亦無不集，但價值稍昂，其風頗彷郡城。」大概當時各籍人士前來，有如前序所說的「閩之漳、泉；粵之潮、惠，相携負耒，率參錯寄居，故風尚略同內郡。」也就是分籍而居、參錯於這塊新墾地上。在目前仍缺乏較多直接記述，或尚未能搜集充足的田業契約文件的證據前，只得從各區縣志的相關資料，尤其地名、寺廟等遺存，仍可嘗試重建中部區域性的歷史，據以解說客仔師存在的文化意義及其與當時社會肌理脈絡間的關係(注26)。

在諸羅縣的轄區內，乾隆 51 年發生的林爽文事變乃爲影響較大的事件，所以 60 年諸羅被褒改爲「嘉義」，轄有今嘉義、雲林附近。從《嘉義管內采訪冊》所紀錄的地名及寺廟祭祀情況，記載著光緒21年割臺前客屬居民所遺存的人數及事跡：打貓西堡有海豐莊(嘉義縣鹿草鄉豐稠村)、北堡有大莆林街、南堡有海豐仔莊(嘉義縣溪口村海瀛村)；東下堡、東頂堡則未之見。在大莆林街就有一座三山國王廟(道

---

注26　日據時期曾據戶籍作過各籍人口分布的調查，較近期的則中研院所進行的濁大計劃卽是這類工作。

光元年建），其實嘉義縣境內尚不止此座，在劉枝萬統計的三山國王廟中，其廟數及成立年代都顯示此一地區也是較早開墾的區域。客家人雖因移墾而未能在此建立較固定的墾租地，但此區域內卻是遺存客仔師習俗較多的地方。

在打貓西、北、南堡凡有客家地名的均有客仔師的記載，《西堡‧雜俗》云：

> 俗又尚巫。凡有疾病，或請道以禳災，或延僧以解厄；而最可用者，紅頭司以紅布包頭，土神安胎更應□。一時鼓角喧天，跳舞動地，安符作法，隨解而安。大則進錢補運，祈安植福，當天請神念經，香案茶品潔淨，虔誠祈禱，無事不靈。是邪說惑人，拐騙財物，甚多婦女信之，至若文明之士則不然也。

從敍述的文字中可以發現紀錄者雖受《諸羅縣志》的啓發，但補充敍述的部分則較明確地指出客仔師也稱「紅頭司」，其形象「以紅巾包頭」，作法則有土神、安胎、進錢補運的法術，也有祈安植福的吉祥願望。而信奉者則多為婦女，應與安胎及替家人求福有關。這段文字還有一點值得注意的是並未特別強調「鄉人」，是否已不再限於客家人，而是「凡人有疾痛」的都會信從。北堡的一條也是在喪葬後雜俗項內，強調「習俗之變遷，隨風化而轉移」，而大莆林等卽是「其人多強」的客俗剛勁風氣。從客家人的好武習性推測，加以此地有三山國王廟，也與潮州大埔有關（今嘉義縣大林鎮東林、西林二里），當地也有客仔師習俗，其文字卽襲自縣志而略加刪略：「必有事焉，或請道以禳災，或延僧以祈福；安符作法，進錢補運，是邪說惑人，莫此為甚」雖不明言客仔師，但從作法習慣及與西堡一樣的「進錢補運」，應是大莆林一帶的客家風尚。南堡也見於雜俗項下，是一條頗為有用的記事：

俗尚巫家，動輒深信巫言。每年八月十五日，令其設壇禳災解
厄，進錢補運，勅符作法，鼓角喧天，手舞足蹈，約費白金十餘
元。俗曰「過關度限」。邪說惑人，村民多為所迷。又有非僧、
非道，以紅布包頭，曰「紅頭司」。其術與巫同。

其中「紅頭司」與「客仔師」的關係昭然可見，又確定其法術性質近於
巫法，稱為「過關度限」，「村民」是否即海豐仔莊中的村民？另有利用
8月15日舉行法會也是一般歲時「中秋節」祀福德神外，較少紀錄的。
而比較康熙末的「三、五金」，此時已需「白金十餘元」，均可見其花費
價格的改變。在嘉義管內的東頂堡梅仔坑街（今嘉義縣梅山鄉），從康
熙中葉以來即是漳籍移民的墾區，附近莊田也多南靖、漳浦及部分的詔
安人，未見記載有客俗的遺跡。

雲林縣原分隸嘉、彰兩縣，至光緒13年才設縣，但其轄區如按倪
贊元在光緒20年所編《雲林采訪冊》，其中有部分也在今南投、彰化
縣境。在此區域內曾有閩、客參錯而居，不過從冊內的地名遺存，多少
可證明客莊、客家人的活動，只是經歷乾隆以後百餘年，客家人已有部
分福佬化的現象，在斗六首堡內列有「風俗」，而其餘各堡均注明「與
斗六首堡同」，就不再采錄。其中所敍述的應有相當的代表性，其中一
條見於風俗項下小注：「至於土著、客莊、番社雜處既久，大概相同，
則略陳其說於後。」另在土著項說「多漳籍，漳俗風氣大約相似。」而在
客莊項則說：「籍本粵東，俗尚互異，因與土著雜處既久，言語起居多
效漳人。」可知原本斗六的客莊之人不是移墾他遷，就是逐漸福佬化。
按照分籍及整合後的分布情況，內陸帶也正是漳籍的活動區。但在後來
所形成的泉籍近海，漳籍屬於內陸的形勢前，客家人確曾一度活躍於這
片沃野，而且至今仍有其不可忽視的勢力。因而在倪贊元所採訪的各堡
中，多有客莊地名及三山國王廟。

　　斗六首堡凡載有海豐崙、海豐崙塚、海豐崙陂及海豐崙陂圳等；並且有一座三山國王廟，「爲粵籍九莊公建」，此地在今斗六鎮八德、鎮北等里，確是客家族羣聚居的所在。其他諸堡則大槺榔東堡有海豐莊，尖山堡有海豐莊；又有海豐堡，隔中條、濁水、大溪與彰化分界，在麥寮街（乾隆中成市）西北有海豐港，爲區內與北港同爲大商船寄椗之處，因此在麥寮街設有海豐汛，當時也是可通外洋的港灣，港口水深丈餘，它在康熙末旣已開闢使用，此時已漸多沙線。他里霧堡爲古坑分割臺地西麓的古沖積扇，有漳人與平埔族人雜居，不過也有惠來厝莊（今虎尾鎮惠來里）；西螺堡則爲客屬活動的重要區域，尚見饒平厝、大埔尾、永定厝（今二崙鄉永定、定安等村，爲汀州客聚居地），它曾隸屬彰化縣轄區。白沙墩堡有客仔厝莊；溪州堡有饒平莊、大埔尾；打貓北堡，舊屬嘉義縣，境內有鎮平莊；布嶼東堡有潮陽莊，西堡有潮洋厝莊（褒忠鄉潮厝村）。在當時雲林縣的轄區內，除了少數堡沒有與客莊相關的地名外（凡有蔦菘北堡、大坵田東堡、打貓東堡三堡），其他幾乎都有客家人活動的痕跡。但在倪贊元採錄時，這些莊厝雖也都有戶口、丁口數的明確數目，不過卻常在所列「客莊」、「客社」下注明「無」，也沒有事跡的採訪，其原因或是無資料或不完整，而只留下地名而已。

　　根據地名研究移民的情況，此緣於臺灣早期移民的小型聚落或大型聚落下的小部分，因爲地緣而在自稱或他稱的情況下，基於懷鄉或作爲族羣標幟而起的原鄉地名，這類地緣地名具有辨識作用，泉、漳及粵東州府均有之（注27）。客家人從原鄉帶來的，潮州府較具代表性的凡有大埔、惠來、潮陽（洋），潮安（州）、饒平、澄海；惠州府的海豐；嘉應州的鎮平，此外還有平遠、興寧；及相鄰閩西的汀州府永定。其實閩南

注27　有關利用地名研究臺史，較著名的代表如安倍明義編《臺灣地名研究》；伊能嘉矩，《大日本地名辭書；臺灣之部》，東京，富山房，1909；洪敏麟，《臺灣地名沿革》，省政府新聞處，民68年。

漳州府的詔安、平和，其地與大埔、饒平相鄰，也是閩客交錯的區域，當地客家人也有福佬化的，而「福佬」人也有接納客家習俗的。在臺灣的祖籍分布上，從宗教文化的觀點言，其實是另一不同於泉、漳系的文化習俗。雲林縣轄區內後來固然也有泉人近海的，但漳籍移民也分布頗廣，客家人除在中間平陸開墾外，近海的地區，包括今麥寮、口湖及褒忠、東勢諸鄉也都有客莊的遺跡，尤以海豐港最為奇特。凡此都可證明早期客家人並非全部聚居於丘陵地帶，後期的丘陵墾居方式應是分籍械鬥及移墾方式的結果。

從陳夢林等所紀錄的康熙末葉移民的分布情況，斗六尚為閩客相半；以北則愈多客莊，這些客莊後來是否因移墾而他遷，或與土著漳人雜處，言語起居多效漳人而逐漸福佬化？但生活習慣的變化應只是部分或大部分，而信仰習俗則較具韌性也會保存一部分，如斗六堡內三山國王廟建於粵籍人士之手，一再重修後「今損壞」[注28]，凡此的確顯示出光緒中葉客人已漸減少的情況，而在雜俗中也仍保存了客仔師的記事一則：

> 俗尚巫，凡疾病輒令僧道禳之。又有非僧非道，以紅布包頭，名紅頭司，鄉人為所愚。倩其貼符作法，鼓刀詛天，跳舞達旦，曰進錢補運，動費十餘金。邪說惑人，婦女尤信。

這段襲用自《諸羅縣志》，但也與《嘉義管內采訪冊》有關係。關鍵處是都不明言客仔師而說是「紅頭司」，頗疑這時期在逐漸福佬化以後，已能以閩南方言為各籍「鄉人」、「婦女」作法。從目前田野考察的證明這是一種可能的推測，而且除斗六一帶，其餘有客莊遺存而尚有客俗的地區，也都可類推「與斗六首堡同」。

---

注28　倪贊元前引書，頁16。

　　割臺前彰化縣轄區內的客家人變動最大，原先它所分布、遷移的情況，仍可從道光年間周璽修《彰化縣志》卷二〈規劃志〉所遺存的粵東縣名地名，及劉枝萬博士在民國48、49年所作的寺廟調查中的三山國王廟，據以推知當時必曾有不少客莊(注29)。道光時期的街市、保在光緒年間曾劃入雲林縣的，其中就有海豐保、海豐港保、街；西螺保有永定厝、廣興莊、饒平厝；布嶼稟保有惠來厝、潮洋厝等，其餘多數保亦均有之：半線東西保有饒平厝；馬芝遴上下堡有惠來厝（今惠來村）；燕霧上下保有大埔厝（員林鎮大埔里）；大武郡東西保有香山莊、鎮平莊（今福興鄉鎮平、三和等村）、大埔心（今埔心鄉東門、埔心、義民、油車等村）、惠來厝（秀水鄉惠來村）；深耕保有大埔莊、饒豐厝；大肚上下堡有客莊莊、海豐厝；東螺東西堡有梅州莊、饒平厝（今田尾鄉饒平、陸宜等村）、海豐寮、海豐崙（今田尾鄉陸豐、海豐等村）、內潮洋厝（溪州鄉潮洋、張厝、莘公等村）；貓霧棟東西上下堡有大埔厝（臺中縣潭子鄉大豐村）、潮洋厝（臺中市南屯區潮陽里）、惠來厝（南屯區惠來里）、永安厝（南屯區永定里）；貓羅保有海豐厝、大埔莊。只有鹿港、二林西堡較少，但其中鹿港在乾隆初期既有粵東移民，且建有三山國王廟，其後或遷移，或被福佬化，後來才成為近海多泉籍移民區的情況；南北投、沙連堡兩堡則多漳人，其餘均有閩、粵客開墾的莊厝存在。

　　三山國王廟為客屬聚落的指標之一，中部則彰化為主要分布區，嘉義、雲林及臺中也不少。在彰化縣內永靖有四座，竹塘有三座，彰化市、員林、埔鹽、埔心各有兩座，溪湖、社頭、田尾、溪州各有一座，分布頗廣。在嘉義、雲林所建的時間較早，因客家人較早在此開發；而臺中地方多集中於今東勢鎮附近，大多建於咸、同年間，則與開發較晚且為後至客家人集中區有關；而較奇特的是沙鹿、清水也各有一座，其與客

---

注29　劉枝萬，〈臺灣省寺廟教堂名稱主神地址調查表〉，《臺北文獻》11：2，1960，頁52。

家移民的建立、遷移關係，也都有其歷史因素（注30）。在彰化縣境內有較多的廟數，其建立的時間也較早：諸如員林廣寧宮建於雍正13年，而彰化福安宮、埔心霖鳳宮、霖興宮（祖廟爲鹿港霖肇宮）、社頭鎮安宮均成立於乾隆年間，凡此均足可證明閩、粵籍客民曾在彰化的開墾事業上具有其貢獻。

根據當時人所觀察的全臺大勢，漳泉閩籍在中部地區佔有多數的情況，到乾隆末葉已逐漸呈現此一形勢，所謂「諸、彰二邑多閩戶」（注31），此因開墾完成後（如張達京與臺中盆地），族羣分籍意識逐漸出現，到乾隆末期就有械鬥事件：如 47 年漳、粵械鬥；51 年林爽文事變中，牛罵頭（清水）一帶屬少數人的粵籍，也紛紛遷往南坑（今豐原市）、葫蘆墩、東勢角。類此紛爭對立的情況持續一段長時間，在雍、乾年間，東螺西堡（今彰化縣境）粵籍客民多被迫外移；而道光初年以後的閩客械鬥，也使大墩一帶的客家人遷往葫蘆墩、東勢角；道光 6 年閩客械鬥，武西堡（彰化縣境）一帶粵人也紛紛遷入大埔心（今彰化縣埔心鄉）、關帝廳（今彰化縣永靖鄉）等處；24 年漳泉拚，也迫使北莊（今神岡）、神岡的粵人遷往葫蘆墩、東勢角。在這種族羣紛爭、遷移的行動中，使葫蘆墩、東勢角一帶近山的丘陵地成爲粵籍客人的主要聚集區，容納大安溪以南、大肚溪以北的臺地及其南（今彰化）墾拓完成後被迫遷移的客家人。這一形勢與大雅、潭仔墘、內埔一帶的漳人，及神岡與近海的泉人，都已成爲分籍聚居的聚落形態（注32）。

在各籍區域內的風俗習尚，呈現的現象確是「泉之人行乎泉，漳之

注30　洪麗完，＜清代臺中地方福客關係初探──兼以清水平原三山國王廟之興衰爲例＞，《臺灣史研究論文集》，臺北市民政局，民78年，頁 133-185。

注31　尹章義前引書，頁356。

注32　有關臺中平原的開發，從日據以來有數種加以論述，較近期有洪麗完，《臺中開發之研究》，東海大學歷史研究所碩士論文，1985。

人行乎漳，江浙、兩粤之人行乎江浙、兩粤，未盡同風而異俗。」(注33)
類此風俗習慣的沿襲內地土風，自是常民生活的傳承性、保守性，也表
現出與內地文化認同的移民意識。但在分籍聚居、甚而族羣械鬪時，其
區分氣類的分類意識，卻又具有凝聚、整合的功能，它與語言、宗教信仰
都具有同樣的作用。然則客仔師的習俗在經歷客籍移民的大變動後又是
如何？據《漳化縣志》卷九〈風俗志〉，其序言明示「彰邑先隸諸羅，風
俗多與諸同。山川漸闢，氣運日新，開草昧而啓文明者，唯賴君子之經
綸耳。」(注34) 故其敍述多本於陳夢林《諸志》，而有強烈的教化意
識。在漢俗（婚姻、祭喪、歲時）部分有因有補，其於士習強調「彰邑
痒分閩、粤二籍，讀書各操土音，各有師承……塾師半係內地來者」，
對於語言文學的教育情況特別說明，然則信仰習俗是否有別？其雜俗中
注明資料是取自「諸羅舊志」，故也保存了客仔師一條而文字則略加更
易、補充：

> 俗素尚巫。凡疾病輒令僧道禳之，曰進錢補運。又有非僧非道，
> 以紅布包頭，名紅頭司，多潮人為之。携一撮米，往占病者，名
> 「占米卦」。稱神說鬼，鄉人為其所愚，倩貼符行法，而禱於神，
> 鼓角喧天，竟夜而罷。病未愈而費已十數金矣。不特邪說惑人，
> 亦靡財之一竇也。又有尋神者。或男或女不等，到家排香燭金
> 楮，其人以紅帕覆首掩面，少頃即作鬼語。若亡魂來附其身而言
> 者，竟日十數次，費數百錢。婦女尤信而好之。此風不可不嚴禁
> 使止也。

後段為關亡術；但前大半則除襲用的文字外，其中的關鍵詞「客仔師」

注33　黃叔璥前引書，頁38。
注34　周璽，《彰化縣志》（文叢156，民國51年）頁279。

卻如《嘉義管內采訪冊》等都易以「紅頭司」,卻補充一句表明其籍屬
的「多潮人為之」,同時也從原來的「三、五金」而進一步實錄當時的
費用已是「十數金」。

　　臺灣中部旣是粵籍客民變動最大的區域,較諸臺北盆地及其周圍地
帶的客家人,因為分籍械鬥而逐漸集中於桃園中壢等地,在族羣的遷移
上所發生的根本的改變,造成今人所知的客民聚居近於丘陵地帶,保守
其原鄉的耕作、生活方式。大概在臺灣割讓給日本前,這一分籍、同籍聚
居的形勢已大體穩定。以雲林縣近於平陸的少數客屬居民言,由於長期
與漳籍人雜處,就逐漸福佬化,經歷數代之後,語言、風俗習慣也有被
同化的傾向,而類似紅頭法也因為採用閩南語而保存,前往請求施法的
當也不只限於客屬, 而擴及其他各籍的鄉里人。 在彰化平原上, 客屬
聚居以埔心、永靖及部分員林地區為主, 其他鄰近的永靖、田尾、埤
頭、溪州、竹塘等, 則為閩(漳)客混居區, 剛好銜接隔濁水溪相對的
西螺、二崙、崙背等,其情形相似。在濁大流域的區域研究中,仍可發現
埔心等地的居民分布正是祖籍粵東潮州府饒平縣的黃姓、張姓[注35],
而主要的仍集中於臺中盆地旁的東勢、豐原一帶。所以縣志內分別記載
的客仔師、紅頭師習俗,雖未能較明確地指明它原先活動的區域,後來
又擴及什麼地區, 讓人頗為方志的疏略感到遺憾。但無論如何, 由於陳
夢林等人所撰述的《諸羅縣志》,為此後續出的新縣志修纂時所必讀,
因此也都注意採錄、印證這一雜俗存在情況, 這較諸對佛、道二教的簡
缺不足, 仍是可倖幸之事。

## 三、日據至光復後客仔師的衍變與現況

　　從光緒 21 年日本統治臺灣以來, 為了推行殖民政策及作為治臺的

---

注35　陳其南,《 家族與社會 》第二章 ＜臺灣漢人移民社會 的建立及其轉
　　　型＞,臺北, 聯經, 民79年, 頁81-84。

參考，一開始就進行臺灣風俗習慣的調查，在一些官方機構及民間組織內養成一批調查人才並整理出成績來。由於採取較有計畫的採錄，也就分別保存了各類民俗資料，此處即以其中較有成就且曾載及客仔師的為主，說明日本人眼中的這一「異國」習俗：他們多半採用文獻及實地採錄兩種方法，以後者的調查紀錄較有價值，保存了這一階段的田野現象。而其立場則因執筆者而有所不同，但多半是以批判、改良者的角度，將臺灣這類與信仰、習俗有關的法術行為，不視為民俗療法，而當作「迷信」，想經由官府之力予以禁止。只是客仔師在臺灣社會，其靭性絕非憑異族、政府強制即會斷絕，所以這些風俗誌也就具有特殊時空中的時代意義。

　　較早記述客仔師的是片岡巖，大正10年（1921）《臺灣風俗誌》作為臺灣社會的側面史，在第九集第一章〈臺灣的巫覡〉中開宗明義就引述《諸羅縣志》客仔師一條，但他的目的是為了解說「非僧非道，假藉降神問佛，濫說陰陽五行及神鬼妖怪來迷惑愚民者」即為巫覡，並列舉降筆會（含鸞生）、童乩、法官（紅頭）、女巫及術師等多項。其中的法官指的是與乩童配合的「桌頭」。此外第十集三章〈臺灣的道教〉，三「道士」所述的道士的職稱：「搶神」要吹角螺，搶回神魂；「收驚」及「用法索」則為一般法師行法所經常使用，因而並非「客仔師」的特色[注36]。而伊能嘉矩廣搜史志所作的縱的歷史探討，也在中卷七篇〈特殊之祀典及信仰〉列出，第八章〈道教之影響〉，開始就先辨明道士俗稱「師公」，而有掌葬祭的烏道師公（易黑道冠而用黑布包頭），掌加持祈禱的紅頭師公（易紅頭冠而用紅布包頭），並進一步指出紅頭師公原多出自粵屬（客人），因此有「客仔師」之名，與另一派法師、巫覡不同。然後徵引文獻中，首條即《諸羅縣志》（又引《臺灣縣志》，疑是轉引自「范志」）；

---

注36　片岡巖《臺灣風俗誌》，今有陳金田中譯，大立，民國70年，頁525。

次爲《彰化縣志》。其他又引《淡水廳志》、《澎湖廳志》風俗兩條。這是以史料見長的特色，在當時（1928）能如此彙集同一類材料，並清楚指出爲源自粵客的紅頭師公，確有特徵。其實從《諸志》後，凡有客屬移民的縣志，非屬中部地區內的，除了《恒春縣志》有明顯的不足外，最詳盡的是陳淑均在咸豐2年卽修纂的《噶瑪蘭廳志》，其後柯培元據之修撰《噶瑪蘭志略》卷十一風俗志〈民風〉（注37），也列出這條記事：

> 俗尚巫，疾病輒令禳之。又有非僧非道者，以其出於粵客，名「客子師」，又以其頭纏紅布，名「紅頭師」。佔一撮米往占病者，謂之「米卦」。稱説鬼神，鄉人爲其所愚，倩貼符行法而禱於神，鼓角喧天，竟夕而罷，病未嘗減而費已三、五金矣。大抵村俗病甫臥褥，不思飲食，輒進以山東甜粉湯，稍愈（癒）則以一盞米泡九盞水煮食，名曰「九龍糜」；否則食以雛雞，苟不再起，則做紅頭師矣。至符咒無所施，於是請佛，佛更不靈，遂乃磨刀向豬，與棺槨衣衾而齊備。迨其亡也，吊客臨門，而豕亦就屠矣。

這條資料反映出客家人在乾、嘉中部的分籍械鬥時，遠遷到多漳籍的噶瑪蘭縱谷地帶，也帶去客仔師的習俗。由於詳述村俗，並認爲是嚴重情況的作法，故知爲記實而非抄襲而已。至於同治10年的《淡水廳記事》，卷十一〈風俗考〉只略及「客師，遇病禳禱，曰進錢補運。金鼓喧騰，晝夜不已。」爲衆多雜俗之一的簡單記事，其實此區內包含有原未移出臺北盆地的客民，及北部桃園(部分)、新竹及苗栗的客屬優佔區，採取如

注37　伊能嘉矩前引書，中卷，頁 273-274，辨之甚詳。又道敎事，見頁245,246。陳淑均，《噶瑪蘭廳志》，（文叢 87）。柯培元，《噶瑪蘭志略》，（文叢92,民國50年)頁111。

此簡略的記事實嫌未盡其責，並導致後來如光緒19年沈茂蔭修《苗栗縣志・風俗考》，及郭鵬雲等人修《新竹縣志初稿》卷五〈風俗考〉，也多襲用這條簡缺不足的文字。不過類此陳夢林記事之後的敍述模式，基本上並未逾越只敍述其外表的印象而未能作深入其儀式的探究，基本上都屬於史志修撰的傳統筆法。

有關客仔師、紅頭師記事的突破，要等到昭和9年（1934）鈴木清一郎所著《臺灣舊慣冠婚葬祭と年中行事》的發行。由於他服務於臺灣總督府警務局，又精研臺灣語，因此在實際民俗的瞭解深度上要勝過片岡巖，而能澄清有關客仔師、紅頭法的記述，就可瞭解他因職務所在，對於臺人的風尚確曾觀察其儀式，第一編〈臺灣民族性と一般信仰觀念〉十五「神佛禮拜と祈禱」列出道士所行的祈禱，先說道士爲「紅頭師公」——以便與二編四葬祭卷作功德的道士有所區別。他所列出的祭送、送流霞、安胎、祭土煞、豎符、補運、安龍謝土、祈雨及做三獻（較詳者爲做醮）等九種職司，顯然均屬「度生」的紅事而非度死的黑（烏）事。不過前八項屬於法師、紅頭法系；而後三（安龍也有法事成分）項則爲道場科儀，屬於道士的專門職掌，他所以將兩類都稱爲「道士」，實因他主要的觀察應是臺北地區的粵東、閩南與粵東相鄰的「道法二門」一系，所以就用道士概括所有的職司，這是一般情況下常會有此理解的，對於日本民俗學家實爲難免之事。

不過鈴木清一郎所述的補運法，以臺北地區的「做獅」爲例，卻是實地採訪的紀錄：包括作法因由（重病）、法場布置（懸掛三清、閭山、王母、左頭陀、右頭陀、五番牌）、法場樂器（銅鑼、鼓、笛等），其中的左右頭陀有些疑問，疑是盧太保、盧二娘，而五番牌疑是五猖猛將，後場樂器應還有嗩吶（俗稱噯仔）。最重要的是所列出的十三項作法程序，並有簡要的說明：(1)請神、(2)安灶、(3)安井、(4)走文書、(5)作法、(6)祭送、(7)勅符制煞、(8)翻土押煞、(9)祭五昌、(拔碗卦)、(10)送

火、(11)收魂轉竹、(12)請三界、(13)送神。在說明中所提及的法器凡有五雷令、獅刀、寶劍（即七星劍），並有五猖像（應爲卷軸並非只掛著）。當中卻未提及用米可卜（即前述米卦），實因他所觀察的田野現象只簡述所見的而已，而並非參證方志上有關客仔師的文獻資料。但這一程序卻是與目前的田野考察大體符合的，其後也爲人所襲用（注38）。

此外日據末期諸如曾景來在昭和13年（1938）所撰的《臺灣宗教と迷信陋習》，他對道士所作的烏頭、紅頭分類與職司，頗爲明確。在兩者都從事「度生」項下，列出祈福祈求安（建醮、謝神、作三獻）；驅邪押煞（安胎、起土、補運等），對於臺灣閩粵交界及粵籍一系，之所以有「紅頭」的印象，實因這一支屬於「道法二門」，在道場時是以天師門下的道士身分從事祈福祈平安的吉慶紅事，這時的服飾也是著罡衣（絳衣），或道袍，並戴黑色網巾（高功則插仰、掛朝珠）；但在法場時則爲三奶派下的師郎，以紅巾纏頭，著法衣，用獅刀、法索等法器，也就是讓人有「紅頭」形象的緣故，所以在紅頭部分應說明其爲「法師」。但在「驅邪押煞」一項的說明中，提及的起土、收煞、安胎、洗清、搶神、收驚等，反而是襲自片岡巖的簡略敍述，而不及鈴木的專門報導（注39）。劉枝萬在民間信仰的分類法中，就較能明確地分出「道士」與「法師」（尚有乩童、尪姨）。不過他以紅頭師公可包含於烏頭師公的名下，又另以「紅頭法」作爲法師、法教的性質，下括閭山教、徐甲教及潮州的「客仔教」，則是目前較清楚的分類法，但部分仍有待繼續求證之處（注40）。

從日據至光復，客家人在中部的聚居情況，其實已大體穩定：其中

---

注38　吳瀛濤《臺灣民俗》即襲用之，臺北，振文，民國58年，頁41、164-165。

注39　曾景來《臺灣宗教と迷信陋習》，臺北，臺灣宗教研究會，1938，頁53、61-63。

注40　劉枝萬注1前引書，頁209。

臺中縣東勢、石崗及豐原爲最多；彰化埔心也爲客屬優佔區，鄰近的員林、永靖、埤頭、竹塘等則爲閩客混居區。在經歷日據之後仍能保持客家人的紅頭法傳統，因此從客家移民羣落與客仔師的關係，可以在此一區域內發現傳承久遠的客仔師法系，就是豐原市曾姓「道法二門」世家廣應壇。曾家祖籍潮州揭陽（現歸大埔），從家譜顯示的渡臺時間約在乾隆年間，先住在東勢角，所以至今祖祠仍在東勢，後來才遷往葫蘆墩，此後就沒有再遷往他處，而這一區正是客籍移民的主要活動區，也顯示道士、法師的宗教業務與社羣有密切的關係。不過豐原市因處於閩客籍接壤的市區，光復後已由客家人優佔區逐漸轉變爲閩人漸多的淸況，目前曾家已適應當地的環境，能操閩南語，並與社區廟宇、北管戲等常民生活結合。從壇內所珍藏的道書抄本《靈寶正一淸晨啓請玄科》，在啓請「祖傳道派宗師」時，其曾姓先祖至少已有十一代從事道士的行業，其時間早在渡臺之前，傳承的正是流傳於粵東、閩南與廣東接界的平和、秀篆及詔安一帶的道敎系統，也就是客家及閩客混居的區域<sup>（注41）</sup>。

　　根據有關閩、廣地區道教的考察，在豐富而多樣的正一派（以江西龍虎山爲本山）諸支派中，漳州與廣東接界數縣（包括平和、秀篆及詔安等）及粵東潮州、嘉應州等，純客縣或閩客混合區，形成一種以客語或閩南語（潮汕話亦包括在內）爲主的系統，從科儀書及誦詠、後場音樂都可發現與泉州、漳州系不同<sup>（注42）</sup>。在清朝康熙以後的移民風潮中，隨之渡臺，而其流行區與客家人的遷移有關，除目前客屬優佔區（新竹部分及苗栗等）外，在臺北、宜蘭及中部均可發現在閩人社會中的正一

----

注41　有關曾氏廣應壇的田野資料，多次蒙豐原市曾（滄溪）道長（法名大信）幫忙，出示相關的抄本並口述其移居情況；又參拙撰〈大甲鎭瀾宮建醮記〉，收於大甲鎭瀾宮戊辰年《慶成祈安清醮專輯》，民國77年，頁258-277。

注42　有關福建、粵東的田野考察，先前有勞格文（John Lagirwey）、呂錘寬、徐瀛洲等的調查，筆者亦曾前往作過查證。

派的道壇。由於道、法的傳承關係，行使法師職能時依例需以紅巾纏頭，其法術運用通常多與消災解厄的生命禮俗有關：包括生育求嗣類的「移花換斗」，或入花園栽花；祈求平安類則有安太歲、添元辰燈或作替身；治療疾病類凡有收驚、翻土改運，史志中所描述的就是這類法術。

在過去這種法場通常在午後開始直作到半夜，或從夜間至天明，也卽是「竟夕」。它屬於大改運，通稱爲「做獅」，其程序包括請神、安灶君、申文奏狀、抛法、點兵勅符、翻土、打天羅地網（收大魂）或關合竹收魂、送火（中有藏魂），請天公三界、過限、祭五猖兼拔（卜）碗卦、謝壇；其中尚有召五營、犒軍、送外方等。方志中提到以一撮米卜米卦，就是在房內以米置於藥罐，邊誦唸邊讓米進入罐內，打開後依其象以卜吉凶，所以稱作「米卦」，與漳、泉人所指的確有不同；至於貼符行法則勅符令，以便讓問事者可以貼於家門、房內。法師作法時所用的法器除師刀、法索等，最讓人印象深刻的就是牛角（或用錫角），表示龍角，其聲嗚嗚可達天門。請神時一開始就誦唸「三聲鳴角聲猜猜，天門神門法門一齊開；三聲鳴角聲猜猜，天門地府一齊開」。然後「吹角」，由於角聲嗚嗚在暗暝中幽幽傳來，遠處均可聽聞；此外後場的通鼓、嗩吶等，金鼓喧騰，也讓人有印象深刻之處（注43）。所以方志中對於客仔師的相關描述應指此類大改運「做獅」。

從醫療人類學觀察「做獅」的大改運，通常是請法師到病患者的家中行之，這一情況與小型的祭改（割鬮、作替身）但求解除厄運者情況各異，是較嚴重者才會作的一類，就如柯培元所記述的常是求醫或吃草藥無法見效後，才出此策。類此疾病常是生理、心理失調而引發的身心症，在調適不良的情況下，水土不服、心田（理）欠安甚至精神官能上有大

---

注43 部分情況筆者已撰＜臺灣儀式戲劇中的諧噱性──以道教、法教爲主的考察＞，《民俗曲藝》71期（施合鄭民俗文化基金會、民國80年5月），頁174-210。

干擾時較易出現。客籍移民社會在墾拓、械鬥等變遷較大的狀況時引發此類身心病，因而請求同一文化體系內的治療者：因爲他們在同一文化體系內，具有同一宇宙觀、文化觀，因此在解釋病因時，對於從同一社會學習與經驗的也較爲接近，較能有效地解決其身心上的困境，這也就是在客莊、客家聚落中求治者與治療者所建立的共識，也形成這類民俗療法的社會功能。曾家早期所作的即是這類法術，在其家族流傳的法術傳說中，也以先祖擅於符咒著稱於客屬社會中，所以從曾和週（俗稱萬枝仙）起，臺中西屯黃贊臣（廣安壇）、北屯徐慶祿（應生壇）都前來拜師；和週子榮結也傳授曾子鈺、賴雲塔、羅阿墩等，都是臺中市有名的道壇負責人，他們都能以閩南語在閩籍社會中從事宗教業務，由此可證客仔師在社會文化的變遷中的調適情況。

　　方志中以「客仔師」爲名，一方面是表明客家本籍的自覺，另一方面也是閩籍對之的分籍意識；而稱爲「紅頭師」則爲作法的紅巾標幟。但在道法語言的運用上，有一對比性的觀念就是紅一烏(黑)、喜一幽、度生一度死，從事度生或喜慶是指施術者除會作祭改法術，也有進一步學習（祖傳或拜師）吉慶（作三獻、作醮或禮斗）儀式的，也屬於紅事。所以「道法二門」一系統中，在法場以紅巾纏頭稱紅頭；而在道場則專行吉慶紅事而不從事度死的幽場、功德等「烏」(黑)事，這也是另一層紅頭的涵意。從臺灣目前所知的這一系統道、法傳承，不論手抄本或是口傳均未見有作功德的科儀書，所以以「紅頭師」作稱呼就純作法場，或是道法二門的，都可獲得合理的解釋。這也就是較晚出的縣志，在閩客關係逐漸改變後，就不標幟「客仔」的籍貫、身份，而另以「紅頭」作職業標幟的晚期現象；而在圈內目前仍有以其「進錢補運」的宗教功能，習稱爲「補運帥」的，可見其特色所在 (注44)。

―――――――――――

注44　此一部分承基隆廣遠壇李松溪（通迅）先生及其子李游坤（玄正）道長指示說明，他們都是精熟道法二門的專業紅頭師公。

　　從臺灣的道教分布，北部則臺北縣市、相隣的桃園、中壢及新竹、苗栗再加上東部的宜蘭等地區，都有紅頭師的存在；而中部地區則由於地域（地方的交陪關係）、交通（以前來往不便，但也曾請新竹道士幫忙）及風俗等因素，所以長期形成的傳統使中部自成一區「紅頭師公」，他們既與北部較少聯繫，也以此自外於閩籍的泉、漳「烏頭師公」。類此分別使得中部的道教科儀成為獨特的現象，就是閩、客二系共存，而北部目前建醮、作三獻多為客系或相關的詔安、平和系的正一派；南部的雲林、臺南、高雄及屏東等大部分地區則為泉、漳系烏頭師公，通稱為靈寶派。顯然客系也能以道教科儀見長，從事三至五朝的慶成、祈安的福醮、清醮，從日據時期直至民國時期凡能主持建醮都是難得的殊榮。而平常所從事、運用的都屬小法性質俱多。其中「做獅」等大改運是花費較大的（方志強調三、五金至十數金），目前也因花費大、觀念改變而較少作，使它逐漸在消失中，這證諸彰、雲二縣的情況尤其明顯。

　　從探訪的個案中較典型的另一道法世家為田氏「威振壇」，根據家譜可知其祖籍為漳州府詔安縣頂社鄉中社，屬詔安客聚居區，田家為世代祖傳的道法世家，至今已十九代。開臺祖田若珍（譜載十三代，渡臺首代）偕妻及二子（水保、水城）於乾隆 33 年遷居於雲林二崙鄉三塊厝，其間經數度遷移，目前本壇仍在二崙鄉，長子田學藤（來臺七代）分壇在虎尾鎮，次子貴湘主持並傳下道法，目前已是第二十代榮字輩。田家保存了家傳抄本科儀書及口教符咒秘訣，家族中也有十數人能在道場的前後場擔任法務（注45）。而在法場方面，也能作打天羅地網的大改運。目前田家的道壇隨其家屬分布在西螺、虎尾，擔任宗教業務，而從田野調查則可清楚發現：從西螺以西至二崙、崙背的二十五個村落，其中多有以廖家為主的詔安客，彼此之間尚多使用詔安客語，但對閩南人

注45　田家威振壇的道法傳承，多蒙田貴湘道長解說，並以族譜、抄本印證。田道長已於民國78年過逝。

則使用福佬話。這一區域凡有寺廟慶成等吉慶事基本上仍請田家擔任醮務，唯目前則較不易見到「作獅」的大法事。相鄰的崙背也有詔安客，多為李姓族人。從田家所維繫的道、法傳承，正是「客仔師」的同一傳統，至今仍能活動於客屬地區，這一帶雖在語言上已習用閩南話、福佬話，但年紀四、五十歲以上的仍能使用客語。由此可證方志上所載的客莊、客俗及客仔師，與現存的田野現象比較至今仍存在地緣上的密切關係（注46）。

　　在當前社會文化的變遷，加以客屬移民成為少數，而聚居於彰化縣員林、埔心；或散居於埤頭附近鄉里，早已有閩化（福佬化）的現象，因此道法習俗也就作適度的調整：諸如蔡家鎮興壇，蔡氏籍本漳州南靖，壇設於埤頭竹圍村，從四代前蔡屯學法，經蔡楊柳、聯析，傳到開啓，目前仍在西螺立壇。另蔡屯又傳田尾黃國行，黃家經黃奇楠到黃叔銘。蔡家曾與田家一起合作舉行醮事，黃叔銘也曾隨田貴湘學習，他們也曾應邀與同系的臺中廣安壇（林梯燦、林瑞東）擔任大甲的五朝祈安醮法務（注47）。不過平常都以小法為主，也能作補運、入地府及打天羅地網等。從這些道法二門的道壇，其設壇、遷移或家傳、拜師等，都是客屬羣落或閩客混居區，也就是道法傳承、傳授及其與鄉人的關係，均具有地緣、文化緣的共同因緣，基於同一文化體系，具有共同的社會、文化認知，因此各種大、小的「進錢補運」也成為民俗性的醫療體系。

## 四、結　論

　　在臺灣的方志中，對於宗教史料的記載，通常僅及於祀典志中的祠

---

注46　筆者曾在西螺、二崙及崙背等地作過調查，當地最大的族姓廖家，都證
　　　實為詔安客的語言、風俗，至今仍有其不可忽視的實力。
注47　大甲建醮專輯，筆者於戊辰科醮典時，對於前來從事科儀的道士團均有
　　　多次的採訪，並於民國 82 年持續作田野調查，詳細紀錄，將另行處
　　　理。

廟、寺觀等，而對實際從事宗教、祭祀活動的道教、佛教記述頗少，有
關其流派、理論及儀式等，因諸多錯綜複雜的歷史文化因素，修志者無
法也無意作深入的採錄，造成現代宗教史家要重建其歷史時具有相當的
困難。不過在這樣的史志傳統下，卻能幸運地記錄了「客仔師」，實在
較諸佛、道二教的「正統」教派，顯得奇特而值得史家矚目。它雖是被
雜廁於「雜俗」項下，與一些駁雜的風土人情及無法併入人生禮儀（婚
喪）、歲時記事的異俗並列，其實就現代治史者的眼光來看，這是一條
珍貴的宗教、民俗的史料。

　　客仔師及其相關的習俗之能一再地出現於臺灣各區的縣志中，其主
因就在於陳夢林等所修的《諸羅縣志》成為爾後修志者的楷模：因為
稍後陳文達所主撰的鳳山、臺灣兩縣志，其南路客家人的聚落早已形
成，卻未特別記述客俗及客仔師，只能歸因於採錄者的疏忽。因為諸羅
縣境內大量的客莊、客俗，由於族羣相異的生活習俗較易引發閩人、閩
籍士人的特別注意，乃得以在被批判為愚行、陋俗的角度下被記錄作為
勸化的殷鑑。由於康熙末諸羅縣境所轄的區域最大，較未開闢，縣志內
已建議另增設一縣（卷七〈兵防志〉總論），後來藍鼎元也一再建議，始
設彰化縣，所以周璽在道光時所修的《彰化縣志》，也要注意客仔師習
俗的衍變。到光緒13年調整區域時，嘉義、彰化外，另增設雲林縣，所
以其後為修《臺灣通志》而編纂的嘉義、雲林等采訪冊，也都毫無例外
地採錄了「紅頭師」的習俗，記述其中的名稱、費用及相關的流行鄉里
的改變。除中部地區，其他有客民的淡水廳（後分出新竹縣）、噶瑪蘭也
敘及這一習俗，甚至連並無客莊客俗的澎湖，也要注意、比較客仔師與
當地風俗的異同。類此後志參考、襲用前志，並非只是抄襲、套用模式
的簡單問題，而是起到提醒後之修志者多方注意其有無、衍變的作用，
也因此保存了一批珍貴的史料，借以推測當時人的宗教生活，這是陳夢
林等方志專家當時所未及料的一大貢獻。

　　然而促使修志者特別記述這則原本可能被遺漏的信仰習俗，其主因就在於客莊、客仔與客仔師的聯結關係，陳夢林修志的時間（康熙末葉）、空間（較多客莊的中部），正是臺地各類已墾、待墾及未墾莊田較需外來勢力的時期，由於客家在粵東、閩西原鄉的地理環境、生活方式及其謀生性格，讓一波波客民擁至，成爲佣丁、佃田之客，在原鄉所培養的性格、能力，使他們習於萃居，形成客莊。由於處在異鄉艱辛的佃客生活中，有利於維續與內地相同的常民生活，以文化緣結合地緣、血緣，成爲生活、生命的共同體。基於「文化緣」、基於社會文化所形成的醫療文化體系，在客民遭遇到生理、心理失調及與社會文化失序有關的「身心症」時，客仔師即以「智慧者」（the Wise man）的原型出現，依據共有的宇宙觀、文化觀，經由宗教儀式及經驗性藥物，解說疾病的成因、治療其不適，因而獲致民俗醫療上的效果。從康熙末到乾隆中葉，閩客之間因需要合力共同開發，常形成協同的關係，張達京聯合其他六館業戶共同開發臺中平原即爲著例。但一旦土地開發完成，而各籍移民漸多，就不免迫於生存需求，各分氣類，而導致分籍械鬥，客家人因此處於與閩籍對立的狀態，難免因弱勢而被迫遷移。在大變動的形勢下，客仔師常有依隨移民羣遷移的；至於採定居的墾戶就逐漸地福佬化，接納其語言、文化，但仍保存其原有的較具靱性的語言、信仰習俗。此所以客仔師能歷經康雍乾而持續至割臺以迄於今，就在於它能滿足不同階段鄉人的心理需要，充分表現其社會功能。

　　從日據以來，日本政府雖未完全禁斷，但都將這種與道教有關的習俗視爲中華文化，又從日本文化、歐西醫學的優勢立場，將它連同一部分舊慣習詆爲「迷信」，在某種程度的禁制下，客仔師、紅頭師常需巧妙掩飾其作法行爲，延續這一流傳久遠的習俗。光復之後所面對的社會變遷，隨著社會型態的改變，各籍移民早已穩定化、固著化，從農業轉型爲工商業後，傳統的民俗文化所面臨的劇烈變化，確是前此未有的鉅

變，　現代醫學的普遍、民俗療法的多樣，使得客仔師的世代傳承面臨新的衝激。因大改運所需人手多、花費高，在當時已被評爲「靡費」（注48），而今花費愈高，醫藥觀念也在改變中，所以客仔師的儀式確已在減少中，這是當前的最大變局。習俗的延續與否與社會有非常複雜的互動關係，客仔師的存在固然是研究者眼中的民俗療法，具有紀錄研究的價值（注49）。但在當前急遽的社會脈絡中，它的傳承問題、被鄉人接納的情況，都是當前客仔師的新動態。不過從目前所保存的田野狀態來理解兩百年前的儀式及其意義，　則有關客仔師與移民社會的「史」的考察，仍是一件有意義的課題。

從日據以後迄今，臺灣各籍的移民形勢在穩定中隨著社會變遷也有變化，在客家優佔區固然仍能維持其語言、習俗的傳統習慣，但如處於閩南（福佬）優佔區就會有不同的情況。在臺中縣市，原本近海也有客民，但後來卻逐漸萃居於東勢、石岡及豐原，所以在這些地區有潮屬後裔的道、法壇，曾傳續客仔師的作法，以應客家移居社會之需。類此情況，在彰化、雲林也多有客民萃居的情況，至今仍能流通客語，固然詔安客話他們自覺不如四縣、海豐、陸豐等的純正，但這是在原鄉已然的情況。所以西螺、二崙及崙背仍是客屬優佔區，在區內也仍有客仔師的存在。由此可證客仔師習俗與客家移民社會具有密切的關係。

---

注48　關於三、五金及至十數金的數目，據伊能嘉矩對臺灣通貨的研究，應是康熙末年使用番錢（荷蘭、西班牙銀幣）；後來則有臺灣紋銀，而並非以文爲單位的銅錢，前引書，下卷，頁 29-33。又《清代臺灣經濟史》（研叢45）。

注49　有關的田野研究凡有 John Keupers 所撰 A Description of the Fa-Ch'ang Ritual as practiced by the Shan Taoists Northern Taiwan, 原收於 Michael Saso & David W. chappell 主編 *Buddhist and Taoist Study* 179-194PP, Univ. of Hawaii, 1977. 近有丁煌指導高淑媛中譯，發表於《道教學》二（民78年12月）。

### 客仔師的引述關係表

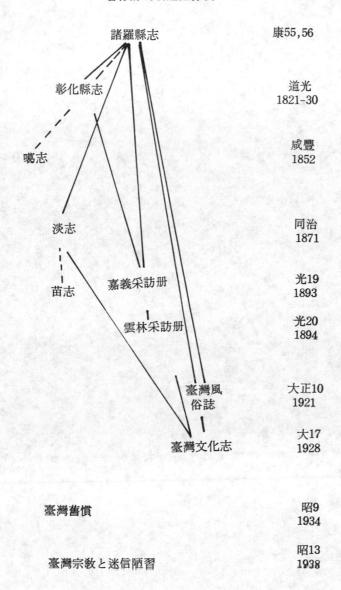

諸羅縣志　　　　　　　康55,56

彰化縣志　　　　　　　道光
　　　　　　　　　　　1821-30

噶志　　　　　　　　　咸豐
　　　　　　　　　　　1852

淡志　　　　　　　　　同治
　　　　　　　　　　　1871

苗志　　嘉義采訪册　　光19
　　　　　　　　　　　1893

　　雲林采訪册　　　　光20
　　　　　　　　　　　1894

　　　　　臺灣風　　　大正10
　　　　　俗誌　　　　1921

　　臺灣文化志　　　　大17
　　　　　　　　　　　1928

臺灣舊慣　　　　　　　昭9
　　　　　　　　　　　1934

臺灣宗敎と迷信陋習　　昭13
　　　　　　　　　　　1938

# 戰後王爺信仰的演變

## ——以東港東隆宮及臺北三王府爲例

### 康豹 (Paul Katz)

## 一、前　言

　　過去四十多年來，臺灣經過一個快速發展的過程，卽所謂的「臺灣奇蹟」。由於經濟繁榮，人民生活水準提高；在敎育方面，臺灣兩千多萬人口大都識字，因此能對國內、外的情形有相當的了解；此外，最近幾年在政治方面比較開放，使不少臺灣人有機會重新體認自己的文化。一些學者將上述的情況括稱爲「臺灣經驗」，並且試圖以此作爲一個視角，研究臺灣四十多年來的歷史。本文主要透過王爺信仰的演變，探討臺灣經驗對臺灣文化中王爺信仰這個層面的影響。

　　在研究方法上，筆者擬從兩個對臺灣 學術界很有影 響力的研究趨向，來探討這個問題：一是近十年來有關臺灣經驗對民間信仰影響方面的研究， 二是包括民族學的田野調查和法國年鑑學派區域、 個案式的研究。前者可以提供我們近四十多年來臺灣民間信仰發展一個大致的輪廓，後者則可顯示臺灣經驗對於某一鄉村、市鎭、社會階級、民族、性別等方面的影響。就王爺信仰而言，雖然已有學者如劉枝萬、黃有興、蔡相輝等人做過研究，但是他們的研究較少涉及臺灣經驗對王爺信仰的影響（注1），惟余光弘做過這方面的討論。不過，余光弘以官方的資料

---

注1　劉枝萬，《臺灣民間信仰論集》，臺北，聯經出版社，1983。蔡相輝，

為主,很少做田野調查,因此對戰後的王爺信仰有少許的誤解（注2）。本文的目的不僅是從上述兩個趨向探討臺灣經驗對兩個不同的廟宇 —— 東港東隆宮和臺北三王府的影響, 還試圖以所收集到的田野資料來評估前人有關臺灣經驗和民間信仰方面的研究。筆者的資料有時和前人的看法相符, 有時則與前人的觀點相異, 甚至可推翻他們的一些理論。區域、個案研究的優點在於: 使用一些前人未用過的資料, 刺激我們重新思考一些問題; 然而它也有其缺點, 尤其以它的代表性最為可議, 因此筆者在東隆宮及三王府所觀察到的現象未必能代表全臺灣的情形。但是也惟有透過歷史的研究和民間信仰的田野考察, 方可幫助我們對於臺灣經驗之於民間信仰的影響, 有更深入的了解。

## 二、前人的研究

前述兩個研究趨向中, 只有第一個趨向曾被用來分析臺灣經驗對民間信仰的影響, 如李亦園、瞿海源和董芳苑等學者都作過這一方面的研究（注3）。此外, David K. Jordan 在 1991年戰後臺灣文化變遷國際研討會 (International Conference on Cultural Change in Postwar Taiwan) 中, 所提的一篇論文裏闡明了民間信仰在戰後臺灣的重要性, 他從寺廟經濟、迎神賽會、民間教派等方面分析臺灣經驗所導致的改變（注4）。在此會議中另有宋光宇的論文, 也對整個臺灣宗

---

　　　　《臺灣的王爺與媽祖》, 臺北, 臺原出版社, 1989。黃有興有若干關於澎湖王爺信仰的研究, 發表在1988至1991年的《臺灣文獻》。另外, 請參見其《澎湖的民間信仰》, 臺北, 臺原出版社, 1992, 頁185-248。

注2　余光弘, <臺灣地區民間宗教的發展>, 《中央研究院民族學研究所集刊》, 第53期(1983), 頁67-105。

注3　李亦園, <臺灣民俗信仰發展的趨勢>, 《民間信仰與社會研討會論文集》, 臺中, 主力者印行, 1982, 頁89-101。瞿海源, <臺灣地區民眾的宗教信仰與宗教態度>, 《變遷中的臺灣社會》(《中央研究院民族所專刊》乙種, 1988), 頁239-276。董芳苑, <臺灣新興宗教概觀>, 《臺灣民間信仰之認識》, 臺北, 永望出版社, 1983, 頁202-227。

注4　David K. Jordan, "Changes in Postwar Taiwan and their Impact on the Popular Practice of Religion," unpublished manuscript, 46 pages.

敎界的變遷做了透徹的分析（注5）。

　　上述學者的研究有很多重要的貢獻，如 David Jordan、宋光宇及余光弘的研究，都顯示了40多年來社會經濟的發展促使更多人加入一貫道等民間敎派（注6）。同時，經濟的繁榮使得新建、重修寺廟的總數不斷地增加（注7）。宋光宇的研究指出，寺廟總數和臺灣國民所得呈現平行增加的趨勢，使我們能清楚了解近 40 年來臺灣民間信仰發展的過程（注8）。David Jordan 探討北港朝天宮、西港慶安宮等廟宇成為全國著名的廟宇的過程，認為此一現象很能反映一種新興的「泛臺灣認同」（the sense of pan-Taiwan identity）（注9）。這些學者十數年來的研究成果已為戰後臺灣民間信仰演變的研究，奠定了良好的基礎；不過，上述諸篇論文在研究方法及資料分析方面仍有稍嫌不足之處。首先，沒有一篇論文是以個案或區域研究為進行討論的，而是總地探討臺灣的情形，其所運用的資料大都是政府編纂的資料，而那些資料既不完整，甚至有若干的錯誤。如計算臺灣廟宇的總數方面，上述學者通常依據政府的統計數字，但這統計數字只包括向政府登記的寺廟，而為數甚多的小祠堂、神壇和民間敎派的聖地則不在其數。宋光宇目前正在做高雄市廟宇、神壇的統計，將來有更新而正確的數據是可預期的。

　　此外，有一些學者對「道敎」定義的看法比較含混，因此高估了道敎廟宇的總數。日本、歐美學者已有不少論文討論道敎定義（注10），綜

---

注5　見本書：宋光宇＜試論四十年來臺灣宗敎的發展＞。
注6　Jordan, "Changes in Postwar Taiwan", pp. 39-41. 宋光宇，
　　　＜臺灣民間信仰的發展趨勢＞，《漢學研究》，第 3 卷第 1 期，(1985)，
　　　頁220-226。余光弘，＜臺灣地區民間宗敎的發展＞，頁80-83。
注7　Jordan, "Changes in Postwar Taiwan", pp. 5-14.
注8　同注5。
注9　Jordan, "Changes in Postwar Taiwan", pp. 33-36, 41.
注10　關於這個問題見：Nathan Sivin, "On the Word 'Taoist' as
　　　a Source of Perplexity," *History of Religions*, 17 (1978), pp.
　　　303-330.

合他們的研究，道教係一個有組織的宗教 (organized religion)，有自己特定的神明、聖地、神職人員、經書和儀式等。一般民衆、政府官員和若干學者並未注意分辨這一點，他們通常把所有非佛教的廟宇都歸類爲道教的廟宇。誠然，臺灣確有一些道教的廟宇，如木柵的指南宮、桃園的張天師府等；但是大部分臺灣的廟宇係屬民間信仰，和道教並沒有關聯。因此，把七千九百多座廟宇一律歸諸於道教，實是不恰當的。

又，前述學者也多未以田野調查印證其論文中所提出來的理論。雖然他們試圖理解臺灣經驗對民間信仰的影響，但是卻沒有以一個神明、一座廟宇、一批神職人員或是一羣信徒爲主，來探討這個問題，不能不說是一種缺憾。 這些學者都是人類學家，在臺灣也都做過田野調查，可惜他們很少以他們所 收集到的資料探討 臺灣經驗這個問題。 如莊英章、許嘉明、林美容等專門從事田野考察者，都未討論臺灣經驗，因此David Jordan在他的論文裏一再呼籲：「我們需要更多的資料來討論這個論點（分析臺灣經驗的影響）。」(注11) 希望本文可以提供一些David Jordan 所欲尋找的資料，並期能拋磚引玉，引發更多這方面個案、區域的研究。

## 三、個案之一——東港東隆宮

東港鎮位於屏東縣西南端，西北距高雄市27公里(見地圖 1 、 2 )，自 17 世紀以來， 東港一直是南臺灣最重要的漁港之一；近年來，它的年漁獲額超過了新臺幣二十億元。東港鎮在二次大戰末期曾遭盟軍飛機兩次轟炸，市街幾乎化爲廢墟，戰後， 政府經過幾次大規模的重建工作，使東港恢復昔日的繁榮。 近幾年來，東港也經歷了一個商業化 (commercialization) 的過程，商店、飯店、餐廳、超級市場、百貨

注11　Jordan, "Changes in Postwar Taiwan", pp. 10,17,20,26,30-31, 41-42。

公司等不斷地增加。就東港這幾十年發展的過程而言，它在許多方面和臺灣經驗很相似（注12）。

東港的民間信仰一向都很興盛，寺廟的數量很多；和上述臺灣經驗的情形一樣，新建、重建寺廟的總數和經濟成長、國民所得提高而與之俱增。因此，面積只有27平方公里的東港鎮卻已有80幾座廟宇，其中33座爲王爺廟。東港人常半開玩笑地對外地人說：「走三步一小廟，走五步一大廟。」在這些廟宇中，東隆宮是規模最大、歷史最悠久的一座，其主神爲溫王爺。

關於東隆宮創建的年代有下列兩種說法：一是康熙45年（1706），一是乾隆年間，到目前爲止，我尚未找到可以證實任何一個說法爲正確的證據。日據時代以前唯一記載東隆宮的資料是1894年盧德嘉編的《鳳山縣采訪册》，它提及東隆宮是在光緒13年(1887)修建的，爲當時整個

地圖 1：臺灣簡圖

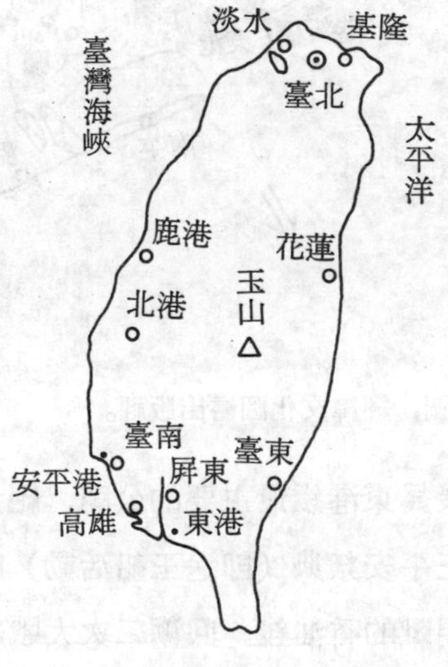


注12　關於東港的歷史，見拙著，<屏東縣東港鎮的迎王祭典——臺灣瘟神與王爺信仰之分析>，《中央研究院民族學研究所集刊》，第 70 期，(1991)，頁98-104。

鳳山縣最大的王爺廟。我遍讀方志及東隆宮的資料，訪查地方耆老述說的傳說之後，做了以下的假設：康熙年間可能已有東港居民在家裏祭拜溫王爺，甚或設置小神壇或祠堂；至乾隆年間，海禁解除之後，東港市街較為繁榮時，才有財力興建一座規模較大的廟（注13）。

地圖 2: 東港位置圖

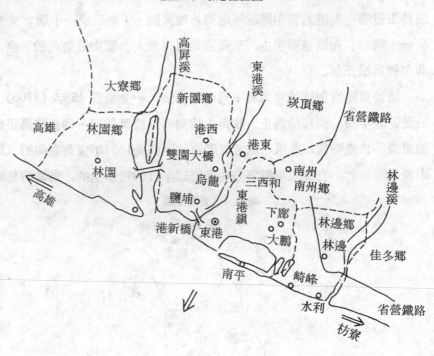

資料來源：屏東縣地圖，經緯文化圖書出版社。

迄今東隆宮已發展為東港鎮最主要的公廟，絕大部分的資源來自於全鎮信徒 3 年一度迎王平安祭典（卽送王船活動）時所奉獻的捐款，以及來自全國各地香客捐獻的香油錢。回溯二次大戰結束之時，東港鎮非常殘破，東隆宮亦然，修復它需要龐大的資金。民國 36 年（1947），東

---

注13　同前，頁104-106。

港地方士紳發起募捐，進行重建修復的工作；以蔡冀擔任管理人，其後由林庚申及其子林雲騰繼任。民國66年，東隆宮申請改組爲財團法人，民國73年核准登記，成立第一屆董事委員會，林雲騰任董事長。今日的東隆宮經過一次歷時長達 15 年的重修，加蓋二、三層樓，其中供奉道教、佛教及民間信仰的各種神明（注14）。

從二次大戰以後，東隆宮就發展爲全國聞名的廟宇，到目前爲止，已有36座和它有分香關係的分廟，大部分位於屏東縣(14座)、高雄縣（9座）及臺北（5座）。此外，東隆宮每 3 年一次的迎王平安祭典往往吸引成千上萬的香客和觀光客，還有不少的新聞記者與各國人類學家前往探訪、做研究。在日據時期，迎王祭典只有東港附近的南州和小琉球的居民參與，而沒有外地人前往。最近幾次的迎王祭典情況又有變化，通常有80多個外地陣頭前來參加盛會，而南州和小琉球因爲其地經濟較爲繁榮，也開始自己舉行迎王平安祭典，因此退出東港的祭典活動（注15）。這幾十年東港東隆宮以及其平安祭典的發展在許多方面相當符合 David Jordan 所提出的理論（注16）。

綜觀戰後東隆宮的發展，臺灣經驗可以說對它有正面、積極的影響，給東隆宮帶來很多的利益，如 David Jordan 注意的一個現象：大衆媒體提倡臺灣民間文化，也對東隆宮的發展起了關鍵性的作用（注17）。由於每一次舉行迎王平安祭典時，總有一批新聞記者湧入東港，經由他們在電視、報紙、雜誌上的報導，往往吸引更多外地人前來東港參加此一祭典。如今東港迎王平安祭典的規模已經可與北港、西港的祭典相提並論，它未來的發展也應有很好的前景。

另一方面，臺灣經驗對東港東隆宮也有一些負面、消極的影響，茲

注14　同前，頁106-108，179。
注15　同前，頁110-118。
注16　Jordan, "Changes in Postwar Taiwan", pp. 36-41.
注17　同前，頁29。

舉二例：一是東隆宮在舉行迎王期間所爆發的地方衝突較以前為多，此一趨勢恰與 David Jordan 的預測相反(注18)。除了前述南州、小琉球退出迎王祭典之外，近年來東港鎮外的村落也拒絕參與此一活動。這是由於1988年的迎王祭典舉行之前，東隆宮的委員會以遶境至鎮外村落費時太多，而取消了鎮外村落的遶境活動。此一決定的背後可能也摻雜了地方政治的因素，不論如何，鎮外村落自那時起便未再參加東隆宮的迎王平安祭典。他們是否會參與另一地的祭祀活動，或者組織自己的祭祀活動？還有待進一步的觀察(注19)。

　雖然近年來廟會期間地方衝突不斷地增加，但這種現象並不是現在才開始的。早在南宋時，江南某一地的廟宇曾為了吸引更多的信徒競爭得非常激烈(注20)。James Watson 在他研究近代廣東沿海地區媽祖信仰的一篇論文裏指出：廟會往往使早已存在的地方緊張情況變得更激烈，甚至於會發生打架、殺人的案件(注21)。東隆宮的委員經常表示：近年來政治的開放使民眾變得不聽話，甚至於比較會抗議（講到這裏，大部分的委員開始罵民進黨）。這是否顯示那些委員係懷著一種懷舊（nostalgia）的心態？抑或反映一種歷史的演變？這還有待觀察日後的發展再予以評定。

　臺灣經驗對於東隆宮第二種消極的影響，顯現在舉行迎王時的人力不足方面，David Jordan 曾預測了這一點(注22)。此一現象並不表示

---

注18　同前，頁32-34。
注19　同注12，頁115、119、142。
注20　Valerie Hansen, *Changing Gods in Medieval China, 1127-1276*. Princeton: Princeton University Press, 1991, pp. 123-127, 157-158.
注21　James Watson, "Standardizing the Gods: The Promotion of T'ien Hou ('Empress of Heaven') Along the South China Coast," in David Johnson, et. al., eds., *Popular Culture in Late Imperial China*. Berkeley: University of California Press, 1985, pp. 292-324, esp. pp. 312-322.
注22　Jordan, "Changes in Postwar Taiwan", pp. 15-16.

東港人不再像以往那樣虔誠，主要是因為大部分的東港漁民目前都到遠洋捕漁，以致於產生人力不足的現象。從前，大部分的漁民都在近海捕漁，但是由於近年來近海地區的魚幾乎被捕撈殆盡，漁產大減，窮途末路逼得許多東港漁民不得不遠航至泰國、印尼，甚至於北美洲、南美洲的沿海地區捕漁，才能有足夠的收獲得以生存。另外，也有不少東港人到高雄、臺北等地工作。不過，舉行迎王祭典時，這些人比去遠洋捕漁的漁民較容易回東港參與、幫忙。許多東港漁民至遠洋捕漁對迎王祭典的規模似乎沒有很大的影響 —— 事實上它比以前規模更大，但留在東港負責舉辦這個活動的委員卻比以往更忙、更累。據 David Jordan 的研究，西港舉辦祭典時人力缺乏情形很嚴重，甚至惡化到必須請外地的陣頭來擔任宋江陣的演出（注23）。目前東港雖說人力不足，但還沒遭到這樣的困境，不過未來的發展還很難說。

　　總之，臺灣經驗雖然使東港東隆宮遭遇到一些困難，但大致上說來，它對東隆宮的發展及其舉行的迎王平安祭典有相當積極的影響。以平安祭典中所燒的王船來說，從前的它是用紙糊的，而自民國 62 年 (1973) 起，則開始用上等的木材製造的，這是因為東港人的經濟情況較從前好，所以當地的王爺信仰比以往更興盛。東隆宮董事長林雲騰曾對我說：「沒有錢就沒有宗教活動，現在的人賺的錢比以前多，他們的信仰也比以前虔誠，這是因為宗教的凝聚力超過了現代化的影響的緣故。」換言之，對東港這樣一座歷史悠久、在地方上較有影響力的廟宇而言，臺灣經驗帶給它的好處比壞處多。然而，對於規模較小、影響力較弱的廟宇而言，就未必是如此，以下的個案就是這樣的例子。

## 四、個案之二——臺北三王府

　　臺北三王府目前的廟址在臺北市寧夏路,靠近民權西路和重慶北路,

----

注23　同前，頁15。

其所供奉的主神「三王」爲陳王爺、池王爺及姜王爺。據廟裏的委員稱三王府創建於1791年，不過迄今我尚未找到任何和此有關的資料。三王府原先是在迪化街第十三水門附近一個信徒家裏的小神壇，至1970年代，這位信徒過世之後，他的兒子決定拆掉舊房子，改建爲公寓。因此三王府只好搬遷，便在寧夏路一塊租來的土地上暫時蓋一棟小建築物，便是現在的三王府。最近三王府址的地主打算將其地收回，改建爲一座辦公大樓，因此三王府又得再度遷移，到目前爲止，廟裏的委員尚未找到新的廟址，這使得他們十分困擾。

由上可知，臺灣經驗帶給三王府的不是利益，而是困擾。此外，由於三王府不是公廟，它係一座私廟，因此當初並未接受當地人士的捐款，也等於是沒有受到近年來經濟發展的好處。可能因爲上述的原因，所以三王府的委員認爲：臺灣經驗嚴重地破壞了臺灣傳統文化，如孝義等價值觀念面臨了重大的危機。三王府主任委員林進益說：「我們忘記了大自然，而不斷地花時間在玩新車或電動玩具。我們是文化的文盲，同時也不了解道教的原理。我們應該順著養生之道，爲的是在內心體會它的眞理。」林先生沒有固定的工作，只是偶而行醫（中醫）和敎授武術，他對「道敎」（應該說是道家思想）非常有興趣，一直在研究《道德經》、《莊子》這類的書籍。至於其他的委員則大都是相當富有的商人，不過，他們對林先生相當尊敬，甚至有一些尊他爲師的意味。這些委員對於臺灣經驗大致上是抱著和林先生相同的看法。

在今日的臺灣，林先生及其道友上述看法可能並不是特殊少見的。最近，Stevan Harrell 和黃俊傑在一篇文章中指出：現在臺灣有不少人或團體很擔心近來經濟成長太快了，對傳統文化會有負面的影響，因此他們想積極地維護臺灣固有的文化（注24）。據兩位學者的研究：「事

---

注24　Stevan Harrell and Huang Chün-chieh, "Introduction:

實上，我們認為是『現代』的事物——工業、都市化、生活水準的提高、社會流動，被很多人視為現今文化危機的根源，因此臺灣正在重新評估所有現代化的事物是否他們所要的這個看法。」（注25）這個看法也可用來分析三王府委員的心態，三王府委員認為現代化未必是一件好事，而是臺灣傳統文化的危機。

三王府的委員對於此「文化危機」採取兩種對策，一是編印一本善書，書名為《法古語訓導》。這本書的內容包括一些引自《論語》、《道德經》等古書的詞句，以及林進益先生自撰的一些警語。他們將此書印了好幾百本，放在廟裏，供信徒或香客自行取回家閱讀。他們的第二個對策是自1989至1991年舉行的三次建醮活動，最後一次還包括送王船的儀式。從1991年1月至3月這段期間，三王府請了來自東港的工匠為他們建造一艘王船，這艘王船的樣子與東港所送的王船很類似，只是規模略為大一些，上面還添加了木質彫刻物。

造王船的費用全部是三王府委員所捐獻的，而不像臺灣其他地方打造王船的經費係來自當地信徒的捐獻。這可能由於三王府非公廟，而是一座私廟的緣故，不過這種做法多少也與三王府委員的心態有關。因為三王府雖然不是公廟，但它在大稻埕地區擁有不少的信徒，而那些委員們不願接受一分錢的捐款。據委員們稱：他們非常樂意出這筆錢，畢竟建醮是二百年才有一次的事（他們認為1991年為三王府創建二百週年紀念）。此外，委員們一再向我表示：出這筆錢是他們對王爺和整個社會的一種「奉獻」，惟有這樣，才可「救」臺灣傳統文化。

三王府送王船儀式與臺灣其他地區有很大的差異，那就是三王府的

---

Change and Contention in Taiwan's Cultural Change Scene," presented at the International Conference on Cultural Change in Postwar Taiwan, unpublished manuscript, 28 pages. See in particular pp. 6–19.

注25　同前注，頁12–13。

王船不像其他地方將其所送的王船燒掉，而是把王船經由淡水河拖到公海任它漂流；前者的儀式叫做「遊天河」，後者叫做「遊地河」。據劉枝萬的研究，福建、臺灣地區原來是用「遊地河」的方式送王船，但從18世紀開始逐漸演變成「遊天河」的方式，以迄於今日幾乎所有的地區都用此一方式送王船(注26)。其實，早在宋代江浙一帶就開始用「遊天河」的方式送王船(注27)，不過在一般臺灣人的心目中，「遊地河」是比較傳統的方式。這就是為什麼三王府的委員堅持用「遊地河」的方式送王船的原因，他們希望透過這樣的方式來維護臺灣的傳統文化。王源煇委員向我表示：

> 由於語言、物質及環境的差異，要把道教的真理傳佈到全世界是不可能的事，所以我們把此心意托附王爺，希望祂可以到各地去度化民眾，使他們了解道根德學。
>
> 同時，這個民俗活動可以帶動社會經濟的發展，復興中國傳統文化，給民間文化的專家一個表演、賺錢的機會，給下一代的人看這些文化傳統，使他們對此有興趣。

然而，當三王府的委員要實現他們的理想時，卻遭遇到許多困難。1991年的建醮活動是在國曆8月21日至25日期間舉行的，三王府原先預計在8月28日這一天送王船，但是後來卻一直等到9月底才得以舉行這個儀式。這是由於臺灣政府、軍警單位不願讓一艘14公尺長、20噸重的船在公海裏漂流的緣故。因此，三王府的委員從國曆7月起跑了兩個月的公文，才得到政府和軍警單位的批准，而得以舉行「遊地河」式的送王船儀式。

---

注26 劉枝萬，《臺灣民間信仰論集》，頁286-294。
注27 拙著，＜屏東縣東港鎮的迎王祭典＞，頁150-157。

此外，三王府在建醮期間也遭到不少的挫折。如建醮期間常須演歌仔戲、放鞭炮，而引起三王府附近居民的不滿，向環保局告發三王府散佈噪音，爲此三王府被開了好幾千元的罰單。從這件事可以反映下列三點：(一)現代的都市人較不能包容傳統的文化活動。(二)三王府的敦親睦鄰工作還有待加強。(三)在舉行宗教活動時，小廟所遭遇的困難較大廟多，如大稻埕霞海城隍廟或松山慈祐宮的廟會，再怎麼吵鬧也沒有人會去檢舉他們。

在三王府所遇到的困難中，新聞媒體不實的報導要算是最大者。前面提及 David Jordan 認爲新聞媒體意圖提倡臺灣民俗有助於一些廟宇的發展，不過，當某些記者缺乏客觀的態度時，卻對廟會的進行和廟宇造成很大的傷害。就三王府的例子而言，有的記者在不十分了解三王府信徒和委員的信仰的情況下，就報導三王府所送走的是一艘瘟船；有的記者則站在政府的立場，反對三王府以「遊地河」的方式來送王船；有些記者在描述送王船這個活動時，甚至有許多錯誤的報導。例如，當王船被拖到淡水河入海口時，保七總隊派了一艘船監視委員們所搭乘的船，目的是查看船上的委員們是否事先都辦理了出公海的登記；然而這個尋常的舉動卻被有些記者歪曲成保七總隊要禁止三王府送王船的活動。記者錯誤的報導及其所引起的回響，嚴重地破壞了三王府委員所想達到的目標。

雖然發生了這麼多問題，但三王府委員們對於建醮、送王船的效果大致上相當滿意。委員顏貴清向我表示：「我們只是要爲下一代奉獻，維護臺灣傳統文化。」三王府的努力是否會成功還有待觀察，不過，它舉行的宗教活動至少使不少人注意到臺灣今日所面臨的「文化危機」。

李亦園在1982年發表的一篇文章裏指出：臺灣四十年來經歷的演變使很多人一面反對越來越趨明顯的物質主義，一面擔心傳統道德標準無

法維持下去（注28）。宋光宇也以李先生的理論分析臺灣的民間教派，他指出：臺灣社會快速的變遷以及鄉下年輕人大量地湧到都市找工作的現象，導致民間教派快速的成長（注29）。這個看法是很正確的，但我同時也想指出一點：在中國近世宗教社會史中，目前臺灣民間教派發展的過程並不是特殊的。如近世最有名的民間教派白蓮教早在 12 世紀就出現了，而要到16、18及19世紀才特別盛行；據Daniel Overmyer, Susan Naquin 等學者的研究，這是由於那幾個世紀都是中國社會經濟經歷快速變遷的時期，而那些變遷導致很多人內心不安，因而紛紛加入白蓮教、羅教、八卦教等民間教派（注30）。

三王府比較特殊之處在於它雖然不能算是一種民間教派，但是它所關心的問題（如社會道德）和一些行為（如印善書）與民間教派很類似。到底有多少像三王府這樣類似民間教派的組織——尤其是王爺廟，還無法確定，不過這或許可以反映今日臺灣的宗教界並不是只有民間教派才關心臺灣的社會問題。三王府在目前王爺信仰的代表性可能值得懷疑，但它有可能代表王爺信仰未來的一種發展趨向。

## 五、王爺信仰之未來

整個臺灣王爺信仰未來的發展實難以預測，余光弘認為未來的情形並不樂觀；據他的看法，戰後新建王爺廟的數量不斷地減少，係反映王爺信仰的衰退，因此未來王爺信仰在整個民間信仰中的重要性也會降低（注31）。不過，我覺得這個看法還有一些底值得商榷之處，茲分述如下。

---

注28　李亦園，＜臺灣民俗信仰發展的趨勢＞，頁89-101。
注29　宋光宇，＜臺灣民間信仰的發展趨勢＞，頁220-226。
注30　Daniel Overmyer, *Folk Buddhist Reiigion*. Cambridge. MA: Harvard University Press, 1976. Susan Naquin, "The Transmission of White Lotus Sectarianism in Late Imperial China," in *Popular Culture*, pp. 255-291.
注31　余光弘，＜臺灣地區民間宗教的發展＞，頁87-88。

　　首先，不能以政府寺廟統計的數字作為王爺信仰衰退的依據，因為這些統計數字缺乏精確性。譬如在和東港東隆宮有分香關係的36座廟宇中，向政府登記備案者不到半數，便是一例。又，卽如新建王爺廟的數目在遞減中（我認為未必如此），這也不能證明王爺信仰的衰退，我們必須注意到王爺廟重修、擴建的情形越來越普遍，尤其以南部地區最明顯（注32）。如東港東隆宮原來只是一層樓的建築物，最近加建了二、三層樓，其中還包括一個大圖書室。當然，戰後也有像臺北三王府的王爺廟遇到一些困難，但在我的田野經歷裏，三王府的情形是相當例外的。此外，余先生認為王爺信仰之所以逐漸衰退，係因王爺這種神明無法發揮祂原來的功能 —— 逐疫、治病所致；因為今日臺灣人比較「科學」，所以未來不會像以前那樣篤信王爺或祂們的乩童來治病（注33）。我不認為如此，雖然都市人和知識份子較少會求助王爺和乩童治病，但並非所有臺灣人都是如此。而且，醫藥並不是萬能的，當西、中醫無法治療一個人的疾病時，那個人往往求助於神明，今日在東港東隆宮有的信徒還透過抽藥籤的方式來治他們的病。又，我觀察到大部分在臺北、高雄、屏東等地的東隆宮分廟中，乩童會為信徒做一些治病的儀式。

　　我認為王爺信仰仍會持續興盛，理由是除了如上所述王爺並未失去祂原有的功能之外，今日王爺的功能尚且不光是單一逐疫治病而已，祂還能保佑漁民出海平安、預防車禍、使商人生意興隆等，東港的溫王爺就是一個很好的例子。近二十餘年來，研究中國和臺灣民間信仰的學者也都注意到這一點，甚至認為一個神明的信仰必須經過功能多元化這個過程才能興盛（注34），劉枝萬在他有關王爺信仰的研究中也持此一論

---

注32　鄭志明等編，《全國佛刹道觀總覽》，臺北，信東彩藝印刷公司，1988。
注33　余光弘，〈臺灣地區民間宗教的發展〉，頁 88-89。另見：Jordan, "Changes in Postwar Taiwan", pp. 23-24.
注34　李獻璋，《媽祖信仰の研究》，東京，泰山文物社，1979。另見：Hansen, *Changing Gods*, pp. 116-120.

點（注35）。本文所敍述的兩個個案顯示未來王爺信仰兩個可能的發展，期待有學者做更多的個案研究，提供我們對王爺信仰更深刻的了解。

## 六、結 語

David Jordan 認為戰後臺灣的民間信仰沒有經過一種道德或神學性的演變 ("a moral or theological transformation")（注36）。我不認為這個看法是正確的，像三王府這個個案可以說是曾經有過這個過程，而且類似這種例子在中國宗敎史中也不是特殊的。今日三王府關心傳統文化、道德、價值觀，此種現象也可見於近世中國的民間敎派；此外，像東隆宮的主神溫王爺逐漸演變成一個多功能的神明，這種現象在中國宗敎史裏亦是屢見不鮮，如觀音、關公、媽祖等神明皆然。

換言之，我們在研究戰後臺灣民間信仰時，一定要考慮到其歷史涵意 (historical context)，追尋布勞戴 (Fernand Braudel) 所重視長時段 (la longue durée) 的研究。當然，我們也必須注意臺灣經驗有其獨特之處，不宜盲目地與中國的情形相比；不過，也不應過分強調臺灣經驗的特殊性，而忽略了可進一步了解今日情形的歷史資料。我們唯有充分利用人類學及歷史資料，方可對臺灣經驗之於民間信仰的影響有更深刻的了解。

注35 劉枝萬，《臺灣民間信仰論集》，頁232、234、276-281。
注36 Jordan, "Changes in Postwar Taiwan", pp. 43-44.

# 試論四十年來臺灣宗教的發展

宋 光 宇

## 一、前　言

　　從民國40年（西元1951年）到民國80年（1991年）的四十年間，臺灣地區在宗教事務方面最主要的變化，一方面是基督教、天主教等西洋教派曾在這個時代的初期盛行一時，可是在1965年之後，當整個臺灣的社會與經濟逐漸邁入繁榮的時候，卻出現了持平，甚至衰退的現象。在另一方面，一向被民國以來的知識份子斥之爲「迷信」的本土各種寺廟和教派，又隨著社會和經濟的好轉而日益昌盛。在這一盛一衰之間所透露出來的訊息，是民國以來某些思想前衛的知識份子所倡導的「唯科學主義」，遭到破產的命運，無論是「科學」或是「美學」都取代不了本土固有的宗教；同時，也顯示了中國的傳統宗教文化並不是不能適應新的現代社會環境，只要稍作調整，就可以有很好的適應和發展，甚至還會有意想不到的新功能。本文的主旨就是在說明這個發展趨勢，並分析它的成因。

　　有關這四十多年來各種宗教在臺灣的發展情形，一向乏人研究。到目前爲止，只有中央研究院民族所的瞿海源在民國 70 年時，曾主持過「三十年來臺灣地區各類宗教變遷趨勢之初步研究」計劃，是由行政院國家科學發展委員會資助的。這項計劃在天主教和基督教部份所依靠的材料，主要是教會本身的統計資料；民間寺廟及佛道部份是利用官方的

統計資料，包括臺灣省民政廳歷年所出版的《民政統計》、臺北市政府的《統計要覽》、和內政部的《內政統計提要》等。本文是以這次研究成績爲基礎，添加最近十年來的資料而成。

　　不過，有一點要項是讀者和研究者必須要注意的，那就是官方所記錄的寺廟數和實際社會上所具有的寺廟總數，有相當大的出入。原因是官方機構經常用它自己的標準來核准某些寺廟可以立案，某些寺廟則不可以；也有許多神壇根本不去登記，以致使得臺灣社會登記有案的寺廟數目要比實際上的寺廟數目少很多。登記者和未登記者的比例是１：2.5（注１）。由於這些未經登錄的寺廟遠多於已登錄的寺廟，官方資料就有它的先天性缺點。但是，除卻官方資料，有關民間寺廟的發展情形就沒有資料可以依據。因此，儘管官方資料有其缺陷，但是我們在討論寺廟的發展情形時，仍是不得不依靠它。

## 二、臺灣宗教的歷史背景和社會條件

　　臺灣的漢人社會是個由閩粵移民所組成的社會。它的民間信仰、宗教禮俗、乃至於風俗習慣，無不源自閩粵家鄉。這一點基本的認識在清康熙34年（1695）高拱乾所著的第一本《臺灣府志》中已經清楚的說明了（注２）。

　　當十七、十八世紀時，西班牙人、荷蘭人、葡萄牙人相繼東來，跟中國人做生意。日本人也跟著在中國沿海及東南亞一帶做生意。閩南的漳州、泉州兩府以及粵東的嘉應州、潮州等地的人民，更熱衷於追求海

注１　《聯合報》，民國80年５月29日＜臺北要聞版＞載：「市議員卓泰榮、周柏雅指出，根據民政局綜合各區公所調查統計，目前臺北市列管有案神壇有一千零九家，是合法寺廟的兩倍半，神壇泛濫，並影響市民生活，民政局卻毫無辦法約束。」

注２　高拱乾《臺灣府志》卷七＜風土志・歲時＞條云：「凡此歲時所載，多漳泉之人流寓於臺者，故所尚，亦大概相似云。」

上貿易的利潤。　他們的海外貿易船隻絡繹不絕的穿梭往來於東海、南海和臺灣海峽。　使得這些海域實際上成為閩粵人民的內海。　在這種情況下，臺灣很自然的被吸進這個海上貿易網絡中。在明朝中晚期，最先到臺灣來的閩南人是從事漁撈（注3）、短期的種植稻米（注4）、以及向平埔番族蒐購鹿皮而後轉賣到大陸和日本去（注5）。等到明朝覆亡，縱橫東海與南海的海上私人武裝貿易船隊搖身變成支持明朝正統的中流砥柱。臺灣於是成為這支武力的基地。漢人在臺灣的地位方告確立。那一年是清順治元年，西元1644年，鄭成功趕走了佔領臺灣的荷蘭人。

　　閩粵人士每當要揚帆出海跟外國貿易，或移居臺灣時，就會把他們的保護神 —— 主要是媽祖（天妃），或水仙尊王或其它神祇，供奉在船上，派一名「香公」，日夜燒香，祈求海上航行平安（注6）。這種求保

---

注3　參看曹永和＜明代臺灣漁業誌＞和＜明代臺灣漁業誌略補說＞，在氏著《臺灣早期歷史研究》，1979:71-255。

注4　曹永和＜中華民族的擴張與臺灣的開發＞一文提到：「惟其時臺灣尚屬原始的部落社會，人口收容力甚少。此類漢人多暫時性居留，漁期或狩獵期一開始就來臺，結束後即返大陸。荷蘭人獎勵農業以後，農民尚有春間自大陸來耕種，秋收後再返大陸。屬季節性的移民，移動性高，尚未作農業定居，漢人未形成獨立的村落。」《臺灣早期歷史研究》，1979:12。

注5　明萬曆20年，陳第《東番記》曰：「……始通中國，今則日盛。漳泉之惠民、充龍、烈嶼諸澳，往往譯其語，與貿易。以瑪瑙、磁器、布、鹽、銅簪環之類，易其鹿脯皮角。」曹永和引《巴達維亞城日誌》1625年4月9日條：「據傳聞，每年可獲鹿皮20萬張，乾燥的鹿肉和魚乾亦相當的多。……在大員灣中，約有一百艘戎克船，是從中國來的，從事漁業，並收購鹿肉，輸至中國。大概每一個平埔部落中有一兩名，甚至五六名漢人進去，用米、鹽、或衣料、雜貨，以交易番人產品。」曹永和更說：「在日本應仁之亂後，進入戰國時代，群雄割據。武士的甲鎧多用鹿皮，其需甚殷。以後鹿皮並成為日本人日常生活中所常用的皮革。但日本國內所產的鹿皮不敷所需，多靠南洋供應。至是，臺灣亦是變成供應地之一。由於鹿皮變成為國際貿易的商品，於是促進了臺灣的漢番交易的興盛。許多漢人就進入土著部落，以鹿皮為主要目標，從事交易。而將鹿皮蒐集後輸至日本，以肉做成鹿脯，輸回大陸。」《臺灣早期歷史研究》1979:11。

注6　《淡水廳志》卷七志六＜武備志・船政＞引《赤嵌筆談》云：「南北通商，每船出海一名，即船主。……通販國外，船主一名，財副一名，……香公一名，朝夕焚香楮祀神。」

平安的辦法並不見於航行在福建沿海或是內陸河川的船隻。它的原因可能是由於航行在臺灣海峽、東海、南海等地，氣候變化不定，常會被颱風吹翻而沉沒。當危險性增高，人們在心理上所遭受的壓力也相對的增加，於是就需要用宗教的辦法來祈求平安，消除心理上的恐懼。近海或內陸航行的危險性就相對的少了很多，人們自信有能力應付各種狀況，也就不特別需要神明的庇護了。

對十七世紀的閩粵移民來說，臺灣也是個充滿瘴癘疾病的恐怖地方。清康熙 39 年（1700）郁永河在他的《裨海紀遊》中就說：「客秋朱友龍謀不軌，總戎王公命某弁率百人戍下淡水（按係今高雄一帶），纔兩月，無一人還者；下淡水且然，況雞籠、淡水遠惡尤甚者乎？」(注7)「君不聞雞籠、淡水水土之惡乎？人至即病，病輒死。凡隸役聞雞籠、淡水之遣，皆欷歔悲嘆，如使絕域。水師例春秋更戍，以得生還為幸。」(注8)移住臺灣的人既然面對如此可怕的環境，當然也需要用超自然的辦法來安撫人心。於是在登陸臺灣之後，船上所供奉的神明就被請下船來，安置在臨時搭建的草寮，或私人的住家中，供同來的鄉親好友平日燒香膜拜之用。過些年，開墾事業有了成果，大家的經濟狀況稍稍好轉，人們感謝這些年來神明的庇佑，往往就會鳩集資金和勞力，為他們所供奉的神明建造一個永久性的磚造廟宇。以後再翻修或擴建。廟宇就會逐漸長大。這就是臺灣民間各種寺廟最常見的發展模式。

綜觀十七世紀到十九世紀末年的三百年間，閩粵移民在臺灣的分布情形，我們大致可以這麼說：泉州人由於一向擅長海上貿易以及沿海的漁鹽之利，所以居住在有貿易及漁鹽之利的海口地區。當泉州移民進入這些地區之後，大致都由經營海上貿易的「郊商」捐資興建媽祖廟或水仙王廟，作為鄉里的信仰中心，同時也作為郊商的辦公和開會的公共場

---

注7　郁永河《裨海紀遊》卷中，臺銀本，1959:17。
注8　郁永河《裨海紀遊》卷中，臺銀本，1959:16。

所。這些廟宇包括：臺南的大天后宮、水仙王宮；北港的朝天宮；鹿港的天后宮；新竹的內、外媽祖廟；臺北的龍山寺、霞海城隍廟、和慈聖宮；基隆的慶安宮等。這些廟宇因爲居於某個自然經濟區域的商業網絡的核心而雄霸一方，也因而彼此競爭，至今尤爲激烈。

移住內陸平原地區從事農墾的人是以漳州人和一部份泉州人爲主。早年當第一代祖先離開家鄉時，通常都會迎請家鄉最威靈顯赫的神明，作爲保護神。到了臺灣定居以後，也是依照既定的模式，先建臨時性的草屋供奉神明，或在私宅中設立神壇。以後等到開拓有成，經濟情形好轉，同村的人們才能鳩集資金，將草屋神壇改建成磚牆瓦頂的寺廟。不同來源的人羣迎奉不同的神明，例如：同安人尊奉霞海城隍；惠安人尊奉青山尊王；安溪人尊奉清水祖師；漳州人大多尊奉開漳聖王；而客家人則尊奉三山國王。今天，我們可以憑藉這些寺廟的分布情形來推測昔年的移民聚落的分布和遷徙情形。

中國人一向尊重地方上的山川神祇。到達某個地方，一定要祭拜當地的山神和土地。閩粵人民當然也不能例外。於是村村里里都有土地公廟。廟與廟之間有一定的疆界，反映出現實社會裏的鄰里關係（註9）。同時，爲了防止當地的惡靈精怪作祟，而有驅邪趕鬼的「王爺信仰」和王爺廟，以及「茄苳公」、「大樹公」、「石頭公」等信仰和它們的廟宇。爲了不受厲鬼作祟而有「有應公」、「大墓公」、「萬善同歸」等祠堂的設立。爲了紀念爲地方福祉而犧牲性命的人，於是就有了「義民廟」或「義民祠」。

閩粵移民藉著這些有關超自然神力的設計，建立起一個堅強的保護網，把自己的家和整個村落，甚至於更大一些的地區，置於這個保護網

註9　Kristof M. Schipper. "Neighborhood Cult Association in Traditional Tainan." in G. William Skinner ed. *The City in Late Imperial China.* 1977:651-677

的保護之下。我們唯有從這樣的角度去看民間各種宗教信仰及活動，才能真正的瞭解到為什麼臺灣社會會有這麼多的廟宇，而且這些廟宇並不會因科學教育昌明而衰落。因為儘管科學如何昌明，總會有很多事情是科學無法解答的。古老的「惡靈作祟」可以由於醫藥進步而被人們淡忘，但是在工商業的社會中又有更多無法預知的在經濟與社會方面的新危機，人們在心靈上承受更多的壓力。這種危機感在本質上跟草萊初創時期的「惡靈作祟」又有什麼差別呢？

除了民眾自動自發所建的寺廟之外，還有官方的祠廟。按照明清的法令規定，每個州府縣都必須設立一些官方的祠廟，代表皇帝按時致祭天地、山川、社稷、先聖先賢、和孤魂野鬼，以求地方上的平靜安詳，物阜民豐。這些祠廟和祭典都屬於國家禮儀的一部份。其中最重要的是城隍廟。城隍代表天地神明鑒察民間的各種善惡功過，彙報於天帝與閻王，有獎善懲惡的功能。城隍廟內也放置天地、山川、社稷、神農、厲鬼的牌位。隨著清代行政區域的調整和縣治的搬遷，在臺灣應該有二十多個官方的城隍廟。可是在臺灣的城隍廟卻有兩個不同的系統，一個是官設的城隍廟；另一種則是民間私設的城隍廟，常以「觀音亭」、「青山王宮」等名號出現，赫赫有名的「臺北霞海城隍廟」也是屬於此類民間私設的城隍廟。

至於佛教的和尚和道教的法師（司公），在有清一代，都是以個人身份來到臺灣，主持廟務或替人做法事，都沒有發展成超越地域宗族組織的教派。

直到清朝中葉以後，才開始有超越宗族和地域性組織的教派傳入臺灣。從中國大陸傳來的教派有龍華教、金幢教和先天教（三者在日據時代合稱「齋教」）；從西洋傳來的有天主教和基督教長老教會。

所謂的「齋教」，究其根本，實在是明末清初一連串「救世主」運動中的三個重要支派。產生這些救世主宗教運動的時代背景是晚明在政

治、社會、經濟、思想、文化等方面呈現出混亂和崩解的現象（注10），
有一些有心救世的人把道家和理學家所說的宇宙起源加以神格化，稱之
爲「無極聖祖」、「無生父母」、「無生老母」、或其它名號。認爲人都是
這個宇宙源頭的「皇胎兒女」，降生在東土之後，迷戀紅塵，以至失去
了本性，沉淪苦海，回不得天上家鄉。在天上的父母（或老母）不忍看
到他的兒女沉淪受苦，就派遣使者（救世主）到人間來，渡化衆生，使
衆生認識本來面目和回家的途徑（注11）。在明末清初，屬於這種救世主
運動的教派有十幾個（注12）。其中傳到臺灣來的只有龍華、金幢、先天
三派。

龍華教和金幢教都是源自明朝正德年間（1506-1521）山東人羅因
所創的「羅祖教」（又作「羅教」）。羅教到了後世，由於傳承譜系的關
係，衍化成爲「大乘教」、「金幢教」、「老官齋教」、「無爲教」、「清茶門
教」、「糍粑教」、「龍華教」等派。各教又各自發展內部的門派。這種
情形宛如一個大姓中的分房現象。龍華教的「漢陽堂派」是在嘉慶2年
（1797）從福建省興化府仙遊縣傳入。到日據初年有13堂。但在日據時
期，這一派的齋堂被日本之佛教宗派所合併，以致消沉下去。「一是堂
派」也在嘉慶2年前後，自福州傳入。日據時期在臺中、新竹、桃園一
帶，有68個齋堂。另有「復信堂派」，自「漢陽堂派」分出，有12個齋
堂。

金幢教也是在嘉慶初年傳入臺灣，在中南部傳道。在日據時期有27
個齋堂。

先天教則是來自另外一個源頭──道教的金丹道（注13）。清康熙年

注10　宋光宇〈試論無生老母宗教信仰的一些特質〉，《史語所集刊》52:550
　　　59，1981。
注11　同上。
注12　參看清人黃育楩《破邪詳辯》。
注13　林萬傳《先天大道系統研究》，1984: 序1.4: 2.1.128。

間江西鄱陽湖畔有金丹道的道士黃德輝改革金丹道，另立先天大道。創教後百餘年間，一直是鄱陽湖畔的小教派。嘉慶（1796-1820）、道光（1820-1850）才開始宏揚光大。在清末時，先天大道分化為「同善社」、「圓明聖道」、「歸根道」、「西乾堂」等。而西乾堂後來在光緒初年由山西傳到山東，演化成「東震堂」，再於光緒10年改名成「一貫道」，抗戰勝利之後，才傳入臺灣（詳見第六節）。原始的先天教是在咸豐年間（1851-1861）從福建傳來，到了日據末年有20個齋堂。

從西洋傳來的教派主要是天主教和基督教長老教會。明萬曆 47 年（1619）就已經有天主教的傳教士到達臺灣傳教。明末崇禎年間，天主教在基隆、淡水、宜蘭、三貂等地傳教。當荷蘭人趕走在臺灣北部的西班牙人時，天主教士也就隨之撤退。清代自康熙末年到道光年間，嚴禁天主教在中國傳教。咸豐八年（1858）英法聯軍攻入天津，迫清廷簽下天津條約，宣布不論天主教或基督新教，都可以到中國傳教。天主教和基督新教各派才進入臺灣傳教。民國 2 年，天主教成立「臺灣教區」。全島有聖堂18座，傳道所21所，宣教師 8 名，教友 3,438人 [注14]。民國29年時，教友人數為9,737人。

英國基督教長老教會在同治 4 年（1865）傳入臺南，後移高雄，是為南部長老教會的開始。同治10年(1871)，加拿大的甘為霖（William Campbell）和偕叡理（馬偕 G. Marckey）兩宣教師到高雄。次年，馬偕和李庥（Hugh Ritchie）牧師抵達淡水，是為北部長老教會的發端。光緒元年，李庥創立臺東教會。到民國18年，全臺灣有長老教會160座 [注15]。信徒人數不詳。

在日本人統治的五十年中 （1895-1945），對在臺漢人的宗教活動的管制是由放任而後逐漸收緊。大致說來，明治時期（1895-1911）是

---

注14　《臺灣省通志》卷二第一冊，1971:91。
注15　《臺灣省通志》卷二第二冊，1971:140。

放任時期。日本殖民政府忙著削平反抗，無力管到宗教事務，民間也因戰亂而無力恢復清朝時的盛況。

大正時期（1912-1925）是繁榮時期。臺灣社會在這時候已經完全安定，市面也日漸繁榮，大型的公共建設也相繼完成。各地的寺廟又開始舉辦「鬧熱」（大拜拜和迎神賽會），甚至利用「鬧熱」場合來促進地方商業的繁榮。日本當局也常利用「鬧熱」來增添公共建設落成典禮和神社祭典的歡樂氣氛（注16）。同時，在大正4年由各地的公學校校長負責調查學區內的寺廟，列冊管理（注17）。這就是「寺廟臺帳」的起源。丸井圭治郎據此報告寫成《臺灣宗教調查報告書》，是第一本有系統的調查報告。

昭和時期（1926-1945）是緊縮時期。前十年還算寬，後十年就因日本積極入侵中國，企圖稱霸東亞，於是就要設法切斷在臺漢人跟中國老家之間的文化臍帶關係。在「皇民化運動」中，各地寺廟神佛一齊「升天」，焚燒偶像，沒收寺廟財產，放逐或改造宗教人士，強制奉祀日本的天照大神，參拜神社（注18）。漢人的傳統宗教至此大受打擊，暫時消沉。由西洋傳入的基督教也同樣受到壓迫（詳見第四、第五節）。因此，1945年以後的臺灣宗教發展情形，可說是一個全新的發展歷程。

## 三、四十年來的發展情形

從民國40年到民國80年，臺灣的社會與經濟情勢，大致可以劃分成兩個階段。前二十年是由風雨飄搖的不安狀態中逐漸安定下來；後二十年則是由安定中求發展，終臻於富裕繁榮的階段。在臺灣這塊土地上，

---

注16　宋光宇＜霞海城隍祭典與臺北大稻埕商業的發展＞，《史語所集刊》62，
　　　（2）：291-336，1993。
注17　這批資料原件塵封於中央圖書館臺灣分館，計有臺北、桃園、新竹、南
　　　投、嘉義、臺南各廳的資料。
注18　《臺灣省通志》卷二第四冊，1971：289-295。

無論是本土的或是西洋的宗教組織和活動，它們的發展情勢，都跟外在
的大環境息息相關。

　　首先讓我們來檢視一下本土宗教的發展情形。

　　余光弘曾經利用劉枝萬的寺廟調查表[注19]、《臺灣省通志》中的
寺廟概況[注20]、仇德哉的《廟神傳》[注21]、和臺北市的《寺廟概覽》
[注22]等資料，將民國49年、55年、64年、和70年的本土各教派的寺廟
總數，列成一個統計表：

**表一、民國 49 年到 70 年臺灣地區本土寺廟統計表**

|  | 佛 教 | 道 教 | 理 教 | 夏 教 | 軒 轅 | 其 它 | 總 計 |
|---|---|---|---|---|---|---|---|
| 49 | 838 | 2947 | — | — | — | 55 | 3840 |
| 55 | 1103 | 3322 | — | — | — | 351 | 4786 |
| 64 | 1231 | 4084 | 6 | 2 | 2 | 13 | 5338 |
| 70 | 1279 | 4229 | 6 | 2 | 2 | 21 | 5539 |

＊本表「其它」部份包括祖祠、天理教、回教、和「不詳」。

＊理教又稱「在理」，創立於明朝末年，在清末明初時，因勸人戒食鴉片而宏
　展於華東地區。民國38年時傳入臺灣。到臺灣後，因臺灣沒有什麼人吸食鴉
　片，以致失去原有的依靠，而告一蹶不振。

＊夏教是明萬曆時閩南人林兆恩所創，流行於閩浙一帶。清期中葉以後傳入臺
　灣。目前在臺北市農安街附近還保留三處夏教的寺廟。

＊軒轅教是民國50年前後王寒生在臺北新創的教派，它的儀式是揉合了一貫道
　和孔廟的祭典。它的信徒也與一貫道相重疊。

注19　劉枝萬＜臺灣省寺廟教堂名稱主神地址調查表＞《臺灣文獻》11(2)：
　　　37-236,1960。
注20　《臺灣省通志》卷二第四、五冊。
注21　仇德哉《臺灣廟神傳》(三版),1981。
注22　臺北市政府民政局《臺北市寺廟概覽》,1985。

又，根據民國73年到78年的《中華民國統計年鑑》中的〈臺灣地區各宗敎敎務概況〉統計資料，我們得到以下這樣的一個統計表：

### 表二、民國 73 年到 78 年臺灣地區本土寺廟統計表

|    | 佛　敎 | 道　敎 | 理敎 | 天理 | 軒轅 | 一貫道 | 其它 | 總　計 |
|----|------|------|-----|-----|-----|------|-----|------|
| 73 | 1710 | 6955 | 368 | 101 | 20  | —    | 23  | 9177 |
| 74 | 3261 | 7116 | 368 | 63  | 20  | —    | 28  | 10856 |
| 75 | 3265 | 7224 | 368 | 101 | 20  | —    | 27  | 11005 |
| 76 | 3265 | 7353 | 368 | 105 | 14  | —    | 23  | 11128 |
| 77 | 3345 | 7461 | 368 | 105 | 14  | —    | 27  | 11320 |
| 78 | 4011 | 7959 | 49  | 109 | 15  | 60   | 47  | 12250 |

1. 73年到75年的「其它」項目包括回敎和大同敎。
2. 76年和77年的「其它」項目包括回敎、大同敎、和天帝敎 (20)。
3. 78年的「其它項目」包括回敎、大同敎、天德敎 (16) 和天帝敎(24)。
* 資料來源：民國74年至79年《中華民國統計年鑑》。

再以近年來的本土神職人員數目來說，其變化情形如下：

### 表三、民國 73 年至 78 年臺灣地區各敎派神職人員統計表

|    | 佛敎 | 道　敎 | 理敎 | 天理 | 軒轅 | 一貫道 | 回數 | 天帝 | 天德 |
|----|------|-------|-----|-----|-----|-------|-----|-----|-----|
| 73 | 7000 | 19501 | 66  | 482 | 154 | —     | 8   | —   | —   |
| 74 | 5122 | 21405 | 66  | 87  | 156 | —     | 8   | —   | —   |
| 75 | 5328 | 22332 | 66  | 482 | 156 | —     | 8   | —   | —   |
| 76 | 5860 | 23430 | 66  | 494 | 156 | —     | 8   | 1920 | —   |
| 77 | 6360 | 24832 | 66  | 494 | 156 | —     | 10  | 6   | —   |
| 78 | 8905 | 27499 | 252 | 503 | 00  | 115904 | 10  | 12  | 169 |

* 資料來源：民國74年至79年《中華民國統計年鑑》表290。

綜合來看這三個表格，有一些矛盾的地方需要先說清楚。首先要指

出，這些數字是內政部依照各教總會所填報的寺廟和信徒人數而直接刊布，並不曾做過檢覆和求證，以致有些數字自相矛盾。例如理教部份的統計數就相當不可靠。這個教派在民國 60 年代筆者從事對它的研究時就已經很衰微了（注23）。表一清楚的顯示，在前20年裏一直只有六間寺廟，不太可能在70年代一下子就有 368 座寺廟。而且這個數字跟表三的同一時代該教的神職人員數目66人不能相配。

民國76年，天帝教首次登錄在官方統計資料中。他們的神職人員數目高達1920人也是不可相信的。因為往後兩年的數字就少了很多，照常理推斷，神職人員是一個教派的基本幹部，不可能一年之間就少了99%以上，否則就會面臨全面瓦解的局面。

一貫道在民國76年1月正式獲得內政部的認可。次年，一貫道報給內政部的統計數也有可議之處。表二的寺廟60座，是指建築得像一般寺廟樣子的大型公共佛堂。在它的《一貫道簡介》（總會1989）中記載有可供信眾聚會的家庭式佛堂二萬間。表三所列的神職人員數高達11萬5千人，相當驚人。事實上，一貫道內可以主持正式儀式的「點傳師」人數並不很多。在報人數時是把可以上講壇講課的「講師」這一級也算成神職人員，才有11萬5千人之多。有關這個教派的詳細情形參看第六節。

根據表一和表二，我們看到佛教和道教在民國70年後的兩三年，都出現了一種「躍昇」的現象。在佛教方面，表一所列的三個時段顯示佛寺的增加是相當緩慢。但是從民國70年到民國73年，增加了431座寺廟；從73年到74年的一年之中，更一口氣增加了1551間。其後又是呈緩慢增加的趨勢。

在道教方面，由於傳統的社區寺廟都歸入道教的勢力範圍，以致它

---

注23　宋光宇＜在理教……中國民間三教合一信仰的研究＞，臺大考古人類學研究所碩士論文，1974。

的寺廟數量一直超過佛教很多。在表一所列的三個時段中，每一時段大
致增加 700 間寺廟。可是在70年到73年，一下子增加了2726間寺廟。其
後的 4 年間，則呈現穩定的上升狀態，一共增加了 843 座。佛道兩教寺
廟的增加情形用曲線圖表示如圖 1 。

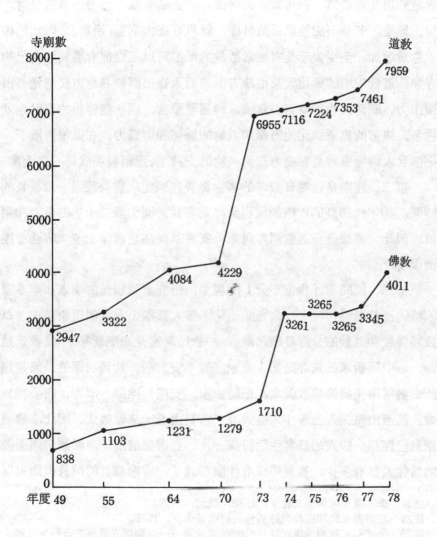

**圖 1　民國49年至78年佛道寺廟之變動情形**

　　面對這樣子佛道兩教共有的「躍升」現象，我們不禁要問：「這種『躍昇』現象究竟代表什麼意義？」在找尋這個問題的答案時，有幾方面事項需要注意。

　　第一，建廟是件集腋成裘的事。佛教僧尼是要靠「化緣」的辦法；或是利用「趕經懺、做佛事」的辦法，來廣結善緣，慢慢的累積資財，鳩工興建。若是不能達成這個目標，就只好在大廟裏「掛單」。因此，佛寺數量增加，至少表示是有相當數量的僧尼可以獨立擁有屬於他自己的寺廟。道教寺廟的興建大都由地方上頭面人物出面號召地方父老兄弟出錢出力。頭面人物的號召力愈強，神靈愈顯赫，則所能募得的資財也就愈多。連帶的也更強化地方頭面人物的聲望和影響力。在這種情形下，一個私人神壇很容易在地方頭面人物的支持下，逐漸發展成爲一座大廟。

　　第二、建廟是件曠日費時的事。從發起到建成需要經過一段很長的時間。70年代初期的寺廟劇增現象，是要靠前面十幾二十年的努力和累積。因此，要想分析這個躍昇現象，就必須要注意前面十多年的社會經濟環境。

　　第三、民間有「佛道不分」的現象。研究臺灣宗教的學者如李亦園（注24）、瞿海源（注25）、余光弘（注26）等人都指出有這個現象存在，以致於佛教和道教的分野日趨泯滅。一般民衆常是逢廟就拜，見神就磕頭；心中所祈求的無非是個人或家庭的平安吉利。比較明顯的差異是超薦亡靈常用正統的佛教儀式，平時搬家、安座、除煞、改運、開張、結婚、甚至出殯、入土等「人生大事」常是由道士來做儀式。因此，佛道兩教已經跟一般人的日常生活打成一片。在這種情形下，討論佛道兩教的信徒人數有多少，就變得沒有什麼意義了。寺廟數目的消長反而可以

注24　李亦園《信仰與文化》，1978，臺北，巨流。
注25　瞿海源《民間信仰與經濟發展研究報告》，1989。
注26　余光弘〈臺灣地區民間信仰宗教的發展……寺廟調查資料之分析〉《民族所集刊》：1553:67-107，1984。

表現出實質的意義。

　　我們對這種「躍昇」現象的解釋，主要是從社會經濟的角度入手。民國60年代，在臺灣的近代歷史上，是一個由貧入富的轉型期。在民國60年的時候，平均每人國民生產毛額是443美元。民國67年時為1,577美元；68年為1,920美元；69年為2,344美元；70年為2,669美元。十年之間，臺灣地區的平均國民所得增長了6倍。在民國70年到74年之間，呈緩慢成長，隨後又是5年的快速上升。用曲線圖來表示時，則看到這條曲線呈兩階段上升的局面。（圖2）

　　當我們把圖1和圖2合起來看時，就會發現兩者之間有很有意思的對應關係。大致說來，是經濟發展在先，隔三四年，就有新設寺廟的高峰出現；反之，經濟發展有段時間遭到停頓情境，也要在三兩年後停頓情境才會反應到寺廟發展上。

　　民國60年代，臺灣的經濟發展迅速，使得人們有足夠的財力去建廟。這些寺廟在民國70年前後相繼落成，造成70至74年間的寺廟數量躍昇的現象。但是，70年到74年，在經濟發展上，出現緩慢成長的現象。人們捐資建廟的意願隨之降低，那麼在74年到77年寺廟的興建數量就明顯的降低了很多。從75年起連續6年在經濟上呈現飆漲的態勢，寺廟數量也在3年後（77年）呈現上揚。

　　面對這種經濟發展與寺廟數量增加的對應現象，我們認為經濟發展帶給社會和人們的是在商場上極大的競爭壓力和心理上一種莫名的恐懼，恐懼失敗，害怕丟面子；反過來說，就是要求成功，要求揚名立萬。要想達到成功的境地，防止失敗，除開藉重現代的學術知識之外，在臺灣的中國人更是依照祖先留下來的老辦法，用超自然的辦法來驅除惡靈，確保公司、工廠能在吉祥的環境裏順利運作，不致發生差錯。於是，陽宅風水盛行一時。除了請地理師作陽宅風水之外，人們更常到他心目中認為是靈驗的神壇或寺廟去燒香許願，祈求保佑事業成功。當經濟愈加

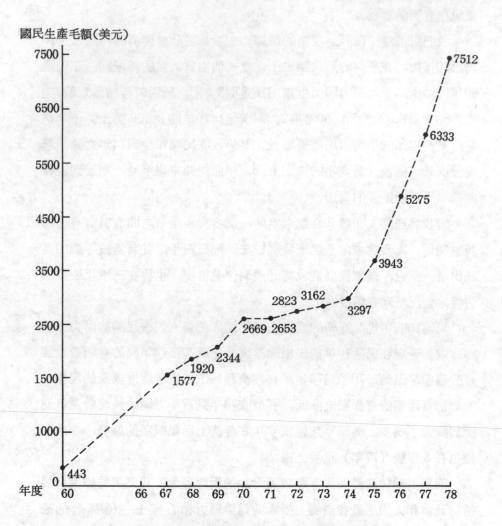

國民生產毛額(美元)

年度

**圖 2　民國60年至78年平均國民所得變動趨勢**
*資料來源: 民國79年《中華民國統計年鑑》

發達，公司行號也就益發增加。一旦所開設的公司賺了錢，人們就相信
是由於神明庇佑的緣故，那麼還願謝神必不可免。而且，人們又相信捐
錢造廟是件有功德的事，功德一旦累積多了，就會有「諸事順遂」的感
應。在這種情形下，各地寺廟以及私人的神壇都是香火旺盛。許多家庭

神壇就在這種情況下發展成爲大廟。當然也就出現更多的家庭式私人神壇。這就是目前臺灣各地神壇林立的根本原因。

相對於佛道兩教的蓬勃發展，回教、天主教、基督教、軒轅教、理教等在這四十年中的發展就顯得「相形見絀」。回教一直是一個相當封閉的宗教社會。他們的信徒絕大多數是民國38年前後從大陸來臺灣的。四十年來，回教一直維持五個清眞寺，信徒人數在 5 萬人上下(注27)。

天主教方面，根據 Swanson（1980/81）和瞿海源（1981）的研究，在光緒21年（1895年）有信徒 1,300 人左右；到了民國27年（昭和14年、1938年），增至 9,000 人。根據民國34年（1945年）的統計，全臺灣有天主教堂，連布道所在內，共有 52 處，傳敎士 20 人，敎友約有 10,900人

當臺灣在民國34年回歸中國版圖之後，天主教開始有相當快速的發展。民國37年，教友人數增加到13,000人。次年，開始劃分原先的臺灣宗座監牧區爲臺北和高雄兩個監牧區。民國40年，增加臺中監牧區。民國41年，由於信徒人數增加到 2 萬人，於是教區又重新分配，劃分爲五個監牧區。從41年起，到民國58年，天主教在臺灣的發展可說是「突飛猛進」。民國45年有教友 8 萬人，到了58年，達到305,793人，是爲最高峰。隨後就往下降。民國73年到78年，天主教的教友人數維持一個持平的狀態，如表四所示。

基督教在這40年裏的發展模式跟天主教的模式差不多。根據《臺灣省通志》（1971）所記載的資料，臺灣地區在1945年以前，有基督教堂238座。隨後，每 5 年的成長狀況如表五所示。

---

注27　《中華民國統計年鑑》，民國79年版，表290。

表四　民國 73 年至 78 年天主教概況

| 年　　代 | 教 友 人 數 | 教 堂 數 | 神 職 人 員 |
|---|---|---|---|
| 73 | 291,598 | 848 | 1,173 |
| 74 | 326,676 | 442 | 2,031 |
| 75 | 291,592 | 859 | 1,925 |
| 76 | 291,592 | 859 | 1,921 |
| 77 | 289,231 | 818 | 2,043 |
| 78 | 289,303 | 1,151 | 2,471 |

* 資料來源: 民國74至79年《中華民國統計年鑑》。

表五　1946 至 1964 每五年基督教堂增加情形

| 成 立 年 代 | 教 堂 數 目 |
|---|---|
| 1946—1950 | 130 |
| 1951—1955 | 314 |
| 1956—1960 | 358 |
| 1961—1964 | 108 |

* 資料來源:《臺灣省通志》卷二〈人民志宗教篇〉

　　瞿海源根據《臺灣基督教長老會總會年鑑》（1963）、《眞耶穌教會臺灣傳道30週年紀念刊》(1965)、《臺灣省通志》(1971)、《臺灣聖教會年鑑》(1976)、《華人基督教會名錄》(1980)、以及 Swanson 的《臺灣教會面面觀》(*The Church in Taiwan*, 1981) 等資料，整理出民國 38、53 年、和67年等三個年代臺灣地區的教會實際數目。他指出：在從 38 年到 67 年的 30 年間，基督教呈現出「先盛後弱」的趨勢（注28）。「就教堂總數而言，在38年時，全臺灣約有350個教堂，平均每萬人約有半個教堂。到了53年的時候，全臺灣有 1,796 個教堂，每萬人平均約有一個半教堂。但是，到了67年時，每萬人教堂數略爲下降至 1.3 個，教堂總數雖增加到 2,303 個。這個教堂總數的增加情形說明了38年至53年間，基督教教堂的興建有實質性的增加，而54年以後，卻有減少的趨勢。」（注29）

　　民國80年出版的《中華民國統計年鑑》上所刊列的從73年到78年之間的基督教統計數字，顯示基督教在這 5 年裏的起伏情形：

表六　民國73年至78年全臺灣基督教發展情形

| 年　份 | 教　堂 | 神職人員 | 信　徒 |
|---|---|---|---|
| 73 | 2,403 | 2,236 | 253,030 |
| 74 | 2,403 | 2,236 | 476,059 |
| 75 | 2,285 | 2,355 | 477,650 |
| 76 | 2,346 | 2,252 | 417,519 |
| 77 | 2,422 | 2,399 | 421,605 |
| 78 | 2,437 | 2,939 | 428,162 |

　* 資料來源：民國74年至79年《中華民國統計年鑑》

注28　Swanson, *The Church In Taiwan: Profile 1980*. South Pasadena, CA: William Carey Library. 1981.
注29　瞿海源＜臺灣地區天主教發展趨勢之研究＞《民族所集刊》51:129-154,1981。

在臺灣光復初期，日本的基督教會撤走，只剩下天主教和來自英國和加拿大的基督教長老會。及至國民政府遷臺，大陸上的基督新教各派也隨之來臺。後來在臺灣又有許多新創的以「耶穌基督」爲名的教派產生。使得「基督教」這個陣營變得相當複雜。民國 76 年，董芳苑統計「基督教」陣營有86個支派（注30）。民國80年5月時，他認爲已經不止86個，而是應該在100個以上。這100多個教派共同擁有40多萬信徒。其中，長老教會佔去將近一半，約22萬。那麼，整個基督教陣營中，應該有一半以上的支派是人數很少的。

綜合以上所說關於佛教、道教、天主教、和基督教在這40年中的發展情況，我們可以清楚的看到，本土的佛道兩教隨著經濟的發展而日益昌盛；外來的天主教和基督教在臺灣經濟最困難的民國40年代有長足的進展，可是當社會經濟逐漸好轉時，他們卻遭遇到發展上的瓶頸，不能像本土宗教那樣，與經濟起飛共舞。

事實上，天主教和基督教在這 40 年裏的際遇要比佛教、道教、一貫道等本土教派好得太多。知識份子把天主教和基督教當成是「進步、理性、和現代化」的象徵；主政者也有相當大的比例是基督徒；在民國50、60 年代，外國有名的佈道家絡繹來臺灣開佈道大會，政府還出經費補助他們，電視臺並作實況錄影轉播。這些禮遇措施是本土宗教根本得不到的。當時中國佛教會要想爭取同樣的上電視機會，卻不得其門而入。本土各教派往往有意無意的被看成是迷信和落伍的象徵，是「端正社會禮俗」的改革對象。一貫道更是被詆毀成「邪教」。今天，我們回過頭來重新檢討這段歷史，卻看到本土教派一片欣欣向榮，而曾經備受禮遇的外來教派卻顯得萎靡不振，箇中原因就值得我們深入研究。以下四節，我們分別以基督教長老會、天主教、一貫道、和佛教的慈濟功德

---

注30　瞿海源＜三十年來我國基督教發展趨勢的初步探討＞，《中國社會學刊》6:15-28,1982。

會爲實例，來一探究竟。

## 四、基督敎長老敎會

基督敎長老敎會在臺灣已經有 130 年的歷史，其信徒人數，在20世紀的臺灣社會裏，始終只佔總人口的１％上下，在民國47年時，這個敎會已有15萬人；在民國80年，它的信徒人數不超過20萬。在這30年裏，臺灣的人口數從800萬成長到2,000萬。把人口增長的因素考慮進去，則長老敎會在這30年中，呈現負成長的局面。表七顯示長老敎會在臺灣的敎徒人數變動情形：

**表七　長老敎會在廿世紀臺灣的發展情形**

| 年　份 | 敎徒人數 | 全臺灣人口數 | 百分比 | 資　料　來　源 |
|---|---|---|---|---|
| 1912 | 約30,000 | | | 省通志　　2(2)：139 |
| 1914 | 25,791 | 3,213,217 | 0.8% | 百年史 1965：490 |
| 1934 | 43,858 | 4,932,433 | 0.88% | 百年史 1965：492 |
| 1944 | 58,043 | | | 省通志　　2(2)：147 |
| 1952 | 56,591 | 7,831,799 | 0.72% | 百年史 1965：342 |
| 1964 | 179,916 | 12,992,763 | 1.4% | 百年史 1965：494 |
| 1972 | 154,640 | 14,994,823 | 1％＋ | 百廿年鑑 1985：9 |
| 1984 | 190,205 | 19,012,512 | 1％ | 百廿年鑑 1985：9 |

根據《臺灣省通志人民誌宗敎篇》和《基督敎長老會百年史》上的記載，長老敎會在臺灣的歷史大致可以劃分成五個時期。第一個時期是

從 1865 年到 1900 年，涵蓋整個清朝末年和日據時期的前五年。英國的長老教會總會以廈門爲基地，派遣甘爲霖、馬雅各、李庥、偕叡理（馬偕）等宣教師到臺灣來宣教，並且建立教會。開始的時候是以平埔族人爲主要宣教對象；不過，在漢人社會也獲得相當的成就。1865年建立南部教會，1872年成立北部教會，1873年成立宜蘭教會，1875年成立臺東教會，1890年成立花蓮教會。從1870年起向山地原住民族傳教。在1896年成立第一個「中會」，其下管轄44個教會。這個時期的傳道工作是靠替人治病，來爭取民衆的信任，以及向民衆傳道的機會。於是成立了幾處著名的醫院，如慕德醫院 (1865)、二老口舊樓醫院 (1869)、淡水馬偕醫館(1879)、大社醫院(1890)、彰化醫院(1896)、新樓醫院 (1900)等。爲了培養本地教會人才，成立了臺南神學院 (1876) 和臺灣神學院 (1882)；同時也興辦學校，教育民衆。這些學校計有：在臺南的長榮中學 (1885) 和長榮女中 (1887)，在淡水的北部女學堂 (1885)。

第二個時期是從1901年到1930年。傳道事業已經初具規模，醫療傳道成爲教會發展的最佳利器。馬偕紀念醫院在1912年成立。1927年戴仁壽牧師開始門診當時視爲絕症的痲瘋病，並於1931年創設專門收容痲瘋病患的樂山園。在傳道事業方面，在這個時期的末尾，有太魯閣泰雅族婦人芝宛到淡水婦女學校接受神學教育，成爲「山地信仰之母」。兩年後，有第一批山地青年學生進入臺灣神學院。

日據時代是個宗教上的放任時期。漢人社會各種原有的迎神賽會爭奇鬥艷，有關的消息充斥《臺灣日日新報》；可是我們卻很少在當時的報紙上看到有關長老教會活動的消息，只是偶而才會有長老教會開佈道大會的簡短消息。

第三個時期是從1931年到1945年。在長老教會史上是個受壓迫的時期。不僅長老教會遭到這種命運，其它所有原本不是日本文化的產物的教派都遭遇到相同的命運。日本人在這時期爲了雄霸東亞，侵略中國，

就要全面加緊控制臺灣的漢人，消除漢文化的影響。長老教會雖是由英美人士所主持，日本殖民政府還是要把他置於日本基督教會的控制之下。《百年史》對這段歷史有相當沉痛的記述。英美傳教士被迫離開，教會改由本地人士接手。日本殖民政府利用神社參拜問題來干涉長老教會所經營的教會學校。1935年在臺南的長榮中學和長榮女中因而改組，而北部的淡水中學和女校爲日本人所接管。1938年起，日人強迫在一切聚會及禮拜式之前，都得舉行唱日本國歌、遙拜皇宮等所謂的「國民禮儀」儀式。同時也不准用臺語做禮拜、講道、及教學（注31）。以後隨著戰事的變化，日本警察不斷的加強對長老教會的監視。許多教會幹部被征調到南洋參戰，以致於面臨教務難以爲繼的困境。

第四個時期是從 1945 年到 1965 年。臺灣光復，日本人撤走。在戰爭末期所組織的日本基督教臺灣教團解散。長老教會又回復到以前的狀態。一方面由本地教友接管教會和財產，恢復各所由教會興辦的學校。一方面與英國母會取得聯繫。

在這個階段，長老教會在發展上面臨一些前所未有的挑戰。第一是經濟困難。「因爲戰後的不景氣，又遇到通貨膨脹，教會便陷入困境。農村青年因爲從軍，缺乏勞動人力，以致減產。都市的教會從疏散地回來，忙於修築被炸毀的房屋而重建家園；加之貨幣的價值一直降低，以致買賣時不以紙幣的數量，乃以重量論值。因爲教會遭遇經濟困難，迫使有些傳教者完全離開傳教的崗位，或兼任政府及其它學校、機關的工作，教會因此而遭遇人才缺乏的困難。」（注32）教會就只好設法增加傳道人員的薪水，直到民國39年的幣制改革爲止。

第二項挑戰是面臨教派泛濫的局面。在戰前的臺灣基督教陣營中，

---

注31　同上。
注32　董芳苑＜臺灣新興宗教概觀＞《認識臺灣民間信仰》1986:319-344，臺北，長青。

除了長老教會之外，還有本地人的眞耶穌教會、聖潔教會；日本人的基督教長老會、聖公會、組合教會、衛理公會、和救世軍。戰爭結束後，日本人都被遣送回國，他們的禮拜堂都被本地人的長老教會所接收。原先參加日本教會活動的本省教徒大半歸入長老教會。使得光復初期的長老教會有獨覇臺灣的架勢。

但是臺灣光復後不久，就有許多教會從中國大陸、歐美各地傳入臺灣。尤其是在大陸變色之後，從前在大陸傳教的各教會都將他們的人力財力轉到臺灣來。一時之間形成教派雲集的場面。在光復之初，有一些從大陸來的基督徒，都到長老教會做禮拜，後來因語言的關係，就另訂時間，分開來做禮拜。等到大陸淪陷，有很多基督徒跟著政府來到臺灣。從大陸來的教會招集他們自己教派的信徒，成立自己的教會。這樣一來，對長老教會打擊很大。這些教派分成四大類：1.自己不設教會，只與臺灣長老教會合作的，計有美南長老教會、美國聯合長老教會、美國歸正教會。2.自己設教會，也願意與臺灣長老教會合作的，如聖公會、衛理公會、信義會等，自設教會，但是在神學教育、醫療傳道、文字傳道的方面，積極與長老教會合作。3.自己設教會，不願與其他教會合作的，主要是一些自稱是純信仰的小教派。如教會聚會所、耶穌基督末世聖徒教會（又稱摩門教）。4.自己不設教會，純粹協助他人的，如中國內地會、遠東歸主協會等（注33）。這些戰後才進來的各基督教派，除極小部份之外，都以外省人爲主要傳道對象。

民國 40 幾年時，臺灣的局勢極不穩定，許多人入教的動機並不單純，有人藉此想領救濟物資，也有人想藉教會的力量到美國去。更有爲數不少的知識份子把基督教當成是進步的象徵，心理上歡迎歐美事物，連帶的也就歡迎基督教。國家的政要也有許多人是基督徒。在社會上、

---

注33　《臺灣基督長老教會百年史》第七章，1965:243-272。

政府機關、甚至軍隊裏，都可以自由的傳教 (注34)。

　　另外一件大事是所謂的「倍加運動」。日據時代末期，日本人就曾設法讓南北兩教會合而為一，成立臺灣總會。這個努力隨著日本戰敗而終止。到了民國39年10月，這個構想又被教會中人士提出，得到很好的回應，而有「南北合一基本方案」。這個方案經過南北兩大會通過，終於在民國40年3月7日正式成立臺灣基督教總會。總會既立，就有人提出強化總會的各種方案。其中成果較著的是宣教百週年紀念的「教會倍加運動」。這個運動的著眼點，如發起人黃武東在《臺灣宣教報告書》中指出：「臺灣全省324市鄉鎮中，尚有161鄉鎮未設教會。就人口而言，當時（民國41年）臺灣全省人口為7,831,799人，信徒數有56,519人，僅佔全人口之0.72%。過去90年間之傳道，其進度如此之遲慢，凡有心者，自不得袖手旁觀。」(注35) 聽了這份宣教報告書的人都產生「非傳不可」的決心。其實，這時候正是基督教其他各宗派紛紛成立，不但召回原先依附在長老教會中的信徒，更拉走一部份原本信奉長老教會的人士。使得長老教會面臨到生死存亡的關口。這項倍加運動先從南部大會做起，到民國48年方才成為總會主持的運動。到民國53年，平地教會增加了43,472人，山地教會的人數則上升為76,000多人。整個會的人數增為179,916人，在臺灣全人口中的比例上升到 1.4%，比之運動初起時的0.72%，整整增加了一倍。

　　從民國54年到今天又可劃分成一個時期。這時期的最大特色是教會的成長緩慢下來，同時積極的參與到政治運動中去，在反對派陣營中扮演相當重要的角色。長老會在民國 60 年發表了頗具爭議性的「國是聲明」，主張在臺灣建立一個「新而獨立的國家」。這項聲明引起執政當局的不滿，政府與長老教會的關係趨於緊張，而教會也跟臺灣獨立運動之

---

注34　同上，p. 292。
注35　同上，p. 292-296。

間有相當曖昧的關係。民國64年長老教會發表「我們的呼籲」，66 年發表「人權宣言」。民國 69 年，教會的高俊明牧師因庇護「美麗島事件」的要角而被捕入獄。政教衝突到達最高峰。民國73年 8 月15日，高俊明減刑出獄。次年，長老教會發表「臺灣基督教信仰告白」，75 年有「教會牧函」，77年有「對五二〇事件之聲明」，78年又發表了「對二二八事件受難家屬的道歉」，80年的 2 月 28 日更爲這一事件舉行平安禮拜，政府高層政要都出席了這次禮拜活動。

　　從教會的立場來說，他們會涉入世俗政治運動如此之深，是出於他們一貫的「社會關懷」。臺灣神學院的董芳苑就說過：「臺灣基督教長老教會除了宣揚耶穌基督的福音外，也是一個最關懷社會品質與政治品質的教會。因爲這個教團的走向受德國神學家潘霍華 (Dietrich Bonhoeffer, 1906-1945) 的『基督教世俗主義』(Christian secularism) 的影響，就是強調『信仰基督就是跟隨基督及實踐他的教訓』。因爲基督的福音眞理是於世俗社會中行出來的，而不是在禮拜堂裏信出來的。」(注36) 也有人試著從舊約聖經之中探討「教會」與「國家」的互動關係，國家的統治力量「如一條恐龍貪得而不厭地搜括人民的資源」(注37)，於是人民就要起而反抗，而教會則是要站在「先知」的立場，介在兩者之間，來傳達上帝的旨意(注38)。

　　這些解釋多少 有些牽強附會， 因爲都沒有顧及長 老教會本身的特質。 長老教會的源頭是十六世 紀歐洲宗教改革 三大派中的喀爾文教派 (Calvinism)。喀爾文教派主張完全廢掉天主教那套教會官僚體系，把最基層的「牧師教區」(parish)改變成由信徒組成的一個宗教單位。這個宗教單位的組成，是由信徒們本著上帝的精神和兄弟般的情誼，簽

注36　同上，p. 298。
注37　同上，p. 342。
注38　董芳苑＜臺灣基督長老教會之認識＞，1988:31。

訂一項「聖約」(covenent)，來維繫內部的團結合作。共同推舉這個宗教單位之中，宗教操守最好，行政能力最強，經營能力最好的人為「長老」。這位長老在宗教方面是領導大家的祭司,在行政上是governor（譯成「總督」或「州長」），在經濟方面是成功的大企業家。這個宗教單位和所擁有的眼前這塊土地是最值得關懷愛護的。單位與單位之間靠相互簽署協議來聯繫，結合成更大的政治單位。

由於改革的主張過於激烈，喀爾文教徒在當時的歐洲無法立足，只好出奔到北美洲，建立起像波士頓、麻塞諸塞、康涅狄克、羅德島、哈德福等「新英格蘭」殖民地。喀爾文派信徒在北美洲主要形成長老教會 (Presbyterian) 和公理教會 (Congregationalism)。因為以前在歐洲的痛苦經驗和「熱愛」自己目前所擁有的這塊土地上的一切權益，在1774年不惜跟母國（英國）兵戎相見。激進派的喀爾文教徒建了了美利堅合眾國，保守派的喀爾文教徒仍奉英國為正朔，成立了加拿大。此派教徒在歐洲大陸所建立的國家則是瑞士。

我們今天看臺灣基督教會在最近二十多年之所作所為，以之跟十七世紀長老教會初起時的經歷相對比，不難發現有許多雷同的地方。他們所說「要建立新而獨立的國家」實在是緣自十七世紀的經驗，只顧眼前的這塊土地，不顧目前管不到的土地，以致使他們「關懷臺灣」的口號和說詞跟「臺灣獨立運動」關係曖昧。

無論是倍加運動，或是一連串的政治運動，其實都是為了擴張教會勢力，要想在激烈的爭取信徒活動中，求得一席之地。長老教會所能憑藉的是回過頭去從過去的經驗中找尋訴求賣點。在過去的歐美，長老教會是有很強的政治參與傾向；在今天的臺灣，他們捲入政治風暴中，不正是理所當然的事嗎？當我們再深一層去探索這些熱鬧又激烈的政治活動的深層意義時，不難看出，長老教會一直奉歐美的喀爾文派教義為正統信仰，並以此為準則，來激烈的批判它所面對的臺灣社會及其文化，

形成了這個教會始終不能與臺灣社會及文化相調和的現象。在清代和日據時代，這個教會曾大力批判臺灣的民俗，又如前所述，跟臺灣社會幾乎不發生關係；及至現代，這個教會仍如往昔，處於封閉、孤立的狀態，又囿於己見，拿在外國的政治經驗來大力批判本國的政治環境，給人一種「化外之民」的感覺。職是之故，長老教會在臺灣社會無法成長。

## 五、天主教

在第三節的末尾，已經約略提過天主教在臺灣的發展情形，在此就不再贅述。本節就直接討論天主教在這四十年由盛而衰的關鍵問題。

依照 Swanson (1970) 和瞿海源(1981)的研究，天主教在這四十年裏，可以分成快速成長時期（民國38年至52年）、停滯時期（53年至58年）、以及衰退時期（59年至現在）。在快速成長時期，每年的信徒成長率都在10％以上。52年以後，這個成長率就明顯的往下降，很少有超過10％的記錄。民國59年以後則呈現負成長的局面。

據瞿海源的分析，造成早期快速成長的原因，大致有以下幾點：一、有利的政治因素，政府單位禮遇天主教士，幫助他們推展傳教工作；二、大陸教徒的移入；三、社會經濟狀況不穩定；四、山胞之大量皈依；五、大量神職人員自大陸轉來臺灣。至於導致後來停滯發展的原因則是一、社會經濟狀況的改善，導致宗教需求的下降；二、中國文化持續性的抵制西方宗教；三、根深蒂固的民間信仰的抵制；四、遷徙上的損失（注41）。今天，我們綜論這四十年來臺灣宗教的發展情形，把本土宗教和外來宗教放在一起評估，就發覺瞿海源所提出的這些解釋，有很

注39　王成章＜從聖經看「教會」與「國家」＞《臺灣神學論刊》12:3-16，
　　　　1990，臺灣神學院。
注40　同上，p. 13-14。
注41　瞿海源，1981:129。

多點是值得推敲。

　　就「社會經濟狀況不安定」這一點來說，是所有當時在臺灣的各種教派都面臨的難題，不好說是天主教獨享的「優勢」。事實上應該說是「跟隨政府逃難到臺灣的大陸人士為數頗眾，這些人的社會經濟狀況不佳。」瞿海源也指出，天主教的傳教對象一直是以外省人士為主。他的解釋是說：大陸籍同胞由於離鄉背井，遷徙頻繁，不再接受傳統的民間信仰力量的約束，而佛道又偏重出世精神，不能幫助人們適應變動的環境（注42）。這種解釋不合乎事實。因為在臺灣，正統的佛教和一貫道都是由來自大陸的人士所領導，在這四十年中有非常良好的發展，信徒包括本省人和外省人。可見來自大陸的人士可以接受傳統的民間信仰，佛道兩教也能幫助人們適應變動的環境。

　　事實應該是這樣的，當時天主教的最主要傳教對象是由大陸人士組成的軍眷區，而眷區的收入低，生活苦，天主教會為了照顧這些貧苦的軍眷，就發放麵粉、舊衣服等來自外國的救濟物資而得到快速的發展。民國53年以後，軍人的待遇逐漸好轉，領救濟物資的誘因就逐漸失去吸引力，天主教的發展也就碰上了瓶頸。民國60年以後，眷村發生了變化。許多軍眷因退伍改業而搬離眷村，跟所屬的天主教堂逐漸失去連繫。民國70年以後，眷村因老舊殘破而有改建計劃，軍方跟地方政府合作，將許多眷村改建成國民住宅。原先的軍眷在改建期間全數搬遷，散居各地；建成後，原來的軍眷分到一戶房子，其餘的房子由地方政府處理，公開發售給一般社會大眾。由於產權屬於私人所有，轉賣情形相當普遍。眷村不再是以前的眷村，而是一般人都可以住的普通社區。眷村的星散實是天主教在臺灣傳道事業的致命傷。這就是瞿海源所說的「遷徙上的損失」。

────────────

注42　同上，p. 140-141。

至於「傳統中國文化抵制西方宗教」，也是與事實不符。中華文化向來以包容性著稱，很少有「抵制」外來文化的事。倒是這些外來的西方宗教在十九世紀中葉，挾著西方「船堅砲利」的優勢，叩開中國的大門後，一直不願與中華文化調和，而是處在「對立」和「批判」的立場。上一節所談的長老教會就是如此，一直想用西方的那套理念來改造臺灣社會。天主教原先也是站在批判中華文化的立場，但是到了民國60年以後，轉而企圖調和天主教神學與儒家思想。

如第三節所述，天主教在民國 58 年時達到最高峰，而後就逐漸下降。面對這種局勢，天主教當局也採取一些因應措施，那就是企圖與儒家文化相結合。從另一個角度來說，天主教是認識到「現在世界各國的教會都在仔細研究傳教的新途徑，那就是根據自己國家的環境和國情，認同這個文化，進而運用這些文化條件來達到傳教的目的。」(注43) 民國51年10月11日起在梵蒂岡所舉行的第二屆大公會議上，就決定允許中國教徒採取中國傳統的禮儀 (注44)。

從民國60年春節起，當時的于斌樞機主教就倡導祭拜祖先；把儒家經典中所說的「上帝」，解釋成就是天主教所說的「主」和「上帝」。天主教的文獻刊物上也出現大量談中國文化的文章。可是這些因應方法似乎都不怎麼成功，擋不住日漸消沉的趨勢。十八世紀初，爲了不許中國教徒祭祖，羅馬教皇撤走了當時在華的傳教士；而今，「祭祖」卻成了天主教在臺灣要想挽回頹勢的秘密武器。不禁使人感嘆：「歷史有時是會捉弄人的。」

至於「因社會經濟的好轉而減低了對宗教的需求」的說法也不對。下面兩節所談的例子，就完全否定了這項說法。在天主教這個案例來說，恰當的說法是：社會經濟的發展和繁榮，使得社會上對於教會所發

---

注43　詹明勝＜天主教祭祖運動之探討＞，臺南神學院畢業論文，1978:2。
注44　同上，p. 16-18。

放的救濟物資的依賴大爲減小。筆者曾經調查過由滇緬邊區撤回來的游擊隊及其眷屬，安頓在中部橫貫公路上的清境農場。當他們生活困苦的時候就接受教會的物資濟助，等到溫帶水果種植成功，帶來大筆財富的時候，他們就不再到教堂去做禮拜，而是全社區的人捐錢蓋了座土地廟，演戲謝神（注45）。這個例子說明中國人對教會的基本態度是如何。當人們不再稀罕教會所發放的救濟物資時，教會的發展立刻停頓下來。

## 六、一貫道

就臺灣社會來說，一貫道是一個四十五年前才從中國大陸的上海、寧波、東北、天津傳進來的新教派（注46）。但是，目前它所擁有的信徒人數，卻高達120萬。這個數字是民國80年一貫道總會報給內政部的信徒總數。臺灣的人口總共才兩千萬，而一貫道信徒就佔了6％。

從民國34年（1945）臺灣光復起，到民國38年（1949）國民政府播遷臺灣爲止，由大陸傳進臺灣的教派相當多，除開前述基督教各派之外，在本土宗教方面，有一貫道、大同教、道院、紅卍字會、同善社、悟善社、天德教、在理教等（注47）。使得臺灣在一時之間呈現地狹、人稠、教派密的局面。各教派爲了生存，彼此之間的競爭，在所難免。在「優勝劣敗，適者生存」的基本生存法則下，有些教派像道院、同善社、悟善社、在理教等教派，幾乎已經銷聲匿跡。基督新舊各派在民國40年代曾一度蓬勃發展，民國54年是爲頂峰，以後持平了一段時日，到了64年以後就開始走下坡。相比之下，一貫道可說是唯一的一個在這四十多年來能夠發展成功的移植教派。正因如此，我們就更需要仔細的分析討論促使一貫道能夠成功的種種原因。

---

注45　宋光宇＜清境與吉洋＞，《史語所集刊》53(4):747-794,1982。
注46　《一貫道簡介》，1988:53-54。
注47　董芳苑＜臺灣新興宗教概觀＞，《認識臺灣民間信仰》,1986:319-344，臺北，長靑。

現在我們看到的一貫道教團，是抗戰時期在北平、天津、和上海等地發展起來的（注48）。抗戰末期以及勝利以後，上海的信徒更是大力向華南、雲貴、四川、以及海外各地傳播道務。臺灣的一貫道就是在這種情況下逐步開展的。

第一波到臺灣傳道的人馬是來自浙江寧波寶光壇的陳文祥夫婦。他們是臺灣人。抗戰時，被日本人拉去當日軍的翻譯官，在寧波求了道。抗戰勝利後，就回臺北傳道，並設立佛堂，成為今天臺灣寶光組的七個源頭之一。接著又有好幾批來自上海、溫州等地的寶光壇、基礎壇、文化壇的道親，進入臺灣。他們各秉師承，各自因緣發展，設壇傳道，分別成為今天的寶光 、基礎 、文化等組（在教團內部，則稱「支線」）。時間是在民國35年初。

民國36、37年時，東北已經淪於共黨手中。原先在哈爾濱、長春、四平街 、安東等地的一些一貫道信徒，逃抵臺灣。是為今日興毅、天祥、與安東三組的起源。

民國38年時，大陸局勢動盪不安。天津、上海、南京等地的一貫道信徒陸續隨逃難人潮，抵達臺灣。來自天津的道親成為今日法一組和浩然組的起源。其它道親或者依歸同一路的佛堂，或者獨立辦道，成為今日各小支線的起源。

民國35年初，臺灣一貫道的人數可說是從零開始。到了民國52年，臺灣警備總部強迫一貫道停止活動，並解散組織的時候，警總宣稱一貫道有 5 萬信徒。這是我們對於這時候一貫道在臺人數可以得到的唯一數字。不論這個數字正確與否，只能姑且採信之。在這個時期，一貫道教團在臺灣的成長是從零到 5 萬人。

一貫道的活動並沒有因警備總部的取締而停止。到了民國70年，筆

注48　宋光宇《一貫道調查報告》，臺北，元佑，1983。

者開始實地訪問一貫道的各大支線時，曾與幾位領導人估算當時幾大支線的信徒人數，得到的數字是這樣的：基礎組大約是 5 萬人；法一組大約是10萬人；寶光組七個支線大約也有10萬人；興毅組則分30個單位，其中超過10萬人的有 4 個單位，最小的一個單位有 2 萬人，而這組在海外有17萬 5 千人。估算的依據是各支線所屬各佛堂每年報上來的求道人數和所上繳的「功德費」（求道入教時所繳的入會費，新臺幣一百元）。可是這個數字卻很難為其它研究一貫道的學者所接受，紛紛詰難這些數字的正確性，而有他們的估計數字。董芳苑估計有35萬人[注49]，林本炫估計為 50 萬人[注50]。瞿海源利用民國 74 年的《臺灣地區社會變遷基本調查報告》估算民眾崇拜「無生老母」的人約有23萬人。他所說的「無生老母崇拜」包括了一貫道、儒宗神教、慈惠堂等。一貫道的人數就更少[注51]。形成這種差異的原因是在那查禁一貫道的時代，求道者大多不願正式承認自己是一貫道信徒，以免惹來無謂的麻煩。

　　本文由於旨在討論一貫道能在臺灣生存發展的原因，「民眾願意參加求道」是個重要的指標，於是採用比較寬鬆的標準，以一貫道領導人所說的數字為準。民國76年，一貫道正式成為政府承認的宗教團體，並且成立一貫道總會。但是，在一貫道內部有一股很強的抵制「合法化運動」的力量，認為以前在大陸時期就沒有向政府登記，為什麼現在要違背這個傳統呢？也有人難忘以前屢遭取締的經驗，懷疑這是治安單位的陰謀。所以並不是所有的一貫道支派都參加了總會，大概只有一半的支線加入總會。當總會成立時，統計各支線共有家庭佛堂 2 萬 2 千間，大型公共佛堂 171 所[注52]。總會向內政部申報的信徒人數是 89 萬人

注49　董芳苑＜一貫道——一個最受非議的秘密宗教＞，《臺灣神學論刊》2；85-131，1980。
注50　林本炫《臺灣的政教衝突》，1990，臺北，稻香。
注51　瞿海源＜臺灣地區民眾的宗教信仰與宗教態度＞，《變遷中的臺灣社會》1988:239-276，臺北，中研院民族所。
注52　《一貫道簡介》1988:54-63。

(注53)。由於上述原因，總會能實際掌握的人數就少得多。再過四年，加入總會的支線增多了。民國80年，總會報給內政部的信徒總數爲 120 萬人。實際人數當不止於此。

　　我們以民國35年、52年、70年、78年和80年做爲橫座標線上的五個分期基點。在縱座標上，則是以10萬人做一個刻度。35年時是爲零，52年時是 5 萬。70年時少算一點，就以60萬人爲準。78年時是89萬人。80年時是 120 萬。就可以得出一個呈急劇上升的曲線圖。看了這樣的曲線圖，我們一定會問：「是什麼樣的原因造成這樣的陡峭走勢？」

　　根據這個時間表，我們可以很清楚的把一貫道在臺灣的歷史劃分成三個階段。從民國35年到52年是爲第一階段，我們稱之爲「初創時期」。從民國52年到70年是第二階段，稱之爲「發展時期」。從民國 70 年到今天民國 80 年是「宏展時期」。以下就這三個時期的一般經歷，來討論各時期的特色。

　　在「初創階段」的17年裏，一貫道的發展對象是鄉村地區的農民、勞工、以及小商販，也吸收不少小學老師。這時期能夠迅速發展的原因大致有以下幾點：

　　第一，一貫道的信徒有很強的「傳道」動機。這跟求道入教時的許願有關。每位信徒都秉持「渡人有功德」的信念，認爲渡滿64人才算功德圓滿，因爲他們的師尊就只達到這個數字，以後成爲定則。這種積極的傳道方式，在中國本土宗教界是絕無僅有的事。法國漢學家施舟人 (Kristof Schipper) 曾對筆者表示，20 多年前他在臺南實地調查並學習道教時，只有兩種人會對他傳道。一種人是基督教的傳教士，企圖抓回他這隻迷途的羔羊；另一種人就是一貫道的信徒，要渡化他這位有緣人。臺灣原有的寺廟大都是由某一個地域團體所組成，信徒的資格是

---

注53　《中華民國統計年鑑》民國79年版，表290。

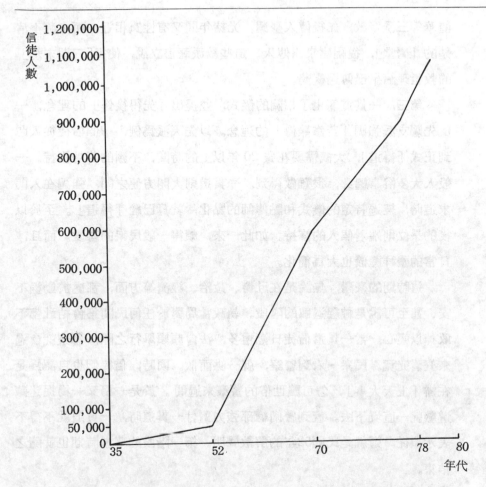

與生俱來的，也就不需要有「傳道」這回事。當人一旦脫離他原屬的地域團體後，寺廟也不會積極主動的與他保持聯繫。一貫道正好反其道而行，不但允許皈依者可以參與原來的寺廟活動，更會主動的照顧離鄉外出的人。這種特色使得一貫道在第二階段呈現飛躍的成長。

　　第二，一貫道的末法時代救世理論，在它未來到之前，在臺灣就已經廣為人們所熟知。一貫道不是全新設計、與眾不同的教派，而是明清以來，以「無生老母」為信仰核心的「救世主」運動中，比較晚起的一支。在清代嘉慶、道光年間，就已經有它的先驅支派，如先天、金幢、

龍華等三派齋教，先後傳入臺灣。光緒年間又有性質相近，而來源不清楚的「鸞堂」，從福建泉州傳入。這些教派著書立說，使得「三期末劫」的救世理論早已傳遍臺灣。

第三，一貫道簡化了相關的儀式，並提出「先得後修」的理念，一反先驅支派強調「苦修難得」的理念。以先天派為例，一個信徒從入門到正式「得道」，大概需要花費 20 年以上的時間，不斷的苦功修持。一般人大多俗事纏身，很難做得到。一貫道則大開方便之門，強調在入門求道時，經過特定的儀式和點傳師的點化，就算已經「得道」。至於以後的果位則端看個人的修持。如此一來，頗得一般民眾的喜愛。而且，日常的禮拜禮儀也大為簡化。

這時期的臺灣，無論是在社會、政治、經濟等方面，都處於動盪不安、甚至可說是神經過敏的階段。執政當局對於任何民間集會結社都不敢掉以輕心。當一貫道信徒日漸增多，法會頻頻舉行之際，警察就會過來查看究竟。民眾一看到警察，就一哄而散。同時，信徒們也自認為是在辦「上天大事」，怎可讓世俗的警察來過問。於是一場又一場捉迷藏遊戲就一直玩下去。直到警備總部強力對付一貫道時，一貫道就不得不表示順從。這就是民國52年的解散聲明。第一階段的草創時期也就隨之結束。

一貫道在第二階段「發展時期」裡，傳道的對象從原先的鄉村地區轉移到都市地區，以工廠作業員、工廠老闆、和大專學生為主要傳道對象。結果使得一貫道的性質為之改變，成為「紳商宗教」。

臺灣從民國50年起，工業的發展逐漸超過農業。大規模的加工出口區陸續在西部各大都市周圍設立。農村的青壯勞力就不斷的被吸出去，造成農村人口不斷的向都市流動。鄉下的孩子在完成義務教育之後，往往就在親友或職業介紹掮客的引介下，進入陌生的工廠工作。他們內心的徬徨恐慌，家長的惦念掛慮，是可想而知的事。這時，一貫道各地的

佛堂就適時提供服務，使佛堂成爲離家遊子相互慰藉的場所。加工出口區各工廠的人事主管都知道，工廠的伙食必須要有三分之一的席次是準備素席，否則吃素的一貫道信徒就會離職。下鄉招募員工時，必須要明確表示，工廠備有素食，否則很可能會招不到足夠所需的作業員。

有些老闆也皈依了一貫道，以謙遜、眞情關懷的方式對待員工，共同開創事業。在這方面最有名的例子就是長榮海運公司。從一家只有六名員工的小公司，20年時間，發展成爲世界最大的貨櫃航運公司。臺灣六十萬家中小企業中，一貫道信徒所開設的企業不在少數（注54）。

開設企業公司，對於一貫道的內部法會和對國外的傳道事業都有莫大的幫助。在工廠內建禮堂，就可以員工訓練爲藉口，堂而皇之的開法會。以赴海外考察業務爲由，到海外設立據點和傳道。公司的營運收益就成爲支應道場開銷的主要來源。這種變化的確爲中國宗教史開創了「商教合一」的新模式。

一貫道原本是鄉下人的宗教，在民國55年以後，這種情形發生了重大的改變。在民國50、60年代，臺灣城鄉之間的教育水準差異相當大。中南部的學生能夠考上大學的人大都集中在排名較後的私立大學或專科學校，如逢甲學院、中原理工學院、實踐家政專科學校、銘傳商業專科學校等。這些私立大專院校學雜費昂貴，學生因遠離家庭又必需住校，或在學校附近租房子住，生活費也是很大的一筆費用。鄉下人家爲了支持子弟讀大學，往往要賣掉幾分田地。於是，節儉過日子就成了這些來自農村的學生共同的生活要求。參加一貫道，不但可以住在佛堂，生活上有個照應；而且大夥成立伙食團，輪流動手做素菜，可以節省下相當可觀的生活費用。這種情形最先是民國 57 年發生在臺中的逢甲學院。在第二年的暑假過後，這種學生素食伙食團向南傳到臺南的省立成功大

注54 宋光宇〈從一貫道談當前臺灣的一些宗教文化〉，《九州學刊》5:59-70,1987。

學，向北傳入中壢的中原理工，臺北的實踐家專、銘傳商專、文化學院。從民國61年到68年，是一貫道在各大專院校發展，紛紛設立伙食團的全盛時期。像發源地逢甲學院，在最盛的時候，伙食團有兩百多人參加，每餐席開20多桌。

商教並重的現象主要是發生在由何宗浩所領導的興毅組和呂樹根所領導的寶光建德組。學生伙食團則發生在由陳鴻珍所領導的法一組。其它各支線或多或少也都有大專學生和企業人士加入。這兩種現象都使一貫道的成員素質為之提升。舊有的只靠「扶乩」和「仙佛顯化」吸引信徒，以及講師只憑一個題目就可以講遍南北道場的現象，逐漸不能滿足知識程度日益提高的信徒們的實際需要。因而基礎、興毅、寶光、法一等組先後都發生了信心上的危機。「扶乩」、「顯化」這些宣示人神之間溝通的辦法遭到質疑，連帶的使多年辛苦經營起來的道場，在一夕之間化為烏有。

歷經了多次這種慘痛的教訓，這些支線的領導人痛定思痛，決定放棄扶乩，回歸傳統的三教經典。他們認為：聖哲仙佛俱往矣，所留給後世的是經典，唯有從經典中去尋，才能真正體認「聖人之心」，從而達到修道的最高境界。他們最常用的經典是《論語》、《大學》、《中庸》、《孟子》、《孝經》、《道德經》、《莊子》、《清靜經》、《心經》、《金剛經》、和《六祖壇經》。

這種改變大致在民國60年代末期陸續完成。當筆者在民國70年初開始接觸研究一貫道時，已經看到各大支線致力於研習四書，並嘗試舉辦「國學研習班」，藉以吸引有志研究四書及其它傳統國學的青年學生和社會人士。因此，我們以民國70年做為第二個階段的結束，和第三階段的開始。

一貫道在臺灣的第二階段是急速成長時期，也是個蛻變的時期。民國70年以後的第三階段，則是化暗為明，大展宏圖的時期。

　　民國60年代後期的臺灣在經濟上的成就光輝燦爛，舉世同欽。臺灣人不再是侷限在海角一隅，而是走到世界這個大舞臺上，逐漸扮演起有份量的角色。這種轉變使得每一個住在臺灣的人都面臨到一個「自我認同」的問題。「我」究竟是什麼？是要做假洋鬼子呢？還是要擡頭挺胸，做一個器宇非凡的中國人呢？這些問題使很多原本非常洋化的人幡然悔悟，毅然放棄熟悉的西洋玩意，投身到中華文化之中去找尋失落的自我。於是，有一股文化尋根運動在民國70年代初期在臺灣社會蓬勃的展開。

　　隨著臺灣在經濟上的飛躍成長，世界上的經濟學家和漢學家們重新肯定儒家思想對經濟發展的正面功能（注55）。這項肯定更助長了以振興傳統儒家文化爲主要旗幟的文化尋根運動。

　　但是，臺灣正規的學校教育在「唯科學主義」和民初以來「反宗教」、「以科學（或美育）取代宗教」的指導原則下，可說是完全漠視當時社會與文化上的實際需求。雖然在高中的國文課程有《論語》和《孟子》的選讀，可是在一貫道遭到取締的60年代，學生私下研習四書往往成爲學校處分參加一貫道學生的主要藉口。到了70年代，一貫道的國學研習班正好滿足社會大眾的實際需求。以法一組來說，在民國 76 年正式合法化之後，每年臺北地區各大專院校參加經典研習，完成九個月課程者，多達 6 千人。其它各組也都有長足的發展。

　　到了民國70年代，一貫道也已經是世界規模的大教派了，在美國、日本、東南亞、中南美洲、南非等地，都有他們的信徒和佛堂。不能再背負以前遭人誣衊所得的惡名，要求能夠正大光明的從事宣教活動的呼聲也就逐漸增加，終而有「正名運動」（又叫「合法化」）的產生。在興毅、寶光、基礎、和法一四大組的通力合作下，協助政府推行社會教育工作，在選舉時，與執政黨通力合作，盡力化解以前的隔閡和誤會，爭

---

注55　余英時，1987；侯家駒，1990；韓格理，1988。

取瞭解和同情。正名運動終於在民國76年1月得到成功。一貫道總會正式成立。總會成立了,但是還是有相當多的支線抱持觀望或排斥的態度。這跟以前所受到的壓迫有關。在受壓迫時期,為了維持信徒的信心,發展出一套說詞,強調「道」的尊貴性,不該受世俗法律的約束。這套說詞早已根深蒂固,一時之間,難以改變。

在第三階段,一貫道各支線先後都碰上世代交替的關鍵時刻。每當一位領導前人歸空,若是沒有立下良好的傳承制度,很可能發生「崩盤」現象。一貫道中規模最大的興毅組,在何宗浩、薛福三兩位領導前人相繼歸空之後,31個單位分裂成兩羣。有13單位加入了總會,另有18個單位把名號改成「興義」,形同獨立。這種現象對研究中國宗教史的人來說,正好說明為什麼明清以來民間教派層出不窮的實際原因。但是,對剛過世的領導前人來說,這個現象未免太冷酷無情,畢生心血,怎堪轉眼成空?於是「制度化」問題就成了這一階段一貫道各支線不敢面對,卻又不能不面對的難題。

四十五年來,一貫道的數十位領導前人各自因緣發展,形成各自的教團。各教團在組織結構上彼此不同,在實際上也相互競爭,終而發展成為當今臺灣最大的教派。它的成功為一向模糊不清的中國民間教派史提供了最好的實證材料,它的崩盤也為明清以降教派林立現象做了清楚的說明。可是,我們並不希望看到辛苦建立的道場毀於一旦。一貫道成立總會意味著它將跟天主教的羅馬教廷,基督教各大門派的世界總會一樣,立下大家都能遵守的組織規則。若能做到這個地步,則一貫道終將會成為唯一以中國為發源地的世界性教派。

## 六、佛教慈濟功德會

臺灣原本沒有正統的中國佛教。在清末,只有少數閩南的和尚到臺灣來主持廟務,談不上有什麼發展。在日據時代,「日本佛教會」是日本

殖民政府用來宰制臺灣各地寺廟的工具。直到光復以後，才開始有受過正規中國佛學院教育的和尚來到臺灣。

　　這四十年裡，佛教在臺灣的發展，除了少數大廟之外，一般佛寺都缺乏足夠的廟產，以致替施主「唸經懺、做功德」成爲賺取生活之所需和維持寺院的日常開銷的必要手段。一般人碰到親人過世也常用佛教的儀式來超渡亡靈，更助長「趕唸經懺」的風氣。不過也有一些僧尼對這種買賣式的唸經活動深深不以爲然，終而有各種改革舉動出現，爲今日臺灣佛教界帶來新的生命。

　　環顧這四十年臺灣佛教發展史，有三位大師特別值得一提。他們是印順法師、星雲法師、和證嚴法師。他們三位都主張自立更生，把佛教和現代社會結合，以期實現「人間佛教」的理想，扭轉一般人認爲佛教是「消極出世」的刻版印象。可是由於各人的學養不同，形成三個不同的典範。其中，印順法師是證嚴法師的師父。

　　印順法師可說是傳統的「儒僧」的典範。清光緒32年（1906）出生在浙江省海寧縣。出家之前曾當過八年小學老師。25歲在普陀山出家。次年，入廈門閩南佛學院研究。31歲把整部大藏經看過一遍。他私淑民國初年佛教領袖太虛大師，在民國38年至42年從中國大陸避居香港時，完成編輯《太虛大師全集》40冊。42年來臺灣，住在新竹青草湖畔的福嚴精舍，專研中國禪宗。民國62年，印順法師以他所著的《中國禪宗史》得到日本大正大學頒給的博士學位，遂成爲中國佛教界達此成就的第一人。印順法師一向不主張憑藉趕唸經懺來維持寺廟和僧尼的生活。因爲他認爲經懺儀式端賴眞心誠意，而不可以當作商品買賣，用來換取生活所需。他以學問和修養來贏得信衆的尊敬。他也爲臺灣的佛教界奠下知識的基礎。但是由於健康關係，印順法師很少在外活動。他的「人間佛教」的理想則是透過證嚴法師的慈濟功德會來實現。

　　星雲法師則是把佛教生活化，將「爲死人服務的宗教」轉變成「人間

的佛教」。他一改佛教的修持方式，從深山古刹中的苦修，轉變成滾滾紅塵中的樂修；在他的領導下，佛教不再是以自了漢爲滿足，而是以傳播喜樂、淨化社會爲職志。因此，他特別注重講經說法，而且注重講經說法時的氣氛；他的講經內容也不再是佛經的章句訓詁，而是採用淺顯的例證來闡釋佛教的眞諦。在另一方面，他又把原本耗費不貲的水陸道場等大型儀式普及化，在特定的時間爲前來登記的信衆做法事，信衆只要付出少數的金錢卽可參加以前只能夢想的儀式。他創建的佛光山寺20年來已成爲中外聞名的觀光勝地。不僅如此，他更出錢買電視臺的時段，開闢「星雲禪話」節目。這是民國50幾年時佛教界不能辦到的事。其他如青年、青少年佛學夏令營等活動，則是往下紮根的工作。星雲的成功爲傳統保守的佛教界開創出一條新路，帶動今天佛教在臺灣的蓬勃發展。

印順法師是活動力不強的儒僧；星雲法師則是交遊滿天下，是位蜚聲國際的佛教領袖。他們兩人都不容易用具體的數字來說明他們的成長；相反地，證嚴法師的慈濟功德會卻可以透過統計數字，來顯示佛教在這幾十年中的發展和變化。

證嚴法師是臺灣清水人，民國26年生。民國49年秋天她開始出家，先在臺東鹿野的一間日本神社改成的「王母廟」掛單修行；後來爲母親尋獲，但堅持不回去；年底轉到花蓮，因緣到秀林鄉的普明寺住下。後來普明寺成爲證嚴法師的根基地。民國52年，她北上想參加臺北臨濟寺的開壇傳戒，但是由於沒有師承而遭拒絕。她在失望之餘，到當時印順法師駐錫的慧日講堂購買《太虛大師全集》，剛好碰到印順法師，就央求收她做弟子，好讓她參加受戒。印順法師收容了她，並爲她起法名「證嚴」；就在報名截止前一小時辦好手續，使她成爲正式的尼師（注56）。

<hr>

注56 陳慧劍《證嚴法師的慈濟世界；花蓮慈濟功德會的緣起與成長》，1981，1990，臺北，佛教慈濟文化志業中心。

　　證嚴法師起初並不見容於地方人士，而被視之爲「妖魔」，只好離開花蓮秀林鄉的普明寺；直到民國53年秋天才再被請回去。這時她帶著幾位女弟子在殿後結伴修行。由於她們一不趕經懺，二不做法會，三不化緣，生活就相當清苦。她們完全靠自立更生──或是到毛衣工廠去拿原料來加工打毛衣；或是把水泥袋改裝成小型紙袋充當飼料袋；或是做小孩的布鞋等來維持生活（注57）。

　　民國54年，有一次證嚴法師到花蓮鳳林的一家私人診所，探視一位因胃出血而住院開刀的信徒，當她從病房出來，看到地上有一攤血，但沒看到人。經詢問旁邊的人，得到的答案竟是：「豐濱的山上有一個山胞婦女小產，由她的家人擡了八個小時，到這裡求醫，人已經昏迷了。醫生說，要8千元醫療費，才能爲她動手術。可是山地人的錢不夠，醫院又不肯免費，所以他們只好把病人又擡走了。」（注58）法師聽到人間竟然仍有如此冷酷的事，就決心要設法積錢來救人。

　　不久，又有三位天主教的修女要去拯救她這位迷途的羔羊。相談之下，大家的基本觀念頗爲接近。不過修女們認爲佛教對社會缺乏具體的表現，至少是花蓮的佛教界沒有具體的作爲。「如果不做，像鳳林醫院那個女人的悲劇，不知道還要有多少？」這個刺激促使證嚴法師開始著手進行捐募工作（注59）。

　　《證嚴法師的慈濟世界》一書中對「慈濟功德會」的源起，有相當詳細的記述。本來 55 年那年，證嚴法師想離開花蓮，去嘉義的妙雲蘭若。地方上的信徒不願意讓她走，由兩位老太太領頭，集合了30位信眾，聯名寫信挽留她。證嚴法師表示：如果能讓她做一些具體的社會事業，她就不離開花蓮。於是就把「救世工作」的初步構想提出來：「寺

---

注57　同上，p. 25-27。
注58　同上，p. 28。
注59　同上，p. 29。

裡有 6 個人，做嬰兒鞋，每人每天增產一雙，每雙可賣臺幣 4 元， 6 個
人可多賺24元，一個月多出720元，全年可多出臺幣 8640 元。有了這筆
錢，就可以拯救像鳳林那家醫院小產昏迷的山地女人一命了。」這個構
想得到30位信徒的一致支持。除此之外，法師又要那30位不讓她走的信
徒（都是家庭主婦們），每天到市場買菜之前，先省五角錢下來，投入
竹筒。如此，一個月可以省下450元，加上增產嬰兒鞋的每月720元，每個
月就可得1170元。這30位家庭主婦就成爲以後慈濟功德會的最早成員。

主婦們出門買菜前先丟五毛錢在竹筒裡的消息，很快的在花蓮各菜
市場傳開來。從民國55年 2 月19日起，在市場裡輾轉相傳，如火如茶，
參加的人愈來愈多。同年 3 月24日,正式成立「佛敎克難慈濟功德會」。
收集到的基金存入「功德會」的名下，與證嚴法師的生活費用分開。

證嚴法師原本不收任何出家弟子，也不接受在家人皈依。但是，功
德會成立後，有許多參加功德會的會員要求皈依；法師爲了功德會的因
緣只好破例，並訂下兩項規矩: 第一、凡皈依者必需要做慈濟功德會的
會員；第二、凡皈依者必需實際負起慈濟功德會的社會救濟工作，不可
徒托空言。如此一來，慈濟功德會有了組織核心，俗家弟子大爲增加，
在同一組織的參與感和榮譽感的驅策下,功德會的工作獲得大幅的成長。

民國56年秋天，法師的母親爲她買下4500坪土地，其中1500坪用來
起造「靜思精舍」。大殿只有 50 坪，其餘是辦公室和常住寮房。而今，
這座精舍成爲慈濟功德會的象徵。

同年 7 月，開辦《慈濟月刊》，這份刊物除了報導會務，刊載佛學
論文之外，最主要的篇幅是以「帳目徵信」爲主。到79年底，這份刊物
的發行量已達13萬份以上。同時也因帳目公開，使得慈濟功德會信譽卓
著。

民國68年，趁印順法師到花蓮來避暑，證嚴法師提出籌建「佛敎慈
濟綜合醫院」的構想。籌建醫院的基本理由是:

　　一、花蓮臺東一帶缺少一間完善的醫院。東部同胞一旦有重病，因當地醫療設備不夠，只有往臺北送。許多人因此而延誤時間，致使病情惡化，回天乏術。

　　二、一般人都要送到基督教醫院或省立醫院醫治，病癒出院後卻得不到妥善的休養。而功德會也只能救人於一時，不能救到底，因此佛教需要辦一間醫院來辦理全部的濟助作業。

　　三、為功德會本身，也需要有像醫院這樣的常設機構。將來醫院完成可以解決經濟枯竭的困境，不再需要外援。

　　這個消息得到印順法師的支持，披露在《慈濟月刊》後，立刻獲得廣大的回響。大學教授、政府官員、民意代表、商人、工人、家庭主婦都起而響應。民國75年8月17日，耗資8億元新臺幣的慈濟綜合醫院落成。由前臺大醫院院長杜詩綿出任院長，醫師多半也是來自臺大醫學院。再過兩年，慈濟護理專科學校落成，由前臺大醫學院院長楊思標出任校長，招收107位學生。

　　慈濟功德會經過25年（民國55年至80年）的歲月，以下的一些統計數字正可以說明它的成長情形：55年最初成立的時候，只有30個基本會員；77年時，有會員近30萬人，委員1300人 (注60)。到80年3月，有會員120萬人，委員3千多人 (注61)。每個月以6萬到7萬人的速度增加中 (注62)。臺北市有50萬人，臺中市有12萬人，臺南市有2萬2千人，高雄市有7萬人 (注63)。即連離島澎湖，如今在6萬人口中，就有1萬人是會員 (注64)。會員是採取開放式，任何人不分其宗教信仰為何，只

---

注60　證嚴法師《慈善與人生》，1988:27。
注61　證嚴法師《愛的詮釋》，1991:27。
注62　證嚴法師《七月原是吉祥月》，1990:22。
注63　證嚴法師《用慈施悲，用喜施捨》，1990:22,27,58。
注64　此條資料承史語所助理郭長城先生告知。郭先生是澎湖人，家中有人參加慈濟功德會，因此得知慈濟在澎湖的一般情形。

要肯發善心，都可以加入。委員則都是皈依佛門的女弟子。問她們是什麼信念支持她們如此投入，以及去勸說別人慷慨解囊，共襄盛舉？她們的回答是「勸大家一起來種福田。」

55年度善款的收入只有新臺幣28768元；78年度的善款收入高達新臺幣 3 億2200百餘萬元。二十三年來，累計總額達12億 4 千多萬元 <sup>(註65)</sup>。

以委員的家庭背景來說，根據《慈濟道侶》上的刊載，絕大多數是30多歲，受過中上教育，家境富裕的家庭主婦。她們的主要工作就是訪問貧苦家庭，作成報告，給予適當的濟助；輪班到慈濟醫院做義工，安慰及開導病人；收集各方善心人士的捐款。其中，更有97位選做「懿德媽媽」，教慈濟護專的第二屆學生如何為人處世（第一屆有 36 位懿德媽媽）。慈濟的委員完全是義務工作，與歐美所流行的義工制度，頗有異曲同工之妙。其所累積的正面價值，有賴我們繼續觀察。

通常我們都把佛教看成是「消極出世」的宗教。可是，慈濟功德會的例子讓我們看到佛教也可以積極入世的一面。證嚴法師自己就明白的表示過，她很欽佩創立馬偕醫院的基督教長老會的馬偕博士 <sup>(註66)</sup>。慈濟所表現的型態，其實就是把基督教長老教會的「醫療傳道」吸收過來，把「傳道」拿掉，加上一份真誠的關懷。次就她吸引信徒的方式而言，前述集腋成裘的過程，是一種打破社會既有的組織，而鼓勵全體社會共同參與這個社會救濟運動。這個特點不容我們等閒視之。

## 七、結　論

綜合以上所舉的四個實例，我們可以用下面這個座標來區隔這四個教派。甲項橫座標是教會本身對新文化因素的接納程度，乙項縱座標是與本土中華文化的調和程度。那麼，基督長老教會是最堅持自己的教

---

註65　陳慧劍《證嚴法師的慈濟世界》，1990：46。
註66　證嚴法師《愛心的真意》，1990：25。

義，並且希圖用他們的信念去批判甚至改革臺灣社會，對中華文化的認
同最差，是站在「非批判不可」的立場。其次是天主教。它對基本的教
義是緊守不放，但是在宣教的策略上，稍做調整，放鬆對「祭祖」的排
斥態度，也企圖借用儒家的經典來詮釋聖經。再其次是一貫道。它是本
土的產物，可是對一般常見的敲打唸唱經懺儀式不以爲然，主張全部丟
棄那些「迷信的東西」，改行簡單樸素的儀式；強調「天時緊急」，先得
救，再修道；而修道則是主張人人必需正己化人，實踐某些經過調整的
傳統道德，來挽回世道人心。最後，是慈濟功德會。它接納了一個全新
的文化因素──醫療傳道，配合上傳統的「種福田」的觀念，要求信徒
名盡所能從事社會救濟。同時在理論上，又能跟傳統的佛教理論有良好
的配合。

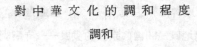

對中華文化的調和程度

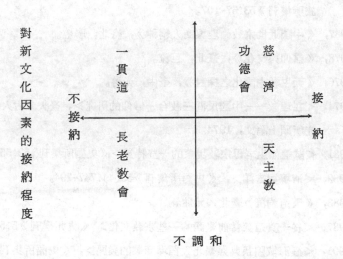

　　檢討這四個教派在臺灣這四十年的發展情形，已經可以回答另一個
更高一層次的問題：爲什麼佛教在臺灣可以很成功的現代化，而基督教
卻一直不能有良好的發展？無論佛教也好，一貫道也好，是從本土文化爲

出發點，或者改革固有的文化，使之現代化；或者接納一個新的文化，調和到自身原有的體系中，都不是一件困難的事，因此可以宏圖大展。反過來看天主教和長老教會，是立足於外來文化，來向中國社會挑戰。天主教想找出某些中華文化項目來加以利用，而長老教會則完全不理會中華文化，甚至激烈的批判中華文化。在這種情形下，這兩個教派在這四十年中走得步履蹣跚，是其來有自的。

## 參 考 書 目

一貫道總會　1988，《一貫道簡介》，臺北，一貫道總會。

王成章　1990＜從聖經看「教會」與「國家」＞，《臺灣神學論刊》12:3-16，臺灣神學院。

仇德哉　1981，《臺灣廟神傳》(三版)，斗六，信通書局。

余光弘　1982，＜臺灣地區民間信仰宗教的發展——寺廟調查資料之分析＞，《民族所集刊》53:67-107。

余英時　1987，《中國近世宗教倫理與商人精神》，臺北，聯經。

李亦園　1978，《信仰與文化》，臺北，巨流。

李善修　1976，《天主教中國化之探討》，臺中，光啓。

宋光宇　1974，＜在理教——中國民間三教合一信仰的研究＞，臺大考古人類學研究所碩士論文，1974。

　　　　1981，＜試論無生老母宗教現象的一些特質＞，《史語所集刊》52:559-590。

　　　　1982，＜清境與吉洋＞，《史語所集刊》53(4):747-794。

　　　　1983，《天道鉤沉》臺北，元祐。

　　　　1987，＜從一貫道談當前臺灣的一些宗教文化＞，《九州學刊》5:59-70。

　　　　1991，＜霞海城隍祭典與臺北大稻埕商業的發展＞，《史語所集刊》62，排印中。

林本炫　1990，《臺灣的政教衝突》，臺北，稻香。

林萬傳　1984，《先天大道系統研究》，臺南，靝巨書局。

周長耀　1969，《敎會中國化之我見》，臺中，光啓出版社。

郁永河　1959，《裨海紀遊》，1700，臺灣銀行臺灣研究叢刊第44種。

侯家駒　1990，〈臺灣經濟發展與儒家思想〉，《臺灣銀行季刊》41(2):19-38。

高明成　1979，〈臺灣基督長老敎會「人權宣言」的背景及神學意義之探討〉，臺
　　　　　　南神學院畢業論文。

高拱乾　1960，《臺灣府志》，1695，臺灣銀行臺灣研究叢刊第65種。

曹永和　1979，《臺灣早期歷史研究》，臺北，聯經。

陳培桂　1963，《淡水廳志》，1871，臺灣銀行臺灣研究叢刊第172種。

陳慧劍　1981，《證嚴法師的慈濟世界；花蓮慈濟功德會的緣起與成長》，臺北，
　　　　　　佛敎慈濟文化志業中心。1990年第三次修訂本。

詹明勝　1978，〈天主敎祭祖運動之探討〉，臺南神學院畢業論文。

董芳苑　1980，〈一貫道:一個最受非議的秘密宗敎〉，《臺灣神學論刊》2:85-131。
　　　　　　又收入氏著《臺灣民間信仰之認識》,1983:229-290,臺北，永望。

　　　　1986，〈臺灣新興宗敎概觀〉，《認識臺灣民間信仰》，p. 319-344，臺
　　　　　　北，長靑。

　　　　1988，〈臺灣基督長老敎會之認識〉，《臺灣神學院敎牧研習會手册》，
　　　　　　臺灣神學院敎務處。

劉枝萬　1960，〈臺灣省寺廟敎堂名稱主神地址調查表〉，《臺灣文獻》11(2):
　　　　　　37-236。

鍾子時　1963，《基督敎臺灣宣敎百週年紀念敎會倍加運動》，臺灣基督長老敎會
　　　　　　總會宣敎處印行。

臺北市政府民政局　1985，《臺北市寺廟概覽》。

臺灣基督長老敎會總會歷史委員會　1965，《臺灣基督長老敎會百年史》，臺灣基
　　　　　　督長老敎會。

臺灣基督長老敎會年鑑編輯小組　1985，《臺灣基督長老敎會設敎一百二十週年年
　　　　　　鑑》，臺灣基督長老敎會總會。

臺灣省文獻會　1971，《臺灣省通志》。

瞿海源　1981，〈臺灣地區天主敎發展趨勢之研究〉，《民族所集刊》51:129-154。

1982，〈三十年來我國基督教發展趨勢的初步探討〉，《中國社會學刊》6:15-28。

1984，〈我國宗教變遷的社會學分析〉，《我國社會的變遷與發展》 p. 357-395。

1988，〈臺灣地區民衆的宗教信仰與宗教態度〉，《變遷中的臺灣社會》239-276。臺北，中研院民族所。

1989，《民間信仰與經濟發展研究報告》，臺灣省民政廳委託研究。

證嚴法師　1988，《慈善與人生》，佛教慈濟基金會。

1990a，《慈濟精神淨化人心》，佛教慈濟基金會。

1990b，《快樂的慈濟人》，佛教慈濟基金會。

1990c，《愛心的眞意》，佛教慈濟基金會。

1990d，《用慈施悲，用喜施捨》，佛教慈濟基金會。

1990e，《七月原是吉祥月》，佛教慈濟文化志業中心。

1991，《愛的詮釋》，行政院勞工委員會。

韓格理（Hamilton, Gary G.）著　張維安、陳介玄、翟本瑞譯 1990《中國社會與經濟》，臺北，聯經。

Skinner, G. William ed., *The City in Late Imperial China*, Stanford University Press, 1977.

Swanson, Allen J., *The Church in Taiwan: Profile 1980*, South Pasadena, CA: William Carey Library, 1981.

# 清代土牛界外的土地開墾

## ——以東勢為例

溫　振　華

## 一、前　言

　　土地開墾是臺灣史研究的重要課題，涉及土地所有權、租佃關係、開墾組織、族羣衝突、人口流動等等諸多問題。在研究上，有兩種不同的研究取向，一類重專題，一類重區域整體的發展。

　　專題取向的研究，著眼點常以全臺為範圍，忽略區域間的差異。區域取向的研究，把問題落實到小空間裏，一方面可以較清楚的觀察變的歷程，一方面也較容易呈現其特性。兩種方法交叉運用，可收相輔相成之效。

　　區域研究的範圍如何取捨，很難開始就有週到的設計，從研究中不斷的調整，可能是不可避免的。本人在探討大甲溪流域的開墾時，曾以地理形勢劃為數個較小的地區，結果發現其間的一些差異性。本文的研究，就是在這個背景下開始的，縮小空間，僅以東勢為範圍。

　　東勢位在大甲溪以北，屬縱谷地形，包括埤頭山、石圍牆、石壁坑、校栗埔、東勢角（匠寮、上辛、下辛）、小中嵙、大中嵙、石角、雞油埔（頭社、二社、尾社、新伯公、上城、下城）、大茅埔等小聚落

　　＊　本文係國科會計劃「東勢地區社會經濟變遷研究（1683～1895）」（編號：NSC-79-0301-11003-17）成果的一部份。對於國科的補助，謹致最深的謝忱。

區。乾隆26年（1761）築土牛溝後，界內、界外又一次更動。石岡土牛溝有石碑遺留，東勢則了無痕跡，不過從後來的田契觀察，大甲溪北岸的東勢，其界內、外的劃分，應以砂連溪為天然界線（注1）。除該溪以西的埤頭山、石圍牆外，東勢其餘地區皆屬界外。

土地的開墾涉及的問題很多，本文係透過田野調查蒐集、《清代臺灣大租調查書》、以及《岸裡大社文書》等較原始的史料，期望對東勢界外開墾，作一敍述性的探討。

## 二、乾隆三、四十年代軍工採料與私墾

東勢界外最初的開墾，與軍工匠伐木採料有密切的關係。乾隆32年（1767）時，東勢一帶尚非採料區。因此嚴禁匠人假藉軍工名色，深入東勢角界外山場盜製私料，以下是彰化知縣之禁令：

> 特調福建臺灣府彰化縣正堂加五級紀錄十一次記大功一次韓誤為嚴禁越界盜製私料，玩誤軍工事。照得軍工寮匠，原為專辦憲廠需用各料，不許盜製營私，深越界外滋事。茲查岸社舊社、樸仔離一切小匠，膽藉軍工名色，深入在東勢角界外山場，盜製私料，戕壞樟木，並不實力應辦官料。業經查莩，玩縱不法之匠首，嚴行責懲，並莩各奸匠查究外，誠恐匠夥慸不畏死，仍前潛越私製，合行嚴切曉諭。為此示仰該地鄉保、通士、匠民人等知悉。嗣後一切寮匠，務須守法，勤謹辦公，在於原辦公場製辦軍料。倘再藉混越入東勢地方，濫冒私製，該通士、社差、料差等立即

---

注1　根據乾隆53年議定之屯制，要將界外丈溢之已墾田園、未墾埔地歸為屯田與養贍田。東勢校栗埔屬屯田，而其北之石圍牆係屬翁仔社所管額之地，屬界內。因此兩地分界的砂連河，應該就是界內與界外自然界線。根據最近發現藏於中研院傅斯年圖書館之「清乾隆中葉臺灣番界圖」觀察，有關此地部份，地理位置並不正確，無法比對。該圖有施添福之年代考證，可參閱《臺灣史田野研究通訊》，第19期，頁 46-50。

等解赴縣以憑盡法嚴處，如敢容忍滋事，察出並行重究不貸。凜

遵毋忽特示

乾隆三十二年五月廿六日

　　　　　　　　　　　　　發岸裡社掛諭（注2）

　　根據此彰化知縣諭令得知，乾隆32年時，匠人尙不得進入東勢角採料。其時大甲溪兩岸之軍工匠寮，一在今后里鄉之麻薯舊社，一在今新社鄉之水底寮（注3）。

　　乾隆35年（1770）7月，匠首鄭成鳳與小匠，共八、九十人進入東勢角築造草寮三十餘間，採取軍料，岸裡社總通事也奉命撥社民20名日夜護衞（注4）。乾隆38年（1773）縣衙班頭楊鳳的稟文，對其時東勢角一帶景象有詳細的描述，可謂爲東勢開發史上珍貴的資料：

　　細查東勢角匠寮，約有數十里往返，計有四、五日路程。其路途
　　甚然難行。其寮房共壹佰陸拾貳間，內有大牛欄七個。前後左右
　　埔地，現有開墾犂分十餘張，悉皆栽種薯芋、苴谷等項。而該處
　　料場四面盡屬生番之區。若溪水乾淺，則生番易於出沒，所賴者
　　善於設法安撫，方得安靜。近有張、陳二姓奸民深入界外，私製
　　界外，慘遭生番殘殺，致匠人驚懼，奔出匠寮，遲誤軍工料件。
　　揆厥由來，實因通事阿打歪希，愚眛不能安撫，匠首不能防守所
　　致，並非另有釁端。茲潘士萬備辦布匹物件，囑令朴仔離土目該
　　旦馬斯來，傳喚內山歸化獅頭等社土目由把士等前去設法分給，

---

注2　〈臺灣中部地方文獻資料（一）〉，《臺灣文獻》，34卷1期，頁101。
注3　《岸裡大社文書》，No. 955，〈乾隆34年（立）彰化縣主案簿〉，頁
　　　92，乾隆35年10月22日稟文。
注4　同前注引書，頁55，乾隆35年5月6日稟文。

安撫未及歸化的生番（注5）。

簡言之，隨著東勢角軍工料件的採取，界外日益複雜。岸裡社總通事須負責撥調社民護匠，一方面又要負責透過歸化的泰雅族獅頭等社土目去安撫未歸化者。此外匠人人數頗多，不僅寮房有162間，若一間以5人計算，則有800多人。又有牛欄顯然與開墾有關，已開墾者有十餘張，當在50甲以上。

乾隆43年（1778）12月岸社通事的稟文，對東勢角匠人與民人私入界外活動的關係有更詳實的描述：

> 具稟臺下岸裡社通事潘輝光，為藉匠私設渡船害民稟明急除事。切朴籬東北一帶俱係深山密菁，生番出沒之區。至於東勢角設匠寮一所，為眾匠聚居製料，中隔大溪一條，是以設立渡船一隻，以通往來。小匠勾引奸民入山私墾、抽藤、吊鹿，築窯燒炭，皆藉名匠聲勢得過渡。一經盤結即稱小匠，無人敢犯其威，一遇生番出沒殘害，即藉稱小匠移屍，嚇騙社番（注6）。

稟文中清楚的指出，一般人藉匠人之名出入界外私墾抽藤吊鹿的事實。由此，可知軍工採料與土地私墾密切之關係。

界外是禁墾之地，匠人可以合法進入，透過與匠人的交結，而從事私墾、採藤吊鹿的必不少。官方對這種情形一再禁止，以下是道臺之查緝令：

> 本道憲蔣為務查等究事，照得臺灣淡、彰二屬乃極北之區，往有

---

注5　同前注引書，頁123-124，乾隆38年5月10日楊鳳班頭稟文。
注6　同前注引書，頁173，乾隆43年12月稟文。

奸民，串同匠夥擅膜番地私墾田園。甚之侵越界外抽吊藤鹿，聚集人眾，靡所不為。該處差、保、業、管、通、土，坐視分肥，匿不稟報文陞。此種違例罔法，斷難寬恕，合行查等。……乾隆三十五年五月二十六日（《岸裡大社文書》No. 954）

對朴仔籬社而言，軍工料的採集，使社民面臨更大的威脅與紛擾。從乾隆44年岸裡社總通事潘輝光向理番分府請稟中，即可窺察其不安的程度：

緣東勢角地方逼近內山，生番出沒無常。自開軍工以來，採料撥番護衛，或遇殘殺，往往移屍棄社寮，嚇收埋銀兩，稍拂其欲，控告紛紛。使在社寮辦事不能，眾番立社不安。採料長年不息，護衛終歲無休，欲耕不能，欲種不得。茲本月十六日散匠蘇慶等入山採料，遵即撥番同往護衛，誰意突出生番，匠人蘇慶被殺，並護衛之番阿打歪沙甲亦被殺，目今眾番嘵嘵，均稱不從護衛，輒加抗撥之咎。茲遵護衛，且遭慘殺之殃，番之進退，實為狼狽。淚思番愚頑，歸化與民一體，百般呼喚，黎累慘何辜，合情稟乞憲天大老爺臺前，限一月之中採料護衛或限十日，或限本月何日入山何日止。憲恩一示，永為章程。庶番有暇耕之際，匠有採辦之期。切稟
理番史
（乾隆）四十四年五月十九日入
蒙批准給示（注7）。

---

注7　《岸裡社文書》No. 57，＜乾隆四十二年繼立理番分府案簿＞，頁113，乾隆44年5月19日稟文。

簡言之，東勢角在乾隆35年後，由匠寮設立，產生了連鎖關係。首先樹木的砍伐，利於土地的開墾，越界私墾的漸多。匠首的允准，匠人的交結，私墾者才得以從事墾闢。另一方面，爲保護匠人的安全，朴仔籬社撥派社民保衞，該社的社民也進入界外區。有的社民墾荒闢地，而漢民被泰雅族殺害，常藉該社保護不力，乃有擡屍社寮之事，時有糾紛。

## 三、乾隆四十九年的請墾與爭議

東勢角的開墾，根據伊能嘉矩的說法，係在乾隆40年（1775）劉啓東等率曾安榮、何福興、巫良基等從事開墾的[注8]。何、曾等與東勢角早期開墾有關，但劉啓東（字文進，號啓成），生於乾隆36年（1771）[注9]，年僅四歲，何能領導開墾，顯然有誤。此外，何福興等申請開墾，在乾隆49年（1784），而非乾隆40年。

乾隆49年曾安榮等承墾以前，約在乾隆43年（1778）已有人圖謀開墾，而受理番分府派差密查：

> 理番差陳鴻稟，爲稟明電奪事。鴻等蒙硃單飭拏奸民江清宛、江象三、張鳳華串番潘士萬，私墾東勢角楓樹林等處禁地等因。鴻奉單細查得：諸邑江清宛先經往塈來回，同江象三之堂弟江大川、張鳳華，果有向番潘士萬議墾禁地東勢角楓樹林等處，但商議未定，現在未有墾動一鋤。可否仰邀憲單暫銷單，俯俟開墾實據日，另行拏究，是否允協理，合粘連原蒙硃單稟覆，伏乞
> 大老爺批示抵遵沾感上叩
> 四月十五日

注8　伊能嘉矩，《大日本地名辭書・續篇》，第三，＜臺灣＞，頁66。
注9　《劉元龍公派下家譜》，第15世劉文進，抄本，無頁次。

　　　　理番批: 票銷再加訪查, 密稟候奪（注10）。

　　從稟文看, 禁地開墾涉及岸裡社第一代通事潘敦仔之子潘士萬與岸裡社第一任通事張達京（任期乾隆23年11月至乾隆36年 4 月）之子張鳳華之合作。顯然界外地之開墾, 若與通事無交結, 實難進行。

　　乾隆49年, 是東勢角墾史上最重要的一年。這年臬憲楊、鎮憲柴, 會示臺屬界外埔地准給漢人承墾陞科。何福興等遂透過岸裡社總通事潘明慈、朴仔籬社副通事潘光慈, 以東勢角、水底寮等處堪墾田園, 赴縣呈報准墾（注11）, 招佃首何福興與張達京之子張顯宗開墾, 原議除陞科供課外, 墾成田園後按年納番租七百石, 又供屋鰲等十三社生番口糧。後張顯宗無力乃退墾, 何福興復與曾安榮、巫良基合夥鳩資, 開水圳, 墾田園（注12）。何福興等, 遂控制東勢角之開墾, 危及岸裡社權益, 引起不滿, 岸裡社通事、土目, 具名稟官禁止開墾:

　　　具票轅下岸裡社通事潘明慈、土目郡乃那烏等為冒請墾闢沖要禁
　　　地, 恩乞停止事。荷蒙督憲奏辦清丈, 臺灣界外已未墾田園荒埔
　　　條款, 開列委員查勘如何墾耕之地勘丈報陞。如係險要生番出沒
　　　之區, 不論已墾未墾, 乃隨時禁止等因。茲有朴仔籬東勢角一撮
　　　埔地, 乃生番出沒路頭最險地方, 漢人從不敢到地私墾, 係朴籬
　　　社番在地護衛軍工小匠製料, 就處墾耕多少, 栽種地瓜充飢云。
　　　向有何福興藉稱署內何師爺赴爺臺以及縣主衙門, 將朴仔籬東勢
　　　角最險禁地呈報墾闢, 在外招佃墾耕, 似屬招徠, 誠恐生番出沒

---

注10　《岸裡大社文書》, No. 957, ＜乾隆42年繼立理番分府案簿＞, 頁33,
　　　乾隆43年 4 月15日理番差陳鴻稟。
注11　＜臺灣中部地方文獻資料（四）＞,「東勢土地開墾記錄」,《臺灣文
　　　獻》, 第34卷 4 期, 頁106-107。
注12　《岸裡大社文書》, No. 958, ＜乾隆45年立理番案簿＞, 頁136-137,
　　　乾隆54年 1 月25日彰化縣獅子等社總土目稟文。

殘害，咎將歸誰，合將地方要害情形預稟，伏乞大老爺電察沖要
禁地，恩乞禁止。地方幸甚，閤社均沾戴德切叩
(乾隆)四十九年八月十二日入稟
理憲唐批：何福興等未給示准墾。該處果否近生番，不日親臨丈
勘候勘明定奪(注13)。

可能在內部不滿，及何福興大肆招佃拓墾之下，岸裡社通事潘明慈乃藉
機，利用督憲奏辦清丈界外田園荒埔，禁止何福興開墾。雖然理番分府
指未給示何福興准墾，但應已得官方允准的。何福興的開墾，已侵犯當
地守隘社民。土地開墾也加重通事維持治安之責。因此，隔了兩個月
半，又有岸裡社副通事、土目再稟官禁止侵墾：

具稟臺下岸裡社副通事茅格馬下六，土目潘孝貴、啓萬等為侵墾
番轄險地，稟乞究逐以靖地方事。合社戴德切稟
(乾隆)四十九年十月二十八日入(注14)

上述的呈稟禁止侵墾，主要是在利權喪失之危機下，有計畫的行動。透
過不同身份的人具稟，凸顯問題的嚴重。十個月後，岸裡社通事又再稟
呈理番分憲，禁止私墾：

具稟轄下岸裡社通事潘明慈為籲禁統奸越墾，乞　憲嚴拘究逐事。
禍緣何福興等招奸侵墾東勢角界外禁地，經慈於年四月內以違禁
越界侵墾等事，赴轄稟究蒙批准押逐在案。詎何福興等不遵憲

---

注13　同前注引書，<乾隆45年立理番案簿>，頁 68-69，乾隆49年 8 月12日
　　　岸裡社通事潘明慈等稟文。
注14　同前注引書，<乾隆45年立理番案簿>，頁 80-81，乾隆49年10月28日
　　　岸裡社副通事稟文。

禁，膽敢統奸民徐登連、何全仕、邱月嵩、徐顯清、劉泰生、鄭崑山、楊紹恭、謝仕族等搭蓋房屋盤踞該處，侵墾界外禁地。似此違禁越墾，若不急叩，嚴拘究逐，將來復被生番殘害。……據實稟叩大老爺電察准嚴拘奸民到案，究逐押拆房屋，禁止私墾以靖地方以免貽累。合社頂祝切稟

(乾隆) 五十年八月　日赴

理番大老長 (注15)

由此岸裡社通事之呈稟觀察，何福興等經官批准究逐，並稟請將其他佃戶點名究逐。沒有批文，不知結局如何。無疑何、曾等受到的壓力愈來愈大。乾隆51年 (1786) 5月23日，又有朴仔籬社土目稟官控告何福興等侵占社業：

具稟轄下朴仔籬土月郡乃那烏、該旦后究、斗肉士馬下六、馬下六都把里……等為墾綱，伏乞憲斷還以保番黎事。切番黎均屬赤子，撫恤須同一例。禍緣何福興等承墾東勢角埔地，經蒙憲示大中柯、石角柯劃歸番自墾免陞，餘埔歸墾戶承墾報陞等因。切令煌煌，誰敢不遵，詎何福興等欺番愚弱，膽將那烏等番社前後墾成番業墾行綱佔，私囑通事潘明慈、副通事郡乃、地主潘兆敏等壓番定界，致各社番黎待哺無依，嘵嘵不願。伏思番業免陞，皇仁憲恩，尚有撫恤之典，況那烏番社前後埔田已墾成業，以資隘番口糧，詎容勢豪藉墾綱佔。……

理番分府張　批候附案併勘奪 (注16)

注15　同前注引書，〈乾隆45年立理番案簿〉，頁97，乾隆50年8月岸裡社通事潘明慈稟文。

注16　同前注引書，〈乾隆45年立理番案簿〉，頁 108，乾隆51年5月23日朴籬土目等稟文。

朴仔籬社社民，在東勢角之東守隘開墾。何福興承墾東勢角時，該社有蒙官府允准在大中柯(或作科、斜、窠)、石角柯自墾免隘之地。由於墾地相近，紛爭逐起。其中岸裡社通事潘明慈被指，受何福興之囑，而有壓番定界之事是否屬實，不得而知。不過朴仔籬社、岸裡社、漢民間，關係益趨複雜。

岸裡社通事、副通事，以及朴仔籬社土目的指控，使得何福興等面臨危機。乾隆51年 (1786) 林爽文抗清事件，曾安榮等利用這個時機，加強與官方的關係。他們率獅子、屋鰲等社社民，助官軍入山圍堵叛民，截殺頗多，並帶土目入京覲見皇帝 (注17)。不料，乾隆53年(1788)福安康平定亂事，「籌辦善後事宜，具奏：臺灣熟番向化日久，隨軍打仗，出力有功，倣照四川屯練之例，挑募番丁四千名，南北二路，分爲十二屯……將內山界外丈溢田園，歸屯納租，由地方官徵收」 (注18)。由於乾隆 49 年 (1784) 何福興等呈請陞科管業的僅有 27 甲田園 (注19)，以後續墾的皆未報陞，如此則須歸屯納租，損失不貲。因此，以東勢角原來主人獅子等社之名稟官，反對東勢角田園埔地劃歸熟番屯丁：

　　具呈彰化縣獅子等社總土目也橫呱丹、土目歪木理、白番叭亦士呱丹為墾恩准照索冊報陞給歸原墾養生有資事。乾隆三十一年，岸裡社前通事敦仔招丹等一十三社番衆歸化，撥界外土牛角埔地，付岸通事敦仔招佃墾耕。年除輸鹿皮、小米貢餉外，餘租按給丹等番食口糧，歷經數載無異。現收餉，係丹等屋敎社名。罔料敦已死，被朴仔籬社番佔吞肥己。丹雖有向化之心，奈無養生之資，

---

注17　同注11、注12。
注18　周璽，《彰化縣志》，〈兵防志〉，國防研究院版，頁218。
注19　同注11文，頁107–108。

不得已而仍居山內。　四十九年岸社通事潘明慈等奉憲首報東勢角、水底寮等處埔地堪墾田園，招漢人何福興同前通事張達京之子張顯宗承墾，立社寮，招丁安撫。丹等一十三社番衆議定：除陞科供課外，年納丹等口糧谷石。後張顯宗無力，具呈退墾。幸何福興始終如一，復與曾安榮、亞良基合夥措費，鳩工鑿成水圳，招募漢人墾成田園。前縣主劉同前憲台唐合勘，又蒙大憲覆勘剡詳道鎮府縣各在案。曾安榮等現給丹等口糧，出入無虞。五十一年冬逆賊倡亂，安榮等、社丁黃元、劉立、張士帶領丹等協同義民往山堵禦。後逆賊逃竄內山，丹等奮勇截殺，賊死三千餘。海公爺到地目擊，蒙賞丹等銀牌，蒙公中堂賞銀牌布疋鹽煙豬酒等物，又蒙送社土目骨鳥等進京。丹等幸喜得為聖朝螻蟻，無不踴躍守內深隘，毋許宵小潛越以謚地方。茲蒙憲駕臨，勘丹等東勢角等處田園，欲課屯丁，則丹等一十三社寸土無存，養生無地。淚思丹等自歸化以來，幾遇賊匪擾攘，俱各奮力堵禦，把截山隘，即三十三年黃逆，五十二年林逆，二次均有效力剿捕，是無充屯，比屯一體，悉尊功令驅使。若東勢角田園埔地，歸界內熟番屯丁，虧丹等一十三社男婦老幼盈萬螻蟻勢必絕食，仍歸化外之慘。搖尾乞憐，恩將東勢角田園埔地仍歸丹等墾戶曾安榮等報陞，上供國帑，下裕番食，以免絕糧之慘。合亟籲墾，伏乞大老爺俯念歸化均屬赤子，恩准照冊報陞科，俾丹等養生有資，求戴甘棠。切叩。

五十四年正月廿五日入（此係何頭家付生番所入呈稿）　（注20）

　　上面稟文，一方面強調何福興、曾安榮之功；另方面以獅子等十三

---

注20　同注12引文。

社向義殺敵，保衞鄉土，雖無屯丁之名，實同屯丁。故無須將地歸於屯丁，若此則十三社將無生路。遂呼籲仍由墾戶曾安榮等報陞，供給口糧。

對於何福興等藉名稟官的舉動，引起反對者藉屋鰲、獅子等社其他土番目之名反彈：

> 具稟屋鰲、獅子等社恩賜袍頂番目華篤哇哨……等，為仰沐歸化乞邱安插耕養事。切華等社番，先世原與朴社鄰居東勢角、罩攔埔等處，地方被漢人層越佔闢，逼移內山棲穴居，若處草昧之天。因逆奧倡亂，華等就義，隨軍剿匪，蒙錄徵績，送京覲觀天顏，恩加優渥，深感淪淡。今歸，來社宣著，羣番咸感歡欣，悉願投出（？）居原處。慘兮！東勢角除朴社分種埔地外，華等舊發埔地，近年為漢人何福興之子何統妹等逼佔招佃墾。距冒僉內山等社番名背呈招墾等語，希為佔符。蒙憲詣勘冊名案，據若不稟請究逐照舊歸還，社番何得知禮識義。……乞大老爺思邱，嚴飭究逐，詳請歸管，俾得同耕同養……

（乾隆）五十四年五月二十一日入 [注21]

這項反彈，指何福興逼佔屋鰲等社埔地，招佃開墾，稟請究逐，歸還埔地。

對於上述的爭議，理番分府必也難以處理，遂也想徵詢岸裡社總通事潘明慈等的意見。慈等具稟，以爲「民番贍養，氣同一體，豈不思其食土：兹欲以設法安撫，應請憲恩就東勢角民耕埔地墾免歸屯，給爲生

注21　《岸裡大社文書》，〈乾隆45年立理番案簿〉，頁 140，乾隆54年 5 月21日屋鰲、獅子等社恩賜袍頂番目等稟文。

番口糧」。（注22）對於上述潘明慈的一些作為，令人困惑。他既是受何福
興等之託而向官請墾，又具稟禁墾，又主張民耕墾地免歸屯。此問題，
有待來日再探究。

　　何福興在奉到奏定章程，指乾隆 49 年原報外，其續墾丈溢田園及
未墾埔地均給屯丁耕種。隨赴巡撫衙門呈請將東勢角墾成田園給令陞科
管業。後經議決東勢角丈明之民耕田園共 278.433724 甲，內除原報田園
27.68464 甲給墾戶何福興等陞科管業外，其餘丈溢田園250.74984甲，
係屬乾隆49年清查後續墾之地，並未呈報陞科，故歸屯應徵租谷3300餘
石，以何福興為佃首經理，年給辛勞谷60石。至於續墾的番耕田園及小
地名大中柯、石角柯原報丈溢番耕田，因係社民自行耕種，例免陞科歸
屯，仍給其耕種，供給泰雅族屋鰲等部落社民出入飯食等項，因何福興
名下丈溢田園已歸屯，乃由前述番耕田供給。 同時查出東勢角有荒埔
13.184甲，雞油埔有94.528甲，以及水底寮597.7456甲，皆撥給屯丁為
養贍埔耕種。此外丈溢的土牛角田園，定則徵租充餉（注23）。因此乾隆
末，東勢地區的土地歸屬，大致底定。

　　以上係東勢角開墾所引起的爭議，以及後來官方決定歸屬之過程。
乾隆49年何福興等陞科的27甲土地，其主要範圍應在匠寮的附近，以及
上辛與下辛一帶。以下的一些契字，提供很好的證據：

　　　　立招墾單戶曾安榮、亞良基、何福興，今有東勢角應墾田園，奉
　　　　憲詳咨，准給榮等陞科，議每年每甲佃人承耕，供納業戶大租粟
　　　　八石，照配運車工銀三錢六分，均限早季運至倉下交收。茲仙
　　　　師爺祀內江佛佐、郭開建，前來認墾匠寮南片田三分二釐七毛六

注22　同前注引書，＜乾隆45年立理番案簿＞，頁 156，乾隆54年10月19日岸
　　　裡社總通事潘明慈稟。
注23　同注11，「東勢角開墾記錄」，頁108。

絲，四至載冊分明。自給之後，任從墾耕，永遠管業；倘日後別
創另退，須問明業主，頂退字蓋戳，方許承墾。今欲有憑，立墾
單付照。

乾隆五十年正月　日立

墾戶□□□（注24）

這是目前東勢角所知最早的墾單。由於在界外地，單內特別載明「奉憲
詳咨，准給榮等陞科」。佃戶每年每甲納大租粟 8 石，並貼車工錢，別創
退墾須經業主蓋戳，承頂方為有效。這與一般漢人請墾區的情形一樣。
值得注意的是，認墾人與仙師爺神明會有關，透露目前全臺最大的魯班
祭祀中心，在乾隆50年（1785）已存在（注25）。匠人在界外地採伐，亦
需神明庇佑，信仰與匠人生活之密切於此可見。

　　何福興等墾戶所給的招墾單字，內容大同小異，茲再舉一例，以供
比較：

立招墾單業主何福興、曾安榮等，今有東勢角田園，奉憲詳咨，
准給興等開墾陞科，言定佃人承耕，每年每甲供納業戶大租谷捌
石外，貼配運車工銀參錢，均限早季運至倉下交收。茲佃邱禮千
前來承領科田壹甲，坐落土名在東勢角匠寮背未遠坎下，四至載
冊分明。自給之後，任從禮千自備工本墾成水田，永為世守耕
業。倘後別退，當問明係誠實之人，通知業主，將退字蓋戳方許
承頂。今欲有憑，立招墾單付照。

乾隆伍拾陸年伍月　日給

<hr>

注24　《清代臺灣大租調查書》，第一冊，頁81。
注25　顯然魯班崇拜，與乾隆 35 年以後匠人至東勢角採料後，危機增加有
　　　關。

（戳印：彰縣堂正給東勢角、水底寮等處墾戶

何福興、曾安榮等戳記）（註26）

招墾單內容，除車工錢不同，其餘皆相同。值得注意的是，有「彰縣正堂劉給東勢角水底寮等處墾戶何福興曾安榮巫良基等戳記」，說明何等曾請墾東勢角、水底寮等地。次年匠寮附近的招墾單業主僅爲何福興，戳印也改爲「東勢角業戶何福興圖記」（註27）。是否因爲確定丈溢田園歸屯後，原有的東勢角、水底寮等處墾戶之戳印因而無效，三人以自己之名分地掌管。下面的契字或可作爲證明：

立撥開各執屋地契人，上年陳汝葉、鄭紹泮合衆承有邱禮萬自開水田壹處，坐落土名東勢角匠寮南片，界址前契載紙分明。在于乾隆陸拾乙卯年捌月內，共拾大分人等湊成銀兩捌拾大員正，買來屋地數間，原係邱禮萬之業，卽日交訖之時，當衆頭家、匠首、中人在場將此基地原帶巫宅大租粟四石捌斗正，另貼車工銀壹錢捌分正。……

嘉慶貳年閏陸月　日立撥開各執屋契字人陳汝葉　鄭紹泮（註28）

從本契字看，陳汝葉等買的屋地，帶有巫宅大租粟，此巫宅應屬巫良基後人，或可證明何、曾、巫三人在匠寮附近各有管業。咸豐8年12月朱成福購買劉雪梅水田契字，亦可證明以上之推論：

註26　《邱禮丁家族古文書》，本人藏影印本，<乾隆五十六年五月・立招開墾單業主何福興、曾安榮等>
註27　《邱禮千家族古文書》，本人藏影印本，<乾隆五十七年四月・業主何福興招墾單>。
註28　<嘉慶二年閏六月・立撥開各執屋契字>，王行恭購藏。

立轉遞水田湊成完就字人劉雪梅，今有自己承買劉子盛科屯水田三處，坐土匠寮莊南片角，其四至界址老約載明。原帶大陂圳水通流灌溉，又帶納張家遞年墾租粟六石，又帶納巫良基科租穀五石一斗二升，又帶納屯租穀三石。情因要銀別創，無可措辦，願將此三處水田轉遞於朱成福妻舅湊成全業。當日言定，成福舅照依原契辦出價銀四十八員，又穀一百六十石，交梅親收足訖；梅即將三處水田沿界帶踏，概行交於成福舅前去管耕出贌，永遠收租為業。保此業委係梅自己承買之業，與房親人等並無干涉，亦無重張典掛他人，並債貸短折等情。此係至親相交，情願歸就，日後子孫親人等不得言增言贖，以及找洗等情；倘有上手來歷不明，不關成福舅之事，係梅一力抵擋理清。口恐難憑，立轉遞歸就字一紙，並承買劉子盛契約一紙，又付上手老約二紙，並呂家合夥契一紙，共五紙，付交成福舅永遠執照。

即日批明：梅實收到契內原價銀四十八大元正。又價穀一百六十石正，親收足訖，批照。計價穀一百六十石，折銀一百六十元，統共二百〇八元正。

咸豐八年十二月　日（注29）。

此字契，除說明巫良基在匠寮莊南片角有自己陞科之田外，也說明匠寮莊南片角也有一部份未陞科已墾之田被劃歸屯田徵收屯租。另外，本契字也說明，咸豐時大租式微，佃戶對田園自行較賣。且，承買者並非自耕為主，而是「管耕出贌，永遠收租為業」，則此時已有購田收租的地主了。

此外，匠寮附近一些條件不良的溪邊埔地，類似今日的水利地，也

---

注29　《清代臺灣大租調查書》，第六冊，頁1067。

有開墾頂讓的情形:

> 立退埔園字兄睿廷，先年承得彥贊兄手內，有埔園壹小塊，坐落
> 土名匠寮側坎墘溪面。茲因自己不能耕種情愿出退與弟信周，當
> 日三面言定，其埔價錢陸百文，卽日交價足訖。其埔園交弟信周
> 前去開成水田，永遠管業（注30）。

　　簡言之，東勢角匠寮一帶的開墾主要與何福興、曾安榮、巫良基
的合股招佃開墾有關。此種合股招佃與康熙 53 年（1714）臺北鄭珍、
賴科、朱焜侯、王謨等四人組成的陳和議開墾組織相似，股夥各有分墾
之地（注31）。不同的是，陳和議向官方請墾的在界內，何福興等則在界
外地，透過通事潘明慈請墾，招其為佃首招佃開墾陞科，佃首取得承墾
權，陞科後取得所有權，原先亦議年納番租700石，供屋鰲十三社生番口
糧，後因續墾未陞科田園頗多，皆劃歸屯田，遂得免除。

## 四、隘地的拓墾

　　東勢在乾隆年代，已於石壁坑、石角、大中崠一帶設隘，防患泰雅
族。大茅埔、猛虎跳墻設隘的年代較晚，應在屯制設後，隨著荒埔的開
拓而設立的。因其資料有限，本章僅就石壁坑、石角、大中崠一帶隘埔
地的開墾過程，加以探討。

### 1.石壁坑

　　石壁坑開墾的過程，資料甚清楚。初該地附近有泰雅族部落，乃設
有隘，官方將附近埔地，交石壁坑西邊之岸裡麻薯舊社掌管，麻薯舊社
也就擁有此地的土地所有權。嘉慶24年(1819)，漢人劉秉坎、張孟文、

注30　＜乾隆五十九年五月·立退埔字睿廷＞，王行恭購藏。
注31　張福壽，《樹林鄉土誌》，1938，頁8。

張阿生、張阿俊四人湊成36股，向該社承贌開墾。以下是四人向岸裡麻薯舊社業主潘大由仁等承墾之契字:

立承墾認納大租字人劉秉坎、張孟文、張阿生、張阿俊等，情因嘉慶己卯年（1819）募夥叄拾陸股，向得岸裡麻薯舊社業主潘大由仁、戶丁潘德秀等贌有土名石壁坑下員墩山埔石崙壹所，當日自備工本築莊鑿圳開墾成田。迨于乙酉（1825）、丙戌（1826）、丁亥（1827）三年，每年納大租谷壹佰石交業主，收為番丁口糧，四至界址，載明前墾約內。議至戊子年（1828）請主到地勘丈，按甲供納大租等。因今本年春，向請業主前來踏看。築陂、修圳工費浩繁，野番出沒無定，墾業寬限叄年後，備出丈費，請主到地，再行逐段勘丈，按甲納租。議自戊子（1828）、己丑（1829）、庚寅（1830）三年，照田甲貳拾壹甲貳分五厘，計共納租谷壹佰叄拾石正，係早晚二季均納，豐荒不得少欠，其築陂開圳以及民壯水谷等項，係耕佃自行料理。坎等理應約束莊中安分守法，樂業安居，共享昇平之福。合立承墾認納大租字付執為照。
即日批明: 墾約界內一帶石崙溪埔，俱付交四大股張劉盛等叄拾陸股內開墾至庚寅年（1830）年，眾佃備出丈費，請主到地勘丈，按甲配納大租給付丈單照納，不得荒廢。如有荒廢，應將埔地供還索主耕管立約。
又批明: 其坡下山腳，圳南至下員墩小橫路一帶埔地，前付張劉盛等開墾以保守圳路。現有無知佔墾，今合議其田仍歸墾佃自耕，其大租歸業主親收，小租歸張劉盛收為公費批的。
又批明: 其大租谷，每年早晚二季，業主係向四大股收清給單存照。至各要單為憑，任聽四總股給照，向各佃量交批的。
道光捌年肆月　日立承墾認納人劉秉坎

> 張孟文
>
> 張阿生
>
> 張阿俊（注32）

這張認租字，成爲目前石壁坑開庄最重要的文獻資料。它透露有關此地開墾的歷程：（1）石壁坑開墾主要係由劉秉坎、張孟文、張阿生、張阿俊等四大股共同向麻薯舊社贌墾的。四大股，也合稱張劉盛墾號，共有36小股合成。是否一大股有9小股，四大股共36小股，則不得而知。（2）土地所有權爲麻薯舊社，開墾後第7、8、9年，納大租供番丁口糧，而非正供。（3）原議第10年由贌者具備丈費，請業主至地丈量，按甲納租，未完全開成，因第10、11、12年以田21甲2分5厘納大租，3年以後，再逐段量丈，按甲納租。（4）墾約界內一些未確定的範圍溪埔地可否開墾，在約後注明以示慎重。（5）大租係由四大股向佃收取，繳予業主，不過被侵墾的土地，仍由墾佃自耕，由業主親收大租，而小租交張劉盛作爲公費。這是租佃關係較複雜的墾地。

另有認納租字一件，亦錄於後，以進一步說明：

> 立文明認佃納大租字。岸裡麻薯舊社業主潘大由仁，戶丁潘德秀同參社番丁等，先年奉　憲劃管有石壁坑山隘埔垻壹處,嘉慶己卯（24，1819）年議決，得漢佃劉坎、張孟、張生、張俊湊共參拾陸股佃，出首承墾，備工本，圍莊、作坡、鑿圳，墾成水田，四至界址載明前墾約內。今本年（1828）春，主佃到地勘丈，計共同有田貳拾壹甲貳分五厘，遞年供納大租穀壹佰柒拾石，另加貼納穀壹拾貳石，嗣後陸續墾成水田，議至壬辰年（1832）冬，

注32　《岸裡大社文書》，No. 53，〈道光捌年肆月・立承墾認納大租字〉。

請主清丈加納，當給墾佃納租字壹紙，付墾首劉坎收執存照。茲墾首張阿俊股內墾佃劉細四，現耕水田捌份壹厘零，遞年供納大租穀陸石五斗，另加貼納穀肆斗伍升肆合，早晚兩季均納，豐荒不得少欠，水分照田甲配帶，至莊中應辦一切事務，按照總墾內所行。除給總墾約外，合立丈明認佃大租字壹紙，付執為照。批明：細四分下，應納額大租，務要給業主潘大由仁圖記為照，墾首不得執總墾約向量。

批照

道光捌年戊子捌月給石壁坑丈單〔註33〕

上一件係四大股之承墾認租字，這一件是認佃納租字，係分別以佃業立場立約。本件與上件的差異有：(1) 本件認佃納租字中，除供納大租穀外，加貼納穀12石，這可能與土地的生產效益增加有關；(2) 墾首張阿俊股內之墾佃劉細四，直接向業主繳納，墾首不得管收，原因不明；(3) 四大股的股首，又稱墾首。

綜上所述，四大股組成的張劉盛墾號，向麻薯舊社取得開墾權，透過集體的資金，處理公事，負責建莊、築圳、民壯之事，以墾成田。地主可以避免貤予眾多佃人的煩瑣。大租由四大股的墾首分別徵收，向舊社繳納，而非由張劉盛墾號收集後，再繳交。此外，四大股墾首亦一方領袖，要維持庄內的秩序。

## 2.大中嵙

大中嵙與石角一帶的開墾文獻，可能以乾隆 51 年 (1786) 5 月 23 日，朴仔籬社土目郡乃那鳥之稟文為最早：

註33 引自吳鎮坤、吳國城、陳炎正、呂玲惠等編，《臺中縣客家風物專輯》，臺中縣立文化中心，頁 125-126。此契字，目前存東勢鎮明正里許博邦手中。

具稟轅下朴仔籬土目郡乃那烏、該旦后究、斗肉士馬下六、馬下
六都把里……等為墾綱，伏乞憲斷還以保番黎事。切番黎均屬赤
子，撫恤須同一例。禍緣何福興等承墾東勢角埔地，經蒙憲示大
中柯、石角柯劃歸番自墾免陞，餘埔歸墾戶承墾報陞等因。切令
煌煌，該敢不遵，詎何福興等欺番愚弱，膽將那烏等番社前後墾
成番業，墾行綱佔。私囑通事潘明慈、副通事郡乃、地主潘兆敏
等壓番定界，致各社番黎待哺無依，嘵嘵不願。伏思番業免陞，
皇仁憲恩，尚有撫恤之典，況那烏番社前後埔田已墾成業，以資
隘番口糧，詎容勢豪藉墾綱佔，……。

　　理番分府張批候附案併勘奪〔注34〕

　　從稟文得知，乾隆49年何福興等承墾東勢角埔地時，大中斜、石角兩地
經官方裁示劃為番自墾地免陞，以供隘番口糧。且，朴社自己也有墾成
之埔田。社民的開墾，應有合墾、自墾、以及招漢佃開墾的。

　　目前所知該地最早的招墾字，遲至嘉慶 16 年（1811）。茲錄於下，
以明開墾梗概：

立招請墾闢埔字朴籬頭、三社番阿萬那骨乃、馬下六六茅二分。
承父遺下有埔地共壹處，坐土東勢角大中窩老山脚下。……茲因
斬石鑿龍，展築埤圳，工費浩大，自己無力開闢。前招得漢人二
次，不能開成。不得已前來，又復招得漢人張仁鍾、張仁柱兄弟
頭家，出首承墾，自備工本、農器、牛隻、家物等件，前去斬石
鑿龍展築埤圳引水灌溉，墾闢成田。即日當社經通土議定鍾先備
出無利債底銀貳百大圓以為工費之用。倘有不敷，容後依算補

注34　《岸裡大社古文書》，No. 958，〈乾隆45年理番案簿〉，頁108，〈乾
　　　隆51年5月23日・朴仔籬土目稟文〉。

還。又面言阿那萬骨乃分額田租谷遞年貳石，係壬申年（嘉慶17年，1812）起納，馬下六六茅分額田租谷遞年貳石伍斗，係丁丑年（嘉慶22年，1822）起納。二分番租谷分作早晚兩季各半，風精乾淨量交。其租谷永為定例，豐荒不得加減，亦不得少欠斤合。倘有社中科派，大小事務費用，係番主自理，不干承墾人之事。其田倘日後墾人不耕，抑或回唐，照算前出工本銀員，番田主備足鍾兄弟收回，卽將承墾田交還番主自管。如無交還，任鍾兄弟退回工本銀扣清，番主不得阻擋滋事等情⋯⋯。

嘉慶辛未拾陸年（1816）十月　日立招請墾闢埔字朴籬山頂社番
　　　　　　　　　阿那萬骨　乃、馬下六六茅 <sub>(注35)</sub>


本招墾契字反映下面諸現象：(1) 地主兄弟二人分屬朴仔籬頭、三社，說明在乾嘉之際，在東勢之朴仔籬社已分成支社；(2) 大中嵙開墾不易，雖經兩次墾闢，仍未有成；(3) 承贌漢人出無利磧底銀，作為工本費用，不夠時再增，以磧底銀為工本費是較特殊的；(4) 兄弟二人同招一漢人承墾，租穀或因開墾有先後，分兩段繳納，相差達十年之久；(5) 租穀屬結定租，墾佃有永耕權，退耕時地主還清工本銀。

　　道光年間，大中嵙朴仔籬各社的地權發生大變化，典賣的情形漸多：


　　立合約字張德正、劉秉坎等今有合夥，備出本銀毋伍佰大員正。同向得承典朴仔籬各社番主共拾捌家之田，坐址大中窠三重河背，毗連共處其各家田額號段租聲，載於各家典約內，據至各番典價磧底及□□銀等項，俱係兩夥均出。⋯⋯

注35　《張寧壽家族古文書》，本人藏影本，＜嘉慶十六年十月・立招請墾闢埔字＞。

道光丙戌六年拾貳月　　　立合約字張德正、劉秉坎 (注36)

從這張合約字，透露朴仔籬各社一些社會經濟問題。18 家同時典押田地，並非個例，可能與社民遷移埔里盆地有關。下面的例子，也提及21家社民同時典田之事：

> 立杜退番田字人劉秉坎、劉秉成，今有兄弟自創應管得大麻陵、阿多罕、加喇佛、茅烏呾等社各番分下，承墾典有水田共壹處，坐址在大中窠內三重河上周圍。四至界址並原墾額租等項，俱載於各社各家番主前招墾管約內分明。年灌本窠坑水，自坡（陂）自圳足額，歷管無異。茲欲別創，兄弟商過，將業轉售與人。儘問族內各不承受，托中引到邱觀詳兄弟承□，當日經中三面言定，實出有依時值各番契內田價銀母叄佰伍拾大員正，憑中兩相交款。……各番主登場隨將各家田額沿界帶踏，照各番約……交與觀詳兄弟出首，向各番換名轉字交易，永遠管業。……。
>
> 批明：約內之田番主共貳拾壹家。……
>
> 道光捌年戊子歲八月　日立杜退番田字人劉秉成
>
> 劉秉坎 (注37)

這個契字反映大馬僯等社21家，曾將田典予劉秉坎兄弟承墾，他們再將此典田轉售邱觀詳兄弟。劉秉坎不僅在大中崠，亦曾於嘉慶24年 (1819) 鳩36股向岸裡社廠薯舊社業主大由仁，贌墾石壁坑。劉家兄弟典墾21家田地，除向社主繳納額租，由於築圳墾耕對土地的控制權漸大，而從其

---

注36　〈道光六年十二月·張德正、劉秉坎合約字〉，東勢鎮張瑞進藏，本人藏影本。

注37　〈道光八年八月·立杜退番字〉，東勢鎮張瑞進藏，本人藏影本。

典賣田業觀察，似土地仲介商。名義上，社民仍是地主，佃戶典賣田地仍須向其換名，但其所擁有的實權已大大衰微。

以下是個別徹底典押田業的例子：

> 典價磧底銀字人羅阿森，今向茅蕪吧社番婦加六霧份下，承典得大中窠口水田一處，東北至打八士田止，西至打魯滑田止，南至阿媽敦田止。四址分明，遞年有實額田租壹拾貳石正。因番婦加六霧之銀急用，將承管之田併租，前來向得森手內典收去田價銀、無利磧底銀壹佰員正。即日田價、磧底兩項之銀及約，在社經土目面交人番兩收明訖，並無短少情弊，其田自壬辰（道光12年，1833）春付交森管耕收租起至辛亥年（咸豐6年，1851）冬止，共貳拾全年為限，所收租谷，以抵徵利之需。至期滿限之日，加六霧將約內各項銀備足交還銀主收清，租還業主自收。若至期如無各項銀備足還銀主收回，嗣後不拘年限，銀到租還，此係人甘番願，兩無違拗。今欲有憑，立備典價磧底銀字壹紙合約為照。立批明此約內之田近河唇，倘遇洪水沖崩無蒔業，佃面踏另加補足年限批的。
> 即日批明森實備出字內典田價銀壹百員正，又備出無利磧底銀壹佰員正，俱交加六霧經手收訖批照。壬辰年四月初二日，加六霧又乏銀家用，再向森手內生去銀母肆拾陸員正。其銀當土目言定，每員遞年依社規願貼利谷貳斗正。俟此約內田期滿限到社清算，備還母利，所批是實。……
> 道光壬辰拾貳年正月　日　立備典價磧底銀字人羅阿森 (注38)

---

注38　《邱禮千家族古文書》，本人藏影本，〈道光十二年・典價磧底銀字〉。

大中嵙朴仔籬諸社中，茅嘸咀社（又作茅撫喇、茅烏噠、茅撫撻、茅
噠、茅烏咀、冒達、茅武噠、茅嗚噠、茅烏咀、茅務噠），最特殊的現
象是田業的立約，常由女性具名，母系社會的遺留甚爲濃厚，這是否影
響其轉向精耕農業不得而知。就土地的典押，我們看到貨幣經濟對社民
影響之深。把田與租典押20年，典得田價銀與無利磺底銀共兩佰圓。如
善於利用這些錢銀投資，則更當別論。但是就社民而言，大都用於消費
性，則20年後豈能還錢。對土地的實權也就愈來愈小。既無錢還清銀利，
只得任由承典之人墾耕，而掌握實權。因此長期的典押，實無異實權的
消失。

　　上面是收田價銀與磺地銀典押的例子，以下是預收租銀與磺地銀長
期典押的實例：

　　　　立收過現租磺底銀字茅噠社打必里茅格，同母麻六千四老，姊阿
　　　麻茅格，母子有承管大中窠二重阿唇水田一分；東至四老營盤田
　　　止，西至後那看鬼田止，南至茅格白毛田止，北至茅格六完田
　　　止；四址分明，遞年實載額租穀十五石正。茲因之銀應用，前來
　　　向得原典主詹玉賜頭家手內收過現租銀七十三員，又收過無利磺
　　　底銀三十五員正。即日銀字經通土兩相交收明白；將此田付原典
　　　主管耕二十三全年，自乙未年(道光15年，1835)春起，至丁巳年
　　　（咸豐7年，1857）冬止，所付田租以抵銷約內銀母利清楚。其
　　　田滿限之日，打必里將磺底銀交還銀主收回；如至期無磺底銀
　　　還，將田仍付再轉約管耕。此係人番兩愿，並無異言反悔，口恐
　　　無憑，立收過現租銀併收磺底銀字一紙，付爲執照。
　　　內再批明：田中原有石堆，付管之後，任從銀主修築，恐有漢人
　　　言及土官之事，憑銀主料理。此係人番甘愿，不得異言，立批。
　　　即日批明：實收到約內現租銀七十三員，又收到無利磺底銀三十

五員正，親收足訖，批照。

再批明：卽日打必里茅格母子方向銀主玉賜兄手內，加借過銀母二十四員。其銀母每元全年貼利穀二斗，限滿之日，到社清算，再批照。

再批明：約內上下墩水田，言定每元定例供納水租三石，豐荒不得加減，量交於劉伴兄收入，批照。

道光十四年十二月　日。

知見臨首　土官知見

代筆　廖耀彩

同姊　阿麻茅格

同母　麻六千四老

立收過現租銀磧底銀字番　打必里茅格 (注39)

這也是茅嘸嗜社的典押契字，典押的是現租與磧地銀，而期限則達23年。磧地銀為利；現租75員，由每年收15石的田租，抵銷75員在23年借期的母利。期滿，還磧地銀。另外又借24員，年納利穀每員2斗。2斗以0.2員計，則24員的借款計有4.8員的利息，23年則高達110.4員。卽，期滿要還清209.4員。在長期的典租之下，終至無法償還母利押金。不過，就上面的典主田地之四至觀察，田主仍以社民之名為多。不過到了光緒14年（1888），我們從下面的「再承永耕字」，觀察大中寨二重河一帶時，田主已變：

　　立再承永耕字人吳阿添，茲因上年承有馬六子孫連德遺下水田一處，土名大中寨口二重河唇，東至蘆來田為界，西至邱少基田為

---

注39 《清代臺灣大租調查書》，第四冊，頁730-731。

界，南至張念田為界，北至自己田為界；四至界址面踏分明。遞
年租穀一石八斗，又帶磧底銀二元。先年被洪水沖崩，添自備工
本開闢成田。德茲因乏銀湊用，願將此田退於吳添兄永耕管業，
添再備出田底銀六大員，又備出磧底銀二元，當日銀交番主連德
親收足訖。此田自戊子冬（1888）起，至丙辰（1916）止，限滿
之日，再行轉約。自立字之後，若有另生枝節，係德一力出身抵
擋，不干承耕人之事。此係人番甘願，恐口難憑，特立合約字二
紙，各執一紙為據，照。

即日批明：添再備出田底銀六元，又備出磧底銀二元，批照。

光緒（戊子）十四年　　日

知見　　鍾下骨

在場　　楊孔雲

代筆　　林瑞廷

立再承永耕字　吳阿添（注40）

在番主連德田之四周，就田主姓名觀察，可能多是漢人。約內雖言明限
滿之日再行轉約，但長達28年（1888-1916）之久，變化甚多，欲收回
田業實非易事。

### 3.石角

石角土地的開墾有兩類，一為社民自耕田，一為隘地田埔。社民自
耕田的證據，係根據乾隆末丈量時，石角、大中料有社民自耕田272甲
（注41），後經裁定歸番續耕免征租，至於隘地的開墾與墾首蘇賢彩有密
切關係。

有關社民自耕田，除乾隆末丈量的資料外，是否有漢人參與不得詳

---

注40　同前引書，第一冊，頁134-135。
注41　〈臺灣中部地方文獻資料（四）〉，頁107-108。

知。不過，下面的契字透露這個訊息：

> 立杜退墾水田工本銀字人吳阿道，有承墾石角庄棋坑水田壹份，……遞年常納大租谷貳石正，遞年小租谷壹拾陸石正。今因乏銀應用，此業情願出退……蘇阿鳳前來承退，當日同中踏看……面議出得時值田價工本銀壹佰貳拾大之正……其界內水田俱一隨字踏交付銀主蘇阿鳳永遠管耕……。

> 　　　　　　在場（理番分府給朴仔籬社通事潘棠宗
> 　　　　　　長行戳記）
> 道光己丑九年（1829）拾月　日立杜退墾水田工本銀字人
> 　　　　　　　　　　　吳阿道（注42）

此契字內的田主，顯然是社民。因有漢人出工本開墾，乃有退墾時承墾者需出田價工本銀，此反映社民自耕田實有漢人出資開墾。乾隆末若以55年算起，至道光9年（1790～1829），約歷經40年，佃戶已握有杜賣水田的實權，朴仔社通事僅是在場知見。石角與中斜兩地租佃關係的發展類似，前述之中斜，在道光6年（1826），已有8家社民田地同時典賣的情形。道光年間社民墾地實權衰微的現象，已非常普徧。

就番隘埔的開墾，可能逼近山區，且屬共有性質，係以漢墾首與社民隘首訂約，再贌給佃民從事開墾：

> 立給墾約字人墾首蘇賢彩，今有明向隘番總給石角窠福隆庄青埔四圍一帶，經蒙分憲張示建庄開闢，穿鑿坡圳招佃給墾。茲有……四址踏付分明。茲給得佃戶吳逢春出首承墾。當日墾戶同甲首

---

注42　〈道光九年十月・立杜退墾水田工本銀字〉，王行恭藏。

庄耆人等到地丈明田甲貳分伍厘正。全年實納大租谷捌斗正。此
一分本年起議定遞年供納大租谷貳碩正，作兩季均納，豐荒兩無
加減。……即日經衆面議達春備出丈費埔底銀肆大元正。即交墾
首親收足訖。其水田即付於吳達春前去管耕，自備工資開闢已成
水田，永爲己業。倘縣憲到地復丈田甲，以及本地隘番租粟係墾
首自理，不干細人之事。……
即日墾首實收到字內丈費埔底銀肆大元正足訖照。
批明：此田業佃面丈議定兩願，每年應納租谷二石正，田有闊狹
不得減租。此係業佃兩願，批照。
道光拾貳年壬辰歲月　日立　　給墾約字人
　　　（理番分府給石角墾首蘇賢彩行記）男順昌（注43）

這種墾首承墾的開墾方式,有關守隘社民之口糧隘租以及官憲丈量之事,
俱由墾首自理，承墾者要納大租谷、埔底銀。這個埔底銀，主要是墾首
自已劃分土地或略作整理的費用。大租谷係交予墾首，再由墾首從中支
付隘糧以及一些公費，如下面的契字所示：

立給墾約字人墾首蘇賢彩，今有明向隘番總給墾石角窠福隆庄青
埔四周一帶，經蒙分憲張示建庄……。茲有大料秤埔地壹處……。
茲給得佃戶張賢嫂出首承墾，當日面議，本年起每全年供納墾
首，租谷貳石正，作早晚兩季均納。……賢嫂備出埔底銀參大元
交墾首親收足訖……。
外批明……承墾人…若要別創，任從佃人轉退，墾首不得阻擋批
照。

---

注43　〈道光十二年五月‧立給墾約字〉，王行恭藏。

　　　　　道光拾貳年壬辰歲五月　日　　　立給墾約字人

　　　　　　　　　（理番分付給石角墾首蘇賢彩行記）（注44）

　　本契字除說明大租谷向墾首繳納外，又透露佃戶對於土地有大的支配權，田地轉退任由佃人自行從事，墾首不得阻擋。石角的墾首制下的開墾方式，與大茅埔的墾佃首制（有些契字亦稱墾首）並不全相同，臺灣土地開墾實充滿多樣性。

## 五、設屯以後的開墾

　　乾隆53年議定設屯以後，丈溢的田園歸屯，未墾的荒埔成養瞻地。東勢設屯以後，雞油埔成為養瞻地，鷄油埔以南的地區被列為荒埔。本章僅就鷄油埔與大茅埔兩處，探討其開墾的歷程。

### 1. 鷄油埔養瞻地

　　鷄油埔之地權，與設屯有密切關係。乾隆53年設屯後，界外丈溢之田園荒埔，已墾者歸屯田，未墾的荒埔經丈量而為屯丁的養瞻埔。其中，東勢角荒埔13.184甲，鷄油埔94.528甲，合計約108甲，歸為屯丁養瞻田。道光17年（1837）社民與佃戶合訂的約字，使我們對這個地區早期的開墾有一概括性的瞭解：

　　　　立議合約永遠照貼納租字，朴仔籬社通事潘榮宗，總土潘學禮，土目孝里希四老，甲首阿沐四老，大麻儵社屯丁阿沐四老、打必里交老，阿哆罕社屯丁加己帶母、六萬六茅，墾一佃戶劉啓成、楊津臺、詹玉賜，同各屯番業佃等。緣蒙理番憲奉委清釐東勢角鷄油埔屯丁養瞻田園，經書差按分勘丈，自東至山為界，西至大河為界，南至頭汴坑石嘴，北至旱坑仔尾溪崁止；總共一百零八

---

　　注44　〈道光十二年五月·立給墾約字〉，王行恭藏。

甲。各佃備有墾本，准照業戶召佃收租，遞年例應按甲納租八
石。但該處過近生番，時常遇害，農命尤關。又兼陂圳危險，深
入生番之所，遞年按甲屯丁愿貼鄉勇修籌陂圳穀四石，付佃自行
支給，催募鄉勇築陂修圳之需。仍穀四石向納受地屯丁通土，給
單付佃執照，不得私行短折違議等情。此係奉憲示諭，番民業佃
兩愿，永遠定例。立合同三紙一樣，潘崇宗執一紙，佃人劉啓成
等執一紙，仍一紙稟繳理番憲附案存照。

一、議：養贍田每甲納贍租八石，四石歸屯丁收為養贍食之需，
仍有租穀歸佃戶催丁護陂圳，保守農耕糧食之需，此議。

一、議：自屯丁濟貼佃人催丁把守，護築陂圳外，餘有糧食費用
不敷，應歸各佃支理，不干屯丁之事，此議。

道光（丁酉）十七年十二月　日。

許開麟

朱五奇

在場議定永遠照貼納租　楊仕祿

認納佃戶等　傅　春

劉啓成

楊津臺 (注45)

由地望觀察，這個東勢與鷄油埔荒埔的範圍，包括頭社、二社、三社、
新伯公、上城、下城、番社等聚落。頭社是大馬僯社（又作大麻僯、大
麻陵）的社址 (注46)，其餘兩社或為其分社。二社可能是阿哆罕社，三
社可能為扒打干社。合約中，僅提及大馬僯、阿哆罕社，而未有扒年竿
社，原因不明。養贍田的設立，定於乾隆末，東勢角與鷄油埔荒埔劃歸

---

注45　《清代臺灣大租調查書》，第五冊，頁808。
注46　實地訪查。新盛里頭社庄福德祠碑記作大麻林。

爲蔴薯舊大屯管轄。大屯轄有番丁 400 名，其中蔴薯舊社38名、岸裡社112名、翁仔社25名、崎仔尾社20名、西勢尾社23名、朴仔籬社144名、貓裡蘭社12名，配屬罩攔埔埔地 298 甲 9 分 9 厘、鷄油埔埔地94甲 5 分 2 厘 8 毛、東勢角埔埔地13甲 1 分 8 厘 4 毛，其埔地 409 甲 9 分 7 厘 2 毛。每名計 1 甲 1 厘 6 毛 6 絲 6 忽（注47）。屯丁養贍地的配屬，以部落社址附近地區爲原則。因此，東勢角埔地與鷄油埔埔地，應配屬朴仔籬諸社。

鷄油埔在乾隆末劃爲屯丁養贍埔後，土地漸開墾成田。過程如何，不得詳知。但是阿哆罕社在嘉慶 10 年（1806）7 月、14 年（1809）11 月、20 年（1815）3 月已有「立收現租銀字」的契字，事先典租的情形（注48）。本人蒐集的資料中，以扒打干社的爲多，茲將道光元年（1821）4 月典租的契字示於下，以觀其收銀抵租的內容：

> 合立收過現租銀字扒打竿社番阿四老官生同姪阿辛阿沐，今有伯姪共同承管石嘴水田壹分，東至沙皮波后那田止，西至阿沐六完田止，南至阿沐四老田止，北至六目里馬轄田止。四至界址載明。遞年租爲參石正。茲因伯叔乏銀家用，墾同土官親來向到詹玉秀哥手內收過現租銀母玖員正，卽日當社言定，伯叔自願將共承遺水田，沿界帶踏交于玉秀哥前去自管耕收拾全年，于辛巳秋起至辛卯秋止，共付耕收有租谷以爲抵淸。現租銀明白，其田付耕滿日交還自管。此係人番兩愿，各無反悔，今欲有憑合立過租銀字一紙付爲執照。
>
> 卽日伯姪實收過現租銀母玖員正足訖扒照。

注47　《臨時臺灣舊慣調查會第一部調查第三回報告書臺灣私法附錄參考書》，第一卷上，臨時臺灣舊慣調查會，1910，頁391-392。
注48　參見中央研究院，臺灣史田野工作室收藏古契目錄（稿本）。

批明即日四老伯姪因又家內缺銀口費，憑土官前來，仍又再向到玉秀兄手內加胎借過銀母肆員正，言定每年愿共貼利壹石貳斗合再批照。

又批明外又加向到玉秀兄手內再胎借過銀壹元，遞年貼利為參石正。

道光辛巳元年四月　　日　　　　　合立收過現租銀字番阿四老官生

同收銀姪阿辛阿沐（注49）

此收現租銀契字，載社民向銀主借 9 員，而以田交銀主耕收10年，期滿還田，以租谷抵借錢。後又陸續胎借，1 員利谷 3 斗。顯然，社民深受貨幣經濟影響。由於貨幣取得的主要方法，主要是靠土地的運用。在預收土地租谷，銀錢用完之後，經濟來源也就斷絕。求生之路，常是遷移，另尋新天地。

除了預收租谷銀圓外，有的亦預收磧底銀。

立備出現租磧底銀字人林時友，今有原承典得扒打竿社番阿道六茅分下應管頭汴角水田一處……遞年原載租谷壹石捌斗正。茲田前典與友手內管耕，仍欠甲申（道光 4 年，1824）、乙酉（道光 15 年）、丙戌（道光 16 年）、丁亥（道光 17 年）秋止參年半未滿。今番主阿道六茅因家內積欠債項，無從向借，墾同土官前來，轉向到友備出現租銀伍員伍毫，另備無利磧底銀拾員五毫正。即日，當社言明，其田前限期滿，加付交友管耕十年半，計共前後年限十四全年半，共付管收有租谷，以抵現租銀清款。至四年限耕滿，番主問道將磧底銀，依字備還友收。至期如無磧底

---

注49　〈道光元年四月‧合立收過現租銀字扒打竿社番阿四老官〉，本人藏影本。

銀還，將原田仍再依社規轉納加付與友管耕。此乃番人兩願異日不敢違約反拗，今欲有憑，立備出現租磧底銀字一紙，付為執照。……

道光甲申年（4年，1824）參月 日

立備出現租磧底銀字人林時友（注50）

這個契字載明，社民迫於貨幣的需用，預收租谷年限未到，又借錢銀。與上契最大之差異，是本契收有磧底銀。這種預收水田租谷而將田交付長期管耕，就本人在本區搜集的契字看，相當普徧，這或許是本區及附近的一特殊的現象。

漢人長期管耕預支田租之番田，其本身也可能在期限未到時，又退與漢人承頂：

立杜退盡根番田併額租年限銀底契字人鍾有榮。先年承祖遺管向得阿哆罕社番打必里烏蘭父子典有水田壹處，坐土頭汴大旱坑二汴面，……年番租額谷柒碩伍斗正。茲道光十七年，奉憲蒙給丈單，實田柒分四毫參絲。因母子別創情愿出售。……託中引送與楊及憶兄弟出首承退。當日同中三面言定出得水田併年限番欠租額銀底，俱一時退價銀參佰大員正，即日經通土場見立契價銀面交有榮母子叔侄收清足訖。其田沿界併年限番欠租額銀底，俱一隨契交付與楊及億兄弟前去管業耕收，任億兄弟向番換名轉約。……

道光壬寅二十二年八月 日 立杜退盡根水田字人鍾有榮（注51）

---

注50 ＜道光甲申年參月・立備出現租磧底銀字人林時友＞，本人藏影本。
注51 ＜道光二十二年八月・立杜退盡根番田併額租年限銀底契字人鍾有榮＞，本人藏影本。

因長期由漢人管耕以抵預支之租谷，社民的控制權逐漸減弱，到了咸豐年間，漢人對田地之實權大增，已有杜賣田地者：

> 立杜退永耕番田字人陳立祖，今有承伯父遺下，向得大茅儡社番馬茅馬下六承典水田壹處，坐石城庄門口大湖圳面，東至水溝止，西至向沐四老田止，南至六目厘介丹田止，北至四老跛脚田止。……遞年帶納養贍租谷六斗正。今因乏銀家用……托中引送于鏡遊龍兄出首承買，當日憑中三面議定時值杜退盡根田價佛銀柒拾捌大員正。即日銀契兩相交收明白。……其田自退以後，即交于鏡遊龍兄，前去向番主換名轉約永遠管業。……
>
> 咸豐壬子貳年柒月　日　立杜退永耕番田字人陳立祖 [注52]

顯然，承典番田的人，對土地實權愈來愈大。土地杜賣承頂，漢人私自從事，然後再向「番主換名轉約」，知會而已。

此外，本區多石埔，如今下城里內尚留有當時的大石。從契字中也可反映其時開墾石埔的艱辛：

> 立招開墾石埔字扒打竿社番孝希四老，今有承祖父遺下斗門坑口大河唇石埔……四址面踏分明。祇孝希乏力不諳開墾，前來招得漢人陳文雅頭家備出工本農器墾闢成田，于申辰年（道光24，1844）春開墾起至癸丑年（咸豐3年，1853）冬止拾全年開墾免納租粟，至限滿之日，每全年納番主田租谷壹石正，均作早晚兩季量納。年辰豐荒租無加減，永為定規，其租谷遞年供納清款，孝希不敢另招別佃，倘墾人日後要回籍或別創，其田任聽墾

---

注52　〈咸豐貳年柒月・立杜退永耕番田字人陳立祖〉，本人藏影本。

人退回工本，番主不敢異言阻擋，此係石埔工成浩大……。

批明：同治十一年（1872）拾貳月孝希四老同衆番到田踏看明，
係辛亥年（咸豐元年，1851）被洪水沖破其田，荒蕪插蒔不得，
其租谷抹消，前墾年限未滿仍欠辛壬癸三年（1851-1853）。今
又復招原墾人陳路妹加備工本前去復墾成田。……

道光甲辰貳肆年正月　日立招開墾石埔字番孝希四老（注53）

為了彌補開墾工本之浩大，墾荒免租期限，長達10年。由於洪水，多年
心血毀於一旦，只有從頭再來。

又，本區的拓墾中，我們看到漢人一面開墾，一面建莊，期望永遠
定居的情形。以下是下城（石城）建莊的契字：

立依番墾約撥開　分屋地基字人陳吉昌、胡滿，有道光乙酉年間
向拍打竿社番手內贌出荒埔石隔壹處，坐土名在旱坑大湖肚新圳
面，其界址悉註番墾總約內分明。前因昌、滿集合拾貳股半人，
各開銀員費用，共築石圍，插竹分股啓屋居住樂耕，號為合興
庄。玆因前向番贌墾約，在昌、滿手內收存，各股分人無憑可
據。難分闊狹長短界跡。是以道光捌年拾月尾旬，共設席，昌、
滿立撥開　分屋地基，西片第一股橫直捌丈，門分與張國興啓屋
居住管守，永為己業，異日衆股人各不得互佔、移換等弊。此乃
衆股內情甘意願，仁義行事，均不得反悔違約。今欲有憑特立依
番墾約，撥開門分地基字壹紙，付興永遠執照。

外批明：胡向番贌墾約內，係陳吉昌名字，其贌約亦是昌、滿二
人收存照，又在此和興庄居住人等均不得開場聚賭窩匪等弊。如

---

注53　〈道光甲辰貳拾肆年正月・立招開墾石埔字扒打竿社番孝希四老〉，本
　　　人藏影本。

有，將屋充公責罰照。

再批明：東片第二股原係公埔，眾股人商議將此埔交與吉昌管守裁度。每年供應番主，倘日後不供應番主將公埔照界交還眾人主裁，亦不得私典私當情弊。各股內要納地租之時，依暯約內而行照開供納，批照。……

道光戊子捌年拾月　日立依番墾約撥開門分地基字人陳吉昌、胡滿（注54）

從這個門分字，我可以瞭解今下城的建莊歷程。首先是以陳吉昌之名向拍打竿社訂立暯約。而陳吉昌、胡滿等鳩集十二股半人，共同興築石圍插竹，分股建屋。約三年石埔開成，欲建屋居住，然屋地長寬難分，乃門分以少糾紛。為維持庄內安定，禁止開場聚賭、窩匪，如有此情房屋充公。取和興庄為名，即期待一個新的家園，在庄眾的同心協力下興起。

### 2.大茅埔荒埔地

乾隆53年設屯時，大茅埔一帶仍列為荒埔，其土地所有權未定。嘉慶21年（1816）8月劉中立與同夥等合立的約字中，已提及大茅埔與水底寮崁下均為荒埔，向來未經墾闢，經屯弁暨屯長等稟請在案（注55）。則大茅埔應是由屯弁、屯長向官方稟請奉准開墾的，後交由大馬僯，拍打竿等社掌管（注56）。嘉慶21年（1816）8月已有高君弼、邱進德等股夥，向屯弁暯墾大茅埔：

---

注54　＜道光戊子捌年拾月・立依番墾約撥開門分屋地基字人陳吉昌・胡滿＞，本人藏影本。

注55　《清代臺灣大租調查書》，第五冊，頁781-783。

注56　《張寧壽》，＜道光十一年九月・立給墾約丈單字墾細佃首張寧壽＞，約字所載的片社，應即是拍打竿社另一譯音簡稱。

立分管田埔文契人高君弼，緣於嘉慶貳拾壹年八月內同邱進德等股夥，向屯弁阿敦郡乃，並同劉張慶合夥，向通土阿沐馬轄仔等贌墾大茅埔草地一處上中下三段，憑　分鬮耕管，因工資浩大，君弼托中招得阿來姑合本開鬮。當日收得工本銀伍拾大員整，是日君弼親手領明。現將分得……四至分明，憑中踏分與阿來姑管耕 (注57)。

這個開墾的股夥較少，資本亦少。同年次月，有以劉中立為首招夥開墾的十四大股也進行開墾築庄：

同立合約劉中立、張千喜、劉光牆、劉炎、陳昌、劉保寧、藍揚兆、沈海、賴石、蔡明、黃明增、衆社丁等，今有承墾大茅埔分作拾四大股為定。每股拾份，每份先派銀貳元，遞一交陳昌官收齊，交付分發公費，言約卽日交清，不得逾限。其牆圍議係拾四股內公築竣之。陳公館外，厝地埔地逐一均分。如銀元、工力欠缺，將伊股份盡行抹銷，不得違拗。此乃甘願合墾。惟期協力同心，以底有成。今欲有憑，先立合約壹張四紙付照。

批明：牆圍內外惟聽劉中立踏起一處約四伍分，其餘當事名論功績酬賞。社丁公陰現出銀元，其工照出，再照。

批明：日後照墾分埔，不得照股分埔。

嘉慶貳拾壹年玖月　日同立合約（名字同上）(注58)

這是大茅埔第一次大規模的開墾組織，全部分為拾四大股，每股再分為拾份，一份先派銀二元，則共有股金 80 元，以為公費。其中社丁是乾

---

注57　《張寧壽》，<嘉慶二十一年八月·立分管田埔文契人高君弼>。

注58　《張寧壽》，<嘉慶二十一年九月·同立合約劉中立等>。

股，不出錢，但要出力。故其開墾的進行除社丁外，既出工本，又要出勞力，否則除其股份。從本合約字中觀察，劉中立的地位最爲重要，策劃最多，因此踏出約四、五分地賞給他。其股夥土地的分配值得注意，係照墾分埔，卽是共同合力開墾，不像臺中平原「六館業戶」或臺北平原陳和議墾號的按股分埔，各自開墾。大茅埔這種開墾組織，多少說明在泰雅族之威脅下，由較多的勞力與較少的工本配合，集體戮力開墾的一面。

不過後來的開墾，係以張寧壽爲首從事的。道光12年（1832）12月的公借銀契字，使我們對以張寧壽爲首的開墾組織，較深入的瞭解：

立合議公借銀字人張阿音、劉阿串、魯桂二、賴奕石、邱禮秀、陳水龍、劉阿魯、張寧壽同二十八股人等，茲因年辰荒歉，更加生番搔擾甚亂，無奈邀同二十八股人，到來慶東庄，墾向得甲首徐祥六兄、陳柏壽、易庚麟、張寧壽、劉娘初、詹阿浪各頭家二十八股人等手內，借過佛銀貳拾捌員正。當日三面言定，每元至癸巳年（道光13年，1833）六月收割之日貼利谷壹斗伍升正，其銀母利，亦限明年六月中，一足還清，倘有股內依派不還者，卽將股份之田，衆交銀主人出贌管耕，不敢遲延拖欠，係仁義相交，口恐無憑，立合議借銀字壹紙付爲執照。
卽日批明：實借過字內銀貳拾捌大員足訖批照。
　　　　　代筆張寧壽
　　　　　（理番分府給大茅埔墾佃首張寧壽戳記）
道光壬辰拾貳年十二月　日立合借銀字人
　　　　詹水生、張阿苟、謝阿田、邱禮秀、梁阿富、
　　　　張寧壽、張阿音、劉阿串、賴奕石、陳水龍、
　　　　劉阿曾、陳阿祿、魯桂二、易庚麟、張宗紹、

　　　　　　　　　　　　劉阿串、邱禮秀、楊聿帶、劉阿珍、陳阿祿、

　　　　　　　　　　　　張祖生、張阿寬、除阿立（注59）

　　這張公借銀字，提供我們28股人姓名。在合借銀字人中何以劉阿串、陳
阿祿、邱禮秀三人重覆原因不明，而每人的股份亦未記載。不過，在泰
雅族的威脅下，浩費增大則無庸置疑。不依股內分派償還者，其股分內
之田交由銀主出贌。28股中人，僅有張寧壽係屬原來嘉慶21年（1816）
的四大股中人，其餘皆係新加入者。顯然，這是重新組成的合股組織。
這個新組織，在張寧壽領導下，從事計劃性的拓墾，他取代原來劉中立
的地位，並經理番分憲給予墾佃首之名份。至少在道光7年的契字中，
已有墾佃首張寧壽的戳記，並配有辛勞埔地壹張（注60）。
　　28股一面開墾，同時建庄。在張寧壽的領導下，對於荒埔與庄地之
墾闢皆事先規劃。下面的屋地劃分字可以觀其梗概：

　　　　立給闇定屋地基字賢佃首張寧壽，先年奉憲准墾大茅埔慶東庄內
　　　　貳拾股捌屋地界址。茲有賴永發名下，承管門內屋地陸份……四
　　　　至界址分明。自給門定後，任發前去架造，永遠居住。倘日後另
　　　　創別業，抑或回籍不能自管欲行出賣，先通知佃首，查其誠實之
　　　　人方許頂退，以便蓋戳換名，永遠居住……。
　　　　道光辛卯拾壹年玖月　日立分給　定屋地基字賢佃首
　　　　　　　　（理番分府給大茅埔墾佃首張寧壽戳記）（注61）

　　這張闢分字係早期大茅埔慶東庄，建屋成庄的重要文獻。屋地先劃好，

---

注59　《張寧壽》，＜道光十二年十二月‧立合議公借銀字人＞。
注60　《張寧壽》，＜道光七年十月‧立承墾耕納租字人劉阿銓等＞。
注61　《張寧壽》，＜立給門定屋地基字督佃首張寧壽＞。

再按股分地建屋。今天我們依然可以看到慶東庄棋盤式之巷道，正中是東西向之中央道路，即今慶東街，該街兩側街各有五條南北平行巷道。每條巷道平均約住三戶夥房。以前庄外四周種滿刺竹，刺竹內圍有一丈八尺的崗路，由壯丁巡視守衛。竹叢內建立多處瞭望臺，全庄有相當完密的防禦設施（注62）。

　　有關田地的計劃性分割與墾拓，從佃首張寧壽的給墾單字中，亦得窺察：

　　　　立給墾約丈單字墾佃首張寧壽，今有大茅埔猛虎跳牆等處埔地奉憲咨配大麻儺、片社兩社番衆應管之業。續據該二社衆番呈請理番憲，准給壽募佃墾闢築庄案約。各據當日議定每張鬮分，計地伍甲，每甲納大租谷捌石正，均作早晚季，佃人運至倉下納收。茲給得佃利連捷前來承領天字第貳拾捌號田，既經丈實貳份捌厘……四址分明。自給墾約之後，任從佃人捷永遠管業納租。倘日後佃欲別創回籍，將業出退，要通知墾佃首，問明誠實之人方許頂退，以便將退約蓋戳。……

　　　道光辛卯拾壹年玖月　　日立給墾約丈單字

　　　　　　　　（理番分府給大茅埔墾佃首張寧壽戳記）（注63）

上面的契字，是大茅埔典型的墾佃首給墾丈單。因係 28 股合墾，由墾佃首給予墾丈單字，內容格式均大同小異。每甲佃戶交墾佃首大租捌石，由其再向大馬儺、片社兩社繳納。與新社地區的隘墾區比較，隘佃首承墾土地納租，常有該社土目在場知見，而此區則無（注64）。

---

注62　實地勘察訪問。參閱吳鎮坤等編，前引書，頁119。
注63　《張寧壽》，〈道光十一年九月・立給墾約丈單字墾佃首張寧壽〉。
注64　《張寧壽》，〈道光十一年九月・立合約認納租字人周彦、羅天基〉。

　　除屯弁申請之養贍埔地外，此地亦有大麻陵等社共同承管大茅埔與猛虎跳牆兩處的隘田。茲錄該契字於後，俾益進一步說明：

　　合立招典墾租字東勢角大麻陵同上片社番土目孝希四老、甲頭阿沐四老、大晚打必里、阿四孝那鳥、阿沐四老、同耆番茅格四老、阿沐大晚、四老孝溪、介丹阿沐、大完馬下六、馬下六郡乃、六木厘馬轄、六木里大宛概同兩社番眾等。今有共承管大茅埔及猛虎跳牆二處隘田，前經丈明墾成水田六十甲。每甲原納番眾租粟肆石正，帶納水租谷肆石，遞年共有番租粟貳百肆拾石正。茲二社番眾，因缺乏公費無所措借。爰集二社番眾合議願將此番租粟抽出柒拾石正，出典與人。當二社公同親來招得劉啟海頭家出首承典，經憑屯弁、通土、甲面言定，啟海頭家實備出有典租銀母貳百捌拾員正，即日當經通、土、屯弁兌交兩社番眾分收足訖。其租即到庄對墾，耕人按甲完納附交啟海頭家管收為義渡工食之資。其墾首、水戶不得混收。阻撓番眾亦不得私收短折，每年向墾佃耕人，按戶征收永為定例，此係利濟行旅，人番兩顧，日後番眾各不敢違約反悔，今欲有憑，合立招典墾租字一紙，附交存炤。

　　批明：即日兩社番眾，經憑通、土、甲、屯弁合共收過字內銀，分收足訖批炤。

　　又批明：附收以後，倘墾圳有崩頹，及庄中一切派費等項，均係兩社番眾抵當，不干批典人之事批炤。

墾首大茅埔墾佃首張寧壽

場見本屯弁

水戶大茅埔等處圳戶楊張萬

場見認納租谷佃戶黃存、楊聿台等

　　　　　　　　代筆人　張南傳
　　　　　　　　在場朴仔籬社通事潘文萬道歪
道光癸巳拾參年拾壹月　　日合立招典墾租字番
　　　　　　　　土目朴仔籬社土目潘學禮
　　　　　　　　甲頭大麻僯甲首　　阿沐四老 (注65)

　　大茅埔與猛虎跳牆，在乾隆53年施行屯制時，該處係屬荒埔之地。由
於地近泰雅族，或因大馬僯等社設隘，而有隘田。就契約觀察，初闢之
時，應由墾佃首（或稱墾首）招佃從事開墾的，乃有典田之後，深怕墾
首混收之顧慮。

# 六、結　論

　　透過上面各區的探討分析，我們從地權的演變、開墾組織類型、開
墾的進度，以及租佃的關係，可以瞭解清代東勢地區開墾的發展。

## 1. 地權的演變

　　地權變化的歷程，是土地開墾上重要的課題。可能由於資料的欠缺，
一般僅從政策的改變，作概括性的說明，沒有落實到地區的發展上。本
研究得出東勢地區地權演變的諸階段：

　　(1) 乾隆26年土牛築成時，砂連溪，成為大甲溪以北界內外的界線

　　(2) 乾隆49年至53年間，土牛界外地權有大變化。乾隆49年岸裡社
通事潘明慈首報東勢角、水底寮等處堪墾，招曾安榮等佃首墾闢陞科，以
及供給生熟番口糧，獲准。如此地權屬生、熟番，但漢人向官方陞科，則
此又承認其有所有權。該年經丈量報墾陞科僅有27甲，其餘開墾未陞科
者，囚屯制施行，校栗埔、上辛、下辛一帶已墾田大都被劃帶屯田，成

---

注65　《岸裡大社文書》，No.871，〈埤頭山庄水田甲數與佃戶〉。

為官田。社民自耕田，則由其擁有所有權。東勢的雞油埔，其埔地劃為屯丁的養瞻地，地權歸屯丁所有。

(3) 乾隆 53 年屯制施行以後，界外地的地權大定，荒埔的地權不明。不過要經過屯弁、屯目等申請，才能取得開墾權，東勢大茅埔、水底寮下崁卽在這樣的背景下，由大馬僯等社的屯弁等請墾，再贌予漢人承墾的。

## 2.開墾組織類型

有關開墾組織，從東勢地區的發展過程中，大約可以分成三大類型。這三大類型的差異跟社民與漢人土地經營個人化或集體的程度有關係：

(1) 在社民擁有較大的個人經營程度時，隨著土地的個人化，除親耕者外，其土地面積較小，因此漢人以個人直接與向社民承贌者為多。

(2) 社民的土地不論共有或個人所有，而集體經營取向較濃，則漢人以佃首出面整批承墾，於社民較為便利。至於漢人佃首的承墾，就東勢地區而言，約可歸為三大類型：

(1) 是漢人一人直接向社民整批贌墾，再招民分墾，這個承贌的人，常自稱或被漢人稱為墾首，如石角蘇賢彩。

(2) 是數人合股承贌，如何福興、曾安榮、巫良基等。基本上各股人，各有各的管地。

(3) 是二、三十股人共同承墾的，其中有的先是分成數大股，各大股再招數小股，如今東勢鎮石壁坑的開墾，係由劉秉坎、張孟文、張阿生、張阿俊等四大股，各大股再招股，湊成 36 股，組成劉義盛墾號，向麻薯舊社承墾，備工本、圍莊、作陂、鑿圳，墾成水田。四大股的股首被稱為墾首，向股內收租繳交地主。有的是二、三十股人中推一人為佃首，從事交涉、規劃等與墾務相關的事宜，如大茅埔的張寧壽由理番分府給予墾佃首

戳印，不過一般人常以墾首稱之。

## 3.租佃關係

租佃的關係，涉及土地所有權、租谷的多寡。就不同社羣比較，岸裡社對土地的贌租較朴仔籬社講求。或可謂岸裡社的地權觀念比朴仔籬社強。岸裡社常依不同的開墾進度訂定租谷的多寡，且一般的埔地田園贌耕期限後，重新議定贌約，以免地權之喪失（注66）。埔地贌墾之初，先開荒三年免租，以作工本銀，防止寅吃卯糧，以免積欠愈多，終至越陷越深。

就租谷而言，贌墾之時如有議定，主要是結定租，與臺北盆地的抽的租方式不同（注67）。而長期典租的現象，在道光10年代在東勢大中科、雞油埔一帶最普遍，與大馬僯諸社遷徙埔里的關係如何，則有待進一步的探討。由於社民地主收取磧地銀、埔底銀、田價銀，加上借銀錢以租谷抵利，土地的實權日益式微。

## 4.開墾進度

大體而言，東勢雞油埔以西在乾隆49年至53年間大致開墾成田，雞油埔較遲在嘉慶末至道光初，大茅埔最晚則至道光中期以後。

從整個東勢地區的開墾過程中，我們看到合股經營方式的盛行。尤其近內山的大茅埔與石壁坑一帶，二、三十股的承墾組織，更說明合股方式落實在多數農民的生活中，成為臺灣鄉村社會的特質。

---

注66　岸裡社的租佃方式，陳秋坤先生有較詳細的探討。參閱陳秋坤，＜下埔族岸裡社潘姓經營地主的崛起，1699-1770＞，《中央研究院近代史研究集刊》，第20期，1991，頁17-33。

注67　溫振華，＜清代臺北盆地經濟社會的演變＞，臺灣師範大學歷史研究所碩士論文，1978，頁26-27。

# 高雄港的建設與發展

## 戴 寶 村

## 一、地理環境

高雄市位於臺灣島西南部。在鳳山丘陵以西，二仁溪（二層行溪）以南，高屏溪（下淡水溪）以北的平原上。北鄰嘉南平原，東接屏東平原，南近巴士海峽，西鄰臺灣海峽（注1），腹地廣大，農業發達，有天然港灣，適合都市發展。

高雄附近山陵是由隆起的珊瑚礁石灰岩所構成，呈東北西南走向。北邊的半屏山由珊瑚石灰岩及第三系砂質頁岩構成，是製造水泥的原料。半屏山之南有龜山、壽山（打狗山）。港口南岸旗津島上有旗後山，與打狗山相峙，共扼港灣出入口，是高雄港的天然屏障與航海指標。由於港口周邊腹地平坦廣闊，都市空間的發展不受局限，使得高雄在都市發展上具有深厚的潛力。

高雄市境內的主要河川有高雄河（愛河）及前鎮溪。高雄河本源在覆鼎金與半屏山之間，由東北流向西南，全長約 12 公里，屬潮川性質，流域平坦，水流緩慢，無泥沙淤塞之虞，下游河段經疏浚作為運河之用。前鎮溪源自高雄縣市交界的覘仔壽（宿）坤（前鎮區草衙），往北流至媽祖港，向西注入高雄港。媽祖港至入海出口處河段也以人工挖

---

注1　黃興斌、郭振芳，《高雄市志》，地理志，（高雄：高雄市文獻委員會，民國74年3月），頁3-4。

浚，便是所謂的「前鎮運河」(注2)。

　　氣候上，高雄位於亞熱帶，冬寒夏熱，雨量集中在夏季，因近海洋，氣候溫和，夏季颱風頻仍，年均溫爲24.34度，年平均最高溫27.7度，年平均最低溫爲21.5度，6月至8月最熱，11月至翌年3月氣溫最低，日溫差在5至10度之間。雨量上，受西南季風影響，雨量集中在夏季，年平均降雨量爲1653.6公厘，多降在5至9月間，佔全年平均降雨量的88%，年平均降雨日爲103天。大致而言，高雄地區屬雨量少，冬季乾燥，夏季炎熱的氣候型。早在開港通商初期(1866)，外國人深受臺灣濕溽的氣候所苦，比較之下，認爲高雄的氣候環境較臺灣其他地區適合居住(注3)。

　　高雄港灣形勢決定港市的都市發展。高雄港係天然潟湖灣，港灣內水域廣闊，港口有旗後、打鼓兩山丘對峙，自旗後山往南沿海岸有旗津、中洲、紅毛港之長型沙洲屏障，與外海隔離形成天然防波堤，適合船隻泊靠避風。

　　高雄港在未施人工整建之前，航道、泊地與港口出入不盡理想。日治初期，經浚渫之後，很快便成爲優良港口，取代安平的港口地位，更凌駕基隆港口，成爲全島最大港埠都市。

## 二、開發背景

　　荷人據臺期間(1624-1662)以臺南作爲施行殖民中心，大員港(安平)是荷人從事國際貿易的中心港口，南方的打狗只是漁業據點，每年冬季烏魚汛期，大陸沿海漁船到大員領取執照，然後再赴打狗附近漁場作業，漁獲回大員繳什一稅再返大陸。打狗沿岸產石灰、鹽、薪材

注2　曾玉昆，《高雄市地名探源》，(高雄市文獻委員會，民國76年6月)。
注3　*British Parliamentary Papers: Embassy and Consular Commercial Reports,* (Irish University Press, 1971), 1866, Taiwan, p.14.

等，在非漁汛期也有漁船到打狗進行交易，甚至在岸邊搭蓋魚寮，作爲長期久居之所。1660年代打狗地區已有漢人從事農耕，並有荷人居住附近村落，荷屬東印度公司曾派官員駐在打狗處理各項事務。1655年駐臺長官凱薩（Caesar　Comelius）及1660年長官揆一（Coyett Frederick）分別向巴達維亞最高會議提出在打狗建設城堡（注4），但因東印度公司汲汲於近利而疏於防務，建城計劃終未實行。

鄭成功入臺，將赤嵌改爲「東都」，下設天興、萬年二縣。1664 年鄭經改東都爲「東寧」，升天興、萬年二縣爲州。二州以新港溪爲界，迤南至於瑯橋，均屬萬年縣。明鄭政權爲了解決糧食問題，於是行軍屯制。墾殖區與今日市街較接近的有(一)右衝鎮：楠梓區廣昌、興昌、建興等里；(二)後勁鎮：楠梓區錦屏、玉屏、穩田、全田、寶毅等里；(三)左衝鎮左營：左營區舊城內左營；(四)左衝鎮前鋒營：左營區自助等里；(五)援剿前鎮：前鎮區前鎮里（注5）。此外，大陸漁民到臺灣南部捕魚也漸定居於旗後一帶，聚居成庄，於1691年建祀奉媽祖之天后宮（注6），旗後地遂成爲港市發展的原生地。

高雄平原的聚落街市發展重心，一爲行政中心的左營與鳳山，二爲港口附近的市街中心，如旗後、哨船頭、苓雅寮、三塊厝、鹽埕等。港口市街的交通、貿易機能凌駕舊有行政中心市街而成爲新都市的核心。左營自始即爲本區域之政教中心，清領臺灣，設一府三縣，鳳山縣設在興隆莊埤仔頭（左營）。康熙43年（1704）知縣宋永清在興隆莊建縣署，浚深蓮池潭以供灌溉。康熙60年（1712）朱一貴事變，鳳山城被攻破，次年知縣劉光泗建土城，並挖護城壕。乾隆51 年（ 1786 ）林爽文事變

---

注4　張守眞，〈明末打狗史事探討〉，《東海大學歷史學報》，第7期（民國74年12月），頁43。

注5　曹永和，〈鄭氏時代之臺灣墾殖〉，《臺灣早期歷史研究》，（臺北：聯經出版公司，民國68年7月），頁292-293。

注6　曹永和，〈明代臺灣漁業誌略補說〉，前引書，頁250-251。

時，興隆莊舊城兩度被攻陷，事變平定之後，福康安鑑於防禦觀點，議請將縣治移至陂頭[注7]。興隆莊未建城之前，大竹橋莊下陂頭（今鳳山市內）因地處陸路交通要衝，又是防汛要點，故比興隆莊發展更快速。

乾隆53年（1788）鳳山縣治遷至竹橋莊下陂頭街，植刺竹以圍城。嘉慶11年海盜蔡牽黨衆吳淮泗攻陷新城。亂平後福州將軍賽沖阿認爲新城距海遠，反應遲鈍以致失陷，而新城水利失修，不宜人居，主張遷回興隆莊的舊城。但自蔡牽之亂後，舊城雖已修建磚石城，縣治一直在鳳山新城，於是鳳山新城乃成爲高雄地區的行政中心[注8]。

鳳山舊城（左營）盛衰過程中，南邊港口地區由漁鹽農商而漸發展出聚落中心，開港通商（1860）之後，港口日益受重視，旗後、哨船頭、苓雅寮、三塊厝、鹽埕等市街區漸繁榮，加以日本人積極建設，1909年打狗已和鳳山並駕，發展爲南臺灣最大的港口都市。高雄市平原最初之街市中心是由左營舊城而移至鳳山新城，然而日後高雄的都市發展則由港口擴展而來。打狗一直是府城鹿耳門的預備港口[注9]，也是交通、軍事之要地，《鳳山縣志》載：「打鼓港距鹿耳門水程不過二更耳，而船之內地來者，遇北風盛發，恆至打鼓登岸，全臺恃鹿耳門爲咽喉，港

注7  劉淑芬，〈清代鳳山縣城的營建與遷移〉，《高雄文獻》，20、21期合刊（民國74年1月），頁22-23。

注8  地方官紳平民決定留駐新城而不願遷回已改建爲磚石城之舊城的原因，有謂係因城工告竣時知縣杜紹祁病故，衆人以爲不祥而不遷，或謂因舊城病疫流行而不遷城，眞正的原因在於 (1) 舊城行政功能不彰，1847年時舊城人口5百，而新城有8千，知縣理民治事當擇戶口股繁之地；(2)新城的經濟、文化繁盛勝於舊城；(3)舊城規劃失當，空間陝隘，排水不良，飲水不足；(4) 居民爲避難而遷城，久而逃難心態淡化，安土重遷。參見：劉淑芬，〈清代的鳳山縣城——一個縣城遷移的個案研究〉，《高雄文獻》，20、21期合刊，（民國74年1月），頁54-58。

注9  打狗港之名稱有打狗港、且可阿（Tancoia）、岐後港、旗後港、打狗仔港、打鼓港、西港、龍水港、硫璜港、丹鳳澳等，通常槪稱打狗（Takao），1920年取音近之便而稱高雄。

道狹窄，舟不得進；而鳳山之打鼓，則可直揚帆而至，所當加意以備不虞者也。」（注10）此外，打狗港也是通往鳳山莊與興隆莊的重要港道。打狗港灣往北延伸爲硫磺港，可通至興隆莊；南邊沿前鎮港、鳳山港可通至鳳山莊（注11）。

　　打狗港之交通地位雖極重要，但港口有礁岩，船舶出入仍有危險（注12），加以周邊腹地開發程度有限，故港口地位在開港之前仍未十分重要，僅供臺屬小商船往來貿易，至於大陸、臺灣之間的貿易仍集中在安平。19世紀初期起鹿耳門漸淤廢，船隻改泊四草湖、國賽港，打狗港漸有取代安平港口的趨勢（注13），1860年代開港通商之際，澎湖沙洲的延伸使其港口條件勝於安平，依當時之地誌所載：「旗後港港口小，潮水深一丈二尺，大潮一丈四、五尺；當流巨石劈分爲二門，一由打鼓，一由旗後。打鼓淺而多石，洋人淤塞之，凡舟出入皆由旗後門，沙汕暗伏，必須漁船引導，先是此港淤塞，自鹿耳門不容巨艦，此港遂深，洋人出此通商。」（注14）開港通商之後，打狗港口地位更趨重要，港口街市發展亦更快速。

　　旗津半島與澎湖北岸的哨船頭、鹽埕埔、苓雅寮爲港口市街的原始地。哨船頭在港口北岸，康熙末年漁民埋塡海埔，建築家屋而形成聚落

---

注10　陳文達，《鳳山縣志》，文叢第124種（臺北：臺銀，民國50年10月），卷二，規制志，阨塞，頁33。

注11　劉良璧，《重修福建臺灣府志》，文叢第74種，（臺北：臺銀，民國50年3月）卷二，山川，頁55；《鳳山縣采訪册》，頁62-63。

注12　王瑛曾，《重修鳳山縣志》，文叢第146種（臺北：臺銀，民國51年12月），卷一，輿地山川，頁25。

注13　丁紹儀，《東瀛識略》，文叢第2種，（臺北：臺銀，民國46年9月，頁51。）「鹿耳門南爲鳳山縣屬之打狗口，昔只小舟能進。近年沙去水深，南北有打鼓、旗後兩山彎環相抱，故一名旗後口，中可停泊百餘舟；海船往來，遂不赴鹿耳而趨打狗，桑田滄海，於此可徵。」

注14　《臺灣府輿圖纂要》，臺灣文獻叢刊第181種（文叢），〔臺北：臺灣銀行經濟研究室（臺銀），民國52年11月〕，頁28。

(注15)。開港通商之後，洋人之商行、領事館、碼頭集中在旗後與哨船頭兩地。鹽埕區原係臨海岸低濕之地，康熙末年 (1710-1720)南靖縣人趙元、蔡瑪爲、黃孔等人應募率鹽丁二十餘人來臺重整大竹橋莊打鼓澳鹽田，爲有組織經營鹽務之始。由於鹽埕莊居民以粵籍居多，故在乾隆25年 (1760) 建三山國王廟爲聚落信仰中心。鹽埕莊東臨愛河主流之頭前港 (愛河建國橋至中正橋段)，早期船隻可由港口進入頭前港，聯絡三塊厝地區(注16)。

苓雅寮亦係由漁民定居而形成的聚落，因旗後地區之發展而繁榮，乾隆32年 (1757) 黃欽募款興建媽祖廟 (安瀾宮)。地理位置上，苓雅寮位於旗後與下陂頭街鳳山縣城必經之地，是苓雅區發展爲街市中心的因素之一(注17)。陳家遷臺之後，在苓仔雅之頂寮附近落籍發跡，大正7年 (1918) 陳中和倡議重修舊部落信仰中心的安瀾宮，民國56年 (1967) 原廟址因擴建港區而須遷建，陳啓安、啓輝兄弟提供現今永泰路之土地作爲建新廟之用地，1970年完工落成。

三塊厝 (今三民區) 的開發係因於農業耕墾，與前述市街不同。據傳係由明鄭時代隨軍而來的王、蔡、洪三姓移民所墾殖而形成聚落，由於有打狗溪通往海口，交通便利，遂亦成市街中心之一。

咸豐10年 (1860) 臺灣開放通商，瀕臨打狗港地區的街市加速發展，成爲未來新的都市中心。打狗港在同治2年 (1863) 開放爲安平之外口，10月公佈「暫行章程」正式開放打狗。同治3年 (1864) 成立打狗海關。由於府城海口淤塞，不利船隻停泊，不便設立稅口，因此打狗

---

注15　伊能嘉矩，《大日本地名辭書——臺灣篇》(東京：富山房，大正12年7月)，頁149。

注16　曾玉昆，<鹽埕的拓殖與發展考>，《高雄文獻》，22、23期合刊 (民國74年6月)，頁197-202。

注17　高雄市文獻委員會，《高雄市舊地名探索》(高雄：該會，民國72年6月)，頁9之15、16。

海關之地位實際已在府城海關之上，加以外國人較合意於打狗附近的氣候、環境，使打狗的貿易往來日益增多。

英國駐打狗領事館設於同治3年（1864）8月，1867年遷至哨船頭之山頂。開港之後，外國人陸續在打狗設立商行，南臺貿易重心漸移往打狗(注18)。由於打狗商務日盛，商人往來鳳山縣城辦事不便，臺灣兵備道夏獻綸曾請在旗後設一通商分局，遴選廳縣一員以及差役，辦理洋務事宜(注19)。

糖一直是臺灣南部重要出口貿易產品，產區有「臺灣府產區」與「打狗產區」之別，前者北至北港，南至安平，後者北起茄定港，南至恆春。十八世紀產地以臺南平原爲主，十九世紀中葉以後打狗地區產量多於臺南府產區(注20)。糖產區的轉移與安平港口的淤塞，是促成打狗外貿快速發展的原因。1868年至1895年間，糖佔南部貿易平均總值的36.22%，而糖出口值佔打狗出口值的平均百分比爲89%，日、澳、美、香港均爲臺糖主要出口市場(注21)。

南部糖業貿易雖有洋行、洋商介入，但本地商人仍與之抗衡，苓雅寮的陳福謙（1834-1883）曾任洋行買辦，熟悉市場脈絡，對蔗農行高利貸款預買方式(資金前貸制)，壟斷糖源，初販售臺糖於天津、上海、香港等地。同治9年（1870）直銷日本橫濱，開拓國際市場，13年（1874）設「順和行」於苓雅寮之頂寮，市場遠擴至英國，晚年已執南臺糖業之牛耳(注22)。陳家發跡後在頂寮建三落大厝，名爲「順和內」，

注18　C. Imbauel Hurat 原著，黎烈文譯，《臺灣島之歷史與地誌》，臺灣研究叢刊第56種(臺北：臺銀，民國47年3月)，頁81。

注19　唐贊袞，《臺陽見聞錄》，文叢第30種(臺北：臺銀，民國47年11月)，頁45。

注20　林滿紅，《茶、糖、樟腦與晚清臺灣》，臺灣研究叢刊第115種(臺北：臺銀，民國67年5月)，頁29。

注21　同前注，頁2、8、12、89。

注22　Christen Daniels，〈清末臺灣南部製糖業と商人資本〉，《東洋學報》，64卷3、4號（1983年3月），頁84-87。

並在鄰近之地與建店鋪，聚散貨物，進行交易，稱為「七十二行郊」（注23）。陳中和初在順和行習商，負責開拓糖業市場，往來打狗、華南、日本之間，後來自創經營米、糖貿易的「和興行」而崛起。

打狗港地位因貿易而日顯重要，但港口之航運建設多係洋人提出要求或主動辦理，清政府因外患日深，同治13年（1874）有牡丹社之役，光緒10年（1884）有中法之役，對港口之建設著重於防禦設施，而忽略港口的航運建設。外國人深切關心打狗港的建設，若能浚渫沙洲，加深港口泊地，並改善與臺灣府的交通，則打狗可望成為大商埠（注24）。但清廷囿於防務優先於商務的觀念，僅加強打狗港的防衛能力，而對於港口的疏浚工程卻遲遲未行。

兵備道夏獻綸（任期 1873-1879）對於浚深打狗港相當支持，但任內去世遂擱置，繼任之張夢元以經費不足而延宕（注25）。英國人居於通商、航運之利而對浚深港口相當積極，光緒間先後派遣軍艦測量港口，並曾致臺灣道劉璈，表示願意自費疏浚港口，或由中國官員自行辦理工程，洋人願代為購置挖泥機器。劉璈以為開浚打狗可供中外船隻遇風避難之用，並無礙海防，且有利於全臺南中各路貨物流通，打狗港開成後，更可開深基隆、滬尾，甚至花蓮港、成廣澳、卑南亦可開建，使全臺血脈流通，軍務吏治皆有大益，劉璈遂主速開打狗港。但閩浙總督居於「欲保天險」與「多一口究不若少一口」之心態而予以否決，此議乃息（注26）。中法之役為防禦之需，封鎖港口，以擊沈載石帆船阻斷航道（注27）。

注23　照史，《臺灣地方人物趣談》（高雄：勝夫書店，民國64年11月），頁60-61。
注24　同注3，1881年，頁104，1894年，頁6。
注25　同注3，1879年，頁233。
注26　劉璈，《巡臺退思錄》，文叢第21種（臺北：臺銀，民國47年8月），頁179-182，〈稟洋人請開濬旂後港口請示籌辦由〉。
注27　〈1882-1891年臺灣臺南海關報告書〉，《臺灣銀行季刊》，9卷1期（民國46年6月），頁172-173。

劉銘傳任臺灣巡撫期間（1885-1891），十分重視交通建設，興建基隆至臺北之鐵路，並進行基隆港計劃。光緒15年（1899）鐵路總局顧問馬禮遜（H. C. Matheson）赴打狗勘察港口形勢和臺南府、安平、打狗之間的地形，以備將來浚挖港口、沙洲和修築鐵路[注28]，但均未付之實施。劉氏去職後邵友濂繼任，有關交通建設全部停頓，使得打狗的都市延至日據時期始有顯著的發展。

## 三、港埠建設

打狗港的港灣天然形成，腹地平坦廣大，氣候優良，但港口未整建之前，不盡合乎航運需求。日人治臺之前，港灣內狹長水域深度約一公尺，只能供小汽船及中國帆船碇泊。港口水道寬60公尺，中間岩礁棋布，港外有堤狀淺洲，致使較大型汽船須停泊港外一、二浬之處。日人治臺以交通設施為開發殖民地的先決條件，基隆、打狗二港的建設尤為急切，基隆港先行建設，而打狗港因財政經費不足，先進行港勢調查，至1908年才正式開工建港，第一期工程（1908-1912），於1912年完成，第二期（1912-1937）因經費與工程設計的原因而拖延，第三期（1937-1944）因物力不繼，隨大戰結束而告一段落。

### 一、港勢調查

日據前期兒玉源太郎任臺灣總督（1898年2月至1906年4月），以後藤新平為民政長官。1899年後藤新平巡視全島之後，深感有必要在南部建港，翌年乃派總督府技師川上浩二郎率五名技術人員作歷時九個月的打狗港灣調查工作[注29]。

調查內容包括街庄聚落和港灣兩大部分。港口附近較主要街庄有旗後街(3,576人)、苓雅寮(2,811人)、哨船頭街(366人)、鹽埕庄（1,727

人)、鹽埕埔庄 (127人), 人口共7607人, 加上日本人共 8484 人。港灣部分, 內港較淺, 低潮尚有陸地露出水面, 外港深度 2.5-6 公尺。港區內無大型河川流入較無淤淺之虞 (注30)。初步勘查後並未立即進行建港工程, 一因基隆港已在1899年施工, 須集中人力物力於一處; 一因打狗港勢調查未達精確, 遂延緩港口的興建。

1900年臺南至打狗的鐵路竣工, 1908年基隆至高雄的縱貫鐵路全線通車, 打狗為終點站, 客貨進出繁忙, 但車站設備不敷使用, 為擴建車站須塡築用地, 若挖取港灣內泥沙來塡築比自打鼓山掘土更省時, 且可增加沿岸水深, 於是決定由鐵路事業費內撥支 25 萬圓充當經費, 進行浚塡工程, 1904年 11 月施工至 1907 年完成。此浚塡工程完成後, 港內小型船隻之航行與停泊區域擴大, 靠岸裝卸亦較便利,「新興製糖株式會社」所使用之大量製糖機械得以順利卸載, 得之於港灣改良的結果。

1905年 4 月在打狗成立港灣改良工程事務所, 山形有助等技師除對打狗進行調查外, 也對其他港口作調查, 結果強調南部亟需建港, 而南部諸港之中, 以打狗港為南臺灣物資集散中心, 經總督府核定後, 決定以打狗為建港預定地。

經1905年至1906年的港灣調查後, 適值日俄戰爭結束, 島內產業勃興, 米、糖等貨物大量集中於打狗港, 為順此需要, 自1908年起以四年時間進行第一期建港工程。第一期工程於1912年告一段落, 出入口貨物總噸數為 44 多萬噸, 遠超原預定目標的 25 萬噸 (注31)。第二期工程由1912年進行至1937年, 完成後碼頭已可同時供 7 艘萬噸級船隻繫泊, 而外港南側興建788公尺長之防波堤以防止浪侵襲,其他相關的裝卸機具、

---

注30　長尾正元著, 蜀民譯,〈高雄港築港與現況〉,《高市文物》, 2 卷 4 期 (民國46年 6 月), 頁 2 - 3。

注31　同注 29, 頁 35、62-64、65-66、73、74、81; 芝忠一,《新興の高雄》(高雄: 新興の高雄發行所, 昭和 5 年11月), 頁 308、313、252。

倉儲設備、港區鐵路等均頗完備，使得1920年代的高雄港已具現代化港口的規模（注32），航運與貿易的拓展加速都市化的進行。

打狗港的海運航線在1897年由大阪商船會社開闢本島東西岸固定航線，1911年建立日臺定期航線，1918年起陸續與華南、華北、南洋地區建立航運網路。港口建設使船舶出入較便利，進出港口的船隻日益增加，1900年至1925年間入出港舶數由350艘增至1326艘（3.79倍），總船噸數由14萬噸增至176萬噸多（12倍）。1905年起汽（輪）船總數超過帆船數，1912年一期工程完成時，進出打狗港船舶數超越安平，象徵安平港的沒落。但全島而言，基隆仍是最主要港口，自1908年始基隆港的總船噸數占全島50％以上，而打狗始終在20％以下，顯示基隆港的獨占性。

進出打狗港的船隻以往來臺灣、日本者居多（內國貿易船），在總船噸數上是「內國貿易船」多於「外國貿易船」，此與臺灣的米、砂糖主要經由打狗港出口至日本有關。陳家經營主業是米與糖，藉打狗港地利之便，使陳家的經濟事業蓬勃發展，累積了龐大資產。

貿易成長方面，1889年至1925年間高雄港的對外貿易，歷年均是出超，南部的糖均由高雄港出口是造成出超的主因，而南部的糖以運銷日本居多，故高雄港對日貿易佔對外貿易比重平均約81％。就全島對日出口貿易額，1897年至1925年間，高雄港約占一半以上，這是由於日本為主要貿易區，而南部的農產都由高雄出口，使高雄港成為對日貿易的出超型港口。但高雄港對日進口貿易額僅占全島15.69％（1900-1925年），此乃日本貨物多由基隆港輸入之故。就高雄對日進出口貿易額在全島對日貿易總額上，高雄港約佔33.72％，而基隆為53.41％，此與高雄港遠離政經中心，建港較遲，距日本較遠等因素有關。

注32　同注30，頁6-7、10、11-12、12-13、16、14-24；同注29，頁64-65；曾玉昆，＜高雄市史事探討＞（下），《高雄文獻》，10期合刊（民國71年2月），頁196。

臺灣的糖業與貿易有長期的歷史關係。日本本土所產之糖不敷消費
需求，取得臺灣之後，不僅供應日本砂糖之需，也爲財閥資本家提供投
資的空間，日本財閥陸續在臺設立新式工廠，聘請專家積極從事改良臺
灣糖業，而生產的糖也幾乎全數輸往日本（注33）。糖之主要產地在嘉南
平原、高屏平原，所產之糖多由高雄港輸出，1912年至1925年間，出口
至日本之糖約佔對日貿易總額平均的 78.81%，佔出口額之多數。米爲
次要輸出物，平均爲 11.82%，糖、米合計占對日之出口額90%以上，故
高雄港對日之出口貿易可以說等於是米、糖的出口。至於臺灣糖輸往日
本後，多輸往東京、大阪、橫濱等地（注34）。

## 四、港口市街的發展

高雄平原早期兩個行政市街中心──興隆莊舊城（左營）、陂頭新
城（鳳山）並未擴衍爲日後高雄的都市中心，高雄市純由港口地區的旗
後街、哨船頭、苓雅寮、三塊厝街、鹽埕埔等市街中心發展而成，且街
市核心由旗後移至哨船頭，再移至鹽埕，核心區位的移動展現「動態都
市」（Dynapolis）的特徵（注35）。

旗後是高雄市的始源地，住民以漁業爲生，繼而漸有商業貿易活動，
十八世紀末已形成「街」（鳳山縣大竹里旗後街），1863年開港通商，英
人在旗後設立海關分關，打狗港自此成爲國際通商港。旗後地區通山里
一帶成爲商賈聚集的交易場所，洋行、商店林立（注36）。1875年清廷深感
港口防務需要，命副將王福祿在旗後山頂建砲臺，1883年建燈塔以應航

注33　矢內原忠雄著，周憲文譯，《日本帝國主義下之臺灣》，臺北：帕米爾
　　　書局（民國74年7月），頁209。
注34　打狗內地人組合編，《臺灣南部打狗港》（大正6年），頁86。
注35　黃世孟、李永展，〈高雄市的變遷〉，《科學眼》，30期（1986年10
　　　月），頁37。
注36　王魯，〈高雄市的都市地理〉，《屏東師專學報》，第2期（民國73年
　　　4月），頁343。

運安全，1886年建釐金局（注37）。可見旗後在商務、港務、防務上的重要性。

　　哨船頭背壽山面海，扼港灣出口處，洋人由旗後轉往哨船頭建設是其發展的契機。旗後地形狹長，交通上需渡港灣與陸上聯繫，於是洋人轉至對面的哨船頭發展。1863年清廷興建倉庫、稅務司與洋商住屋（注38）。1865年在打鼓山頂所建的洋樓，英人於1867年租用作為領事館，英商張怡記亦承建海關官舍於哨船頭，於是哨船頭漸取代旗後的地位。哨船頭於臺灣割讓之際已成為本區最重要的港口市街中心。1908年南北縱貫鐵路全線通車，以哨船頭為鐵路終點站，成為海陸轉運、貨物集散之地，更具發展潛力。1908年除進行打狗第一期建港工程，並公布「打狗市區計劃」，哨船頭街因市街區空間擴大與港口工程的進行而成為新都市核心地區。

　　1909年臺灣地方行政改制，縮編廳治，鳳山縣改為臺南廳下轄之鳳山支廳，打狗及楠梓升為打狗支廳與楠梓支廳，此時高雄平原由楠梓、打狗、鳳山三街市形成三角形的街市結構，一為內地街市的楠梓，一為舊行政街市的鳳山，一為新興港口街市的打狗。打狗支廳下轄打狗、苓雅寮、左營、陂仔頭四區，而打狗區轄旗後、鹽埕、前金、南鼓山等地（注39）。1920年臺灣地方行政制度再度改革，設高雄州、高雄郡，從此以「高雄」取代「打狗」，此地名的更改隱含以高雄為向南擴張的象徵（注40）。高雄郡行政區域包括鹽埕、旗津、前金、南鼓山、大港、三塊

---

注37　林智隆，＜旗津今昔＞，《高雄文獻》，6、7期合刊（民國69年12月），頁266。

注38　同注36，頁341。

注39　同注17，頁1之50。

注40　「高雄」兩字有「在南方的天地高躍雄飛」之意，改打狗為高雄不只是名稱和日本內地一致外，實深寓以高雄為向南方發展之據點的意義。參見：曾玉昆，《高雄市地名探源》（高雄：高雄市文獻委員會，民國76年6月），頁143。

厝、林德官、大港埔、苓雅寮、過田仔、戲獅甲、前鎮、內惟等地，人口約３萬５千人（注41）。

鹽埕位於高雄河下游河口，昔時分爲鹽埕埔與鹽埕莊，以後壁港爲界。鹽埕莊爲清代瀨南鹽場所在地，南靖縣（半閩半粵籍）移民來此經營鹽業，鹽田分布在今市政府、大勇路、七賢路、富野路至大公路一帶。而鹽埕埔較荒僻，1900 年港灣調查時才24戶，人口127人（注42）。1908年建港工程啓始，由「打狗整地會社」收購瀨南鹽場，並利用浚港泥沙塡築低地，1914年完成浚塡工程後，日系股東分配到新濱區（鼓山區）的土地，而鹽埕區土地（有垃圾地之稱）分配給陳家，但因市街區擴大，鹽埕埔成爲市街地，後來市街中心由旗後移至哨船頭，再移往鹽埕，市況的繁榮促使陳家原先擁有的「垃圾地」一變而爲「狀元地」。

鹽埕爲新興市街地，行政地位遜於哨船頭，故1920年高雄郡役所及街役所均仍設在哨船頭。但鹽埕發展快速，商業貿易發達，人口漸多，都市化發展重心乃由原先哨船頭的湊町、新濱町、哨船町往東移。1924年高雄街人口已４萬多，升格改制爲市，市役所改設在鹽埕區轄下的榮町。改制爲市之後，鹽埕在市區計畫下市街以格狀形態發展，成爲高雄市的商業、行政中心。高雄市街中心區由旗後、哨船頭、鹽埕三區域構成，市街核心由原生地旗後移至哨船頭，再移往鹽埕，表現動態都市的特徵。

高雄港周邊腹地的糖業發展，帶動相關產業如酒精、糖蜜、製糖機械工業的興起，而港口是南部漁業據點，漁撈、養殖、水產加工、冷凍等成爲重要產業。日據時期，日人將高雄視爲「圖南之跳石」、「南進之前衞」，因此設置發電廠、銀行、改善交通，使高雄成爲南臺首要貿易

---

注41　同注17，頁１之51。

注42　曾玉昆，＜鹽埕的拓殖與發展考＞，《高雄文獻》，22、23期合刊（民國74年６月），頁208。

港，並發展爲工業港市。日本在建港之初便對高雄地理環境與發展前景做過縝密的調查與規畫，期使成爲南進基地，1898年成立「市區改正委員會」，釐定市街建設準則，作爲都市計畫建設的依據。

　　高雄因港口交通、貿易機能帶動工商業的發展，相對地行政地位亦漸提昇，1909 年設打狗支廳，象徵打狗已成爲高雄平原的新興市鎮，1920年成爲高雄州治所在地，1924年設市成爲全臺五大都市之一。因高雄港灣條件之利，所發展而出的新興街市，取代了原有舊行政中心的左營與鳳山，成爲由港口市鎮發展的港埠都市。南部糖、米的大量出口使高雄成爲南臺首要貿易港，港口的運輸、貿易機能帶動市街的經濟發展，尤其工業區位條件優異，工業發展盛於基隆港。在都市化過程中，都市核心由旗後──哨船頭──鹽埕的移動，呈現動態都市的特色。1924年與基隆同時升格改制爲市，奠定日後都市發展的基礎。

## 五、高雄港與基隆港之比較

　　地理環境上，高雄與基隆港各踞臺灣南北兩端。高雄港口南岸的旗後山與打狗山相峙， 共扼港灣入出口， 是高雄港的天然屏障與航海指標，基隆港外則有基隆嶼作爲海外陸標，東側的和平島與東北角的桶盤嶼均具有天然屏障的作用，兩港均具優良天然港灣的條件。然而，基隆港灣周圍山嶺逼海，影響都市的發展， 而高雄港附近平原廣闊， 腹地大，深具都市發展之潛力。兩港均有溪河流入港口，高雄港有高雄河與前鎮溪，具有運河功能；基隆港主要有田寮港、蚵殼港，亦具運河功能，可供小型船隻轉駁貨物，兼具市區交通與碼頭裝卸功能。氣候上，基隆港地處臺灣東北角，東北季風勁烈與降雨量多是其氣候的特色，夙有「雨港」之稱，強風多雨多少影響港口營運，但無礙於港口都市的發展。高雄港則受西南季風影響，雨量集中在夏季，氣候宜人，是來臺洋人選擇住所的最愛。

　　歷史背景方面: 高雄舊名「打狗」，源自平埔族的名稱；基隆舊名「雞籠」，也是源自平埔族凱達格蘭（Ketagalan）名稱而來。荷據時代（1624-1661）打狗僅是大陸人作季節性漁業活動的區域而已；雞籠則於天啓6年（1626）爲西班牙人所控制，招來中、日貿易，並一度成爲華南與馬尼拉的貿易中心，1642年荷人驅走西班牙人之後，雞籠未有任何建設。明鄭治臺時期（1662-1682），新港溪以南設萬年縣，以今日之左營爲縣治，漸有漁民定居於旗後一帶，而雞籠因地處北方，明鄭無暇顧及。清領時期（1683-1895），清廷設一府三縣，鳳山縣以興隆莊埤仔頭（左營）爲縣治，而清領初期的雞籠僅是以今日嘉義爲中心的諸羅縣之偏遠一隅而已，未有漢人移居來此，直至雍正初年始有漳州人的出現。值得注意的一點是，臺灣大多數的港口均以泉籍移民爲主，包括打狗在內，而基隆居民之祖籍則以漳州籍居多。康熙60年，朱一貴事變，左營舊城毀，移居今日鳳山，在開港之前，高雄街市發展由左營舊城移至鳳山新城，開港之後則由港口擴展高雄平原的街市發展，而基隆的市街之起源則以港灣南岸與旭川河西岸一帶，以此爲中心，再隨港埠建設逐漸在東西岸以及運河西岸形成市街。打狗港一直是安平的附屬港口，直到十九世紀初期，鹿耳門漸淤廢，船隻改泊四草湖、國賽港，打狗港漸有取代安平港之趨勢，1860年代開港通商之後，打狗港的地位更形重要，終而取代安平港。至於雞籠港則原先只是淡水的輔助港，割讓之前，基隆雖與淡水同爲北部通商口岸，但船舶進出以淡水爲主，基隆主要作爲萬里、瑞芳、暖暖等地的集散街市。直到淡水港漸喪失船隻泊碇的條件，加以劉銘傳的建港計畫，臺北、基隆兩地鐵路的開通，使基隆成爲臺北新首府的海港，至1903年之後貿易額超越淡水，漸成爲全臺最大貿易港。

　　同治、光緒年間（1862-1895），因有日本與法國犯臺，清廷對港口之建設是防禦功能勝於航運功能，即囿於防務重於商務的傳統觀念，致

使打狗、雞籠兩港遲遲未改善，雖曾有兵備道夏獻綸、臺灣道劉璈有心疏浚打狗港，但終以多建設不如少建設以免爲洋人所用而停宕。而清廷對基隆港的建設亦採消極態度，以爲港口有碼頭、船塢，有充裕的煤炭供應，有劉銘傳時代興建的火車路線與內陸相通，會引起列強的垂涎，因此火車並未直接行駛至碼頭，致使基隆港口的運輸、貿易機能未能充分發揮。

　　日據時代（1895-1945），日人治臺以交通設施爲開發殖民地的先決條件，基隆、打狗二港之建設尤爲急切，而以基隆港爲優先建設，原因在於基隆與日本本土較接近，同時又是殖民地權威行政中心臺北的出海港，於是優先於高雄港建設。

　　港埠建設方面。高雄港在1908年之前進行港勢調查，至1908年進行第一期工程（1908-1912），第二期工程始於1912年至1937年，第三期工程至1944年。基隆港則於1899年開始建港，至1906年爲第一期工程，第二期工程由1902年至1912年，爲了推動殖產興業，故本期工程浩大，第三期工程（1912-1928）因逢大戰前後，歐洲列強投入戰局，日本工商業乘勢崛起，出入船舶日增，逐以擴充碼頭設備爲務，1929年至1944年爲擴張工程與外港的修築。建港過程中，二港均曾將港口浚挖泥沙作爲填築市街之用，高雄港所挖浚之泥沙用以填築因全島縱貫鐵路開通而日漸不敷使用的終點站打狗，而基隆港所浚挖的泥沙則供給市街填用，彌補基隆市山巒逼海，平地狹隘的不足。隨著建港工程的擴展，貿易往來漸頻繁，均帶動了兩港街市的快速發展與都市化的進行。

　　在航線開拓方面。高雄港於1908年起陸續與華南、華北、南洋地區建立航運網路，1911年建立日臺定期航線；由於日本爲強化臺、日之間的聯絡，盡力開闢臺日航線，而基隆距日本近，於1896年基隆與日本的定期航線，是爲日本政府保障日本航商的「補助航線」，基隆航線除以日本、華南爲主之外，1916年開闢南洋航線。

　　在船舶數、噸數上，1900年出入打狗港的船舶數占全島5.79%，總噸數占10.78%，至1925年分別增爲18.33%與19%；而1900年出入基隆港的船舶數占全島 13.28%，總船噸數占38%，至1925年分別增至52%與 66.39%。1908年之後入出基隆港的總船噸數已超越全島一半以上，而打狗港始終在20%以下，由此可看出基隆港的獨占性。

　　進出打狗港的船隻以往來臺灣、日本的內國貿易船爲主，這種殖民地與殖民母國的關係，打狗與基隆均反映相似的現象。但這種集中的情形自1910年代起逐漸改變，外國貿易船增加，進出基隆港的「外國貿易船」在1916年超過「內國貿易船」，總船噸數自1918年起「外國貿易船」一直多於「內國貿易船」，表示基隆與日本以外，地區的航運，貿易關係更趨密切。相對地，進出高雄港的「外國貿易船」總數雖在1915年多於「內國貿易船」，但總船噸數則始終是「內國貿易船」多於「外國貿易船」，此與臺灣米、糖主要由打狗港輸出至日本有關。

　　貿易成長上，1897至1925年間高雄港之對外貿易，總進出口歷年來均是出超，南部的糖均由高雄港出口是造成出超之因，此與基隆港因由日本輸入工業產品之消費品居多所造成的長期入超形成明顯對比。南部的糖以運銷日本居多，故高雄港對日貿易佔對外貿易比重平均約81%，此與基隆之對外貿易約80%爲對日本之輸入貿易相似，顯示殖民地與殖民母國間貿易的共通性。1897 年至 1925 年間高雄港年平均貿易成長率爲16.33%，略低於基隆的17.41%。在全島貿易額比例上，1897 至 1925年，基隆占39.97%，高雄爲27.82%，基隆一直是全島最大貿易港，高雄僅在1910、1911、1920等三年超過基隆。兩港總貿易額自1906年起占全島半數以上，1915年更高達81%，1917年後增至92%，幾乎全島貿易由兩港所獨佔。

　　高雄對日本的進出口貿易額占總貿易額的81%以上，而且始終是出超，1897至1925年間，全島對日出口貿易額高雄港約占 50.41%，基隆

約 38.89%，由於日本爲主要貿易區，南部農產均由高雄出口，使高雄港成爲對日貿易的出超型港口。相對地由日本入口的貿易額與基隆成強烈對比，高雄港對日進口貿易額平均占全島的 15.69%（1900-1925），而基隆港高達 70.14%，故基隆港對日貿易長期處於入超狀，是爲入超型港口，至1923年才呈現出超。就高雄對日進出口貿易額在全島對日貿易總額地位，高雄對日貿易額平均占全島 33.72%，而基隆則爲 53.41%，此乃基隆與日本航線較近，基隆又鄰接政經及消費中心的臺北，加以港口建設較早，因此對日進口貿易量大，並成爲全島最大對日貿易港口。

就貨品出入口方面,由高雄對日出口的貨物爲農產品或農產加工品，如砂糖、米、酒精等，而其中尤以砂糖爲出口大宗。由 1912 年至 1925 年間由高雄港出口至日本的糖價額占對日貿易總額之 78.81%來看，呈現砂糖輸入日本的獨佔性。而由高雄港進口則以工業產品或生產機械爲主，其中以肥料爲最大宗貨品，肥料大量進口與製糖業的發展有密切關係，日本爲增加臺糖產量，於是推廣使用化學肥料，增產的糖可充分供應日本國內市場之需求，使臺灣成爲日本肥料主要市場，此充分顯現日本對臺灣的「工業日本、農業臺灣」的殖民政策。至於基隆港方面，由基隆輸往日本主要貨物以農產、水產、礦產居多，如糖、米、柴魚、茶、煤等，而糖、米兩者爲最大宗出口品，與高雄港相似，合計超過對日出口值之半數，而尤其糖高居首位，因臺中以北之糖均由基隆出口，而由基隆港進口的日本貨品多係民生消費品以及交通建設材料，如米、麵粉、糖、石油、鐵材等。爲何臺灣大量的米輸往日本，而仍有九州之肥前米進口，因移臺日人漸增，其習慣食用日本米之故，進口糖乃由臺灣輸往日本的砂糖，部分加工糖製爲白糖再銷往臺灣。由基隆港進出口貨物來看，亦可清楚看出在「工業日本、農業臺灣」的殖民政策下，臺灣供應日本民生物資和原料，並成爲日本工業產品的市場。

　　兩港對日以外國家的貿易方面，高雄港比例平均爲 18.52%，基隆港則爲 19.83%，兩港對外貿易集中於殖民本國之程度相近；但全島對日本以外國家之貿易總額卻有差別，1897至1925年間，高雄港爲 16.66%，基隆港則爲 29.41%，對「外國」出口貿易而言，高雄佔全島9.83%，而基隆高達 37.93%，蓋因相當比例之茶與樟腦均由基隆港出口之故，而在全島對外國進口貿易額上，兩港比例相近 (21.21%：23%)，顯示兩港在與日本以外國家的進口貿易之質與量均相似。對日本以外國家之進出口貨物上，中國大陸一直是高雄港最重要的「外國貿易」地區，尤其東北大量豆粕輸往高雄，供作肥料之用，使東北成爲高雄對華貿易的重心地區。至於出口貨品，高雄港仍以砂糖爲「外國」的出口大宗。至於由基隆港出口至「外國」之貨品以煤炭、樟腦、茶（臺灣三寶）爲主，茶、樟腦占出口大宗與清末以來之趨勢是一致的（茶輸往美國與南洋，樟腦則輸往歐美），而煤炭則因日據之後改進開採技術和運輸設備，使煤炭成爲基隆港重要出口礦產，以中國大陸爲運銷的主要市場。

　　港口市街發展方面。高雄由原先的兩個行政市街中心 —— 興隆莊舊城（左營）、陂頭新城（鳳山）由港口附近新興的街市所取代，核心區域由原生地的旗後街移至哨船頭，再移至鹽埕，亦卽高雄街市核心區域之發展，呈現「動態都市」的特徵。而基隆港因腹地小，山巒逼海，街市發展受地形限制，日據初之核心街區面積僅約16萬坪，經市區改正工程與建港施工時之浚塡工程使海岸線變爲平直，市街面積才隨之增加。其市街起源地在港灣南岸與旭川河西岸一帶，市街以此範圍爲核心，再隨港埠建設逐漸在東西岸與運河兩岸形成市街。

　　1909年臺灣地方行政改制，打狗升格爲打狗支廳，與楠梓支廳、鳳山支廳形成高雄平原三角形街市之結構，1920年設高雄州、高雄郡，從此以「高雄」取代「打狗」，象徵高雄爲南進政策下之跳板，此與雞籠

於光緒元年（1875）牡丹社事件後更改爲「基隆」（基地昌隆）同爲因
對外關係而更改土名。基隆於1896年爲臺北縣基隆支廳，市街屬於基隆
堡管轄，1924年與高雄同時升格爲市，奠定兩港市鎮的發展。

　　經濟活動方面，高雄港市集中於工商業，工業產值占全市產業值76％
以上，充分反映工業港市之特色。基隆主要工商業均由日人所經營，但
仍有本地資本家與之抗衡，尤以發跡自瑞芳的顏家（顏雲年、顏國年）
爲著名，高雄則以發跡於苓雅寮，經營糖米的陳家（陳中和）爲著名。

## 六、結　語

　　臺灣港口市鎮的發展歷經傳統時期、開港通商時期、殖民地時期等不
同的時間脈絡，在空間體系上則由擴散而集中，開港通商是醞釀轉變期，
日本的殖民統治則是決定性關鍵時期。基隆，高雄的港埠建設與南北縱
貫鐵公路開通，改變舊有孤立的市場體系和東西向的商品流通導向。舊
港口內外在因素交相運作下逐漸沒落，新式港口崛起，1906年基隆、打
狗兩港的貿易額已占全島的50％以上，1912年增至80％，1920年則高達
90％，貿易的獨占反映港口體系集中南北的態勢已形成，相對地兩港市
的都市發展在1920年代已奠定基型。

# 日據中期高雄地區的人口流動
# (1920-1931)

溫　振　華

## 一、前　言

　　人口流動，是反映一個社會經濟發展的重要指標。在人口統計未展開的社會，由於人口資料的缺乏，對於一地區人口流動的瞭解，就變得困難。1905年在民政長官後藤新平「生物政治學」觀念的驅使下[注1]，臺灣開始第一次大規模的人口調查[注2]。從此，臺灣的人口，有了較詳細、較正確的調查統計。不過為了應運殖民統治的需要，地方行政區劃不斷的變更，利用比較不便，必須重新調整。1920年，日本在臺灣的統治日益鞏固，地方的行政體制也確定[注3]，以「街」、「庄」為單位（約相當今天的鄉鎮市範圍）的人口統計，一直沿用至今。本文卽以此單位為標準，觀察人口流動。

　　人口流動是觀察一地區社會經濟發展的起點，本人曾對臺北、宜

---

注1　後藤新平受達爾文進化論的影響，認為一個政策之施行能否成功，在於
　　它是否能適應施行的地區。就像生物一樣，適者才能生存。因此一個政
　　策之制定，其第一步工作是先透過調查統計瞭解該社會。表八的科學主
　　義與日本枕治政策關係圖，可更詳盡的說明其運作的過程。
注2　有關日據時代各次人口調查統計之梗概，可參閱拙文，<日據時代臺灣
　　的人口資料>，載《臺灣史田野研究通訊》第14期，頁44-46。
注3　參閱溫振華，《二十世紀初之臺北都市化》，師範大學歷史研究所博士
　　論文，1986年，頁66-72。

蘭、臺中等地區作過研究（注4），本文探討的高雄地區，範圍包括今天的高雄市與高雄縣，日據時代隸屬高雄州。各街庄的行政區劃分別屬於州下的高雄郡（包括高雄街、仁武庄、燕巢庄、楠梓庄、左營庄）、岡山郡（岡山庄、阿蓮庄、路竹庄、湖內庄、彌陀庄）、鳳山郡（鳳山街、小港庄、林園庄、大寮庄、大樹庄、鳥松庄）、旗山郡（旗山街、美濃街、杉林庄、甲仙庄、內門庄、田寮庄、蕃地）、屏東郡（六龜庄）。其空間分佈，如圖一所示。探討的時間，主要限於1920年至1931年。

　　本文的主旨在根據現住人口統計與國勢調查資料，描述日本統治中期高雄地區臺灣人的人口流動，試析其原因，並觀察區域人口流動之特色。

## 二、高雄州與外州間的人口流動

　　高雄地區的人口流動，可分別從州際間的人口流動與州內的人口流動兩方面來觀察。有關州際間的人口流動，主要根據人口出生地的資料來說明。

　　人口出生地的資料，可以觀察一地人口流動的方向（注5）。1920年的國勢調查，以州爲單位，開始有出生地的記載，1930年與1940年降至以州下的市郡爲單位。卽，根據州或州下市郡的人口出生地資料，對於一地移入人口的區域能有線索可尋。

　　1920年的人口出生地資料（表一），雖以州爲單位，但是這是最早的人口出生地統計，依然能觀察州際間人口流動的大勢。

　　從表一中，我們可以對1920年臺灣州廳間的人口流動有一概括性的

---

注4　除前注引書外，本人有關人口流動的論文尚有＜二十世紀上半葉宜蘭地區的人口流動＞載《師範大學歷史學報》，第14期，1798 年，頁 239-290。＜日據時期臺中市之都市化＞，載《思與言》，第 26 卷第 1 期，1988年，頁81-100。

注5　參閱廖宏進，《人口遷移》，三民書局，1985年，頁40-45。

圖一: 高雄地區街庄圖 (1920)

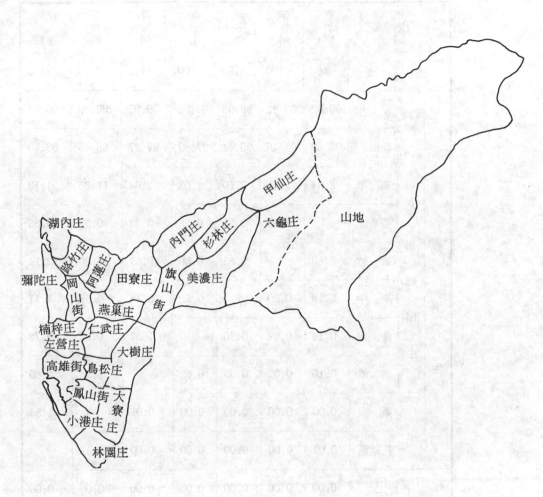

認識。臺灣西部各州，自州廳出生的人口所佔的比率相當高，東部兩廳則顯著低。也就是，西部各州，外州移入的人口較少，東部則相反，尤以花蓮港廳移入的比率最高。就高雄州而言，自州出生的有 97.27%；他州廳出生的僅有2.64%，也就是外州廳移入的比率小，而以臺南州移入最多，占1.57%，其次是新竹州，占0.67%。臺南州與高雄州相鄰，距離較近，移入較多。然新竹州的移入，則非是距離所能說明的，蓋距

表一: 1920 年州廳別臺灣人出生地表

| 州廳別 | | | 臺北州 | 新竹州 | 臺中州 | 臺南州 | 高雄州 | 臺東廳 | 花港蓮廳 |
|---|---|---|---|---|---|---|---|---|---|
| 總數 | | | 100 | 100 | 100 | 100 | 100 | 100 | 100 |
| 臺灣出生 | 總數 | | 99.62 | 99.87 | 99.93 | 99.92 | 99.91 | 99.80 | 99.81 |
| | 自州廳出生 | | 96.69 | 98.45 | 96.44 | 97.89 | 97.27 | 88.45 | 68.70 |
| | 他州廳出生 | 總數 | 2.94 | 1.43 | 3.50 | 2.03 | 2.64 | 11.36 | 31.12 |
| | | 臺北 | | 0.88 | 0.26 | 0.28 | 0.24 | 0.90 | 13.88 |
| | | 新竹 | 2.50 | | 2.83 | 0.50 | 0.67 | 0.86 | 12.14 |
| | | 臺中 | 0.19 | 0.50 | | 0.62 | 0.14 | 0.58 | 1.11 |
| | | 臺南 | 0.14 | 0.02 | 0.36 | | 1.57 | 0.82 | 0.78 |
| | | 高雄 | 0.10 | 0.02 | 0.05 | 0.62 | | 5.74 | 1.85 |
| | | 臺東 | 0.00 | 0.00 | 0.00 | 0.00 | 0.01 | | 1.35 |
| | | 花蓮港 | 0.01 | 0.00 | 0.00 | 0.00 | 0.00 | 2.47 | |
| 日本出生 | | | 0.00 | 0.00 | 0.00 | 0.00 | 0.00 | 0.00 | 0.00 |
| 其他 | | | 0.38 | 0.13 | 0.07 | 0.08 | 0.09 | 0.20 | 0.19 |

資料來源: 根據《大正 9 年 (1920) 第 1 回臺灣國勢調查集計原表‧(州廳の部)》, 表17, 頁524-558資料計算得。

離比新竹州近的臺中州, 移入的比率卻低於新竹州。新竹州的移出, 應與本身的推力有大的關係。至於高雄州往外移的州廳, 以緊鄰的臺東廳

為最高，高雄州出生的人口占臺東廳人口的5.74%，高於各州廳。

## 三、高雄地區內的人口流動分析

高雄地區區內的人口流動，以街庄為單位，計算 1921 至 1931 年（1925年不計）十年間，各街庄的淨遷徙率與總遷徙率，以觀察各街庄人口流動的大勢。

從高雄地區各街庄的人口淨遷徙率（表二、圖二）觀察，我們可以約略瞭解各街庄人口遷入與遷出的情形。正淨遷徙率愈高，表示遷入大

表二：高雄地區各街庄人口淨遷徙率與總遷徙率表 (1921-1931)

| 街　庄　名 | 占高雄地區人口% | 淨遷徙率‰ | 總遷徙率‰ |
|---|---|---|---|
| 高　雄　街 | 12.2 | 29 | 141 |
| 鳥　松　庄 | 1.7 | 19 | 90 |
| 鳳　山　街 | 4.2 | 15 | 142 |
| 旗　山　街 | 5.3 | 9 | 111 |
| 大　樹　庄 | 4.1 | 4 | 45 |
| 小　港　庄 | 4.3 | 4 | 41 |
| 仁　武　庄 | 2.9 | 3 | 68 |
| 燕　巢　庄 | 2.1 | 2 | 50 |
| 岡　山　街 | 4.0 | 2 | 77 |
| 楠　梓　庄 | 4.8 | 2 | 72 |
| 大　寮　庄 | 4.8 | 2 | 38 |
| 甲　仙　街 | 0.7 | 2 | 157 |
| 美　濃　庄 | 6.3 | 1 | 40 |
| 六　龜　庄 | 1.8 | 1 | 124 |
| 左　營　庄 | 5.4 | 0 | 44 |
| 路　竹　庄 | 3.9 | -1 | 36 |
| 阿　蓮　庄 | 2.4 | -1 | 58 |
| 杉　林　庄 | 1.9 | -2 | 72 |
| 林　園　庄 | 4.8 | -4 | 31 |
| 彌　陀　庄 | 7.9 | -5 | 37 |
| 內　門　庄 | 3.2 | -7 | 60 |
| 湖　內　庄 | 8.1 | -7 | 36 |
| 田　寮　庄 | 3.1 | -11 | 39 |
| 山　　地 | 0.1 | -80 | 692 |

資料來源：根據《臺灣現住人口統計》，臺灣總督府，1921至1931年（1925年不計）資料計算得。

圖二: 高雄地區淨遷徙率圖 (1921-1931)

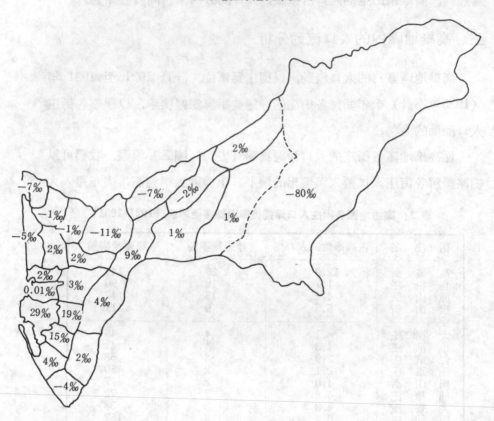

資料來源:《臺灣現住人口統計》, 1921-1931 年 (1925年不計) 資料計算繪製。

於遷出的比率愈高; 負遷徙率, 表示遷出大於遷入。總遷徙率, 係遷入
與遷出人口數的和, 占總人口數的百分比。總遷徙率愈高, 表示流動愈
頻繁, 愈低則相反。

根據表中的淨遷徙率的高低, 把各街庄分成四類: (一)正淨遷徙率
高的街庄: 高雄街、鳥松庄、鳳山街、旗山街; (二) 正低淨遷徙率的
街庄: 包括大樹庄、小港庄、仁武庄、燕巢庄、岡山街、楠梓庄、大寮
庄、甲仙庄、美濃街、六龜庄、左營庄; (三)負低淨遷徙率的街庄: 路

竹庄、阿蓮庄、杉林庄、林園庄、彌陀庄、內門庄、湖內庄、田寮庄;
(四)負高淨遷徙率的地區: 山地。一般而言, 正負遷徙率高, 總遷徙率
也高。山地雖是最高的負淨遷徙率區, 但是人口占高雄地區總人口, 僅
有 0.1%, 故在人口移動上, 影響有限。比較特別的是正低遷徙率而有
高總遷徙率的街庄: 甲仙庄與六龜庄。高總遷徙率的街庄, 就空間分佈
看(圖三), 一是在西邊以高雄街為中心, 加上緊鄰的鳳山街與鳥松庄;

圖三: 高雄地區各街庄總遷徙率圖 (1921-1931)

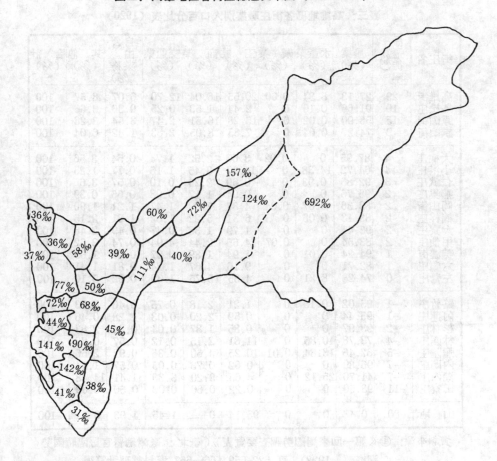

資料來源:《臺灣現住人口統計》, 1921-1931 年 (1925年不計) 資料計算繪製。

二是東邊的山地區以及緊鄰的六龜庄與甲仙庄；三是在兩地介於平原與
丘陵交界的旗山街。負低遷徙率與低總遷徙率的街庄，除林園庄在南，
其餘諸庄皆在北，緊鄰臺南州。透過上面數據的說明與空間的觀察，我
們對1921至1931年高雄地區街庄的人口流動有了一概括的認識。

接著，我們想分析上述諸街庄人口流動的一些原因。人口流動應與
經濟的發展有著密切的關係，1920年的國勢調查，有各街庄職業別人口
數，依淨遷徙率高低，將其整理統計如表三，裨利各類型之分析。

**表三：高雄地區各街庄職業別人口百分比表（1920）**

| 街庄名 | 淨遷徙率(‰) | 農業(%) | 水產業(%) | 礦業(%) | 工業(%) | 商業(%) | 交通業(%) | 自由業公務(%) | 其他(%) | 合計(%) |
|---|---|---|---|---|---|---|---|---|---|---|
| 高雄街 | 29 | 27.13 | 8.34 | 0.60 | 20.55 | 16.04 | 12.70 | 6.07 | 8.57 | 100 |
| 鳥松庄 | 19 | 91.66 | 0.10 | 0 | 2.44 | 1.53 | 0.25 | 0.36 | 3.66 | 100 |
| 鳳山街 | 15 | 58.90 | 0.02 | 0 | 15.28 | 16.51 | 2.47 | 3.54 | 3.28 | 100 |
| 旗山街 | 9 | 74.27 | 0.04 | | 7.35 | 8.05 | 2.83 | 1.42 | 6.04 | 100 |
| 大樹庄 | 4 | 87.95 | 0 | 0.02 | 3.67 | 2.52 | 1.74 | 0.54 | 3.56 | 100 |
| 小港庄 | 4 | 64.72 | 14.38 | 0 | 14.27 | 3.45 | 1.16 | 0.77 | 1.25 | 100 |
| 仁武庄 | 3 | 92.85 | 0.03 | 0 | 0.60 | 2.25 | 0.10 | 0.57 | 3.6 | 100 |
| 燕巢庄 | 2 | 96.76 | 0 | 0 | 0.94 | 1.17 | 0.08 | 0.66 | 0.39 | 100 |
| 岡山街 | 2 | 83.36 | 0.07 | 0.04 | 4.87 | 7.08 | 1.47 | 1.21 | 1.90 | 100 |
| 楠梓庄 | 2 | 83.13 | 0.06 | 0 | 6.31 | 5.22 | 1.82 | 1.31 | 2.15 | 100 |
| 大寮庄 | 2 | 95.41 | 0 | 0 | 1.79 | 1.38 | 0.47 | 0.49 | 2.46 | 100 |
| 甲仙庄 | 2 | 83.54 | 0 | 0.07 | 4.65 | 2.44 | 4.94 | 0.74 | 3.62 | 100 |
| 美濃街 | 1 | 94.24 | 0.01 | 0 | 1.94 | 1.89 | 0.07 | 0.76 | 1.09 | 100 |
| 六龜庄 | 1 | 82.71 | 0 | 0 | 9.16 | 4.67 | 1.24 | 0.81 | 1.41 | 100 |
| 左營庄 | 0 | 74.28 | 8.21 | 0 | 4.35 | 5.75 | 1.39 | 0.92 | 5.10 | 100 |
| 路竹庄 | -1 | 95.02 | 0.15 | 0 | 1.21 | 2.18 | 0.75 | 0.46 | 0.23 | 100 |
| 阿蓮庄 | -1 | 95.44 | 0 | 0 | 0.59 | 2.20 | 0.03 | 1.28 | 0.46 | 100 |
| 杉林庄 | -2 | 93.97 | 0 | 0 | 0.85 | 1.87 | 0.04 | 0.44 | 2.83 | 100 |
| 林園庄 | -4 | 73.78 | 10.85 | 0 | 11.81 | 2.15 | 0.12 | 0.57 | 0.72 | 100 |
| 彌陀庄 | -5 | 67.46 | 13.84 | 0.01 | 10.25 | 4.60 | 0.36 | 0.92 | 2.56 | 100 |
| 內門庄 | -7 | 96.89 | 0 | 0 | 0.62 | 0.73 | 0.05 | 0.57 | 1.14 | 100 |
| 湖內庄 | -7 | 41.76 | 25.12 | 0 | 4.65 | 9.20 | 3.38 | 1.41 | 14.48 | 100 |
| 田寮庄 | -11 | 98.50 | 0 | 0 | 0.22 | 0.66 | 0.03 | 0.50 | 0.09 | 100 |
| 山地 | -80 | 0.48 | 0 | 0 | 96.14 | 0 | 1.45 | 1.93 | 0 | 100 |

資料來源：①《第一回臺灣國勢調查要覽表》（臺北：臺灣總督官房臨時國勢
　　　　　調查部，1922），頁 622-659、666-667 資料整理計算得。
　　　　②淨遷徙率引自表二資料。

#### (一)正高淨遷徙率街庄之分析

就表中觀察，正淨遷徙率高的四街庄中，除鳥松庄有高的農業人口91.66%外，其餘的高雄街、鳳山街、旗山街，其農業人口皆較低，高雄街最低僅有 27.13%。工商業人口，皆在15.4%以上，其中高雄街高達36.59%。

高雄街成爲高雄地區最大的人口移入中心，實與1908年以來高雄港的興築有密切的關係（註6）。在1922至1926年間，其輸出總額占全臺的64.81%，爲全臺最大的輸出港，同期輸入總額占全臺的27.37%，僅次於基隆港（註7）。由於港埠的修築，帶來許多連鎖發展，工商業日益興起，從職業人口的結構中可以窺見。就其人口之男女性比例觀察（表四），

表四：高雄街人口性比例表（1921-1931）

| 年　　代 | 男 | 女 | 男女性比例 |
|---|---|---|---|
| 1921 | 14311 | 12294 | 116 |
| 1922 | 14606 | 12927 | 113 |
| 1923 | 15300 | 13576 | 113 |
| 1924 | 16116 | 14321 | 113 |
| 1925 | 17146 | 15321 | 112 |
| 1926 | 18009 | 16194 | 111 |
| 1927 | 18726 | 16965 | 110 |
| 1928 | 19984 | 18220 | 100 |
| 1929 | 21432 | 19627 | 109 |
| 1930 | 23477 | 21416 | 110 |
| 1931 | 24198 | 22285 | 109 |

資料來源：《臺灣現住人口統計》，1921-1931年高雄街部份之資料計算得。

---

注6　曾鶯斐，〈日據高雄築港對高雄地區之影響〉，臺灣大學歷史研究所碩士論文，1990年，頁73-79。
注7　參閱注3引書，頁 231-233。戴寶村，〈近代臺灣港口市鎮之發展〉，師範大學歷史研究所博士論文，1989年。

男多女少的現象，從1921年的116，降爲1931年的109，多少說明男性移入者比女性多的情況逐漸減少。高雄街的發展與臺北市的情形不一樣，臺北市在1925年時男女性比例爲99（注8），女多男少，此與茶葉的製造有密切的關係（注9）。

鳳山街與鳥松庄，皆近高雄街，其中鳳山街是高雄地區的舊政治中心，工商業人口所佔比率亦高達 31.79%，僅次於高雄街（山地區除外），也較能吸引人口移入。鳥松庄在四街庄中較特別，因爲農業人口高達91.66%，則可能隨著高雄街的都市化，四周農業經營逐漸蔬菜化，而需要農業勞力，而有較多的移入者，故農業人口比率依然高。

### □頁高淨遷徙率地區之分析

這個地區在山地鄉，爲高總遷徙率與負高遷徙率區。從其人口職業結構看，主要以工業活動爲主，高達 96.14%。此山地工業，應與林木伐採及製腦業相關（注10），這種工作流動性大，不固定。從表五該山地區的人口性比例，可觀其人口結構之特殊性。

顯然這是男女比例懸殊的地區，男子遠多於女子，亦可說明其人口流動頻繁的原因。

### □正低淨遷徙率街庄分析

在這些低正遷徙率之街庄中，小港庄的工商業別的人口所占比率最高，達 17.72%。該庄近高雄港，吸引人口之移入。除左營庄農業人口僅74.28%外，其餘皆在82.71%以上，農業街庄的性質相當濃厚，人口的淨遷入也就有限。由於農業的改進與發展，留住一些鄉村人口，移出相對減少。其中美濃庄與杉林庄的祖籍別以粵東之潮州府、嘉應州兩地

---

注8 《大正十四年國勢調查結果表》，臺灣總督官房臨時國勢調查部，1927年，頁332資料計算得。

注9 注3前引書，頁274-275。

注10 《甲仙鄉概況簡介》，甲仙鄉公所，1977年，頁1。1905年製腦拓殖會社設於甲仙，從事山區之製腦。

表五: 高雄地區山地人口性比例表 (1921-1931)

| 年　　代 | 男 | 女 | 男女性比例 |
|---|---|---|---|
| 1921 | 135 | 96 | 141 |
| 1922 | 145 | 113 | 128 |
| 1923 | 165 | 110 | 150 |
| 1924 | 140 | 75 | 187 |
| 1925 | 94 | 77 | 122 |
| 1926 | 123 | 80 | 154 |
| 1927 | 97 | 60 | 162 |
| 1928 | 87 | 55 | 158 |
| 1929 | 81 | 54 | 150 |
| 1930 | 100 | 56 | 179 |
| 1931 | 108 | 56 | 193 |

資料來源: 同表四引書，高雄地區部份之資料計算得。

為多，美濃庄占98.33％，杉林庄占81.25％，這是高雄地區客家人比率最高的兩個鄉庄[注11]。從兩庄的男女性比例(表六)，可觀察其在人口流動上有趣的現象。一個正常社會男女性比例約在 105 左右。從兩庄男性比例較低觀察，男子外移的情形較多，尤以美濃庄為然。兩庄農業人口高達93％以上，但比較高雄地區其他街庄，皆無此種現象，顯然不能完全以經濟因素來解釋。客家人傳統的「好男不在家」之價值觀念，可能加強男性外移的動因。甲仙庄的移入人口中，不少來自新竹州，從事伐木製腦[注12]。

---

注11　根據《 臺灣在籍漢民族鄉貫調查 》，臺灣總督官房調查課，1928，頁
24-27資料整理計算繪製。
注12　根據前甲仙鄉鄉長范垍烜與前甲仙鄉公所秘書曾德明兩位先生的口述。

### 表六: 美濃、杉林兩庄人口性比例 (1921-1831)

| 年 代 | 美 濃 庄 | | | 杉 林 庄 | | |
|---|---|---|---|---|---|---|
| | 男 | 女 | 性比例 | 男 | 女 | 性比例 |
| 1921 | 8109 | 8171 | 99 | 2577 | 2574 | 100 |
| 1922 | 8249 | 8364 | 99 | 2581 | 2598 | 99 |
| 1923 | 8369 | 8572 | 98 | 2553 | 2614 | 98 |
| 1924 | 8567 | 8802 | 97 | 2587 | 2641 | 98 |
| 1925 | 8667 | 8958 | 97 | 2680 | 2689 | 100 |
| 1926 | 8886 | 9272 | 96 | 2709 | 2719 | 100 |
| 1927 | 8949 | 9468 | 95 | 2764 | 2734 | 101 |
| 1928 | 9147 | 9626 | 95 | 2813 | 2793 | 101 |
| 1929 | 9435 | 9932 | 95 | 2863 | 2789 | 103 |
| 1930 | 9806 | 10369 | 95 | 2979 | 2882 | 103 |
| 1931 | 10151 | 10691 | 95 | 3080 | 2994 | 103 |

資料來源:《臺灣現住人口統計》，1921-1925 年美濃庄與杉林庄資料整理計算得。

#### ㈣低頁淨遷徙率街庄之分析

除林園、彌陀、湖內等三庄，水產業與工商業比較高，造成農業人口較少之外，其餘五庄，農業人口高達 93.97％以上。其中湖內庄中，「其他」項的有業人口，高達14.48％，是否屬臨時性的傭工，則不得而知，不過這個現象，值得我們在注意其他資料，再進一步解釋。

### 四、結 論

以上的描述與分析，有助於我們對 高雄地區人口流 動概括性的瞭解。那麼，高雄地區的人口流動與其他地區有否差異。人口淨遷徙率，提供我們一個比較的指標。表七是臺北地區與高雄地區人口淨遷徙率的比較。從淨遷徙率比較，臺北市人口移入中心的四周街庄，呈現高遷出率，人口淨移出的比率高出高雄街四周的街庄。這個現象說明臺北市的移入人口，以市郊街庄爲主，屬於近距離人口流動。至於高雄地區，移

圖四：高雄地區漢人祖籍別百分比分佈圖 (1926)

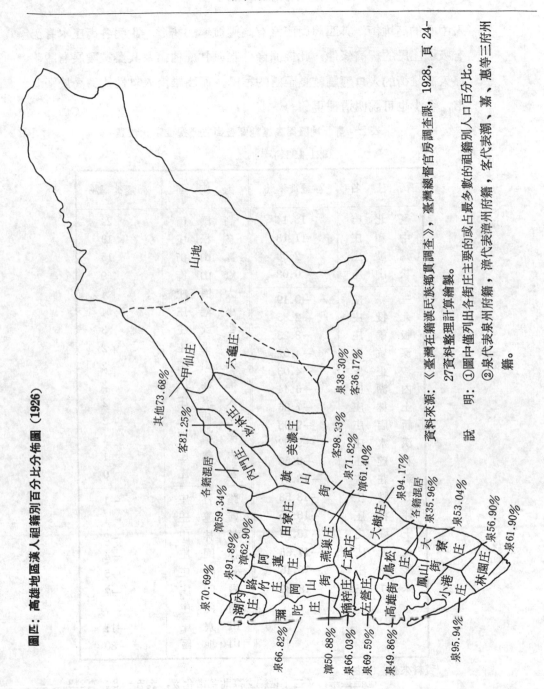

資料來源：《臺灣在籍漢民族鄉貫調查》，臺灣總督官房調查課，1928，頁 24-27資料整理計算繪製。

說　明：①圖中僅列出各街庄主要的或占最多數的祖籍別人口百分比。
　　　　　②泉代表泉州府籍，漳代表漳州府籍，客代表潮、嘉、惠等三府州籍。

入中心的高雄街，其四周街庄沒有高遷徙率的情形，說明各街庄本身仍有吸引庄民的經濟條件，此經濟條件應與甘蔗種植及其農業發展有關，移入高雄街的人口應屬較長距離的移民。而高雄街人口性比例高於臺北市，多少也可說明這種現象。

### 表七: 臺北地區與高雄地區各街庄淨遷徙率比較表 (1921-1931)

| 街　庄　名 | 淨遷徙率‰ | 街　庄　名 | 淨遷徙率‰ |
|---|---|---|---|
| 臺　北　市 | 18.14 | 高　雄　街 | 29 |
| 中　和　庄 | 11.13 | 鳥　松　庄 | 19 |
| 鶯　歌　庄 | 2.08 | 鳳　山　街 | 15 |
| 松　山　庄 | 0.02 | 旗　山　街 | 9 |
| 三　峽　庄 | −0.19 | 大　樹　庄 | 4 |
| 北　投　庄 | −2.85 | 小　港　庄 | 4 |
| 板　橋　庄 | −3.23 | 仁　武　庄 | 3 |
| 深　坑　庄 | −4.02 | 燕　巢　庄 | 2 |
| 汐　止　庄 | −4.03 | 岡　山　街 | 2 |
| 內　湖　庄 | −6.44 | 楠　梓　庄 | 2 |
| 士　林　庄 | −7.36 | 大　寮　庄 | 2 |
| 新　店　庄 | −9.08 | 甲　仙　庄 | 2 |
| 淡　水　庄 | −9.52 | 美　濃　街 | 1 |
| 石　碇　庄 | −9.56 | 六　龜　庄 | 1 |
| 新　莊　庄 | −13.57 | 左　營　庄 | 0 |
| 五　股　庄 | −13.58 | 路　竹　庄 | −1 |
| 坪　林　庄 | −16.35 | 阿　蓮　庄 | −1 |
| 土　城　庄 | −16.85 | 杉　林　庄 | −2 |
| 八　里　庄 | −17.86 | 林　園　庄 | −4 |
| 鶯　洲　庄 | −18.16 | 彌　陀　庄 | −5 |
| 林　口　庄 | −18.89 | 內　門　庄 | −7 |
| | | 湖　內　庄 | −7 |
| | | 田　寮　庄 | −11 |
| | | 山　地　區 | −80 |

資料來源: ①表二。
②溫振華，《二十世紀之臺北都市化》，表五～8，頁213。

表八：科學主義與日本殖治政策關係表

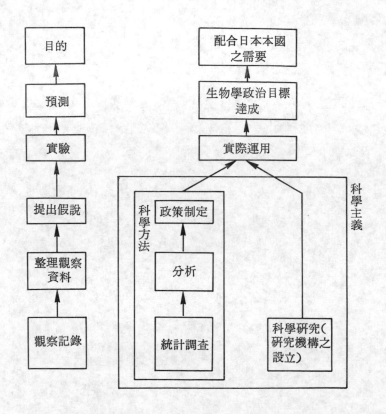

資料來源：溫振華，《二十世紀初之臺北都市化》，頁74

# 黃金川的情感世界與現實關懷

## ——以《金川詩草》爲中心

### 黃　俊　傑

## 一、前　言

　　黃金川（1907,11,5-1990,10,8）女史是南臺灣文學史上居一席之地的詩人，她的《金川詩草》及其續篇（合刊爲《金川詩草》，1991，陳啓清先生慈善基金會出版）收錄一生詩作 359 首，數量雖非龐大，但情感細膩，並在某種程度上反映對現實的關懷，誠爲臺灣文學史上值得探討的一章。這篇論文寫作的目的，就是在於分析黃金川詩學世界中的情感內涵與詩作中所反映的現實關懷。孟子（371-289 B.C.?）說：「頌其詩，讀其書，不知其人可乎？是以論其世也，是尙友也。」(《孟子・萬章下・8》)，爲了對這一位吾鄉女史有比較貼切的了解，我想本「知人論世」之宗旨，本文第一節先介紹黃金川其人及其家世，接著在本文第二節縱觀日據時代臺灣詩學發展的一般狀況，兼及黃金川的業師施梅樵（1870-1949）先生，以作爲探討黃金川詩作的歷史背景；本文第三節分析黃金川詩作中感懷、思親、酬友等詩作中所展現的情感世界；第四節則扣緊臺南與高雄的歷史背景，探索黃金川若干詩作中的現實關懷。最後一節則就以上的分析，提出若干結論性的看法。

　　黃金川於1907年11月 5 日生於臺南縣鹽水港的富裕之家，父親黃宗

海在她周歲時就與世長辭，母親蔡寅雅好文學，黃金川自幼深受母親的啓廸，對詩詞頗爲喜好。少女時代隨其兄黃朝琴（1897-1972）負笈日本東京，進入精華高等女校求學，18歲高中畢業後返回臺南故鄉。23歲那一年與高雄陳啓清（1904,1,15-1989,9,30）結婚，長住高雄，相夫敎子之餘，常從事文學創作，夙有「三臺才女」之稱，留下可觀的作品。

在臺灣南部發展史上，臺南與高雄以米糖之生產而在臺灣經濟史上居於舉足輕重之地位。遠在17、18世紀，臺南平原就是臺南蔗糖重要的產地。臺灣南部產糖區中所謂的「臺灣府產區」北起北港南到安平，所謂「打狗產區」則北起茄定南至恒春（注1）。高雄陳中和家族的興起，就是以南部地區的米糖生產爲其背景。1887年（清光緒13年）陳中和離開順和棧，自創「和興行」，作爲順和棧集團下的店號之一，順和棧集團共同壟斷了打狗、鳳山、阿緱地區米、糖的出口，當時有「新臺灣」、「安平」、「打狗」三艘大帆船往來安平、打狗之間轉運米、糖的外銷，陳中和漸崛起爲南臺灣之殷商。1900年，陳中和創立臺灣製糖會社，再創新興製糖。1903年3月，並創辦「南興公司」於三塊厝（鹽埕區建國橋東邊），出任社長。黃金川夫婿陳啓清與其他兄弟啓貞、啓南、啓峰、啓川、啓琛共同擔任南興公司之取締役(董事)。陳啓清亦擔任家族產業烏樹林製鹽株式會社的董事（注2）。黃金川嫁入陳家時，正值陳氏家族事業日趨興旺的時期。這是黃金川從事文學創作的家族史背景。但是，黃金川的文學創作，尙有整個日據時代臺灣詩壇的蓬勃發展，作爲她的憑藉，所以，我們接著分析日據時代臺灣詩壇的狀況。

注1　參考：林滿紅，《茶糖樟腦與晚清臺灣》，臺北：臺灣銀行經濟研究室，1978，頁29。
注2　參考：戴寶村，《苓仔寮至大港都──高雄陳家的歷史》(未刊稿本)，第三章：「中和時代」。

## 二、日據時代臺灣詩學概況

臺灣詩學的發展，起於清代。當時因爲詩社的盛行，曾使文風盛極一時，清代臺灣詩學的狀況，絕不比內地遜色。根據連橫〈臺灣詩社記〉及《臺灣省通志稿》〈學藝志‧文學篇〉的記載，我們可以發現臺灣的文學家並不因日本的統治，而減少以漢文從事文學創作的行動。當時詩社的數目曾多達178社（註3）。造成日據時代臺灣詩學興盛的原因甚多，比較重要的有以下幾點：

第一、清代文風的遺緒：自清政府領臺以來，由於社會安定，來臺拓墾的人士漸增，文風亦因此爲之勃興。再加上科考中「詩」是一個重要的部份，因此，賦「詩」成爲當時重要的文學活動，詩社之成立如雨後之春筍，其中較著名者如沈充文的「東吟社」，林高全的「鐘毓詩社」，鄭用錫的「竹社」，林占梅的「梅社」、「潛園吟社」，唐景崧的「斐亭吟會」、「牡丹詩社」等，在在說明當時文學的盛況。可見乙未割臺日人佔據臺灣之後，政權遞邅雖然如清末陳季同的詩所說：「臺陽非復舊衣冠，從此威儀失漢宮」，但是臺灣詩學之遺緒並未隨異族入侵而中斷。

第二、日人的刻意提倡：日人自佔領臺灣之後，爲求穩定當時的社會秩序，除有高壓強制的手段之外，日人亦採取懷柔政策，就是籠絡當時社會意見領袖的知識分子，如1896（光緒22）年，總督桂太郎就曾有「頒發紳章制度」的擬議，其內容爲（註4）：

> 本島人民今日之境遇，不論賢愚良否，概未享得相當之待遇，甚
> 至具有一定之見識，或資望者，尚且須與愚夫愚民爲伍，實不忍

---

註3　參考：廖雪蘭，《臺灣詩史》，臺北：武陵出版社，1989，頁20。
註4　據王詩琅，〈日據初期的籠絡政策〉所引。收入：氏著，《日本殖民地體制下的臺灣》，臺北：衆文圖書公司，1980，頁17。

　　睹。如斯，實不獨非待良民之道，復於島民之撫育上關係不尠。

　　因此，茲特創設優遇具有學識資望者之途，俾能均霑皇化，惟此

　　乃最必要之事也。

　　日本殖民當局不僅尊重當時的知識份子，更著力籠絡文人學士，所以在
1900（光緒26）年2月19日，在臺北的淡水館就有一個文人學士的聚會
「揚文會」。當時的總督兒玉源太郎就曾親臨致辭，以示籠絡。

　　第三，家國傷痛之情，昇華而為文學作品：文學的創作其中有最主
要的特質，那就是「情感」的宣洩。所以《詩經》大序就說：「詩者，
志之所之也。在心為志，發而為詩。情動於中而形於言；言之不足，故
嗟歎之；嗟歎之不足，故永歌之；永歌之不足，不知手之舞之，足之蹈
之也。情發於聲，聲成文謂之音。」（注5）以上這段話說明了一個文學
活動的完成，是必須以情感為出發點的。從另一面來看，我們可以說當
我們心中有情緒產生時（不管是歡樂或悲傷），若要使這個情緒得以暢
通的話，將它提昇至文學作品，也是一個很好的舒解方式。並且由於情
感的真實流露，作品更易臻於較高的藝術境界，所以情感與文學的創作
是有密切的關係。

　　由此看來，一個人遭逢家國變化之時，心中所興起的黍離之悲，正
是文學創作的最佳泉源。因為人類經營羣體的生活，當其所歸屬的羣體
被毀去時，本屬其羣體的成員，其心中所興起的失落、茫然、悲憤、淒
切之情，必然充塞在其心中。生性更為敏銳的文學創作者，對大時代的
變局，其胸中的抑鬱更是逾乎常人。在這種情形下，文學的創作就成為
澆愁的良藥了。如當時的臺籍文人丘逢甲（1864-1912），在其〈離臺
詩〉中所表現的孤憤之情，閱之不禁令人扼腕，詩云（注6）：

---

注5　《詩經》，臺北：藝文印書館影印重刊宋本毛詩註疏附校勘記，頁13。
注6　見：丘逢甲，《嶺雲海日樓詩鈔》，上海：古籍出版社，1982，頁416。

　　宰相有權能割地，孤臣無力可回天；

　　扁舟去作鴟夷子，回首河山意黯然。

　　總結以上三點原因，最值得我們重視的當屬二、三點原因。因為就第二點而言，雖然日人努力地籠絡士人，甚至對於詩社、詩會的活動也刻意提倡，但這種態度的背後所包藏的禍心實為人人所共見。因為日人支持詩社的背後動機，只是為了其統治的方便，使臺籍的知識份子感激日人的寬容，進一步地認同此一外來的政權，因此常在鼓勵的當時，也同時對有民族思想的詩作進行取締的工作。並且日本人為了使臺籍知識份子逐漸棄絕「漢文」的創作，乃對當時的書院加以破壞（注7），期使民族精神之所聚的書院，無復賡續前人的文化命脈。更有進者，則禁止報刊、雜誌使用中文，尤其是在1937（民國26）年6月更是下達了全面禁用漢文的命令（除詩社聯吟外）。面對此一困局，許多詩作只好轉為吟詠山水，怡情養性，不敢透露絲毫民族思想。黃春潮在其〈龍峒詠〉一詩的自注中，就曾說（注8）：

　　　日本人欲滅我國文字，先令廢止漢文日刊報紙，繼則嚴重取締設
　　　悵徒者，不准宣揚國學，當是時寒士之欲得一噉飯處，則非拋棄
　　　詩書，徑學日文日語不可，以故公子王孫之流而為耕織者，到處
　　　皆是，亦時勢使然也。

　　但即使環境如此惡劣，當時臺灣詩人的詩作之中蘊涵著故國之思的

---

注7　參考：許俊雅，《臺灣寫實詩作之抗日精神研究》，收入：《師大國文
　　　研究所集刊》第三十號，頁981-983。
注8　參考：黃水沛，〈大龍峒小志〉，刊於《臺北文物》第二卷第二期。
　　　《臺北市志》，臺北：臺北市文獻委員會編校，1962，卷十，〈雜錄〉
　　　〈文徵篇〉亦收此詩，頁48。

詩作，依然如雨後春筍，方興未艾；詩人的風骨也在此時，展露其高潔的品格。 我們接著試就金川女史的老師 —— 施梅樵 （1870-1949） 先生，作一探討，觀察時人的風範，兼以說明金川女史所受的影響。

施梅樵，字天鶴，一生的別號凡歷三變，「雪哥」爲早期使用，「蛻奴」則用於中年，晚歲則更號「可白」。這三個別號的取捨，其中二個代表了施先生一生與日人不妥協的最佳證言。「蛻奴」意指去倭奴之恥；「可白」則表示對臺灣光復的喜悅，心情之可表白（注9）。因此，從別號的使用，已經明顯地暗喻施梅樵先生的不妥協性格。

在日人據臺之後，施先生曾避於福建晉江，但後來爲了事奉祖母，又回到臺灣， 並與洪棄生等人創立詩社，相互唱吟，其詩多寓家國之思，充分表現當時知識份子的心情，如〈六十初度放歌述懷〉（注10）所言：

> 我欲乘舟西向入黃河，河流九曲生層波，有時蛟龍或起立，聽我橫槳高嘯而狂歌；我欲一入商山采紫芝，四皓物化已多時，琴書几席空陳跡，室邇人遠徒奔馳；我欲依傍浣花一結屋，草堂之外千章木，及今家世幾遷移，何處得搜遺篇讀？我欲杖頭掛錢日沽酒，新豐市上尋屠狗，委巷壯士氣激昂，欲談時事爲掩口；我欲月下橫琴歌樂府，一時眠鶴齊起舞，盛世元音久不聞，一彈再鼓淚如雨；我生記在同治庚午年，又逢劫後之己巳，酸辛世味已備嘗，滄海種桑經熟視，無成功業半白頭，徒博盧名雕蟲技，甲子干支歷己周，不富不貴俗兒鄙，生成傲骨自嶙峋，未敢徇人以枉己，螟蛉蜾蠃半人間，傾家沽名驕鄉里，旁人爭笑沐猴冠，靦然

---

注9　參考：施梅樵，《鹿江集》（彰化：瑞明印書局，未著出版年月），〈施公梅樵家傳〉，無頁碼。

注10　見：施梅樵，《鹿江集》古詩部〈六十初度放歌述懷〉，頁8-9。

面目不知恥，妒忌還多婦女心，只好大言欺孺子，我與若輩久割
席，防却穢氣污杖屨，老夫嫉惡本如讎，詎以乞憐日搖尾，懲一
儆百其素懷，斧鉞尤須資野史。

這首詩充分表現了在政權轉移中，臺灣知識份子對於世事的憤激（「委
巷壯士氣激昂，欲談時事為掩口」）與悲愁（「盛世元音久不聞，一彈再
鼓淚如雨」），實在是時代創傷人的心靈縮影。

在梅樵先生過世前，亦曾吐露作為時代夾縫人的心聲，字字令人長
嘆，其言曰 (注11)：

余生不逢辰，洊經禍亂，歷刼滄桑，為珠崖之棄民，作東晉之傖
父，半籌莫展，一事無成，生平心血，僅留數卷詩歌。所謂不能
見之於行事之深切著明，而只載之空言，其即此意乎？爾等不可
不為余傳，使祖宗知余遭時不遇，非余之不肖也。

我們從這首詩中可以看出，梅樵先生的行事，與異族統治臺灣的政
權，是義不兩立的。但由於處於當時日人的高壓政策之下，所以不敢言
高論，只好將滿腔的悲憤，寄寓於詩文之中，所以到了彌留之時，只好
嘆謂「生平心血，僅留數卷詩歌」。

其實像施梅樵先生這種時代夾縫人的心靈創傷，正是日據時代臺籍
知識份子的一個共同現象，這也正是我們在探討「詩社」數目之所以增
加原因中的第三項原因，可加以解釋的。因為在心情鬱結，而又不得訴
諸行動予以反抗時，文學作品正是最好表明心跡的媒介。而由於發抒於
文字，如果下筆不慎，極易引來殺身之禍，結果意義濃度與密度深邃的

詩，就成爲文人吐屬心聲的利器了。

說明這種情況，我們可以再以連雅堂序《櫟社沿革志略》的一些話，窺探其時詩人的心志(注12)：

> 櫟社既設之二十載，樹碑菜園；又集同人之詩而刊之，將以示諸後。嗟乎！櫟爲無用之材也，詩亦無用而眷眷於此者何也？文運之盛衰，人物之消長，朋簪之聚散，道義之隆污，均於是在；何可以其無用也而棄之！先是，戊戌（清光緒二十年）之歲林子癡仙始倡是社，和者十數人。越七載，余居大墩，邀入社。余固無用之材也，幸而得從諸君子後以扶持風雅，則余何敢以不材也而自棄。海桑以後，士之不得志於時者競逃於詩，以寫其佗傺無聊之感。……文運之存，賴此一線；人物之蔚，炳於一時。詩雖無用而亦有用之日，莘莘學子又何可以其不材也而共棄！

從連雅堂的這篇文字看來，日本帝國主義者統治的時期，本省詩人的苦悶，實在是促成「詩社」的興起的重要原因之一。

## 三、金川詩學中的情感世界

黃金川女史生於動亂的時代，早歲曾赴日本留學，但流動在她身上的民族血脈，並未因接受日本教育而中斷；相反地卻更造成她對國家感懷的深刻之情。尤其是當她將這些情感形諸文字時，讀者莫不可由其中讀出深沈的故國之思。此外，黃金川師事施梅樵，梅樵先生的風骨必對她產生人格上的影響。

關於黃金川與施梅樵的師生關係，我們從其〈壽施梅樵老夫子六秩

---

注12　見：傅錫祺，《櫟社沿革志略》，臺北：臺灣銀行經濟研究室，1963。

令旦〉的四首詩中，便可窺知其端倪（注13）：

> 梅花初綻值佳辰，甲子平頭歲又新。
> 孤島詩傳雙管擅，五雲瑞擁一家春。
> 溪山嘯傲吟軀健，松菊招尋梓里親。
> 海內如公知有幾，魯靈光殿見來真。 —— 其一
> 春風絳帳記傳經，立雪門前仰典型。
> 酒泛蟠筵千斗綠，匱存前代一衿青。
> 縱橫才藻收河嶽，灑脫詩篇寫性靈。
> 今夕閨中瞻北極，壽星朗朗耀文星。 —— 其二
> 物外逍遙是謫仙，生涯可可復然然。
> 南山酒熟傾花露，北海籌添記鶴年。
> 松柏耐寒顏久駐，文章有價手曾編。
> 放懷天地浮鷗似，四海爭將姓氏傳。 —— 其三
> 閒雲野鶴任婆娑，滄海珊瑚盡網羅。
> 靜裏放懷忘歲月，酒邊得句嘯山河。
> 銀鉤鐵畫毫尖健，玉粹金精妙緒多。
> 桃李成行來獻祝，筵前賡唱百年歌。 —— 其四

在這四首律詩中，我們可以很清楚地看到黃金川對施梅樵深刻認識，因為詩中所刻劃的，正是一個清高自持，不與世俗同流的人格圖像。因此，黃金川對施梅樵的敬服，同樣的也在這四首詩中展露無遺。

從以上的敍述，我們可以看出黃金川在成長的過程中，時代的變局塑造了她，帥友的人格風範亦影響了她，在這雙重的影響，以及她個人

---

注13　見：黃金川，《金川詩草》，臺北：陳啓清先生慈善基金會，1991，頁
　　　93-95。

敏銳觀察力的主導下，她的詩作中所呈現出的情感世界就更爲多樣，甚至複雜了。以下我們將試以《金川詩草》中的作品作爲分析對象進一步剖析其情感世界。

任何成功的文學活動都必須包括有三個基本的要素，卽作者、作品、讀者。其中讀者必須藉由作品方能感知作者內心的底蘊，而作者也唯有因著作品的完成，才能宣洩胸中的塊壘，因此作品乃成爲文學活動中，讀者與作者的意義創造場。當然這其中的作者之「創造」與讀者的「再創造」的循環詮解過程是不相同的，不過也因爲如此，作品本身的意義方能產生各種不同的樣態。

然而具備有這三樣要素，並不必然保證此一文學活動是有價值的，因爲作品可分好與壞，好的作品可使文學活動更添光彩，可是不好的作品卻會破壞一個完整的文學活動，因此好作品才是判定循環詮釋過程是否成功的必要條件。然則好作品的標準，如何界定呢？我想其中的關鍵點就在於「感情」了。因爲「感情」是文學作品的生命，一篇沒有生命的作品，卽使其文學雕琢得美妙華麗，讀之卻會如同「七寶樓臺，拆碎下來，不成片段」，這就是劉彥和在《文心雕龍‧麗辭》中所說：「碌碌麗辭，則昏睡耳目」(注14)。

有生命的作品則不同，因爲篇中的文字，字字帶有作者的情感，生命不可斷，情感不能廢，所以古人才說：「詩言志」，此處的「志」就是「情感」。黃金川的作品也正因爲蘊涵誠摯的情感，所以常能勾出讀者情感深處的幽邃，使讀者能達到與作者情感交融（共鳴）的境界，甚或更進一步使讀者在宣洩情感的刹那，擺脫客體世界的糾纏，進至純美的「和諧」之中，此正如佛家者言「以空慧水，淘洗情執」。

一般說來，舊時女子而有才者，常因生活範圍的局限，情感趨於細

---

注14　《文心雕龍注》，臺北：臺灣開明書店，1967，卷七，頁34。

密精緻，因此在創作詩作時，其所選擇的題材常以詠物為主，即使才高如易安者，亦不能免俗。黃金川的詩作自不免於此中用心。但是，黃金川的作品卻不像一般香奩體的詩作，充滿著濃膩的脂粉氣，令人讀之興趣索然；反而是迎面一股清新之氣，洗卻鉛華，予人輕靈爽朗的感受，如其〈嶺上梅〉(注15) 一詩云：

　　　　開傍黃雲十月時，幾疑微雲染寒枝；
　　　　是誰漏洩東風信，春到人間獨早知。

此詩運用時間的壓力，將冬、春兩季壓縮為一，並將此種時間長度擠縮到微小的空間（枝頭），使得這個微小的方寸之間，意義的張力突然增加，讓讀者誦讀之際感受極深。此外在〈曉山〉(注16) 一詩中，亦可見到她風格卓立的詩風，「珠簾高捲千峰起，青入樓頭帶曉寒」，此詩亦是運用空間的感受，讓尺寸之際，剎那之間氣勢磅礴。因此，其詠物詩實能脫前人的氣習，展現不同的風貌。

　　在黃金川的詩作中，最能引人共鳴的，要數「感懷」、「酬友」、「兄長」、「思親」方面的作品。因為從其中我們可以窺知一個高潔靈魂的風骨，其情感是如此的深切，如此的細緻，以致令人無法不將封藏在歲月記憶中的情感挑出，一一與其呼應。如其〈接綉絨女士來信有感寄懷〉(注17) 二詩：

　　　　多君別後寄書頻，無限離愁見性真。
　　　　休嘆異鄉知己少，故園仍有素心人。── 其一

---

注15　黃金川，《金川詩草》，頁41。
注16　黃金川，《金川詩草》，頁44。
注17　黃金川，《金川詩草》，頁107。

　　讀罷來書淚欲垂，千金難買是兒時；

　　此言豈是尋常語，除却愁人總不知。——其二

這兩首詩使我們認識到「情誼」是可貴，不因空間的阻隔，或是時間的
消逝而薄弱化，反而是在斯人獨憔悴之時，知心人正伴著永恒的記憶期
待著每一次的重逢。在〈酬答淑卿女士〉（注18）詩中，詩人勉人亦自勉
地說：「莫漫臨風哭當歌，靜神養氣自寬和」。

　　另外，在〈感作〉（注19）詩中，黃金川表現出另一種情感的方向：

　　豈盡才人命不濟，故園回首隔雲泥；

　　世間無限傷心事，偏與詩人作話題。——其一

　　愧乏生花筆一枝，寫將心事付新詩；

　　可憐點點黃花淚，灑向西風只自知。——其二

　　近江樓閣強登臨，恩怨難消是此心；

　　目斷苓洲秋水外，可知精衞是冤禽。——其三

　　落木西風瑟瑟秋，故園遙望白雲悠；

　　多情惟有樓前水，解送離心向北流。——其四

從這四首詩中，我們發現黃金川感受到人生恩怨的糾結，或對時代的變
化，感悟人力的無奈，從而拈出客觀限制的人生格局，使讀者在誦讀的
過程中，藉由種種情緒的流洩，使內心經由共鳴而獲得安慰，從而刺激
讀者再次面對人生的勇氣。

　　我們在前文曾提及黃金川雖受日文敎育，但她的詩作中卻洋溢著民
族情感。除前引〈感作〉中所透露的民族情感之外，在〈秋感〉（注20）

注18　黃金川，《金川詩草》，頁110。
注19　黃金川，《金川詩草》，頁111-112。
注20　黃金川，《金川詩草》，頁35。

一詩中的情感正與其師施梅樵前後呼應：

> 西風忽地入華堂，回首韶華九月將，
>
> 千里夢魂還故國，幾分愁病滯他鄉；
>
> 誰家玉笛吹殘暑，到處金英綻早涼，
>
> 觸我吟情禁不得，那堪又聽搗衣忙。

此詩就充分地表現了黃金川對故國的緬懷，這實在是當時詩人的共同心聲。

復次，在其〈兄長〉、〈思親〉的詩作中，也表現出百死千難而不悔的手足之情與孝親之思。我們試觀〈喜朝琴胞兄還鄉〉(注21)詩中言：「古來手足知多少，愛我如兄有幾人」，由此可知兄妹之情之真摯，而在「十年愁覺百年同，乍晤無言眼自紅，握手莫疑消瘦甚，驚心總在炸轟中」(注22)，使我們看到亂世中最可貴的手足之愛。另外在其〈寄親〉(注23)詩中，由其「江樓明月滿，應照不眠人」二句中，我們可以見到一位在月圓之夜，思親難寐的人，正輾轉反側，孺慕之情溢於言表。

金川女史對母親的孺慕之情，在她光復前所賦的〈夜思親〉(注24)一詩，最能流露她的真情。詩云：

> 夜夜思親兮，指暗彈。不成寐兮，漏聲殘。
>
> 曾幾何時兮，春欲闌。月明如水兮，不忍看。
>
> 路程遠遙兮，魂飛難。思親淚兮，永難乾。

---

注31　黃金川，《金川詩草》，頁122。
注22　黃金川，《金川詩草》，頁121。
注23　黃金川，《金川詩草》，頁101。
注24　黃金川，《金川詩草》，頁99。

這首詩是金川女士身在高雄，思念遠在臺南鹽水故鄉的母親而作，字裡行間，鄉情親思一湧而出，使讀者深受感動。

　　總之，在《金川詩草》及婚後所作的詩中，所展露的是情感深切的藝術境界。這正是由於她的持志高潔，因此品格便流露於其筆端。她的〈寄籬邊故人〉（注25）詩云：「每於雪後見天眞，淪落人間不染塵，一種清高誰比擬，也應明月是前身」。這首詩最可以顯示金川女史志行之芳潔與人格之高雅。如前人詩云：「吾心似秋月，碧潭淸皎潔。無物堪比倫，教我如何說」，金川女史的詩中，所體現的正是這種玉潔冰心的節操。

## 四、金川詩學中的現實關懷

　　現在，我們再換一個角度，觀察黃金川詩作中所透露的她對現實世界的關懷。這種關懷也可以部份地反映臺灣詩學傳統以「竹枝詞」爲代表所展現的現實主義的精神。《金川詩草》中一首〈震災行〉（注26），以歌行體描摹1927年的那場災難，透露出人本的關懷，也因而使其詩脫出個人情感宣洩，擁抱廣大人民的苦難。其詩云：

　　歲在丁卯七月秋，星斗滿天月似鉤，無端半夜天災起，驚動家家幽夢裏，朱戶柴門啟不開，越牆穿窗急倒屣，倉皇呼籲竟無門，頃刻一家判生死，山川震動似雷鳴，地轉天翻實可驚，消盡電燈成黑獄，嘈嘈耳邊呼喚聲，天色欲明偏不明，此時一刻似一更，不知震動還多少，眠庭枕草何時了，荒磚破瓦亂成堆，財散人亡劇可哀，樂土傷心遭惡劫，蒼生元氣何時恢。

注25　黃金川，《金川詩草》，頁74。
注26　黃金川，《金川詩草》，頁52-53。

〈震災行〉這首詩所寫的1927年（日本昭和2年）8月25日，發生在黃金川的故鄉臺南鹽水的大地震，這次大地震發生在當天凌晨2時10分，為時40秒，震源地距臺南市十四、五哩，以新營郡下之鹽水街受害最烈，其次為高雄、嘉義、臺中，北部地區為弱震，彰化未受影響；鹽水街總戶數1400戶中，半數以上受到地震的破壞極為嚴重[注27]。地震發生後，臺灣各地公私機關立刻展開救災，臺北臺灣日日新報社、臺中臺南新聞社、臺南新報社展開全島募集救濟金的活動，每人勸募50錢以上[注28]。當時日本殖民政府山上總督及代理秘書官竹屋，也立刻在26日連夜南下高雄、臺南視察慰問[注29]。黃金川出身臺南鹽水，當時她在故鄉待字閨中，這次的震災對她而言是一次錐心之痛，她在詩中表露強烈的對民生疾苦的關懷。

我們如果將黃金川所描寫的這次地震，放在整個日據時代臺灣震災史的歷史背景來看，就可以對這首詩有更深刻的理解。我們發現1927年並不是臺灣地震次數頻繁的一年。在整個日據時代，地震最多的年份是1922年6次，其次是1935年發生5次，再其次是1906及1933年的4次。總計在有地震記錄的44年之中，地震有53次，而沒有地震的年份則有：1902，1903，1907，1911，1912，1914，1915，1919，1921，1924，1926，1928，1929，1932，1937，1938，1940，以及1942年，總共有18年沒有足資紀錄的地震，在整個時期當中，約有41%的年份無較大的地震[注30]。其次，就地震發生的地點來看，在整個日據時代，宜蘭及花蓮有11次，合佔所

注27　看：《臺灣日日新報》（漢文版），昭和2年（1927年）8月26日，第一版。
注28　見：《臺灣日日新報》（夕刊），昭和2年（1927年）8月29日，第四版。
注29　見：《臺灣日日新報》（夕刊），昭和2年（1927年）8月28日，第四版。
注30　見：黃俊傑、古偉瀛，《日據時代日本殖民政府在臺灣防災與救災措施的分析（1895至1945年）》，行政院國家科學委員會，防災科技研究報告79-05號，計劃編號：NSC 79-0414-P002-19B，頁47。

有次數的40.6%，其次是臺南（6次），再其次則是雲林（5次），臺中彰化及嘉義則各有4次。高雄、澎湖地區則未有較大之地震，而屏東的唯一一次是發生在海上（鵝鑾鼻東南海上）[注31]。從以上統計來看，日據時代臺南地區的地震次數僅次於花蓮、宜蘭地區。復次，就地震所造成的災情來看，總計53次有紀錄的地震當中，死亡人數達5225人，其中最大的一次為1935年4月21日發生在新竹臺中地區的關刀山地震，該震死亡人數高達3276人，受傷者達112,053人；另外死亡人數超過千人以上的只有一次，是在1906年發生於嘉義民雄的地震，死亡有1258人。平均每次死亡人數為98.6人；其實在53次中，造成死亡的地震只有24次，而其中又有15次死亡人數在十人以下[注32]。從1927年8月25日臺南地震所造成的傷害記錄來看，這次的震災在臺南地區造成新營郡、新豐郡、曾文郡、嘉義郡、臺南市、北港郡等地住家全毀者共154戶，半毀者共187戶，損害較大者有436戶，損害較小者有435戶，非住家全毀118戶，半毀83戶，損害較大者有64戶，損害較小者有195戶，死亡22人，重傷輕傷共134人[注33]。

從以上的歷史記錄來看，黃金川所經歷的這一次臺南大地震，在規模上與1935年4月21日發生在新竹臺中地區的大地震，不可同日而語，所造成的傷亡也有限，但是詩人敏銳的心靈，目睹「荒磚破瓦亂成堆，財散人亡劇可哀」的境狀，不免興起「樂土傷心遭惡劫，蒼生元氣何時恢」的感嘆。

再進一步分析，我們發現黃金川詩學世界中的現實關懷，是深植於她的文學取向之中的，誠如她在〈詩癖〉[注34]中所賦：「吟哦氣勢愛

---

注31　同上注。
注32　同上注。
注33　見：《臺灣日日新報》（漢文版），昭和二年（1927年）8月26日（夕刊），第一版。8月27日，第四版。
注34　黃金川，《金川詩草》，頁57。

堂皇，不看尋常豔體章，莫笑深閨偏執拗，措詞蘊藉見才長」，她「不
看尋常豔體章」，她更關懷現實人生中的種種波折。舉例言之，金川女
史在〈感作〉（注35）詩中有句云：

> 從來恩怨豈無端。一事難平百事難。
>
> 欲笑此生如傀儡。犧牲究竟為誰安。——其二
>
> 劫後心寒膽亦寒。人生濁世萬重難。
>
> 黃金漫說無邊力。恨海如天欲補難。——其三

這首詩中所反映的是對人生濁世的感傷。

　　對現實的關懷使黃金川詩作中常能反映當時的歷史情景。舉例言
之，在《金川詩草》中就有兩首描寫當時的農漁民生活的作品。在兩首
題為〈蠶婦〉的詩作中，黃金川這樣描繪蠶婦的辛勞（注36）：

> 桑原碌碌歎勞人。蠶飽蠶飢瘁此身。
>
> 且喜近來絲價好。一年家計不憂貧。——其一
>
> 年年忙碌養蠶晨。分繭抽絲耐苦辛。
>
> 環境自窮心自足。此生何羨綺羅人。——其二

在黃金川的筆下，桑下養蠶農婦的辛勞，躍然紙上。這首詩令人想起
《詩經》〈幽風〉〈七月〉（注37）這首詩中，詩人歌詠農家女在春季採
桑的辛苦：

---

注35　黃金川，《金川詩草》，頁116-117。
注36　黃金川，《金川詩草》，頁78。
注37　屈萬里，《詩經釋義》（臺北：華岡出版部，1967），頁109。

> 春日戴陽，有鳴倉庚，女執懿筐，遵彼微行，
> 爰求柔桑，春日遲遲，采蘩祁祁，女心傷悲，
> 殆及公子同歸。

幾千年來，中國有良心的知識份子和文學工作者，對於農民的處境都深致同情，以作品刻劃農民的苦辛。黃金川的〈蠶婦〉詩也延續了這種傳統。此外，《金川詩草》中的另一首題為〈鯤鯓漁火〉的五言詩，則描寫黃金川的故鄉臺南南鯤鯓漁民深夜捕魚的情景（注38）：

> 螢火三更市，漁人八月舟；光輝懸北嶼，燗爍亂東流；
> 點點明沙草，星星雜斗牛；客來堪極目，晚上赤崁樓。

「點點明沙草，星星雜斗牛」固然景緻怡人，但是「螢火三更市，漁人八月舟」中卻藏有漁民無盡的苦辛。這大概是詩人落筆之際所要傳達的訊息。

在 1930 年，黃金川在23歲時嫁到高雄為陳家媳婦，不免為思鄉所苦，例如〈元宵思鄉〉詩云：「輕寒向暖好元宵，閒坐樓頭感寂寥；回首故園今夜月，萬千燈火映人潮。」高雄苓洲景緻與臺南鹽水自是不同，在黃金川筆下，有這樣的描寫（注39）：

> 牧童歸去晚風和，十里平原漲綠波；
> 自是苓洲風景異，農人居比釣人多。

從高雄地區的發展史來看，苓雅寮原來是由漁民定居而形成的聚落，到

---

注38 黃金川，《金川詩草》，頁69-70。
注39 黃金川，《金川詩草》，頁120。

了18世紀中葉以後逐漸發展成爲市鎮。陳氏家族的落籍所在即爲苓仔寮
的頂寮附近，開臺祖陳元（中和之曾祖父）約在1780年代移渡來臺定居
於打狗灣內苓雅寮，至陳中和時已發展成極富經濟及社會影響力的望族
（注40）。在1920年代的大高雄市地區，苓雅寮已相當發展。1926年的統
計顯示，當年苓雅寮人口爲4678人，佔高雄市郊區總人口的29.42%，至
1933年苓雅寮的人口已居高雄市各町中（鹽埕町第一，旗后町第二）的
第三位（注41）。黃金川〈偶作〉這首詩所描寫的苓洲風景「農人居比釣
人多」，正是這種社會變遷下的人文景觀。在黃金川的詩作中，確有史
實的餘影在焉。

## 五、結　論

　　從文化史的立場來看，臺灣的歷史性格有兩個突出的層面：第一，
臺灣作爲一個漢人社會，是中華文化在中原以外拓展的一個「實驗室」。
已故的本省社會學家陳紹馨曾說：「在此『實驗室』裏，我們可以追尋
一連串的中國社會、文化變遷：從近代以前的階段，經現代化開始期，
以至殖民地式現代化、自主性現代化的階段。」（注42）在這個觀點下，
臺灣的發展史可以被視爲「中華民族發展史上的一章，也是中華民族
所蘊蓄深厚力量的發揮」（注43）。第二，臺灣作爲一個世界經濟與文化
交流的中心，早自十六世紀開始即已成爲近代史上西歐各國爭取之基
地（注44），與西方文化接觸甚早。在荷據時期，臺灣已成爲荷蘭人將

注40　參考：戴寶村，前引書（未刊稿本），第二章。

注41　曾玉昆，〈高雄市史事探討〉（下）《高雄文獻》第9，10期合刊，高
　　　雄：高雄市文獻委員會，1982年3月，頁62。

注42　陳紹馨，〈中國社會文化研究的實驗室——臺灣〉，收入：氏著《臺灣
　　　的人口變遷與社會變遷》，臺北：聯經出版公司，1979，頁1-8，引文
　　　見頁6。

注43　曹永和，〈中華民族的拓展與臺灣的開發〉，收入：《臺灣早期歷史研
　　　究》，臺北：聯經出版公司，1979，頁21-22。

注44　參考：曹永和，〈荷蘭與西班牙佔據時期的臺灣〉，收入：氏著《臺灣
　　　早期歷史研究》，頁25-44。

中國之商品輸往巴達維亞、日本、荷蘭及東印度各地商館之貿易中心（注45）。明鄭時代鄭氏父子之興起，主要的憑藉力量就是當時的外洋通商貿易（注46）。戰後的經濟發展則被視爲東亞的發展楷模（注47）。以上這兩種觀點各有所見，前者是從中原看臺灣，後者是從世界看臺灣，誠所謂「橫看成嶺側成峰，高低近遠總不同」，各自代表了臺灣史的兩個層面。

我們在這篇論文中所分析的黃金川的詩作，具體而微地展現臺灣文化之作爲中原文化的延續的這個層面。在日本統治下，從傳統臺灣文學家的作品中所表現的，是血濃於水的故國之情。黃金川的業師施梅樵的〈秋日由高雄歸里諸友宴於平和樓〉詩云：「殷勤語父老，誰尙憶神州」（注48），很能描寫日據時代臺灣詩人對文化祖國的情懷。黃金川的詩作，也在相當的程度內展現這種對中原文化的孺慕之情。其次，黃金川詩學的另一個面向，是她對農漁民生活的關懷，與她對天災地震中民生的疾苦所表達的同情。這種現實關懷，使黃金川的詩作，能超脫於香奩之外，不沾脂粉氣息，而展現某種寫實主義的取向，在臺灣詩史上別具特色。

（附註：本文寫作過程中，曾與林啓屛先生討論切磋，尤其關於文學史背景及文學理論之諸多論點，承林先生提示，惠我良多，特此聲明誌謝）

---

注45　曹永和，〈荷蘭時期臺灣開發史略〉，收入《臺灣早期歷史研究》，頁45-67，尤其是頁66。
注46　參考：陳寅恪，《柳如是別傳》，收入：《陳寅恪先生文集》，臺北：里仁書局，1981，（五），頁77。
注47　Peter Berger et al., *In Search of An East Asian Development Model* (New Brunswick. N.J.: Transaction, Inc., 1988)。
注48　施梅樵，《鹿江集》〈五言詩部〉，〈秋日由高雄歸里諸友宴於平和樓〉，頁18。

# 參 考 書 目

**一、中日文著作**

王詩琅，〈日據初期的籠絡政策〉。收入：氏著《日本殖民地體制下的臺灣》，臺
　　北：衆文圖書公司，1980。

《文心雕龍注》，臺北：臺灣開明書店，1967。

丘逢甲，《嶺雲海日樓詩鈔》，上海：古籍出版社，1982。

《臺灣日日新報》（漢文版），昭和 2 年（1927年）8 月26日，第一版。

《臺灣日日新報》（夕刊），昭和 2 年（1927年）8 月29日，第四版。

《臺灣日日新報》（夕刊），昭和 2 年（1927年）8 月28日，第四版。

《臺灣日日新報》（漢文版），昭和 2 年（1927年）8 月26日（夕刊），第一版。8
　　月27日，第四版。

林滿紅，《茶糖樟腦與晚清臺灣》，臺北：臺灣銀行經濟研究室，1987。

屈萬里，《詩經釋義》，臺北：華岡出版部，1967。

施梅樵，《鹿江集》，彰化：瑞明出版社，未著出版年。

許俊雅，〈臺灣寫實詩作之抗日精神研究〉，《師大國文研究所集刊》第三十號。

曾玉昆，〈高雄市史事探討〉《高雄文獻》第 9，10 期合刊，高雄：高雄市文獻委
　　員會，1982年 3 月。

陳紹馨，〈中國社會文化研究的實驗室——臺灣〉，收入：氏著《臺灣的人口變遷
　　與社會變遷》，臺北：聯經出版公司，1979。

曹永和，〈中華民族的拓展與臺灣的開發〉，收入：《臺灣早期歷史研究》，臺
　　北：聯經出版公司，1979。

————，〈荷蘭與西班牙佔據時期的臺灣〉，收入：氏著《臺灣早期歷史研究》。

————，〈荷蘭時期臺灣開發史略〉，收入：氏著《臺灣早期歷史研究》。

陳寅恪，《柳如是別傳》，收入：氏著《陳寅恪先生文集》，臺北：里仁書局，
　　1981。

黃水沛，〈大龍峒小志〉，刊於《臺北文物》第二卷第二期。《臺北市志》，臺北
　　市文獻委員會編校，1962，卷十，〈雜錄〉〈文徵篇〉亦收此詩。

傅錫祺，《櫟社沿革志略》，臺灣銀行經濟研究室，1963。

黃金川，《金川詩草》，臺北：陳啓清先生慈善基金會，1991。

黃俊傑、古偉瀛，《日據時代日本殖民政府在臺灣防災與救災措施的分析（1895至
　　　1945年）》，行政院國家科學委員會，防災科技研究報告 79-05 號，計劃
　　　編號：NSC 79-0414-P002-19B。

《詩經》，臺北：藝文印書館影印重刊宋本毛詩注疏附校勘記。

廖雪蘭，《臺灣詩史》，臺北：武陵出版社，1989。

戴寶村，《苓仔寮至大港都——高雄陳家的歷史》（未刊稿本）。

二、英文著作

Peter Berger et al., *In Search of An East Asian Development Model*
　　　(New Brunswick. N.J.: Transaction, Inc., 1988)。

# 嘉南大圳近七十年來的員工人事變遷 (1920-1990)

古 偉 瀛

　　嘉南大圳在臺灣近代史上有過很重要的貢獻，其建造及在戰前後所扮演的角色，已在他文中討論過[注1]，本文只在稍作背景的說明，而所要探討的是，嘉南大圳建圳以來，在整整七十年當中，其員工的變化所代表的一些趨勢及意義。

　　臺灣的降水量不比世界其他地區為少，全年降雨量接近 2,500 公厘，比起美國平均要多出一倍以上。但由於南部地區雨季集中在每年的 4 月到 9 月，其中又以 6、7、8 三個月最多，平均每個月都超過 350 公厘以上[注2]；（參見圖一）而其月平均降雨量及其標準差圖（參見圖二）中，可見到在降雨最多的幾個月也是標準差最大的幾個月。換言之，在嘉南大圳地區夏季，不但雨水多，而且也降得很不平均，更充分顯示其易於造成天災的情況。從10月至次年 3 月很少下雨，容易發生旱災；而在雨季期間，又因地形關係，從山坡到海邊的距離太短，水流湍急，所降之雨雖大，卻易流失，因此如何利用水資源，就成為開臺以來

---

注1　參見古偉瀛，＜嘉南大圳在光復初期的人事變遷：臺灣史關鍵時期的農田水利管理＞，中央研究院中山人文社會科學研究所專書（27），賴澤涵、黃俊傑主編，《光復後臺灣地區發展經驗》，臺北，民國80年，頁101-132。

注2　圖一及圖二中嘉南地區降雨量的資料，乃自各站成立到臺灣光復為止的紀錄。見徐世大，《臺灣省通志稿》，臺灣省文獻會，1955，4:83。

圖 1　嘉南大圳每月雨量分配圖
平均（公厘）

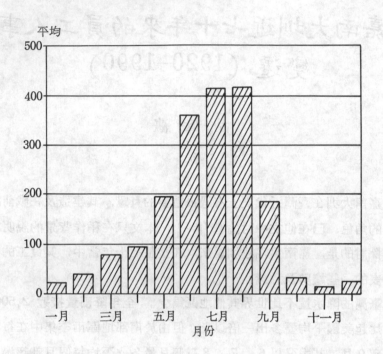

的一大問題，荷人、鄭氏、清領時期都有或多或少的埤圳設施，以利用更多的土地，大體說來嘉南地區在清中葉以前，土地開發已到相當的地步，以傳統的方法完成的水利設施也已相當充分地利用了，除非有突破性的建設，不再有可能利用水資源（注3）但一直要到日據時期才有大規模的烏山頭水庫的籌建。

衆所周知，烏山頭水庫的創建，日本殖民政府當局動用了大量的資金，引進最先進的技術及人才，花了十年的時間，建成嘉南大圳，並施行輪灌制度，三年一作，使得旱季得到蓄水的支援，而在驟雨時，又得

注3　蔡志展，《清代臺灣水利開發研究》，昇朝出版社，民國69年，頁99-106。

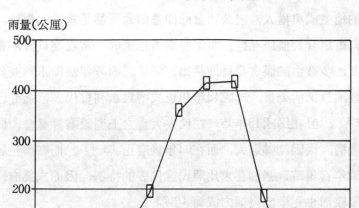

圖 2　嘉南大圳每月雨量分配圖
平均與標準差（公厘）

以調節水位，不致一雨成災，水量得到適當的利用。雖然除了颱風外，百年來此區仍有九次的異常降水成災的情形（注4），但可以確定的是嘉南大圳的建立，的確減少了異常降水可能造成的災害。想想看烏山頭水庫的蓄水用來灌溉15萬公頃的田地就可知其作用了。烏山頭水庫初建之時，蓄水量爲1億5,400萬立方立尺，而又建有許多排水道及堤坊以防止洪水及潮汐、海水倒灌等情況。

　　爲了要管理這麼大的一個灌溉地區以及水資源的分配，嘉南大圳在

---

注4　參見，古偉瀛、黃俊傑，《嘉南平原的水災：定性與定量的分析，1895-1990》，民國80年國科會計劃結案報告。

行政中心設有「議會」，作爲此機構的議事單位，在日據時代其中的議員半數由水利組合員互選，另半數由殖民政府指定；凡是擁有 100 甲以上耕地的地主或典權人，或公司會社如臺糖公司都是當然的議員，另外的議員則由組合員農民互選。而這些議員也組成一常設委員會，會員少數爲官派，多數由該議會議員推選出。到了民國37年農田水利委員會時代，這些議員又稱委員，民國45年起正式稱爲水利會代表，迄今已選出八屆（注5），但在民國45年時，在代表大會之上還設有評議會，成爲最高權力機構，後因流弊過大，而在64年後廢止（注6）。而在第三屆代表於民國52年召集時，強烈要求比照民意代表的待遇，因而成爲有給制，而此議事機構也逐漸成爲權力機構（注7）。

可惜今日所流傳下來的日據時期議員名單已殘缺不全，無法得知當年熱心參與嘉南大圳建設與監督的人士姓名。不過在光復後，前後八屆的水利會代表數目及自耕農代表所佔的比例則可見附圖三。（此圖以及本文中其他的有關嘉南農田水利會人事圖表都是取材自嘉南農田水利會編印，僅供內部參考的文獻，如《統計要覽》等，以後就不再註明其資料來源。）從民國45年10月開始選舉的第一屆嘉南農田水利會會員代表來看，這一屆競選非常激烈，總共 342 人參選，其中自耕農292人，非自耕農50人，在投票率67.3%的情況下選出149人，其中自耕農 110 人，非自耕農39人。在總共八屆的投票中，第一屆投票率最高，其次是第四屆，其中第三屆投票率最低，平均只有38.13%，而在歷屆投票中，臺糖區總是接近

---

注5　嘉南農田水利會水利代表之資料，散見於該會每年編印出版的年度嘉南農田水利會《統計要覽》，以及三年一刊之《臺灣省嘉南農田水利會三年工作總報告》中，其中第八屆之代表名單及有關資料，因其在79年才改選，故由該會臨時提供。

注6　陳正美，《臺灣農田水利會組織與經營》，頁19；楊群英，＜我與嘉南大圳＞，頁4。

注7　楊群英，＜我與嘉南大圳＞，頁5；李源泉，《革新農田水利會組織與經營芻議》，民國77年8月，頁80。

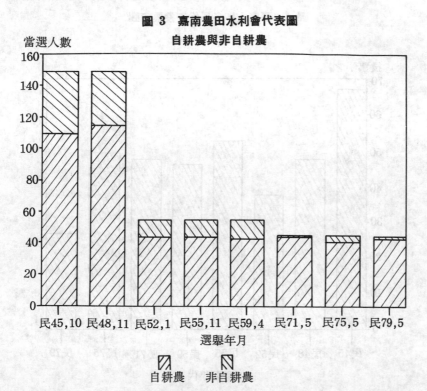

圖 3　嘉南農田水利會代表圖
自耕農與非自耕農

當選人數

選舉年月

自耕農　　非自耕農

百分之百（注8），各屆投票率的情形可參看圖四。而每次代表選舉時，

---

注8　嘉南農田水利會《統計要覽》，中華民國59年，頁10-11。

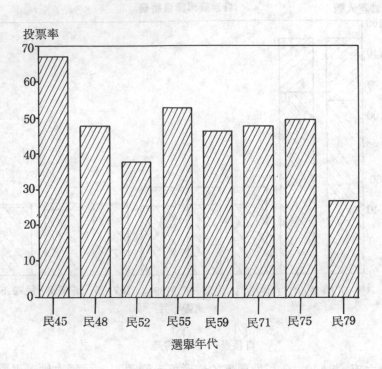

**圖 4　嘉南大圳各屆代表投票率圖**

水利會員的數量圖也可參見圖五；從這些圖中可見到水利會代表的數目在第三屆（民國 52 年）時，人數鉅幅縮減，到了第六屆（民國 71 年）時，又減縮了一次，但幅度沒有上一次來得大；而在會員人數方面，從民國45年的17萬多，到59年的24萬多為最高，71年則急遽下降，迄今一直維持下降後的水準。這些下降的理由不難理解，在第三屆時是因為重新修訂水利代表組織法的結果，而第六屆後，則是因為在民國64年時的大幅調整人事，並將斗六水利會裁併至雲林水利會的結果，而且也可看出整個臺灣農業逐漸蕭條的趨勢。

在實際的灌溉執行工作上是由當時所謂「水利小組合」（亦即戰後的「實行協會」）所負責。「水利小組合」一般是由所在地區的農民十餘

圖 5　嘉南農田水利會員數量圖
八屆選舉時數量

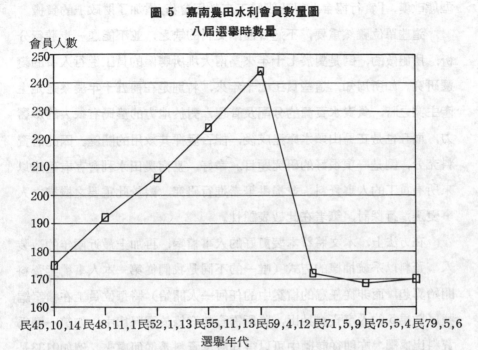

會員人數

選舉年代
民45,10,14　民48,11,1　民52,1,13　民55,11,13　民59,4,12　民71,5,9　民75,5,4　民79,5,6

戶所組成，輪流推選負責人來處理所有有關灌溉排水及用水的各種事項
及糾紛。事實上，在嘉南大圳完工後的最大變化就是建立輪灌制度。此
法比起昔日的連續灌溉法更能善用水資源，以間歇性的灌溉方式來充分
利用，不但減少了爭水糾紛，也因為計畫灌溉，有助於作物的生長。而
數十年來「水利小組合」之作為最基層的灌排單位，在這些事上貢獻頗
大。「水利小組合」的農民為自己的利益在工作，也是上級單位與農民
之間的橋樑，貫徹農業政策的一個基本單位。各地工作站的員工與「水
利小組合」的農民有第一線的接觸，與整個嘉南大圳經營管理的成敗大
有關聯。近年來農業人口外流，農村勞力外移及老化（注9），農業經營

注9　有關「實行協會」目前的問題，現任嘉南農田水利會總幹事曾金憶曾有
　　　說明，見其在民國79年9月1日《中華日報》第17版所登，＜嘉南農田
　　　水利會：過去、現在、未來＞的座談會上的發言。

型態改變,「實行協會」得花錢僱工來執行會務,增加了財政上的負擔。

這些單位雖然重要,不過目前因史料的缺乏,並不能進一步進行分析;所能做的,倒是對於七十年來嘉南大圳所聘僱的員工進行人事的變遷研究。如所周知,這些員工七十年來,特別是在前五十年農業還是生產主業之時,負責水資源的分配及管理,對於地方的農民有很大的影響力,而且也是在烏山頭水庫建成後,能否發揮其效用的關鍵。因此若資料充分,倒是一項很好的研究題目。幸好,嘉南農田水利會存有建庫以來所有員工的人事資料,並提供筆者進行研究,對於此重要之機構之人事變遷進行探討,筆者在此敬表謝忱。

在方法上,本文將27本裝訂好的人事檔案,再加上最近兩年的散裝人事資料以系統抽樣的方式(唯一的不同是我們從第一本人事檔案資料開始算起,而非從任意的檔案中的任何一人開始)將每位員工在檔案編號尾數爲5的人事資料抽出,將所需資料登錄於資料庫中,如第一欄爲資料出處欄,亦卽從該欄中可以得知該筆資料是從何處來,例如0133是指在27冊人事資料中的第一冊第33筆,由於我們是從五人中抽取一人,所以應該是第一冊中的第165位員工的資料。第二欄是姓名,第三欄是籍貫,第四欄是教育年資,其次依序是入會前其他工作經驗的有無、進入嘉南大圳的年代、入會服務時的年齡、離開時的年代及年齡、離開時所得的平均薪資以及在會服務的年數、離職的原因等。總之,凡是可以量化的重要資訊均已收錄其中,讀者可以自行驗證由此資料中所導出的結論。如此前後一共750名的資料(事實上是代表了約3750名員工)的背景資料,其詳細說明可參見已結案之研究報告(注10)。

在此文中,將特別注重中日籍職員的教育程度,工作經驗,以及中國籍員工在不同的時期(如終戰前和戰後)之間的背景、待遇等的比

---

注10 同注1。

較。此外，也對於籍貫不屬雲嘉南地區的員工與籍屬當地的員工進行各種變項的比較。而且，在本文稍後也將對所有的女性員工資料加以彙集整理研究，由於女性員工人數不很多，比較容易作整個族羣（population）而非只是抽樣的研究，其資料不僅使我們對嘉南農田水利會有進一步的認識，以看出此組織的女性人事政策。而中日婦女員工的比較，更可對研究時代的中日婦女的就業環境瞭解更多。爲了統一化資料及便於計算，文中所用的「光復」前或「終戰前」是指民國35年元旦之前（亦卽在電腦指令中寫爲＜1946）；而「光復」後或「戰後」則是指民國34年除夕之後（亦卽在指令中寫爲＞1945）。

## 一、七十年來的員工人事特色

在所有750筆資料中，有教育資料可查的員工共有705筆，其餘的沒有紀錄，在這批705人中，其平均教育年資爲9年，而其中所有華籍員工佔395筆，其所有平均的教育年資爲9年。民國35年之前，所有的員工共有558位，其平均教育年資爲9年。國籍員工有248位，其平均教育年資爲7年；而屬日籍員工則有310位，其平均教育年資則爲10年。在戰後到民國65年（不含）之前入會的員工，共有135位，其平均教育年資爲10年；而在民國64年以後入會的員工則有12位，而其平均教育年資則爲13年。從教育的水準來看，比起當時一般其他的教育水準，本機構的員工所受的教育稍高。因爲，在日據時代後期，臺灣人的平均入學的人口約六成五左右。而隨著時間的進展，教育的年資由10年更增至13年。另外，值得注意的是，日籍員工比起華籍員工來，其教育年資要多出3年，這也符合一般日籍員工比華籍員工擔任較高職務的想法。

與民國77年的員工教育背景比較起來，雖有提昇，但似乎並未提高太多。大學以上的員工一共只有37人佔全體員工的5％，專科畢業的有133位，佔18％，而高中程度的有323人，初中畢業的有112人，小學程

度的有93人，其他類的有34人，共佔約77％。而當中無一人具有國家高
等考試及格資格，普考及格者僅有 2 人，亦無一人具有國外訓練背景者
（注11）。

再細分從年齡與教育之間的關係來看，30歲以後才入會的員工，不
論中日，其所有249人中平均教育年資爲 8 年，而其中日籍的154人爲 8
年，華籍的 95 人也爲 8 年；另一方面所有小於 20 歲就入會的所有中日
158 名員工中的平均教育年資爲 9 年，其中日籍的47名平均受了10年的
教育，而華員的 111 位只有 8 年的平均教育年資。再從地域來分，非當
地人49名華籍員工中，其平均學齡爲 9 年，而籍屬臺南、嘉義、雲林的
353名華員中，其平均學齡則有 8 年。

在終戰前入會的華籍員工的事前工作經驗方面，在所有255位當中，
有202位具有事前的工作經驗，53 位並沒有。換言之，約有 79％的員工在
入會之前旣已做過其他的工作。而在戰後，在 147 人中，有事前工作經
驗的有 129 位，沒有的只有18位，88％的員工有事前的工作經驗。而在
所有348名日籍員工中，具有事前工作經驗的也有303位，只有45位並沒
有事前經驗，與戰後華籍員工所佔的比例一樣，也是有87％的員工具有
事前的工作經驗。當然我們無法確定這些事前的工作經驗都與水利事業
有關，但至少可顯示出該會的人事政策是較偏好有事前經驗的，或比較
老練的。

在任職的長短方面，所有平均的任職年數爲11年；在所有 402 位華
籍員工當中，其平均在職年數爲15年；而日籍 348 位員工在職的平均年
數爲 6 年。在終戰前入會的，所有 255 位華籍員工當中，其平均在職年
數爲14年；而所有 147 位戰後的華籍員工，其平均在職年數爲17年。由
此可見華籍員工在職年數較日籍員工多出一倍以上，而戰後又比在終戰

---

注11　嘉南農田水利會《統計要覽》，中華民國77年，頁192。

前在職的年數久些。這多少與大環境的安定有關。但是，我們必須記得，有些樣本中有些日籍員工是在民國35年臺灣光復後被強迫離職的。在所有具有事前工作經驗背景的 634 位員工當中，其平均在職年數為12年；而不具工作背景的 116 員工中，其平均在職年數則為 7 年。可見具事前工作背景的又較不具此背景的在職平均多了 5 年，看來具事先工作經驗的人在進入此機構後比較能任職長久些，可能是想安定下來的心較急切。而所有華籍的具工作經驗的 331 員中，其平均在職年數為17年。對於入會工作時年齡在19歲以上的 592 位員工而言，其平均在職年數則為11年；若計算其在終戰前 465 位員工，則其平均在職年數為10年，而戰後的 127 位員工中，有17年的平均在職年數；20歲以下就已進入嘉南農田水利會工作的 158 位員工而言，其平均在職年數則為10年；若計算其在終戰前的 138 位，則其平均在職年數為 9 年，而戰後的20位中，其平均年數為15年。一般而言，在位期長可表示該組織的吸引力持續未衰，但日久也可能造成職務流動的困難。

　　推究其原因，除了年齡的因素之外，也有國籍因素在內（因為日本人在戰後大都離職回國），是故造成了相當顯著的差異；但也可從上述數據中見到，在戰後進入嘉南大圳工作時的年齡都已平均較大，故人數不多。民國35年之前入會的小於20歲華籍員工有19位，其平均在職年數為12年；而日籍員工則有47位，在位平均只有 4 年。而終戰前入會年齡大於 19 歲的華籍員工計有164位，平均在職年數為16年；日籍員工計有301 位，其在職年數平均為 6 年，也再可由此見到，在終戰前入會的年青人還不少。而入會時已是30歲以上的員工，共有 249 位，其平均在職期間為11年，而其間國籍的佔95位，任職平均18年；而日籍員工有 154 位，在職平均 6 年。整個看來似乎許多人在年紀還不算太大時就離職了，事實上，離職平均年齡偏低是因為任職在一年左右的，共有 133 位，佔所有樣本的18％；而在職年數在二十年以上的共有144位，約佔19％。

　　再從教育背景來區分，初中以上教育程度的有 139 名，其平均在職年數爲13年，而只有小學畢業或未畢業的 170 名員工中，其平均在職年數爲17年。這多少顯示出此機構的體質，受過較高教育的員工，其流動性較大，對於終戰前的情形，由於當時平均的教育程度都還不是很高，並無太大影響，但在戰後則意味著其員工的教育水準的無法提昇。若從籍貫來分，非當地的49人中，其平均在職年數爲 9 年，終戰前入會的有30人平均在位 9 年；戰後入會的有 19 人，平均在職 10 年；而本地籍的353人中平均在位16年；終戰前入會的有225人，平均在職15年；戰後入會的，有128名，平均在位18年。此又顯示本地人比較能服務得久些。

　　在進入嘉南農田水利會工作的年齡上，一般的平均爲 28 歲，華籍402位員工爲25歲，而日籍348位員工則爲31歲；光復前離職的 125 位華籍員工平均在22歲時加入工作，而戰後離職的 277 位華員則爲27歲；而其中光復前離職的大臺南地區的員工 103 位中入會的年齡爲21歲；非本地的22名華員中其平均入會年齡爲25歲。這項數據，一方面說明了戰後入會的年齡增大；另一方面也意謂著日籍員工確是稍爲年長，這是因爲日人所擔任的職務較高，故所需的教育背景及工作經驗較強，自然也影響了其入會的年齡。再從地區來分，籍貫不在當地的人，光復後入會的19人中，平均年齡爲35歲；其收入爲 201 元；而光復後離職的外地人中有27人，其入會年齡爲32歲；而本地籍的 353 員中，平均入會年歲爲25，其中終戰前離職的103人之平均入會年歲爲21；而光復後離職的250人中，其平均入會年歲爲 26 歲。外地人入會平均年齡要比當地的員工年齡大些，這也是說明了本地人較早可以找到工作，而非本地籍總是因了某些因素而在外「流浪」一陣之後，才會進入大圳上班。而上段所提到入會二十年以上的144人，以及入會一年左右的133人，其初來嘉南大圳工作之時年齡平均也都是27歲，並無顯著之差異。

　　至於平均收入方面，由於幣值之變換，我們爲了確保比較的可靠

性，故以終戰前，以及民國38年以後的收入，分成兩組來看。首先，日籍員工的平均收入較無爭議性，其月薪平均爲84元；而在終戰前的華籍125員工的平均收入則爲42元，剛好是日員的一半。其中不屬當地的22名中其平均收入爲47元；而屬大臺南地區的103名華員中其平均收入爲41元。在民國38年之後才離職的平均底薪則在所有222位員工中，爲241元；而其中屬嘉南地區的199人中其平均收入爲242元；其不屬嘉南地區的43名員工之平均收入爲210元。而在這羣人當中，若將教育年資在初中以上的一批分開來看，則在此批94位較高教育水準的人，其平均底薪則爲265元；而教育水準較低的其餘128位員工的平均底薪則是223元。而這些高教育水準的華籍員工，在終戰前共有21位，其平均月薪爲44元（比起一般平均只多了2元），而教育較低的在終戰前則有104位，其平均月薪爲42元。

七十年來所有員工的平均離開職務時的年齡爲39歲；其中402位華籍員工的平均離職年齡爲40，而日籍員工爲37歲。其離職年齡甚低，但在光復前後有很顯著的差異：光復之前的華籍員工，其平均離職年齡爲27歲；戰後的277位則爲46歲。至於受過初中以上的139位華籍員工中，其平均離職年齡爲39歲；而介於小學5年級以上到初中之間的245位平均離職年齡則爲41歲。整體而言，40歲左右正當盛年，本應最可以發揮長才之時，而此時離職對該會而言，應該是一種損失。

籍貫非屬嘉南地區之員工：嘉南農田水利會之本地化情形頗爲深入，不但外省人數不多（請見前面提到的另文，該文中提及其較晚進入及適應不良之情形），連本省非屬該灌漑流域的人都不多。本文前面偶而論及非當地員工之情況。現在就讓我們較有系統地看看這羣人的一些特性。

首先，我們看戰後進入嘉南農田水利會服務而非屬本地籍貫的員工，共有19位，其平均的教育年資爲12年；而本地籍的則有128位，其平均

教育年資則爲10年，或許可說外來的員工要能在此本地色彩很重的機構
服務，必須得有較好的資格，才有可能。其次就入嘉南農田水利會服務
的年齡而論，前者是35歲，後者是28歲；外地人來此機構較爲晚，相差
7歲；這是否也說明了外地人來此是一種較經考慮後的結果。而以離職
的平均年齡而論，前者是 45 歲，後者是 46 歲，前者在職的期間平均爲
10年，後者則爲18年，這再度說明了外來人的不安定性，來得晚，去得
早，在職期間又較本地人士短了將近一倍。而在收入方面外地員工平均
收入爲201元，本地的則爲221元。

　　若我們再看嘉南農田水利會建圳以來所有非本地籍的員工代表計有
49位，其平均教育年資爲 9 年，其初始入會服務之年齡爲29歲，其平均
離職時的年齡爲38歲，在職期間平均亦爲 9 年。換言之，包括了終戰前及
戰後的非本地籍員工，其各種平均都較戰後的低，除了在職 9 年相同以
外。在這些員工中，在終戰前離職的非本地員工有22位，其平均月薪爲
47元；而同在終戰前離職的本地籍員工共有103位，其離職月薪爲41元，
比起外地員工要少 6 元。換言之，外地人較少，但薪資卻較高。而在民
國38年以後離職的有23位，其平均底薪則爲 235 元；比起同屬於民國38
年以後離職的199位本地員工代表的底薪亦爲242元。在所有本地籍員工
中，其代表共有353位，而其中有事前工作背景的有293位，佔83%。而
非本地員工中，有工作背景的佔所有49位中的38位，佔78%。

　　在民國35年開始入嘉南農田水利會，而且非本地籍的員工，計有19
位，其在職的平均年資爲10年；而在此之前入會的則有30位，其在職年
資也是有 9 年。而在民國35年開始入會的本地籍員工計有 128 位，平均
在職年資爲18年；而返觀在此之前入會的本地員工計有 225 位，而其平
均年資則爲15年。

　　婦女員工：在所有婦女員工的221位資料中，共有華籍婦女135位，
其平均的教育年資是 8 年；日籍婦女員工則有 86 位，其平均教育年資

則比起華籍女性多出一年,為9年。在此135位華籍婦女中在民國34年之後進來工作的共有57位,這些戰後入會的女性員工其平均教育年資則為10年,這當然也顯示出戰後教育水準之提昇,其平均教育年資與其他員工在戰後至民國65年之前的平均教育水準是相同的;而在民國64年之後入會的女性有11位,其平均受教育的年資為13年,與一般員工之平均教育水準頗類似。在終戰前入會的女性員工共計78位,其平均教育年資則為6年。

籍貫方面,在所有135位華籍女性員工當中,籍貫屬於今日之臺南市、嘉義市及雲林縣市者,計有119位,不屬此嘉南大圳灌溉區者計有16人。換言之,屬本地之女性員工佔所有女性員工之88%,其餘的只有12%,再度證明了此機構在地域上的同質性。在入會開始工作方面,所有女性員工的平均年齡是18歲;日籍員工平均為20歲,華籍女性則為18歲;戰後入會的華籍女性57位員工平均年齡則為21歲;終戰前的78位平均年齡則只有15歲。因此,我們也可以知道女性員工入會時實在太年輕了,其所將扮演之邊緣性角色也在預料之中。

而在全部華籍女性員工中,具有事前工作經驗的只有70位,佔所有華籍女性員工的52%,若分別從終戰前及戰後來看,則前者有35位佔45%,而後者有35位,佔61%。以此來與終戰前一般的平均有工作經驗的佔79%,戰後的87%來看,差距頗大,但趨勢相同,亦即愈到後來,具有事前工作經驗的員工愈多,而其所以較少具事前工作經驗的原因也顯然是與女性員工之入會工作年齡很早有關。而在日籍員工方面,在86人中有55位具事前工作經驗,佔64%,較華員為多,這可能是因為她們是日本人,來臺工作時年紀稍大,較可能具工作經驗。但比起一般整體日籍員工的87%,仍為少。在檔案中最年輕的女性員工是第139筆的賴春蘭,她13歲開始在嘉南大圳工作,其次是第101筆的蘇金蓮,14歲;第51筆的吳玉愛,15歲。

在離職年齡的大小上,所有的女性員工平均在22歲時就離開任所,不論是華籍或日籍員工,其平均離職年齡都是日人22歲,華員23歲。但對終戰前的華籍女性而言,一般是在18歲時就離職,平均在職只有 3 年期間;而戰後入會的華籍57位女性員工則平均是在29歲時離開,而其平均在職年數為 8 年。顯然,戰後的生活較安定,女性在位期間也就較長。對於當時的中國婦女而言,29歲退出職業,專心擔任家庭主婦的工作,也已不早了。所有華籍婦女的平均在職期間為 5 年;日籍婦女平均在職為 3 年。若我們不算在民國 35 年被強迫遣送回日本的女性員工,則共有 75 人,其平均在職也是 3 年,並無差異。在檔案中,離職時年紀最大的是第66筆的石井伊久,她在此機構中做到48歲才走;其次是第14筆的何良鳳,離職時46歲。

在待遇上,為了有一致的比較標準,我們只算在民國35年以前離職的員工,華籍女性員工,共有60位,其平均收入為每月26元;日籍員工則有70位,其平均月薪則為40元。若以教育程度來區分,在終戰前受過 8 年教育的日籍女性共有11人,其平均收入為40元;而同樣在學校 8 年的華籍女性只有 2 位,其收入為16元。民國36年以後離職的華籍女性有59位,其平均底薪為 106 元;而在民國38年以後離職的則有57位,其平均底薪為107元;民國64年後的有15位,收入為底薪123元。

在職務上最高的女性員工為第 4 筆的王文足,她擔任工程員,而在任上死亡的,則有 5 人。這種情形與民國77年相比較,此年女性員工共有81人佔所有員工的11%。在這81位女性員工中,職位最高的還是一位工程員,其次是兩位助理工程員。在職務分配上,這81位女性中有53位任職員,其中最多的是辦事員,佔24位。職工部份則有28位,其中技工佔 8 位,工友佔20位。一般而言,婦女不但在人數上或職務上,在嘉南農田水利會中都僅是輔助性及邊緣性的角色。

## 二、其他的一些特色

　　我們從其他的統計資料中整理出一些有關的訊息，將可資參考之處說明於下。不過下述資料多半以民國77年為下限，而非如前面的下至民國79年。最近兩年的資料，俟該會出版後，再進行補充。圖六及圖七為民國50年及民國77年嘉南農田水利會的職員分類圖（注12），在圖六中，技術人員佔了 80.8%；在圖七中則只佔了 33.8%，似乎減少得不成比例，但是圖七中的管理人員也佔了43.7%，此在圖六中應屬技術人員，因此將其與技術人員合計，也佔了77.5%，比起圖六少了一點。

### 圖 6　民國50年職員分類圖
#### 技術人員比重

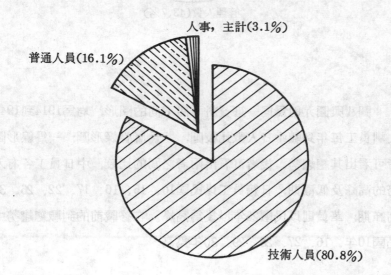

人事，主計(3.1%)

普通人員(16.1%)

技術人員(80.8%)

---

注12　圖 6 與圖 7 的資料來源分別見於民國50年的《統計要覽》，頁 178，及民國77年的《統計要覽》，頁188。

**圖 7　民國77年職員分類圖**
**技術人員比重**

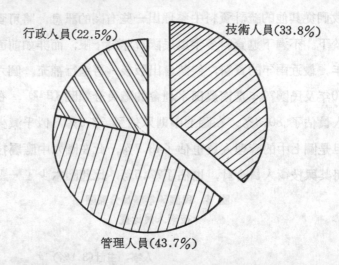

行政人員(22.5%)

技術人員(33.8%)

管理人員(43.7%)

　　圖八與圖九則爲同一筆資料兩個不同的圖形，均爲1914到1945嘉南
大圳員工每年到職中日人數比較圖，一爲層疊條形圖；一爲線形圖；前
者可看出其總趨勢，後者可看出兩者之間的比較，中日員工各有入會服
務的高峰及低潮期；日籍員工以民國10、15、16、17、22、26、30年爲
高峰期；華員則以民國26年以後爲高峰。在終戰前的到職總趨勢中又以
民國10年、16、27、28、29、30年爲高。

圖 8　嘉南大圳員工每年到職中日人數比較1914-1945

（每5人抽選1人）

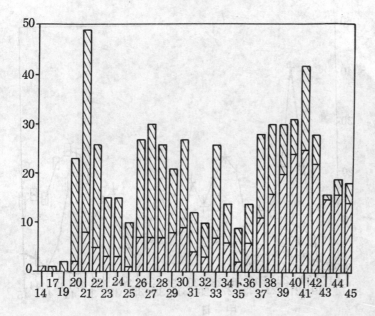

中日

圖 9    嘉南大圳員工每年到職中日人數比較 1914-1945

（每5人抽選1人）

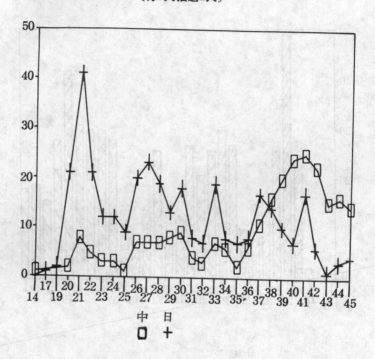

中    日

□    ＋

　　　圖十及圖十一為日華籍員工每年離職的趨勢圖，以日員而論，民國
18、19以及35年為離職人數較多之年；以華員而論，則以民國34到36，以及

圖 10　嘉南大圳每年離職人數（日籍）1917–1947

（每5人抽選1人）

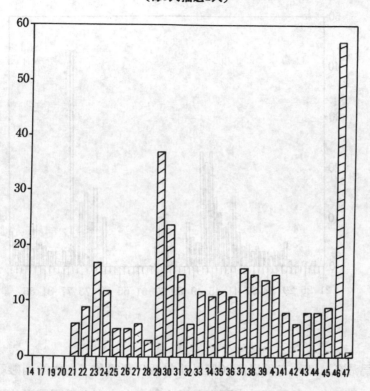

圖 11　嘉南大圳華籍員工離職變動趨勢圖 1914-1988

（每5人抽選1人）

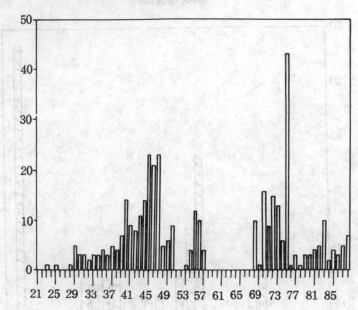

64年爲最多。圖十二爲民國36年以前包括日華籍員工在內的到離職總趨
勢圖，換言之，此圖可看出嘉南農田水利會在人事上受到震盪的幅度。

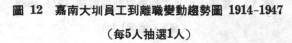

圖 12　嘉南大圳員工到離職變動趨勢圖 1914-1947

（每5人抽選1人）

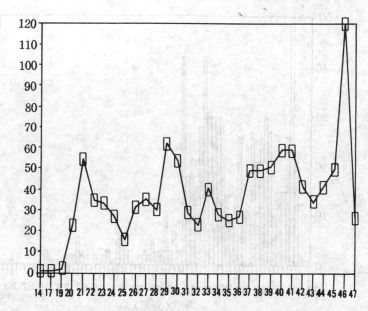

由圖中可知，民國10、18、26到30以及34、35年最劇烈。圖十三及十四
則分別爲所有日華籍員工的到職及離職的總趨勢圖，以到職而論，終戰
前的前面已有討論，之後的則普遍低，以民國37、39、48、50、59年稍
多；離職而論，最劇烈的要算民國18、35以及64年。民國18年可能是因
爲大圳將要正式全面運作，人事上要重新調整；35年則爲光復後日籍員
工之遣返，而64年則爲雲林水利會劃出嘉南農田水利會之外，並且會內
精簡人事之故。

## 圖 13 嘉南大圳員工到職變動趨勢圖 1914-1988

### （每5人抽選1人）

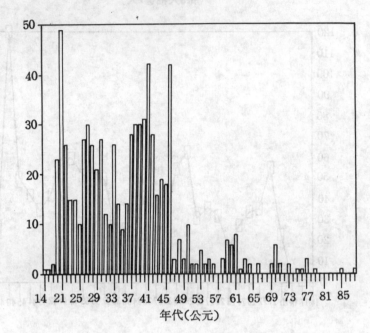

年代(公元)

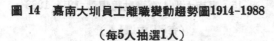

圖 14　嘉南大圳員工離職變動趨勢圖1914-1988

（每5人抽選1人）

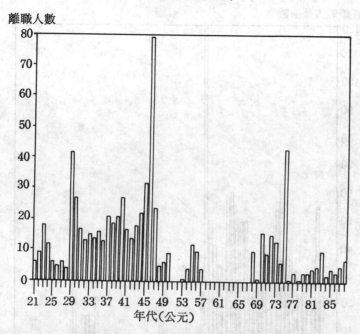

　　圖十五及十六則爲七十年來日華籍到離職員工的變動趨勢圖，前者爲層疊條形圖，便於看總趨勢；後者爲線形圖，便於作任離職趨勢的比較。圖十五可看出民國10、18、29、30、35以及戰後36、39、59、64年的重要性；圖十六則可看到除了前面提過的一些特色之外，也可見到在戰後到職人數大致而言是相當弱的，特別是最近幾年。

### 圖 15 嘉南大圳人事變動總趨勢 1914-1988

#### （每5人中選1人）

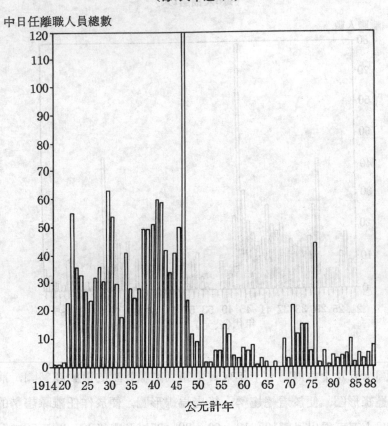

**圖 16　嘉南大圳人事變動任、離職總趨勢 1914-1988**

**（每5人中選1人）**

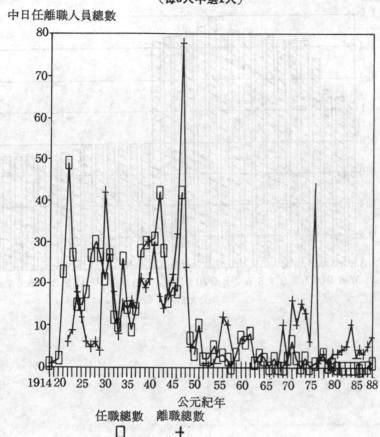

中日任離職人員總數

公元紀年

任職總數　離職總數
　□　　　　　＋

　　　最後的圖十七及表一是顯示自從有明確統計的年代以來，嘉南農田
水利會的所有員工在職的人數，除了表中的每年確實數字外，我們也可
從圖中看出，在民國49年員工數目有較大幅度的增加，而後一直維持平
穩的狀態，直到民國64年才因雲林濁幹線的分家，而使得員工人數大爲
減縮。

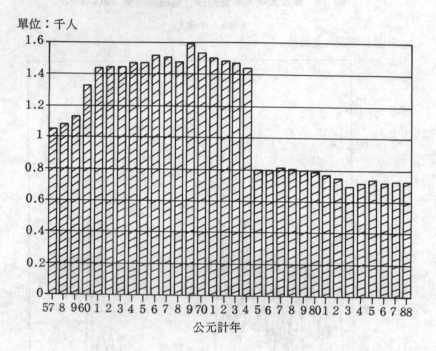

圖 17 嘉南大圳在職員工數目圖 1957-1988

表一　嘉南農田水利會員工數目表1957-1988

| 年 | 1951 | 1952 | 1953 | 1954 | 1955 | 1956 | 1957 | 1958 |
|---|---|---|---|---|---|---|---|---|
| 人　數 | | | | | | | 1,054 | 1,085 |

| 年 | 1959 | 1960 | 1961 | 1962 | 1963 | 1964 | 1965 | 1966 |
|---|---|---|---|---|---|---|---|---|
| 人　數 | 1,134 | 1,328 | 1,439 | 1,449 | 1,445 | 1,469 | 1,469 | 1,519 |

| 年 | 1967 | 1968 | 1969 | 1970 | 1971 | 1972 | 1973 | 1974 |
|---|---|---|---|---|---|---|---|---|
| 人　數 | 1,510 | 1,477 | 1,593 | 1,534 | 1,500 | 1,481 | 1,473 | 1,443 |

| 年 | 1975 | 1976 | 1977 | 1978 | 1979 | 1980 | 1981 | 1982 |
|---|---|---|---|---|---|---|---|---|
| 人　數 | 805 | 802 | 818 | 812 | 806 | 792 | 772 | 753 |

| 年 | 1983 | 1984 | 1985 | 1986 | 1987 | 1988 | 1989 | 1990 |
|---|---|---|---|---|---|---|---|---|
| 人　數 | 699 | 718 | 740 | 724 | 730 | 732 | | |

　　當然，這些只是一些初步的觀察，最終還是希望有機會能將所有的人事資料全部納入，而且，即使是目前的 750 筆資料，也還可繼續從事其他變項之間的關係。所有的「資料庫」都還在，有興趣的人士可以借來參考，或自行進一步研究，以期得到更有意義的成果。

## 三、結　語

　　嘉南農田水利會在七十年來經過了許多的變遷，在名稱上也有過多次的更改，每次變動，當然也意味著管理權的變化或是經營方式的更易，目前更是到了極關鍵的時刻。在此時刻，回顧一下嘉南農田水利會七十年來所走過的路，自有其值得參考之處。

　　在前文中所提到的，在早期曾是嘉南農田水利會最有利之處，如本地化之色彩強，有助於員工對此機構的向心力，在職期間長，教育程度

較高，受到日方科技及管理的薰陶，不受官方在人事或待遇上太大的牽制等的特點，在民國60年之後不是陸續消失，就是反而成爲負擔。在此現象背後有一重要的背景就是整個大環境的變化，那就是臺灣的經濟由農業轉向工商業所造成的影響。

以工商業爲導向的社會，強調變遷及成長，長期在職就阻礙流動及成長；目前在會內的員工大部份爲民國 40、50 年代卽已進入工作的人士，以民國77年的人事紀錄來看，任職年資在25年以上的就有 376 位，佔所有員工的51％。換言之，有半數以上的員工是在民國52年以前到職服務的，而在民國47年以前到職的也有 217 位，佔所有員工的30％，其職員老化的情形不可謂不嚴重（注13）。長期本地化的情況使得地方利益太盤根錯結，整個機構易爲地方派系所操縱，干預農田水利人事等情事屢見不鮮（注14）。新的建設，若要顧及較整體的利益時，就不易動員各種人力物力的資源。尤其是在急遽工業化的時代，公共建設及公共給水需求量大增，水費的負擔也成爲有爭議的問題，這種情形使得地方利益的意識更爲提高，產生利益衝突的可能性就大增。

當年較先進的日方科技及管理，仍爲今日嘉南農田水利會的營運基礎，但這只是維持運作的先決條件，並不能使其自動發展，不斷創新，這還得靠其他因素共同配合才可，況且在這麼多年後，昔年科管優勢也不再佔有了。更由於農業的逐漸凋零，農民收入比起其他行的人士低得多，嘉南農田水利會的員工現在不再享有當年收入較高，且不受公務員統一收入之限制的優勢。反而由於不是政府編制內人員，外調到其他機構以及昇遷進修的機會，不是沒有，就是很少，因而在民國79年現任嘉南農田水利會會長李源泉就指出：「本會員工目前平均年齡爲55歲，45歲以下之同仁僅佔全體員工的23.7％，而現場繁重的工作及工務專業實

注13　同注11，頁191-192。
注14　李源泉，＜革新農田水利會組織與經營芻議＞，民國77年，頁82。

務，迫切需要具有年青活力的員工的投入。如何突破人事瓶頸，暢通人事管道，乃當前水利會亟待解決之問題。」所以他建議：「與有關單位研商新進員工進用方式，以及資格問題，加速儲用專業員工，以接繼退休員工之職務。溝通有關單位及人士協助本會，使員工福利及進修增加，以安定員工工作情緒，留住人才。」[注15] 而在前此二年的全國農田水利會的情況又是如何？其時水利會在全省17個水利會中，所有員工3,417人，其平均年齡為51歲，學歷高中高職佔一半以上（51％），服務年資 30 年以上居多，而且「（民國）64年以前人事管理制度未樹立，水利會員工由會員代表或社會人士推薦居多，形成專業人才比非專業人才少，又因水利會員工無法與其他機關相互交流，資深員工時代教育不能切合現況需要，處理方法仍依三十年前方式進行，形成工作量冗多，員工素質不切合時代。」[注16] 由上可知，嘉南農田水利會目前吸收不到較有能力及理想的人才，其以前在教育程度上的高水準也逐漸落居人後了。

以上所提的是與人事有關的問題，其實還有其他如水庫淤積、渠道更新、內面工重建、混作灌溉技術及灌溉電腦自動化以及水利小組面對農業經營型態轉變等，在在都需要新的人才來處理。還有目前雖尚未發生，但需未雨綢繆的更重要問題，就是將來農田水利會改制為省屬行政單位以後的銓敘、財產處分、會費以及農民權益等。這些都可能引發嚴重的爭議[注17]。然而其細節並非在本文所要討論的範圍之內。

總之，本地區數百年來主客觀環境的變化，農田水利的管理也有不同的需要，也必須有所調整。在建圳之前可說是傳統的管理，地主或墾戶視開發水源為一種投資[注18]，當然政府也有監督，但管理的情形並

注15　李源泉，＜嘉南農田水利會七十年的回顧與展望＞，民國79年，頁10-11。
注16　同注14，頁11。
注17　同注15，頁7-11。
注18　同注 3，頁192-193。

未有何制度化，到了建圳之後，官方介入的情況就很明顯，初期農民為適應輪灌之制，從繼續灌溉到分區輪灌，從自由耕作到限制種物，的確有很大的調整困難，而戰時山林及設施的破壞，水源不易保存，而戰後大量軍民糧食之需，再加上糖價下跌，遂使從蔗作轉為稻作的情形普遍，而水稻需水又是蔗作的三倍，更使得用水無不應求。然而70年代以後，因糧食生產過剩，人口增加，農地改成他用的情形大增，水資源的運用成為多元化情況，不只是純粹為農業之用了，農民負擔水費的意願降低，在在都顯示需要不同往昔的管理方式，人事制度也得適應這些改變。

　　雖然嘉南農田水利會至今有不少的問題亟待解決，但在整個臺灣近代史上，此機構確也扮演過十分重要的角色。除了在另文中指出嘉南農田水利會在光復初期的關鍵性時刻的維持全島軍民糧食，並以田賦提供政府財源之外，就整體而言，所有糧食生產，在建圳之前和建圳之後差了兩倍到五倍之多，而近二十多年來，其產量仍有增加。在灌溉地域內的重鹽地、沙地及重黏地都逐漸轉變成適宜耕作的土地，有在鹹地上種出甜的甘蔗之美稱。而在此灌溉地域內的蔗糖生產又是在民國40年代全省外滙的主要來源。而其在灌溉工程上的持續努力，增進水源及提高效率之作法，還有在灌溉技術上之研究發展，可說是確保了農業的生產及增加，並直接間接地促進了農業與工業之間的互動及轉化。嘉南農田水利會，在臺灣近代經濟史上，不但是扮演了存亡續絕（surviving）的角色，也有促進繁榮的貢獻，而其員工的努力，以及使得這些努力得以達到其效果，其人事制度也曾有過其無可爭議的貢獻。

　　（本文之完成，承國科會計劃NSC79-0301-H002-53輔助，特此誌謝。）

# 近百年來嘉南平原的水災

## 一個初步的定量分析 (1890–1990)

### 古 偉 瀛

## 一、本文的主旨：

　　臺灣嘉南地區地屬平原，是全島最大的耕地所在，然而河曲多，北以北港溪與雲林縣為界，自北而南，有朴子溪、八掌溪、急水溪、將軍溪、七股溪、曾文溪、鹽水溪，最後又以二（仁）層行溪與高雄為鄰；這些河曲短，落差大，再加上降雨量又不平均，大部份集中在夏季，每年的10月到次年4月是枯水期(參見表一)，平均7、8月的雨量為1、

表一　雲嘉南地區各地每月雨量統計　　　　　　　　　　(公厘)

| 站　名 | 一　月 | 二　月 | 三　月 | 四　月 | 五　月 | 六　月 | 七　月 |
|---|---|---|---|---|---|---|---|
| 麻豆 | 16 | 37 | 73 | 83 | 170 | 385 | 423 |
| 玉井 | 21 | 33 | 71 | 89 | 222 | 413 | 608 |
| 南化 | 24 | 37 | 67 | 90 | 358 | 459 | 606 |
| 新化 | 16 | 32 | 55 | 73 | 181 | 348 | 435 |
| 臺南 | 19 | 34 | 52 | 69 | 169 | 378 | 417 |
| 鹽水 | 22 | 29 | 67 | 69 | 161 | 289 | 322 |
| 北港 | 18 | 40 | 79 | 98 | 175 | 294 | 317 |
| 崙背 | 21 | 61 | 87 | 128 | 127 | 322 | 263 |
| 林內 | 32 | 59 | 112 | 118 | 209 | 408 | 438 |
| 斗六 | 27 | 55 | 110 | 125 | 211 | 348 | 425 |
| 虎尾 | 24 | 49 | 94 | 97 | 172 | 311 | 308 |
| 嘉義 | 25 | 39 | 81 | 91 | 192 | 385 | 433 |
| 平均雨量 | 22.08333 | 42.08333 | 79 | 94.16666 | 195.5833 | 361.6666 | 416.25 |
| 標準差 | 4.480668 | 10.58661 | 18.33939 | 19.53558 | 54.74251 | 49.98722 | 103.2546 |

| | 八 月 | 九 月 | 十 月 | 十一月 | 十二月 | 年均雨量 | 總雨量 | 標準差 |
|---|---|---|---|---|---|---|---|---|
| 麻豆 | 428 | 168 | 19 | 12 | 21 | 152.9166 | 1835 | 158.5478 |
| 玉井 | 570 | 284 | 46 | 14 | 22 | 199.4166 | 2393 | 211.1786 |
| 南化 | 650 | 356 | 62 | 16 | 22 | 228.9166 | 2747 | 231.9484 |
| 新化 | 481 | 191 | 31 | 14 | 18 | 156.25 | 1875 | 165.5994 |
| 臺南 | 439 | 162 | 31 | 16 | 17 | 150.25 | 1803 | 159.1347 |
| 鹽水 | 308 | 131 | 18 | 17 | 20 | 121.0833 | 1453 | 115.7601 |
| 北港 | 299 | 109 | 25 | 13 | 26 | 124.4166 | 1493 | 112.6635 |
| 崙背 | 276 | 84 | 18 | 8 | 35 | 119.1666 | 1430 | 104.6954 |
| 林內 | 415 | 205 | 50 | 20 | 29 | 174.5833 | 2095 | 154.1646 |
| 斗六 | 411 | 181 | 32 | 15 | 37 | 164.75 | 1977 | 146.1501 |
| 虎尾 | 292 | 127 | 27 | 13 | 31 | 128.75 | 1545 | 110.5758 |
| 嘉義 | 454 | 218 | 31 | 17 | 25 | 165.9166 | 1991 | 161.9518 |
| 平均雨量 | 418.5833 | 184.6666 | 32.5 | 14.58333 | 25.25 | | | 151.2061 |
| 標準差 | 109.9579 | 72.83352 | 13.08625 | 2.899952 | 6.246665 | | | |

資料來源: 徐世大，《臺灣省通志稿》(臺中，臺灣省文獻會，1955)，卷4，頁
83。

2 月的10到20倍。不但雨水少，而且平均氣溫高，雨水蒸發快，在雨季
則易發生洪水，在乾季則缺水灌漑，在日據時期修築了嘉南大圳之後，
雖然解決了大部份的缺水問題，但還是不太夠，以致有偷水事件的發
生，無論如何，水災的問題並未解決，尤其是每當颱風來襲或是在梅雨
期間，往往會有水災發生。研究嘉南地區的水災一方面可供史家進一步
分析，另一方面也可供防災的有關單位參考。事實上，前人對於氣象災
害的研究已有不少，如謝信良、陳正改的兩次《臺灣地區氣象災害之調查
研究》（民國 74及75 年），也有專對臺灣東部地區的氣象災害研究（劉
廣英等，民國 76 年）；在防災方面，有楊學涑《我國現行防災體系之
研究》（民國 73 年），及蔡清彥等《我國防災體系之改進建議》（民國
74年），以及黃俊傑、古偉瀛的《日據時代臺灣社會民衆對天然災害的
認知與反應，1895-1945》（民國 78 年），《日據時代日本殖民政府在
臺灣防災與救災措施的分析，1895-1945》（民國 79 年）都提供給我們
相當多的資料及分析，然而，上述研究或是在空間上限於局部，或是在
時間上太短，在對於災情的預防或善後處理上，也是一樣，並未有一項

表二　以房屋損毀數爲順序的各次災情

| 順序 | 號碼 | 月日年 | 水災原因 | 降雨量 | 死亡數 | 受傷數 | 房屋毀損數 | 農業損失 | 漁業損失 | 堤防 | 公路 | 鐵路 | 賦稅減免 | 賑災捐款 |
|---|---|---|---|---|---|---|---|---|---|---|---|---|---|---|
| 3 | B03 | 09/17/48 | T | 未詳 | 0 | 0 | 0 | T | F | $90M | .F. | .F. | .F. | .F. |
| 4 | B04 | 09/14/49 | T | 未詳 | 1 | 0 | 0 | T | F | 未詳 | .F. | .F. | .F. | .F. |
| 5 | B05 | 07/28/50 | F | D205 | 0 | 0 | 0 | T | F | 0.15 | .F. | .F. | .F. | .F. |
| 7 | B07 | 06/09/51 | F | 190 | 0 | 0 | 0 | T | F | 未詳 | .T. | .F. | .F. | .F. |
| 10 | B10 | 07/03/53 | T | 未詳 | 0 | 0 | 0 | T | F | 未詳 | .F. | .F. | .F. | .F. |
| 14 | B14 | 09/22/56 | T | 未詳 | 0 | 0 | 0 | F | F | 0 | .F. | .F. | .F. | .F. |
| 15 | B15 | 07/25/58 | T | 未詳 | 0 | 0 | 0 | T | F | 未詳 | .F. | .T. | .F. | .F. |
| 18 | B18 | 08/23/60 | T | 500 | 3 | 0 | 0 | T | F | 未詳 | .F. | .F. | .F. | .F. |
| 20 | B17 | 07/03/66 | F | D190 | 3 | 0 | 0 | F | F | 0.1 | .T. | .F. | .F. | .F. |
| 23 | B23 | 08/05/71 | T | 276 | 6 | 0 | 0 | F | F | 0.02 | .T. | .T. | .F. | .F. |
| 24 | B24 | 08/08/72 | F | 515 | 0 | 0 | 0 | F | F | 0.09 | .T. | .T. | .F. | .F. |
| 25 | B25 | 07/03/73 | T | 0 | 0 | 0 | 0 | F | F | 0 | .F. | .F. | .F. | .F. |
| 27 | B27 | 08/17/75 | T | 500 | 9 | 0 | 0 | T | F | 0.03 | .T. | .T. | .T. | .F. |
| 35 | B35 | 04/20/90 | F | 未詳 | 0 | 0 | 0 | T | F | 未詳 | .F. | .F. | .F. | .F. |
| 38 | A03 | 06/18/05 | T | 未詳 | 0 | 0 | 0 | T | T | F | .F. | .F. | .F. | .F. |
| 49 | A14 | 07/30/13 | T | 未詳 | 0 | 0 | 0 | T | F | F | .F. | .F. | .F. | .F. |
| 51 | A16 | 07/12/14 | T | 未詳 | 0 | 0 | 0 | T | F | 未詳 | .F. | .F. | .F. | .F. |
| 52 | A17 | 10/29/15 | T | 未詳 | 0 | 0 | 0 | F | F | F | .F. | .T. | .F. | .F. |
| 53 | A18 | 09/05/16 | T | 未詳 | 0 | 0 | 0 | F | F | 未詳 | .F. | .F. | .F. | .F. |
| 54 | A19 | 05/25/18 | F | 未詳 | 0 | 0 | 0 | F | F | F | .F. | .F. | .F. | .F. |
| 60 | A25 | 09/05/28 | T | 未詳 | 0 | 0 | 0 | T | F | F | .F. | .F. | .F. | .F. |
| 63 | A28 | 08/11/29 | T | 未詳 | 0 | 0 | 0 | F | F | 未詳 | .F. | .F. | .F. | .F. |
| 64 | A29 | 12/08/30 | E | F | 0 | 0 | 0 | T | F | 未詳 | .F. | .F. | .F. | .T. |
| 67 | A32 | 07/29/35 | T | 未詳 | 0 | 0 | 0 | T | F | F | .F. | .F. | .F. | .T. |
| 68 | A33 | 08/23/35 | T | 未詳 | 0 | 0 | 0 | F | F | F | .F. | .F. | .F. | .F. |
| 69 | A34 | 08/03/37 | T | 未詳 | 0 | 0 | 0 | T | T | 未詳 | .T. | .F. | .F. | .F. |
| 70 | A35 | 10/10/39 | T | 未詳 | 0 | 0 | 0 | T | T | 未詳 | .F. | .F. | .F. | .F. |
| 73 | A38 | 09/30/40 | T | 未詳 | 0 | 0 | 0 | T | F | F | .F. | .F. | .F. | .F. |
| 34 | B34 | 09/11/89 | T | 未詳 | 0 | 1 | 2 | T | T | 未詳 | .T. | .T. | .T. | .F. |
| 46 | A11 | 08/01/12 | T | 未詳 | 0 | 0 | 4 | T | F | F | .F. | .F. | .F. | .F. |
| 26 | B26 | 08/03/75 | T | D280 | 0 | 4 | 11 | T | F | 0.05 | .T. | .F. | .T. | .F. |
| 28 | B28 | 06/07/77 | F | 395 | 12 | 1 | 14 | T | T | 0.58 | .F. | .F. | .T. | .F. |
| 42 | A07 | 08/16/08 | T | 未詳 | 0 | 0 | 15 | T | F | F | .T. | .T. | .F. | .F. |
| 19 | B19 | 06/08/66 | T | D182 | 0 | 8 | 17 | T | F | 護岸 | .F. | .F. | .T. | .F. |
| 33 | B33 | 08/12/88 | F | 600 | 3 | 0 | 24 | T | T | 1.16 | .T. | .F. | .T. | .T. |
| 30 | B30 | 08/30/81 | T | D126 | 17 | 5 | 33 | T | T | 2 | .T. | .T. | .T. | .F. |
| 41 | A06 | 05/31/07 | T | 未詳 | 51 | 0 | 33 | F | T | F | .F. | .F. | .F. | .F. |
| 32 | B32 | 09/19/86 | T | 302 | 1 | 26 | 38 | T | T | 二億 | .F. | .F. | .T. | .T. |
| 22 | B22 | 07/27/69 | T | 21.5 | 12 | 15 | 39 | T | T | 2.35 | .F. | .F. | .T. | .F. |

| 6 | B06 | 05/17/51 | F | D400 | 73 | 247 | 40 | F | F | 未詳 | .F. | .T. | .F. | .F. |
|---|---|---|---|---|---|---|---|---|---|---|---|---|---|---|
| 13 | B13 | 09/16/56 | T | D280 | 5 | 0 | 42 | F | T | 0.41 | .T. | .F. | .F. | .F. |
| 8 | B08 | 07/18/52 | T | D456 | 0 | 1 | 64 | T | T | 1.24 | .T. | .F. | .F. | .F. |
| 55 | A20 | 06/30/18 | T | 未詳 | 0 | 0 | 66 | T | F | F | .F. | .F. | .F. | .F. |
| 56 | A21 | 07/24/20 | T | 未詳 | 0 | 0 | 116 | F | F | F | .F. | .F. | .F. | .F. |
| 65 | A30 | 07/31/32 | T | 未詳 | 8 | 0 | 116 | F | F | 未詳 | .F. | .F. | .F. | .T. |
| 50 | A15 | 08/16/13 | T | 未詳 | 0 | 0 | 122 | F | F | F | .F. | .F. | .F. | .F. |
| 21 | B21 | 07/11/67 | T | 591 | 115 | 7 | 132 | T | T | 2.48 | .T. | .F. | .T. | .F. |
| 31 | B31 | 08/22/86 | T | 774 | 5 | 1 | 141 | T | T | 未詳 | .T. | .T. | .T. | .T. |
| 58 | A23 | 09/28/22 | T | 未詳 | 0 | 0 | 148 | T | F | F | .F. | .F. | .F. | .F. |
| 39 | A04 | 07/01/05 | T | 未詳 | 0 | 0 | 179 | F | F | F | .F. | .F. | .F. | .F. |
| 9 | B09 | 06/06/53 | T | 未詳 | 2 | 1 | 182 | F | T | 未詳 | .T. | .F. | .F. | .F. |
| 43 | A08 | 07/17/10 | T | 未詳 | 1 | 0 | 270 | T | F | F | .F. | .T. | .F. | .F. |
| 71 | A36 | 07/07/40 | T | 未詳 | 0 | 0 | 311 | T | F | 未詳 | .F. | .F. | .F. | .F. |
| 36 | A01 | 08/30/98 | T | 未詳 | 0 | 0 | 380 | T | F | 未詳 | .F. | .F. | .F. | .F. |
| 29 | B29 | 07/25/77 | T | 431 | 3 | 3 | 385 | T | T | 0.01 | .T. | .F. | .T. | .T. |
| 40 | A05 | 10/21/06 | T | 未詳 | 0 | 0 | 403 | T | T | F | .F. | .F. | .F. | .F. |
| 11 | B11 | 08/24/55 | T | 183 | 15 | 0 | 464 | T | F | 未詳 | .F. | .F. | .F. | .F. |
| 57 | A22 | 09/04/20 | T | 未詳 | 0 | 0 | 471 | T | T | F | .F. | .F. | .F. | .F. |
| 17 | B17 | 07/31/60 | T | 400 | 4 | 2 | 581 | T | T | 1.48 | .T. | .F. | .F. | .F. |
| 37 | A02 | 07/14/04 | T | 未詳 | 0 | 0 | 1139 | T | F | F | .F. | .T. | .F. | .F. |
| 12 | B12 | 09/03/56 | T | D42 | 16 | 1 | 1595 | T | T | 未詳 | .T. | .F. | .F. | .F. |
| 61 | A26 | 07/08/29 | T | 未詳 | 0 | 0 | 2000 | F | F | 未詳 | .F. | .F. | .F. | .F. |
| 16 | B16 | 08/07/59 | T | 1544 | 75 | 1 | 2228 | T | T | 10.1 | .T. | .T. | .T. | .T. |
| 48 | A13 | 07/18/13 | T | 未詳 | 0 | 0 | 2400 | T | T | 未詳 | .F. | .F. | .F. | .F. |
| 44 | A09 | 08/26/11 | T | 未詳 | 14 | 12 | 4245 | T | T | 未詳 | .F. | .F. | .F. | .F. |
| 2 | B02 | 06/08/47 | F | 636 | 0 | 0 | 未詳 | F | F | $6M | .F. | .F. | .F. | .F. |
| 45 | A10 | 08/31/11 | T | 未詳 | 0 | 0 | 未詳 | T | T | F | .F. | .F. | .F. | .T. |
| 59 | A24 | 07/16/27 | T | 未詳 | 0 | 0 | 未詳 | T | F | F | .T. | .F. | .T. | .T. |
| 62 | A27 | 07/18/29 | T | 未詳 | 0 | 0 | 未詳 | F | F | F | .F. | .F. | .F. | .F. |
| 72 | A37 | 08/30/40 | T | 未詳 | 0 | 0 | 未詳 | ? | ? | 未詳 | .F. | .F. | .F. | .F. |
| 47 | A12 | 09/16/12 | T | 未詳 | 3 | 21 | 33282 | T | T | 未詳 | .T. | .F. | .T. | .T. |
| 66 | A31 | 07/19/34 | T | 未詳 | 38 | 0 | 55267 | T | F | 未詳 | .F. | .F. | .F. | .F. |
| 1 | B01 | 09/25/46 | T | 未詳 | 25 | 0 | $5千萬 | T | T | 0 | .F. | .F. | .F. | .F. |

表三　以死亡人數為順序的各次災情

| 順序 | 號碼 | 月 日 年 | 水災原因 | 降雨量 | 死亡數 | 受傷數 | 房屋毀損數 | 農業損失 | 漁業損失 | 堤防 | 公路 | 鐵路 | 賦稅減免 | 賑災捐款 |
|---|---|---|---|---|---|---|---|---|---|---|---|---|---|---|
| 2 | B02 | 06/08/47 | F | 636 | 0 | 0 | 未詳 | F | F | $6M | .F. | .F. | .F. | .F. |
| 3 | B03 | 09/17/48 | T | 未詳 | 0 | 0 | 0 | T | F | $90M | .F. | .F. | .F. | .F. |
| 5 | B05 | 07/28/50 | F | D205 | 0 | 0 | 0 | T | F | 0.15 | .F. | .F. | .F. | .F. |
| 7 | B07 | 06/09/51 | F | 190 | 0 | 0 | 0 | T | F | 未詳 | .T. | .F. | .F. | .F. |
| 8 | B08 | 07/18/52 | T | D456 | 0 | 1 | 64 | T | T | 1.24 | .T. | .F. | .F. | .T. |
| 10 | B10 | 07/03/53 | T | 未詳 | 0 | 0 | 0 | T | F | 未詳 | .T. | .F. | .F. | .F. |
| 14 | B14 | 09/22/56 | T | 未詳 | 0 | 0 | 0 | F | F | 0 | .F. | .F. | .F. | .F. |
| 15 | B15 | 07/25/58 | T | 未詳 | 0 | 0 | 0 | T | T | 未詳 | .F. | .T. | .F. | .F. |
| 19 | B19 | 06/08/66 | T | D182 | 0 | 8 | 17 | T | | 護岸 | .F. | .F. | .T. | .F. |
| 24 | B24 | 08/08/72 | F | 515 | 0 | 0 | 0 | F | F | 0.09 | .T. | .F. | .F. | .F. |
| 25 | B25 | 07/03/73 | T | 0 | 0 | 0 | 0 | F | F | 0 | .T. | .F. | .F. | .F. |
| 26 | B26 | 08/03/75 | T | D280 | 0 | 4 | 11 | T | | 0.05 | .F. | .F. | .F. | .F. |
| 34 | B34 | 09/11/89 | T | 未詳 | 0 | 1 | 2 | T | T | 未詳 | .T. | .T. | .T. | .F. |
| 35 | B35 | 04/20/90 | F | 未詳 | 0 | 0 | 0 | T | T | 未詳 | .F. | .F. | .F. | .F. |
| 36 | A01 | 08/30/98 | T | 未詳 | 0 | 0 | 380 | T | | 未詳 | .F. | .F. | .F. | .F. |
| 37 | A02 | 07/14/04 | T | 未詳 | 0 | 0 | 1139 | T | F | F | .F. | .F. | .F. | .F. |
| 38 | A03 | 06/18/05 | T | 未詳 | 0 | 0 | 0 | T | F | F | .T. | .F. | .F. | .F. |
| 39 | A04 | 07/01/05 | T | 未詳 | 0 | 0 | 179 | F | F | F | .F. | .F. | .F. | .F. |
| 40 | A05 | 10/21/06 | T | 未詳 | 0 | 0 | 403 | T | F | F | .F. | .F. | .F. | .F. |
| 42 | A07 | 08/16/08 | T | 未詳 | 0 | 0 | 15 | T | F | F | .T. | .F. | .F. | .F. |
| 45 | A10 | 08/31/11 | T | 未詳 | 0 | 0 | 未詳 | T | F | F | .F. | .F. | .F. | .T. |
| 46 | A11 | 08/01/12 | T | 未詳 | 0 | 0 | 4 | T | F | F | .F. | .F. | .F. | .F. |
| 48 | A13 | 07/18/13 | T | 未詳 | 0 | 0 | 2400 | T | F | 未詳 | .F. | .F. | .F. | .F. |
| 49 | A14 | 07/30/13 | T | 未詳 | 0 | 0 | 0 | T | F | F | .F. | .F. | .F. | .F. |
| 50 | A15 | 08/16/13 | T | 未詳 | 0 | 0 | 122 | F | F | F | .F. | .F. | .F. | .F. |
| 51 | A16 | 07/12/14 | T | 未詳 | 0 | 0 | 0 | T | F | 未詳 | .F. | .F. | .F. | .F. |
| 52 | A17 | 10/29/15 | T | 未詳 | 0 | 0 | 0 | T | F | F | .F. | .F. | .F. | .F. |
| 53 | A18 | 09/05/16 | T | 未詳 | 0 | 0 | 0 | F | F | 未詳 | .F. | .F. | .F. | .F. |
| 54 | A19 | 05/25/18 | F | 未詳 | 0 | 0 | 0 | F | F | F | .F. | .F. | .F. | .F. |
| 55 | A20 | 06/30/18 | T | 未詳 | 0 | 0 | 66 | T | F | F | .F. | .F. | .F. | .F. |
| 56 | A21 | 07/24/20 | T | 未詳 | 0 | 0 | 116 | T | F | F | .F. | .T. | .F. | .F. |
| 57 | A22 | 09/04/20 | T | 未詳 | 0 | 0 | 471 | T | T | F | .F. | .F. | .F. | .F. |
| 58 | A23 | 09/28/22 | T | 未詳 | 0 | 0 | 148 | T | F | F | .T. | .F. | .F. | .F. |
| 59 | A24 | 07/16/27 | T | 未詳 | 0 | 0 | 未詳 | T | F | F | .T. | .F. | .F. | .F. |
| 60 | A25 | 09/05/28 | T | 未詳 | 0 | 0 | 0 | T | F | F | .F. | .F. | .F. | .F. |
| 61 | A26 | 07/08/29 | T | 未詳 | 0 | 0 | 2000 | F | F | 未詳 | .F. | .F. | .F. | .F. |
| 62 | A27 | 07/18/29 | T T | 未詳 | 0 | 0 | 未詳 | T | F | F | .F. | .F. | .F. | .F. |
| 63 | A28 | 08/11/29 | T T | 未詳 | 0 | 0 | 0 | F | T | 未詳 | .F. | .F. | .F. | .F. |
| 64 | A29 | 12/08/30 | E | F | 0 | 0 | 0 | T | F | 未詳 | .F. | .F. | .F. | .T. |

| | | | | | | | | | | | | | | |
|---|---|---|---|---|---|---|---|---|---|---|---|---|---|---|
| 67 | A32 | 07/29/35 | T | 未詳 | 0 | 0 | 0 | T | F | F | .F. | .F. | .F. | .F. |
| 68 | A33 | 08/23/35 | T | 未詳 | 0 | 0 | 0 | T | F | F | .F. | .F. | .F. | .F. |
| 69 | A34 | 08/03/37 | T | 未詳 | 0 | 0 | 0 | T | T | 未詳 | .T. | .T. | .F. | .F. |
| 70 | A35 | 10/10/39 | T | 未詳 | 0 | 0 | 0 | T | T | 未詳 | .F. | .F. | .F. | .F. |
| 71 | A36 | 07/07/40 | T | 未詳 | 0 | 0 | 311 | T | F | 未詳 | .T. | .T. | .F. | .F. |
| 72 | A37 | 08/30/40 | T | 未詳 | 0 | 0 | 未詳 | ? | ? | 未詳 | .F. | .F. | .F. | .F. |
| 73 | A38 | 09/30/40 | T | 未詳 | 0 | 0 | 0 | T | F | F | .F. | .F. | .F. | .F. |
| 4 | B04 | 09/14/49 | T | 未詳 | 1 | 0 | 0 | T | F | 未詳 | .T. | .F. | .F. | .F. |
| 32 | B32 | 09/19/86 | T | 302 | 1 | 26 | 38 | T | T | 二億 | .T. | .F. | .T. | .T. |
| 43 | A08 | 07/17/10 | T | 未詳 | 1 | 0 | 270 | T | F | F | .T. | .T. | .F. | .F. |
| 9 | B09 | 06/06/53 | T | 未詳 | 2 | 1 | 182 | F | F | 未詳 | .F. | .F. | .F. | .F. |
| 18 | B18 | 08/23/60 | T | 500 | 3 | 0 | 0 | F | F | 未詳 | .F. | .F. | .F. | .F. |
| 20 | B20 | 07/03/66 | F | D190 | 3 | 0 | 0 | F | F | 0.1 | .T. | .F. | .F. | .F. |
| 29 | B29 | 07/25/77 | T | 431 | 3 | 3 | 385 | T | T | 0.01 | .T. | .F. | .T. | .T. |
| 33 | B33 | 08/12/88 | F | 600 | 3 | 0 | 24 | T | T | 1.16 | .T. | .F. | .T. | .T. |
| 47 | A12 | 09/16/12 | T | 未詳 | 3 | 21 | 33282 | T | T | 未詳 | .T. | .F. | .F. | .T. |
| 17 | B17 | 07/31/60 | T | 400 | 4 | 2 | 581 | T | T | 1.48 | .T. | .F. | .F. | .T. |
| 13 | B13 | 09/16/56 | T | D280 | 5 | 0 | 42 | T | T | 0.41 | .T. | .T. | .F. | .F. |
| 31 | B31 | 08/22/86 | T | 774 | 5 | 1 | 141 | T | T | 未詳 | .T. | .T. | .T. | .F. |
| 23 | B23 | 08/05/71 | T | 276 | 6 | 0 | 0 | F | F | 0.02 | .T. | .T. | .F. | .F. |
| 65 | A30 | 07/31/32 | T | 未詳 | 8 | 0 | 116 | F | F | 未詳 | .F. | .F. | .F. | .T. |
| 27 | B27 | 08/17/75 | T | 500 | 9 | 0 | 0 | T | T | 0.03 | .T. | .T. | .T. | .F. |
| 22 | B22 | 07/27/69 | T | 21.5 | 12 | 15 | 39 | T | T | 2.35 | .F. | .F. | .T. | .F. |
| 28 | B28 | 06/07/77 | F | 395 | 12 | 1 | 14 | T | T | 0.58 | .F. | .F. | .T. | .F. |
| 44 | A09 | 08/26/11 | T | 未詳 | 14 | 12 | 4245 | T | T | F | .T. | .F. | .T. | .F. |
| 11 | B11 | 08/24/55 | T | 183 | 15 | 0 | 464 | T | T | 未詳 | .T. | .F. | .F. | .F. |
| 12 | B12 | 09/03/56 | T | D42 | 16 | 1 | 1595 | T | T | 未詳 | .T. | .F. | .F. | .F. |
| 30 | B30 | 08/30/81 | T | D126 | 17 | 5 | 33 | T | T | 2 | .T. | .T. | .T. | .F. |
| 1 | B01 | 09/25/46 | T | 未詳 | 25 | 0 | $5千萬 | T | T | 0 | .F. | .F. | .F. | .F. |
| 66 | A31 | 07/19/34 | T | 未詳 | 38 | 0 | 55267 | T | F | 未詳 | .F. | .F. | .F. | .F. |
| 41 | A06 | 05/31/07 | T | 未詳 | 51 | 0 | 33 | F | T | F | .F. | .F. | .F. | .F. |
| 6 | B06 | 05/17/51 | F | D400 | 73 | 247 | 40 | F | T | 未詳 | .F. | .T. | .F. | .F. |
| 16 | B16 | 08/07/59 | T | 1544 | 75 | 1 | 2228 | T | T | 10.1 | .T. | .T. | .T. | .T. |
| 21 | B21 | 07/11/67 | T | 591 | 115 | 7 | 132 | T | T | 2.48 | .T. | .F. | .T. | .F. |

### 表四　以受傷人數爲順序的各次災情

| 順序 | 號碼 | 月日年 | 水災原因 | 降雨量 | 死亡數 | 受傷數 | 房屋毀損數 | 農業損失 | 漁業損失 | 堤防 | 公路 | 鐵路 | 賦稅減免 | 賑災捐款 |
|---|---|---|---|---|---|---|---|---|---|---|---|---|---|---|
| 1 | B 01 | 09/25/46 | T | 未詳 | 25 | 0 | $5千萬 | T | T | 0 | .F. | .F. | .F. | .F. |
| 2 | B 02 | 06/08/47 | TF | 636 | 0 | 0 | 未詳 | T | F | $6M | .F. | .F. | .F. | .F. |
| 3 | B 03 | 09/17/48 | T | 未詳 | 0 | 0 | 0 | T | F | $90M | .F. | .F. | .F. | .F. |
| 4 | B 04 | 09/14/49 | T | 未詳 | 1 | 0 | 0 | T | F | 未詳 | .F. | .F. | .F. | .F. |
| 5 | B 05 | 07/28/50 | F | D 205 | 0 | 0 | 0 | T | F | 0.15 | .F. | .F. | .F. | .F. |
| 7 | B 07 | 06/09/51 | F | 190 | 0 | 0 | 0 | T | F | 未詳 | .T. | .F. | .F. | .F. |
| 10 | B 10 | 07/03/53 | T | 未詳 | 0 | 0 | 0 | T | F | 未詳 | .T. | .T. | .F. | .F. |
| 11 | B 11 | 08/24/55 | T | 183 | 15 | 0 | 464 | T | T | 未詳 | .T. | .T. | .F. | .F. |
| 13 | B 13 | 09/16/56 | T | D 280 | 5 | 0 | 42 | T | T | 0.41 | .T. | .T. | .F. | .F. |
| 14 | B 14 | 09/22/56 | T | 未詳 | 0 | 0 | 0 | F | F | 0 | .F. | .F. | .F. | .F. |
| 15 | B 15 | 07/25/58 | T | 未詳 | 0 | 0 | 0 | T | F | 未詳 | .F. | .F. | .F. | .F. |
| 18 | B 18 | 08/23/60 | T | 500 | 3 | 0 | 0 | T | F | 未詳 | .F. | .F. | .F. | .F. |
| 20 | B 20 | 07/03/66 | F | D 190 | 3 | 0 | 0 | F | F | 0.1 | .T. | .F. | .F. | .F. |
| 23 | B 23 | 08/05/71 | T | 276 | 6 | 0 | 0 | F | F | 0.02 | .T. | .F. | .F. | .F. |
| 24 | B 24 | 08/08/72 | F | 515 | 0 | 0 | 0 | F | F | 0.09 | .T. | .F. | .F. | .F. |
| 25 | B 25 | 07/03/73 | T | 0 | 0 | 0 | 0 | T | F | 0 | .T. | .F. | .F. | .F. |
| 27 | B 27 | 08/17/75 | T | 500 | 9 | 0 | 24 | T | T | 0.03 | .T. | .T. | .F. | .F. |
| 33 | B 33 | 08/12/88 | F | 600 | 3 | 0 | 24 | T | T | 1.16 | .T. | .T. | .T. | .T. |
| 35 | B 35 | 04/20/90 | F | 未詳 | 0 | 0 | 0 | T | F | 未詳 | .F. | .F. | .F. | .F. |
| 36 | A 01 | 08/30/98 | T | 未詳 | 0 | 0 | 380 | T | F | 未詳 | .F. | .T. | .F. | .F. |
| 37 | A 02 | 07/14/04 | T | 未詳 | 0 | 0 | 1139 | T | F | F | .F. | .T. | .F. | .F. |
| 38 | A 03 | 06/18/05 | T | 未詳 | 0 | 0 | 179 | T | F | F | .F. | .F. | .F. | .F. |
| 39 | A 04 | 07/01/05 | T | 未詳 | 0 | 0 | 179 | F | F | F | .F. | .F. | .F. | .F. |
| 40 | A 05 | 10/21/06 | T | 未詳 | 0 | 0 | 403 | T | F | F | .F. | .F. | .F. | .F. |
| 41 | A 06 | 05/31/07 | T | 未詳 | 51 | 0 | 33 | F | T | F | .F. | .T. | .F. | .F. |
| 42 | A 07 | 08/16/08 | T | 未詳 | 0 | 0 | 15 | T | F | F | .T. | .T. | .F. | .F. |
| 43 | A 08 | 07/17/10 | T | 未詳 | 1 | 0 | 270 | T | F | F | .T. | .T. | .F. | .F. |
| 45 | A 10 | 08/31/11 | T | 未詳 | 0 | 0 | 未詳 | T | F | F | .F. | .F. | .F. | .T. |
| 46 | A 11 | 08/01/12 | T | 未詳 | 0 | 0 | 4 | T | T | F | .F. | .F. | .F. | .F. |
| 48 | A 13 | 07/18/13 | T | 未詳 | 0 | 0 | 2400 | T | F | 未詳 | .F. | .F. | .F. | .F. |
| 49 | A 14 | 07/30/13 | T | 未詳 | 0 | 0 | 0 | F | F | F | .F. | .F. | .F. | .F. |
| 50 | A 15 | 08/16/13 | T | 未詳 | 0 | 0 | 122 | F | F | F | .T. | .F. | .F. | .F. |
| 51 | A 16 | 07/12/14 | T | 未詳 | 0 | 0 | 0 | F | F | 未詳 | .F. | .F. | .F. | .F. |
| 52 | A 17 | 10/29/15 | T | 未詳 | 0 | 0 | 0 | F | F | F | .F. | .T. | .F. | .F. |
| 53 | A 18 | 09/05/16 | TT | 未詳 | 0 | 0 | 0 | F | F | 未詳 | .F. | .F. | .F. | .F. |
| 54 | A 19 | 05/25/18 | F | 未詳 | 0 | 0 | 0 | T | F | F | .F. | .F. | .F. | .F. |
| 55 | A 20 | 06/30/18 | TT | 未詳 | 0 | 0 | 66 | T | F | F | .F. | .F. | .F. | .F. |
| 56 | A 21 | 07/24/20 | TT | 未詳 | 0 | 0 | 116 | T | F | F | .F. | .F. | .F. | .F. |
| 57 | A 22 | 09/04/20 | TT | 未詳 | 0 | 0 | 471 | T | T | F | .F. | .F. | .F. | .F. |

| 58 | A 23 | 09/28/22 | T | 未詳 | 0 | 0 | 148 | T | T | F | .T. | .F. | .F. | .F. |
|---|---|---|---|---|---|---|---|---|---|---|---|---|---|---|
| 59 | A 24 | 07/16/27 | T | 未詳 | 0 | 0 | 未詳 | T | F | F | .F. | .F. | .F. | .F. |
| 60 | A 25 | 09/05/28 | T | 未詳 | 0 | 0 | 0 | T | F | F | .F. | .F. | .F. | .F. |
| 61 | A 26 | 07/08/29 | T | 未詳 | 0 | 0 | 2000 | F | F | 未詳 | .F. | .T. | .F. | .F. |
| 62 | A 27 | 07/18/29 | T | 未詳 | 0 | 0 | 未詳 | F | F | F | .F. | .F. | .F. | .F. |
| 63 | A 28 | 08/11/29 | T | 未詳 | 0 | 0 | 0 | F | F | 未詳 | .F. | .F. | .F. | .F. |
| 64 | A 29 | 12/08/30 | E | F | 0 | 0 | 0 | T | F | 未詳 | .F. | .F. | .F. | .T. |
| 65 | A 30 | 07/31/32 | T | 未詳 | 8 | 0 | 116 | T | F | 未詳 | .F. | .F. | .F. | .F. |
| 66 | A 31 | 07/19/34 | T | 未詳 | 38 | 0 | 55267 | T | F | 未詳 | .F. | .F. | .F. | .F. |
| 67 | A 32 | 07/29/35 | T | 未詳 | 0 | 0 | 0 | T | F | 未詳 | .F. | .F. | .F. | .F. |
| 68 | A 33 | 08/23/35 | T | 未詳 | 0 | 0 | 0 | F | F | F | .F. | .F. | .F. | .F. |
| 69 | A 34 | 08/03/37 | T | 未詳 | 0 | 0 | 0 | T | T | 未詳 | .T. | .T. | .F. | .F. |
| 70 | A 35 | 10/10/39 | T | 未詳 | 0 | 0 | 0 | T | T | 未詳 | .F. | .F. | .F. | .F. |
| 71 | A 36 | 07/07/40 | T | 未詳 | 0 | 0 | 311 | T | F | 未詳 | .T. | .T. | .F. | .F. |
| 72 | A 37 | 08/30/40 | T | 未詳 | 0 | 0 | 未詳 | ? | ? | 未詳 | .F. | .F. | .F. | .F. |
| 73 | A 38 | 09/30/40 | T | 未詳 | 0 | 0 | 0 | T | F | F | .F. | .F. | .F. | .F. |
| 8 | B 08 | 07/18/52 | T | D 456 | 0 | 1 | 64 | T | T | 1.24 | .F. | .F. | .F. | .T. |
| 9 | B 09 | 06/06/53 | T | 未詳 | 2 | 1 | 182 | T | F | 未詳 | .T. | .F. | .F. | .T. |
| 12 | B 12 | 09/03/56 | T | D 42 | 16 | 1 | 1595 | T | T | 未詳 | .T. | .T. | .F. | .T. |
| 16 | B 16 | 08/07/59 | T | 1544 | 75 | 1 | 2228 | T | T | 10.1 | .T. | .T. | .T. | .T. |
| 28 | B 28 | 06/07/77 | F | 395 | 12 | 1 | 14 | T | T | 0.58 | .F. | .F. | .F. | .T. |
| 31 | B 31 | 08/22/86 | T | 774 | 5 | 1 | 141 | T | T | 未詳 | .T. | .T. | .T. | .T. |
| 34 | B 34 | 09/11/89 | T | 未詳 | 0 | 1 | 2 | T | T | 未詳 | .T. | .T. | .T. | .T. |
| 17 | B 17 | 07/31/60 | T | 400 | 4 | 2 | 581 | T | T | 1.48 | .T. | .T. | .T. | .T. |
| 29 | B 29 | 07/25/77 | T | 431 | 3 | 3 | 385 | T | T | 0.01 | .T. | .F. | .F. | .T. |
| 26 | B 26 | 08/03/75 | T | D 280 | 0 | 4 | 11 | T | F | 0.05 | .T. | .F. | .F. | .F. |
| 30 | B 30 | 08/30/81 | T | D 126 | 17 | 5 | 33 | T | T | 2. | .T. | .T. | .T. | .F. |
| 21 | B 21 | 07/11/67 | T | 591 | 115 | 7 | 132 | T | T | 2.48 | .T. | .F. | .F. | .T. |
| 19 | B 19 | 06/08/66 | T | D 182 | 0 | 8 | 17 | T | F | 護岸 | .F. | .F. | .F. | .F. |
| 44 | A 09 | 08/26/11 | T | 未詳 | 14 | 12 | 4245 | T | T | F | .T. | .F. | .F. | .F. |
| 22 | B 22 | 07/27/69 | T | 21.5 | 12 | 15 | 39 | T | T | 2.35 | .F. | .F. | .T. | .F. |
| 47 | A 12 | 09/16/12 | T | 未詳 | 3 | 21 | 33282 | T | T | 未詳 | .T. | .F. | .F. | .T. |
| 32 | B 32 | 09/19/86 | T | 302 | 1 | 26 | 38 | T | T | 二億 | .T. | .F. | .T. | .T. |
| 6 | B 06 | 05/17/51 | F | D 400 | 73 | 247 | 40 | F | F | 未詳 | .F. | .T. | .F. | .F. |

表五　以時間先後爲序的各次災情

| 順序 | 號碼 | 月日年 | 水災原因 | 颱風強度 | 降雨量 | 死亡數 | 受傷數 | 房屋毀損數 | 農業損失 | 漁業損失 | 堤防 | 公路 | 鐵路 | 賦稅減免 | 賑災捐款 |
|---|---|---|---|---|---|---|---|---|---|---|---|---|---|---|---|
| 36 | A01 | 08/30/98 | T | ? | 未詳 | 0 | 0 | 380 | T | F | 未詳 | .F. | .F. | .F. | .F. |
| 37 | A02 | 07/14/04 | T | ? | 未詳 | 0 | 0 | 1139 | T | F | F | .F. | .F. | .F. | .F. |
| 38 | A03 | 06/18/05 | T | Å | 未詳 | 0 | 0 | 0 | T | T | F | .T. | .F. | .F. | .F. |
| 39 | A04 | 07/01/05 | T | ? | 未詳 | 0 | 0 | 179 | F | F | F | .F. | .F. | .F. | .F. |
| 40 | A05 | 10/21/06 | T | ? | 未詳 | 0 | 0 | 403 | T | F | F | .F. | .F. | .F. | .F. |
| 41 | A06 | 05/31/07 | T | ? | 未詳 | 51 | 0 | 33 | F | T | F | .F. | .F. | .F. | .F. |
| 42 | A07 | 08/16/08 | T | ? | 未詳 | 0 | 0 | 15 | T | F | F | .T. | .T. | .F. | .F. |
| 43 | A08 | 07/17/10 | T | ? | 未詳 | 1 | 0 | 270 | T | F | F | .T. | .F. | .F. | .F. |
| 44 | A09 | 08/26/11 | T | ? | 未詳 | 14 | 12 | 4245 | T | F | F | .T. | .F. | .F. | .F. |
| 45 | A10 | 08/31/11 | T | ? | 未詳 | 0 | 0 | 未詳 | T | F | F | .F. | .F. | .F. | .T. |
| 46 | A11 | 08/01/12 | T | ? | 未詳 | 0 | 0 | 4 | T | F | F | .F. | .F. | .F. | .T. |
| 47 | A12 | 09/16/12 | T | ? | 未詳 | 3 | 21 | 33282 | T | T | 未詳 | .T. | .F. | .T. | .T. |
| 48 | A13 | 07/18/13 | T | ? | 未詳 | 0 | 0 | 2400 | T | F | 未詳 | .F. | .F. | .F. | .F. |
| 49 | A14 | 07/30/13 | T | ? | 未詳 | 0 | 0 | 0 | F | F | F | .F. | .F. | .F. | .F. |
| 50 | A15 | 08/16/13 | T | ? | 未詳 | 0 | 0 | 122 | F | F | F | .F. | .F. | .F. | .F. |
| 51 | A16 | 07/12/14 | T | ? | 未詳 | 0 | 0 | 0 | T | F | 未詳 | .F. | .T. | .F. | .F. |
| 52 | A17 | 10/29/15 | T | ? | 未詳 | 0 | 0 | 0 | F | F | F | .F. | .F. | .F. | .F. |
| 53 | A18 | 09/05/16 | T | ? | 未詳 | 0 | 0 | 0 | F | F | 未詳 | .F. | .F. | .F. | .F. |
| 54 | A19 | 05/25/18 | F | F | 未詳 | 0 | 0 | 0 | F | F | F | .F. | .F. | .F. | .F. |
| 55 | A20 | 06/30/18 | T | ? | 未詳 | 0 | 0 | 66 | T | F | F | .F. | .F. | .F. | .F. |
| 56 | A21 | 07/24/20 | T | ? | 未詳 | 0 | 0 | 116 | T | F | F | .F. | .T. | .F. | .F. |
| 57 | A22 | 09/04/20 | T | ? | 未詳 | 0 | 0 | 471 | T | T | F | .F. | .F. | .F. | .F. |
| 58 | A23 | 09/28/22 | T | ? | 未詳 | 0 | 0 | 148 | T | T | F | .T. | .F. | .F. | .F. |
| 59 | A24 | 07/16/27 | T | ? | 未詳 | 0 | 0 | 未詳 | T | T | F | .T. | .F. | .F. | .F. |
| 60 | A25 | 09/05/28 | T | ? | 未詳 | 0 | 0 | 0 | T | F | F | .F. | .F. | .F. | .F. |
| 61 | A26 | 07/08/29 | T | ? | 未詳 | 0 | 0 | 2000 | F | F | 未詳 | .F. | .F. | .F. | .F. |
| 62 | A27 | 07/18/29 | T | ? | 未詳 | 0 | 0 | 未詳 | F | F | F | .F. | .F. | .F. | .F. |
| 63 | A28 | 08/11/29 | T | ? | 未詳 | 0 | 0 | 0 | F | F | 未詳 | .F. | .F. | .F. | .F. |
| 64 | A29 | 12/08/30 | E | ? | F | 0 | 0 | 0 | T | F | 未詳 | .F. | .F. | .F. | .T. |
| 65 | A30 | 07/31/32 | T | ? | 未詳 | 8 | 0 | 116 | F | F | 未詳 | .F. | .F. | .F. | .T. |
| 66 | A31 | 07/19/34 | T | A | 未詳 | 38 | 0 | 55267 | T | F | 未詳 | .F. | .F. | .F. | .F. |
| 67 | A32 | 07/29/35 | T | ? | 未詳 | 0 | 0 | 0 | T | F | F | .F. | .F. | .F. | .F. |
| 68 | A33 | 08/23/35 | T | ? | 未詳 | 0 | 0 | 0 | T | F | F | .F. | .F. | .F. | .F. |
| 69 | A34 | 08/03/37 | T | ? | 未詳 | 0 | 0 | 0 | T | T | 未詳 | .T. | .T. | .F. | .F. |
| 70 | A35 | 10/10/30 | T | ? | 未詳 | 0 | 0 | 0 | T | T | 未詳 | .F. | .F. | .F. | .F. |
| 71 | A36 | 07/07/40 | T | ? | 未詳 | 0 | 0 | 311 | T | F | 未詳 | .T. | .T. | .F. | .F. |
| 72 | A37 | 08/30/40 | T | ? | 未詳 | 0 | 0 | 未詳 | ? | ? | 未詳 | .F. | .F. | .F. | .F. |
| 73 | A38 | 09/30/40 | T | ? | 未詳 | 0 | 0 | 0 | T | F | F | .F. | .F. | .F. | .F. |
| 1 | B01 | 09/25/46 | T | Å | 未詳 | 25 | 0 | $5千萬 | T | T | 0 | .F. | .F. | .F. | .F. |

| | | | | | | | | | | | | | | |
|---|---|---|---|---|---|---|---|---|---|---|---|---|---|---|
| 2 | B02 | 06/08/47 | F | F | 636 | 0 | 0 | 未詳 | F | F | $6M | .F. | .F. | .F. | .F. |
| 3 | B03 | 09/17/48 | T | B A | 未詳 | 0 | 0 | 0 | T | F | $90M | .F. | .F. | .F. | .F. |
| 4 | B04 | 09/14/49 | T | A | 未詳 | 1 | 0 | 0 | T | F | 未詳 | .F. | .F. | .F. | .F. |
| 5 | B05 | 07/28/50 | F | F | D205 | 0 | 0 | 0 | T | F | 0.15 | .F. | .F. | .F. | .F. |
| 6 | B06 | 05/17/51 | F | F | D400 | 73 | 247 | 40 | F | F | 未詳 | .F. | .T. | .F. | .F. |
| 7 | B07 | 06/09/51 | F | F | 190 | 0 | 0 | 0 | T | F | 未詳 | .T. | .F. | .F. | .F. |
| 8 | B08 | 07/18/52 | T | B | D456 | 0 | 1 | 64 | T | T | 1.24 | .T. | .F. | .F. | .T. |
| 9 | B09 | 06/06/53 | T | B A | 未詳 | 2 | 1 | 182 | T | T | 未詳 | .T. | .F. | .F. | .F. |
| 10 | B10 | 07/03/53 | T | A | 未詳 | 0 | 0 | 0 | T | F | 未詳 | .T. | .F. | .F. | .F. |
| 11 | B11 | 08/24/55 | T | A | 183 | 15 | 0 | 464 | T | T | 未詳 | .T. | .T. | .F. | .F. |
| 12 | B12 | 09/03/56 | T | A | D42 | 16 | 1 | 1595 | T | T | 未詳 | .T. | .T. | .F. | .F. |
| 13 | B13 | 09/16/56 | T | A | D280 | 5 | 0 | 42 | T | T | 0.41 | .T. | .T. | .F. | .F. |
| 14 | B14 | 09/22/56 | T | A | 未詳 | 0 | 0 | 0 | F | F | 0. | .F. | .F. | .F. | .F. |
| 15 | B15 | 07/25/58 | T | ? | 未詳 | 0 | 0 | 0 | F | F | 未詳 | .F. | .F. | .F. | .F. |
| 16 | B16 | 08/07/59 | T | B | 1544 | 75 | 1 | 2228 | T | T | 10.1 | .T. | .T. | .T. | .T. |
| 17 | B17 | 07/31/60 | T | B | 400 | 4 | 2 | 581 | T | T | 1.48 | .T. | .F. | .F. | .F. |
| 18 | B18 | 08/23/60 | T | B | 500 | 3 | 0 | 0 | F | F | 未詳 | .F. | .F. | .T. | .F. |
| 19 | B19 | 06/08/66 | T | B | D182 | 0 | 8 | 17 | T | F | 護岸 | .F. | .F. | .T. | .F. |
| 20 | B20 | 07/03/66 | F | F | D190 | 3 | 0 | 0 | F | F | 0.1 | .T. | .F. | .F. | .F. |
| 21 | B21 | 07/11/67 | T | B | 591 | 115 | 7 | 132 | T | T | 2.48 | .T. | .F. | .F. | .F. |
| 22 | B22 | 07/27/69 | T | A | 21.5 | 12 | 15 | 39 | T | T | 2.35 | .F. | .F. | .T. | .F. |
| 23 | B23 | 08/05/71 | T | ? | 276 | 6 | 0 | 0 | F | F | 0.02 | .T. | .T. | .F. | .F. |
| 24 | B24 | 08/08/72 | F | F | 515 | 0 | 0 | 0 | F | F | 0.09 | .T. | .F. | .F. | .F. |
| 25 | B25 | 07/03/73 | T | C | 0 | 0 | 0 | 0 | F | F | 0. | .T. | .F. | .F. | .F. |
| 26 | B26 | 08/03/75 | T | A | D280 | 0 | 4 | 11 | T | F | 0.05 | .T. | .F. | .F. | .F. |
| 27 | B27 | 08/17/75 | T | ? | 500 | 9 | 0 | 0 | T | T | 0.03 | .T. | .T. | .F. | .F. |
| 28 | B28 | 06/07/77 | F | F | 395 | 12 | 1 | 14 | T | T | 0.58 | .F. | .F. | .T. | .F. |
| 29 | B29 | 07/25/77 | T | B | 431 | 3 | 3 | 385 | T | T | 0.01 | .T. | .F. | .F. | .T. |
| 30 | B30 | 08/30/81 | T | B A | D126 | 17 | 5 | 33 | T | T | 2. | .T. | .T. | .F. | .T. |
| 31 | B31 | 08/22/86 | T | A | 774 | 5 | 1 | 141 | T | T | 未詳 | .T. | .T. | .T. | .T. |
| 32 | B32 | 09/19/86 | T | A | 302 | 1 | 26 | 38 | T | T | 二億 | .T. | .F. | .T. | .T. |
| 33 | B33 | 08/12/88 | F | A F | 600 | 3 | 0 | 24 | T | T | 1.16 | .T. | .F. | .T. | .T. |
| 34 | B34 | 09/11/89 | T | B | 未詳 | 0 | 1 | 2 | T | T | 未詳 | .T. | .F. | .T. | .F. |
| 35 | B35 | 04/20/90 | F | F | 未詳 | 0 | 0 | 0 | T | F | 未詳 | .F. | .F. | .T. | .F. |

表六　四十四年來嘉南四縣市風水害農作損失*

| 公元年代 | 損失總計 | 南縣損失 | 南市損失 | 嘉縣損失 | 嘉市損失 |
|---|---|---|---|---|---|
| 47 | 634,638 | 607,871 | 18,507 | 8,260 | |
| 48 | 278,886 | 228,323 | 6,007 | 44,556 | |
| 49 | 236,557 | 217,489 | 19,068 | | |
| 50 | 53,348 | 32,567 | 20,781 | | |
| 51 | 177,182 | 94,948 | 14,709 | 67,525 | |
| 52 | 303,633 | 250,454 | 12,042 | 41,137 | |
| 53 | 5,000 | | | | |
| 54 | 60 | | 60 | | |
| 55 | 36,522 | 20,825 | 3,663 | 12,034 | |
| 56 | 210,931 | 201,891 | 9,040 | | |
| 57 | 9,170 | 7,612 | 1,558 | | |
| 58 | 4,492 | 4,249 | 243 | | |
| 59 | 274,907 | 268,072 | 6,835 | | |
| 60 | 135,053 | 114,162 | 1,510 | 19,381 | |
| 61 | 40,980 | 16,401 | 8,419 | 16,160 | |
| 62 | 56,646 | 39,021 | 8,186 | 9,439 | |
| 63 | 20,760 | 16,728 | 421 | 3,611 | |
| 64 | 0 | | | | |
| 65 | 109,642 | 71,567 | 1,642 | 36,433 | |
| 66 | 88,465 | 49,632 | 7,814 | 31,019 | |
| 67 | 94,725 | 51,656 | 9,028 | 34,041 | |
| 68 | 208,546 | 120,428 | 6,860 | 81,258 | |
| 69 | 736,696 | 416,536 | 26,775 | 293,385 | |
| 70 | 57,196 | 365 | 774 | 56,057 | |
| 71 | 281,137 | 164,370 | 9,263 | 107,504 | |
| 72 | 266,674 | 111,639 | 22,542 | 132,493 | |
| 73 | 139,229 | 108,801 | 4,244 | 26,184 | |
| 74 | 20,748 | 40 | 3,373 | 17,335 | |
| 75 | 595,867 | 263,027 | 12,936 | 319,904 | |
| 76 | 2,992 | 1,847 | 525 | 620 | |
| 77 | 184,590 | 132,455 | 8,186 | 43,949 | |
| 78 | 0 | | | | |
| 79 | 578 | | | 578 | |
| 80 | 11,516 | 1,496 | 823 | 9,197 | |
| 81 | 199,135 | 175,680 | 4,460 | 18,995 | |
| 82 | 219,686 | 125,483 | 882 | 87,403 | 5,918 |
| 83 | 146,759 | 63,281 | 44,144 | 39,268 | 66 |
| 84 | 38,190 | 28,376 | 0 | 9,814 | 0 |
| 85 | 15,638 | 1,460 | | 14,178 | |
| 86 | 446,311 | 172,996 | 15,910 | 253,165 | 4,240 |
| 87 | 49,671 | | 18,395 | 30,787 | 489 |
| 88 | 62,262 | 19,209 | 3,897 | 39,073 | 83 |
| 89 | 312,402 | 388 | 0 | 311,205 | 809 |
| 90 | 81,841 | 37,436 | 1,090 | 43,291 | 24 |
| 年　總　計 | 6,844,261 | 4,238,781 | 334,612 | 2,259,239 | 11,629 |

\* 此處農作是指各種作物之總損失噸數

專門研究嘉南地區的災情問世，因而不揣窮陋，對於百年來侵襲嘉南地區的水災進行整理及分析。

本文之與其他類似之作有下列不同之處：1.是其涵蓋自日據迄今約百年之久，希望時間愈長愈能看出短期間較不易看出的演變趨勢；2.在空間上只限於嘉義及臺南兩地區，亦即日據時代的大臺南州的範圍，今之雲林縣，除了以前之史料難以切割之外，基本上是不在本文調查範圍之內的。3.儘可能將這一百年的有關現象作最大層次的分析，並求其較高度的同質性，而另一方面，更想以較人文的角度（亦即從較非科技性的描述或報導，但不失其相關性）來觀察這些災情。換言之，也想從反映時代政治、經濟、文化等特色的觀點來搜集資料及加以分析。

## 二、資　料

本文所搜集的資料本來是希望儘可能包括所有有關的史料，再進一步從整體來分析，然而，在搜集到後才發現大部份爲零碎的資料，並不能供作本計劃之用，例如，臺灣省社會處出版的《臺灣省社會事業統計》，第7期第17頁有〈臺灣省南部水災緊急救濟統計〉，以及〈臺灣省南部風災緊急救濟統計〉，其中記載民國41年7月17日以及11月14日所發生的事件，如此一件件記下來，但只記載死傷及房屋損毀的數目，災情記載有限，而且，其後的記載，有的是以個別事件爲單位，有的又是以年度爲單位，更有的是以「高雄等六縣市」爲統計單位；單位之不統一，根本無法作進一步的分類，遑論統計了。嘉南農田水利會的資料則是以每次風災並以每個分支圳爲單位來統計，每年則有搶修及修復工程的費用統計，然而，這只是整年所有災害的數字，並看不出那些是風、水或其他災害的結果，再加上早期的數據亦闕如，是故也僅能略作參考而已。比較有統一性，也在本文中大量引用的是臺灣農林廳《農業年報》，但該年報起自民國36年，本文取材至79年止，想儘量在時間

上求其最長，然而《農業年報》缺1953年，因為是「依照民國42年1月9日行政院頒布之『戰時氣象資料管制辦法』之規定，氣象資料不予登載」，故當年之災情以《臺灣新生報》之紀錄為主，加以補足。

　　在災情細節方面是以《農業年報》與報紙記載互相補充，因為《農業年報》有較精細之記載，但也因為其登錄單位時有改變，也造成統計上的困難。為了統一起見，雖有災情價格總計，但因幣值之差異，故只有忍痛不用；而被害面積並非很好的災情指標，而且在民國43年後才有被害程度及換算面積的統計值，故只有統一採用所有的被害農作物數量作一標準來製圖。當然，有些作物數量少卻價格高，作物數量也不是一個最好的指標，但沒有比此更適合的，只有退而求其次了。

　　雖然資料有了較一致的來源，但在《農業年報》中的重量及計價單位還是有變，民國36年（1947）至民國54年，其重量計算單位採公斤制，其價值計算單位以元為準；民國55年（1966）以後，其重量計算單位採公噸制，其價值計算單位以千元計，本文因為橫跨兩世紀，經歷數個政權，為便於統一瞭解及計算，故一律以公元為紀年。

　　在災情的次數登錄方面，由於有些災情橫跨兩個月，為便於統一計算，將其發生之月為其基準月，如1951年8月至9月臺南市風害，以8月計，而有時1月有數次災情者，或不同颱風者亦一併計算其和，以維持其計算之可行性。由於風害、風水害及颱風之災害難以分別清楚，且基本上都可能最後導致水災，如海水倒灌及堤防破壞，故均列入本文中的災害範圍內（注1）。

---

注1　有時稻米之損失並未有確實的數量記載，如1965年8月嘉義縣的稻米損失就無記載，但有損失價格，故只好以同年或次年的價格及數量比例來類推該次的損失數量，一般而言，數量與價格之比為四到五倍。1983年有一期稻作及二期稻作的災情，但未說明是在何月，故只得以該年度的損失計算。1989年9月臺南縣市的災情資料缺洋香瓜及芒果的數據，特此說明。

以上是就農業災情來談，事實上，如所周知，災情絕不限於農業；然而，其他方面的資料既零碎，又不統一，不易作大規模以及長時期的分析，因此以橫亘本文中大部份時期的報紙作爲史料來搜集。如前所言，在日據時期是以《臺灣日日新報》爲主，而《臺灣日日新報》有漢文版及日文版，此處兩版都收，日文部份則翻爲中文。光復後是以《臺灣新生報》爲主，以其較重省政消息，與《臺灣日日新報》可連成一氣故也。1966 年 6 月的異常降雨因原先在圖書館查不到《新生報》，以《中央日報》代替，但後再去查詢，重新找到，予以補足，然《中央日報》中有些訊息仍予以保留。

作爲史學工作者，自然深知報紙之作爲史料之限度，首先其準確性就值得懷疑；其次，若對同一事件中之互相矛盾之報導又是一個問題，然而在沒有更好可達到本計劃的目的之史料的情況下，只有將就使用。而且，以報紙爲史料的另一目的是可以從中獲得更多其他的有關訊息，例如，在事前的預警以及事後的善後問題，其中的一些有趣報導在別的資料中不易找到，也可反映出一些時代的脈絡及訊息。

必須指出，有些風雨的襲擊在報紙上並未顯示出具體的災情，而在《農業年報》卻有紀錄，這是因爲年報將所有災情，不論大小均加以紀錄，報紙則只紀錄比較值得注意的現象，或比較嚴重的災情。所以我們在此僅將所有出現在報紙上的嘉南災情加以統計，其所顯示的次數也自然較《農業年報》中的要低得多。

## 三、方　法

本文是使用一些簡單的量化方法來探討近百年的嘉南水災。在前述的報紙及年報中，首先，將明確相關的資料找出，有些風雨災情雖然報導很多，但與本區無關就置之一旁，先標出具體的資料，加以影印搜齊之後，開始研讀，並將每次風災或水災的有關訊息按照下列的形式，加

以製成規格統一的個案資料，俾便進一步量化或分析。我們是以第一個
爲例來說明：

編號：A01.

Date: 1898/08/30

颱風形成的水災

(一)預警措施：

1.預警天數：一天

於8月29日發佈警報警戒全島。（《臺灣日日新報》漢文版，
08/30/1898(一)）

2.有否成立防颱指揮部：無。

3.除了防水防風防海水倒灌外的其他措施：無。

(二)該次水災本身的情況：

1.有無登陸，預測有無誤：登陸。

2.行經方向及強度：未詳。

3.雨量及降雨時間：雨量未詳，但知爲豪雨。

降雨時間始自28日，迨於31日午後方息。

4.災情：

(1) 人：哆囉國東頂堡橫路庄山岳崩落，埋斃男女三名；林鳳營
地方下橋頭庄及菁埔等庄人畜死傷亦多。（《臺灣日日
新報》漢文版，09/15/1898(三)）

(2) 屋：哆囉國車頂堡橫路庄山岳崩落，壓去家屋多間；鹽水港
地方橋南街及新街浸沒民居93戶；林鳳營地方下橋頭庄
及菁埔等庄浸沒民居 37 戶。（《臺灣日日新報》漢文
版，09/15/1898(三)）

臺南嘉義界朴子腳一部市區倒去家屋 250 多家。（《臺
灣日日新報》漢文版，09/10/1898(三)）

(3) 農: 菁埔庄、洲子庄……一帶田園被蛟水沖陷，一片白砂，不復可耕之產約值一萬多金。（《臺灣日日新報》漢文版，09/15/1898(三)）

(4) 水利工程: 臺南地方再度風水災害，於去月 22 日起至 24 日止，風狂雨驟，洪水漫野一片汪洋，自嘉義鹽水港至鳳山恒春一帶，各處皆遭巨浸，溪水氾濫猶如澤國，家屋浸倒，人民死傷不勝指數，受害甚慘。下茄多北堡一帶村莊因八獎溪洪水暴漲二丈五六尺，罹害尤甚。（《臺灣日日新報》漢文版，09/15/1898(三)）

(三)善後措施: 善後報導天數（除了登陸或入侵當天以後在《臺灣日日新報》連續報導善後的天數）二天。

官方:

1.死傷撫恤: 無。

2.房屋: 無。

3.田賦: 無。

4.貸款: 無。

5.巡視災區: 渡邊侍從武官者番奉命巡視臺島水災，……與村上知事、田中北守全屬以及辦務署長，第二課長等一同往艋津巡視，該地支署長中川氏導行各街視察……。（《臺灣日日新報》漢文版，09/04/1898(五)）

6.防疫衛生: 無。

7.海陸空救援（方式，被困人數等）: 無。

民間:

1.勸募捐款: 無。

2.宗教機構: 無。

3.社會法人組織等活動：無。

4.其他（如興論檢討）：無。

除了編號之外，就是直接有關的資訊，在編號上A代表日據時代，B代表光復後，其後則是指出這是颱風造成的水災，接著再分爲三大部份，一是預警措施，其中的考慮明顯可以看出；一是災情主體部份；一是善後措施，其所包括的內容極廣。這樣的設計對於一百年前的科技以及社會情況來說，當然是要求太高，不太可能有這麼多的報導。然而，正是這樣的設計可使讀者看出這麼多年來的防災及救災、善後措施的演變，不過，讀者必須常常意識到報紙的性質及限度，不是每件行爲都紀錄在上的，我們只是看大趨勢而已。

當然，還有一些不是颱風形成的水災，例如異常降水也是水災的第二大原因，在這種情形之下，直接跟颱風有關的問題就刪除（如有否登陸等），其餘的都保留。

在將這些資料全部如此處理完畢之後，一方面製成附錄，成爲史料彙編，另一方面又將其轉化成「資料庫」（Database III Plus）的檔案，以供統計。由於報紙上資料的計量單位並不統一，有些災情時而折合當時的貨幣來計算，時而又用實計的收成噸位損失，時而又用損壞的面積比例來報導，在設計「欄位」（field）時，一改再改，最後只好以「邏輯性質」（logical）的有無來代替了。因此在量化的過程中，自然原始的一些具體資訊自然喪失了。

在經過數次修正後，「資料庫」的「欄位」結構如下：

1. ID：個案編號。

2. DATE：個案日期。

3. CAUSE：原因。颱風：T。地震：E。異常降雨（豪雨，霪雨）：F。

4. PERIOD：降雨天數。

5. PREDAYS：預警天數。

6. LAND：颱風有無登陸，T或F。

7. TYPE：颱風強度。強烈：A。中度：B。輕度：C。

8. DIRECTION：颱風方向。

9. RAINFALL：降雨量，以「公厘」爲單位。

10. POSTDAYS：善後報導天數。

11. JIAYI：嘉義有無災情，T或F。

12. TAINAN：臺南有無災情，T或F。

13. DEATH：受災致死人數。

14. INJURED：受災致傷人數。

15. HOUSES：房屋毀壞及傾倒數目。

16. AGRILOSS：農田有無損失，T或F。

17. FISHLOSS：漁類有無損失，T或F。

18. BANK：堤防損失，以「公里」或「損失金額」爲記。

19. HIGHWAY：公路有無損失，T或F。

20. RAILWAY：鐵路有無損失，T或F。

21. TAX：官方有無田賦或貸款之善後措施，T或F。

22. CHAIRMAN：省主席（或總督）有無巡視災區，T或F。

23. DONATION：有無勸募捐款，T或F。

對於「欄位」的說明：

1. 載爲「未詳」者，指不確定。如資料來源處未載明受災地爲何處，僅以「南部地方」爲其記載範圍；或，死傷人數、房屋受損……等，未確實記載爲嘉義或臺南。

2. 「DEATH」，在此包括死亡或失蹤者。

3. 「降雨天數」未詳者，以颱風登陸當天之「一天」爲記。

4. 堤防之記載通常較爲不一，故於此以「公里或金錢之損失數」爲記。

5. 颱風方向，以登陸之最後方向定之，如：北北東轉東北，即以「東北」爲記。

6. 雨量：總降雨量的公厘數；因紀錄詳簡不一，有時使用估計值。若只記其中幾天之雨量，可以平均天數之雨量記之，如：D200，即指平均每天下200公厘。日據時代的降雨量幾乎都未詳。

7. 「TAX」，只要「田賦」或「貸款」兩者中有其一就可記入。

8. 個案爲異常降雨時，其颱風有無「登陸」(LAND) 一項，以及方向與強度二項皆記爲「F」。

9. 個案爲颱風時，其方向與強度未詳時，以「？」爲記。

10. 死傷人數未詳時，以空白來記(因問號打不出來)。無死傷人數時，以「0」記之。

11. 鐵、公路損失未詳時，亦以空白代表 (因問號打不出來)。

以上是對「資料庫」的說明，依此建立檔案之後，我們進行計算及平均就很容易了。而且從中也可看出，我們對原有資料的特性以及就災情及防災本身所可能有的資訊都已經包括進去，如有無善後貸款或是省長巡視。但礙於資料的性質，在無法統一之時，只能併用「邏輯」性質的欄位，以確定某欄位的存在。

除了使用「Database III Plus」之外，另一個重要的量化對象是將《農業年報》中的南部地區風、水災情抽離出來，看看其細節，並將其與整個的農業損失進行比較。爲了便於看出其特色，在本計劃中使用「Lotus1-2-3」的軟體來進行計算及繪圖。在本文中使用了不少圖形，有派形 (Pie)，也有條形，以及層疊條形圖，以呈現最清楚的趨勢。

## 四、初步的發現

嘉南地區之水災發生，自日據時代開始至1990年，有報紙紀錄的，在光復之前有38筆。光復後有35筆，在此73次水災中，異常降雨有12次

（包括地震 1 次、異常降水 11 次）。地震之一次發生在日據時代，異常降水在日據時代者有 1 次，在光復後有10次，其中有明顯的差距，值得我們推蔽與探索。其中可能的因素一是異常降水，特別是梅雨季節，由於是長時期的累積，在數十年前，較不易像颱風那樣獲得注意；另一原因或許是在長期觀察之後，有些氣象災害模式逐漸浮現，也因此對其較爲重視而紀錄下來。

爲了分析之便利，我們先將光復前之38筆劃爲第一階段，光復後之35筆爲第二階段；先看第一階段之特徵，再看第二階段之特徵，然後來進行比較：

### 第一階段（1898-1945）

在第一階段中，最早有紀錄者爲 1898 年，即日本佔領後之三年的 8 月30日所發生之颱風，在此之前當然也有颱風發生，只是無此正式之記載，接下來爲1904年之後，即六年之後始有颱風發生。

在第一階段（即日據時代）發生之嘉南地區水災，只有一次的「異常降水」是發生於1918年 5 月25日，這種發生於 5 月間的降雨，很明顯的是一種「梅雨季節」，降雨時間共持續 4 天。於此案中，洪水侵襲至嘉義地區，但並無在臺南地區造成嚴重災害。至於其他損失亦不嚴重，只是有降雨的記載而已。

而唯一的一次地震，是發生於1930年12月 8 日，這次的地震，由於造成了堤防的崩潰，使得嘉義、臺南地區有災情，農業方面有損失，且有人捐款賑災。

至於受災地區，在第一階段中，我們分成嘉義、臺南來談。在第一階段（即日據時代）颱風中之死亡情況：有 6 次颱風造成水災且造成死亡，平均死者19人。此 6 次中最嚴重者爲1907年 5 月31日死亡51人，其次在1934年 7 月19日死亡38人，再者爲1911年 8 月26日死亡14人，其他三次都在個位數以下。

在傷者方面，在第一期中，因颱風而造成的傷害，一共有兩筆，受傷人數平均爲16人：分別爲 1912 年 9 月16日，傷者有21人；另一筆爲1911年8月26日，傷者有12人。

第一期因颱風造成公路受損者有 9 次，第二期有18次。

### 第二階段（1946-1990）

在第二階段，從1946年（民國35年 9 月25日）開始即有颱風，在其間，它有10次的異常降雨，分別發生於：1947年、1950年、1951年（二次）、1972年、1977年（二次）、1988年、1990年 4 月爲最後之記錄。

在災情方面：第二階段（光復後），有17次颱風造成水災，平均死亡人數爲18人，平均受傷人數爲 4 人。在此17次死亡中，人數最多的一次爲1967年 7 月11日，造成115人死亡；其次爲 1959 年 8 月 7 日造成75人死亡；再其次爲1946年 9 月25日有25人死亡，其他都爲個位數至二位數不等。

在第二期中，因颱風而受傷者有13次，平均受傷人數爲 5 人，比較多的爲1986年 9 月19日的29人，其次爲1969年 7 月27日的15人，其他皆爲個位數。

第一期因颱風造成公路受損者有 9 次，第二期有18次。

第一期鐵路受損者有 9 次，第二期有11次。

第一期總督視察有 2 次，第二期省主席視察有10次。

第一期田賦減免有 1 次，第二期有 9 次。

第一期捐款者有 3 次，第二期有 6 次。

第一、二期之中，未登陸卻造成災情者共計 9 次，都是在第二期中發生，其細節如下表：

| 編　號 | 發　生　日　期 | 死　亡　數 | 受　傷　數 |
|---|---|---|---|
| B 8 | 1952年 7 月18日 | 0 | 1 |
| B 9 | 1953年 6 月 6 日 | 2 | 1 |
| B 18 | 1960年 8 月23日 | 3 | 0 |
| B 22 | 1969年 7 月27月 | 12 | 15 |
| B 23 | 1971年 8 月 5 日 | 6 | 0 |
| B 25 | 1973年 7 月 3 日 | 0 | 0 |
| B 27 | 1975年 8 月17日 | 1 | 0 |
| B 29 | 1977年 7 月25日 | 3 | 3 |
| B 30 | 1981年 8 月30日 | 17 | 5 |
| 總　　計 | | | |

就整體而言，「異常降水」者，其公路損害有 4 次，鐵路 1 次，田賦 4 次，省主席視察 3 次，捐款 1 次，死亡 4 次，平均23人。

最高者爲1951年 5 月17日死了73人，其次爲1977年 6 月 7 日死了12人，另兩次爲個位數。

受傷者有 3 次，即1951年 5 月17日傷了 247 人，1966年 6 月 8 日傷了 8 人；1977年 6 月 7 日受傷一人。

以上爲基本災情，可看出在第二期中，無論主席視察、田賦減免、賑災等，都要比第一期多得多，可見上層與下層間溝通交流之顯著增加。

## 五、從整個報紙的紀錄中，比較值得注意的是下列的情況

在災情形成的原因方面，1966年 6 月 8 日乃霹雨致災。然而，此次水災卻是由 5 月底的「裘廸」颱風登陸後所引發的，由於這次的災情是在長期降雨後一併計算的，因此很難區別出此次災情那部份是受颱風所

致，那部份又是因霾雨所造成的，而此次颱風又非太強，一般而言，災情輕微，因而全部一起算成由異常降雨所致，而造成八七水災的原因也不易確定，有一說爲：因西南季風旺盛；一說爲因西南海面上空發現熱帶海洋性低氣壓（一般稱爲極輕度颱風）；一說爲此氣壓爲艾倫颱風過後之高溫氣團所帶動。又如 1986 年，韋恩颱風行徑古怪，有二次登陸之記錄，且二次之強度皆不一；方向也不同，在此統一化的「資料庫檔案」中，其預警及侵襲天數該如何登記就很不容易。此處只登記其首次登陸時之日期，而災情則全部一起計算。1986/08/25 之韋恩颱風，報紙稱爲超級怪異中的超級颱風。

在對災情的瞭解方面，由於日據時代因測候所之設施不全，故其颱風強度、方向、雨量等多未在報紙上留下紀錄，是以不得而知。但隨著時間愈到後來，因儀器的進步，所得的資訊也愈多。另一不待驗證即可知的現象是：災情愈重，善後報導天數愈長。

在預警方面：在日據中期還有使用原始的警告方式，如東石郡義竹庄堤防將崩之時幸爲街役場員發現，「急鳴大鼓」，庄民冒雨搶修，始得鎮住。（《臺灣日日新報》漢文版，08/18/1929（四））

在災情的形成方面，由於在 9 月間，爲第二期稻穀出穗成熟期。而颱風又往往在這時入侵，故特易造成農業災害。然而，偶而也有因風得福的情況，例如：1934 年 8 月 31 日，八掌溪流域變更，鹽田附近海水倍增，鹽分反得製造多數額。

在搶救災情方面，在光復後，軍方加入救災的情形就常可見到，如在 1950 年 7 月 29 日，駐臺南海防部隊及裝甲部隊搶修防洪工程。而在次年（1951）5 月 26 日因長期下雨，造成南部地區堤防崩潰，工兵爲了搶救，而損失了 73 人，可謂慘重。

　　這次參加救災的三軍部隊，包括陸軍南部某軍團的 1,500 餘位戰

士及成功隊的蛙人百餘人、海軍的水陸兩用戰車5輛及橡皮舟數十艘，另外還有空軍的直昇飛機數架，分佈在40個被災的村落，將所有災民一一救出。(《臺灣新生報》，08/25/1960 (三))

其救災行動非常龐大且迅速：

「參謀總長」賴名湯上將，於18日清晨專程前往嘉南地區巡視災區，包括嘉義、義竹、麻豆、佳里、下營、學甲、新營、鹽水、朴子、布袋、松華、鹿草等地。(《臺灣新生報》，08/19/1975 (三))

1967/07/14，葛樂禮颱風臨時改向，由嘉義出海，以致豪雨為患，但因警察局之努力以及應變迅速而未擴大災害。

還有與美軍有關的：

1956/09/06，美僑37人，由美方直昇機逕行載離阿里山災區。

最後，我們還可從各次災情善後補助的增加及演變看出時代的變遷，以及政府機關的措施：(以元為單位)

1951年5月17日，死者1,000，重傷者500，輕傷者200，無家可歸者100，屋全倒者200，半倒者100。

1966年6月11日，死者2,000，重傷者1,000，失蹤者1,400，屋全倒者800，半倒者400。

1969年7月31日，死者4,000，失蹤者2,800，重傷者2,000，屋全倒者2,000，半倒者1,000。

1975年8月5日，死者8,000，失蹤者5,000，重傷者4,000，屋全倒者8,000，半倒者4,000。

1977年7月29日，死者20,000，失蹤者15,000，重傷者10,000，屋

倒全戶一口者2,000，二至三口4,000，最高至8,000爲止。

1981年9月16日，死者80,000，失蹤者80,000，重傷者30,000，無親屬之屍體埋葬者12,000，屋全倒者每口8,000，半倒者4,000。

1986年8月26日，死者救濟金10萬，失蹤者10萬，重傷者5萬；慰問金死者及失蹤者2萬，重傷者1萬；屋全倒者每口1萬，半倒者5千，以5口爲限；另低收入戶屋全倒者每戶2萬，半倒者每戶1萬。

1988年8月12日，救濟金死者及失蹤者15萬，重傷者7萬5千，慰問金死者及失蹤者3萬，屋全倒者1口1萬5千，半倒者7千，以5口爲限。另低收入屋全倒者每戶3萬，半倒者每戶1萬5千。

1989年9月11日，死亡者及失蹤者之慰問金3萬；低收入戶之屋全倒者每戶3萬，半倒者每戶1萬5千。

可見從1977年起政府採取比較實際的做法，按每一戶的口數來發放房屋全倒或半倒的救濟金，而低收入戶的救濟金較多，也成爲後期的特色。

除了政府的善後措施外，還有其他機構的善後，此中可以看出民間的參與及其逐漸多元化的情形：有些是半官方的，有些是教會組織的，也有的是純民間組織的：例如：

朴子街基督教會及朴子青團亦募集金物，赴下雙溪災地慰問云。

（《臺灣日日新報》漢文版，08/07/1932（八））

1952年7月25日，縣黨部、府會、醫師公會、婦女會、海軍士校等，發起「一元賑災運動」。

中華民國紅十字會臺灣省分會特撥5萬元，交由省社會處統籌辦理救災事項。（《臺灣新生報》南部版，09/05/1956（三））

社會處牟副處長會同美國安全分署顧問傅來利、內政部司長劉修如等，於9月22日晨8時南下勘災。（《臺灣新生報》，09/22/1956（一））

美友邦人士捐贈我700至800萬元之麵粉及黃豆。（《臺灣新生報》，09/

22/1956（三））

國際獅子會中華民國總會等各民間機構，陸續捐款救濟災胞。（《臺灣新生報》，07/30/1977（三））

在早期若颱風襲擊沒有形成太大的災害，則會有酬神之舉，這也是後來見不到的情況，例如：在 1935 年 9 月時有一則報導：「今年以來暴風雨屢次襲來，幸皆不受損害，兼之製鹽豐收、所養之虱目魚價昂，故該庄居民鼓樂謳歌，本月以來各部落為例祭神，開演梨園謝神酬應，有漁村樂趣云。」（《臺灣日日新報》漢文版，09/06/1935（八））

## 六、從數據資料所綜和而得的圖表及其解說

首先圖一、圖二、圖三是嘉義臺南地區的日據及光復後之地圖，供研讀災情時參考，該圖來源乃盧嘉興所繪，〈臺南縣日據臺南廳時期興圖〉，〈臺南縣日據臺南州時期興圖〉，收入於洪波浪、吳新榮，《臺南縣志》，民國 46-49 年排印本，78號，72年 3 月，以及〈日據末期州郡市街庄〉、〈民國五十六年六月縣市鄉鎮〉雲嘉南區圖，收於洪敏麟、陳漢光編，《臺灣堡圖集》，臺北市，省文獻會，58年 6 月。

圖一、臺南縣日據臺南廳時期輿圖

圖二、臺南縣日據臺南州時期輿圖

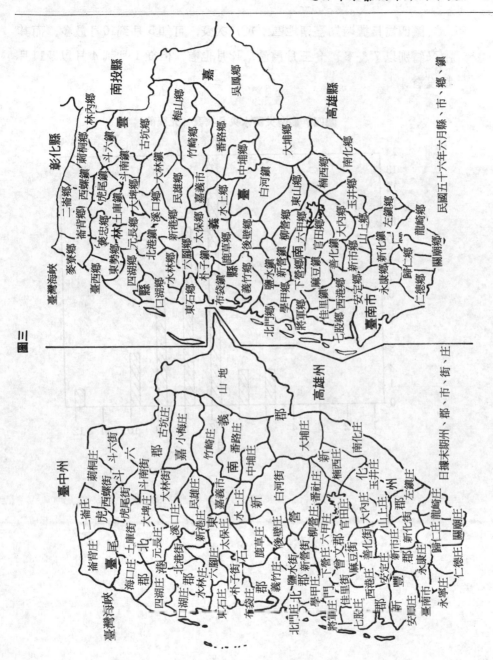

圖三

圖四為日據時期嘉南地區水災月次表，可知 5 月到10月最多，而其中又特別以 7 、 8 、 9 三月為最，12月也有，但從 1 月到 4 月以及11月都沒有。

圖四、嘉南災區水災月次表（光復前）

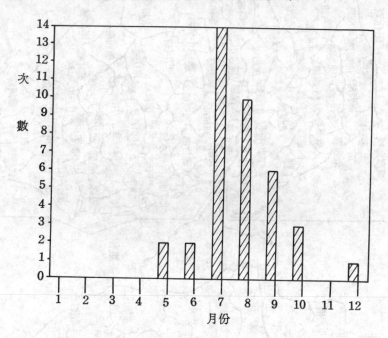

　　圖五爲光復後嘉南地區水災月次表,可知從 4 月到 9 月都有,又以 6
月到 9 月爲多,而從10月到次年 3 月都沒有,與該地降雨量分佈類似。

圖五、嘉南地區水災月次表 (1946-90)

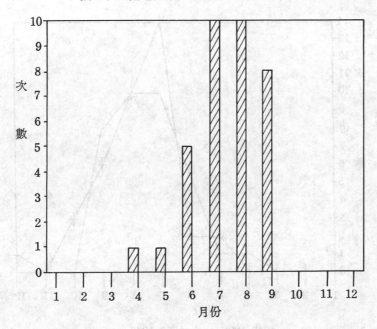

　　圖六以及圖七均爲九十年來嘉南地區水災月次比較圖，只是不同的畫法呈現不同的訊息。有如颱風一樣，7、8、9三個月還是最危險。

**圖六、嘉南地區水災月次比較**

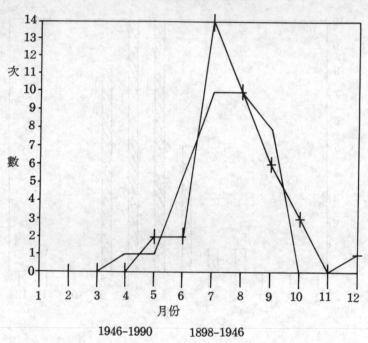

1946–1990　　　1898–1946

**圖七、嘉南地區水災月次比較**

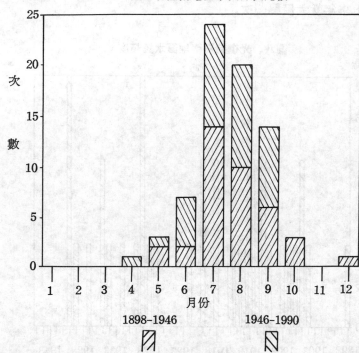

　　圖八爲日據時代 嘉南農田地區 水災頻度圖， 最多時爲一年三次侵
襲，每隔十來年就大侵襲一次。

**圖八、光復前嘉南地區水災頻度**

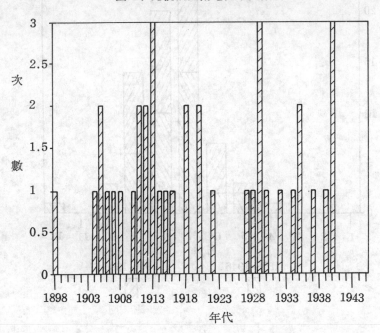

　　圖九爲光復後嘉南農田地區水災頻度圖，最多時爲一年三次侵襲，但與前段不同，多爲兩次。

**圖九、嘉南地區水災頻度（1946-90）**

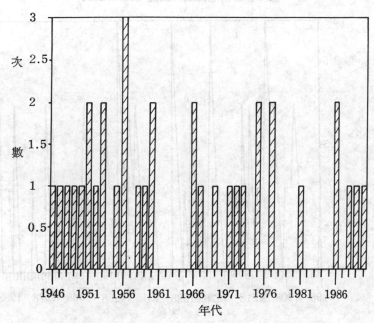

　　圖十爲九十年來嘉南農田地區水災頻度圖，爲前兩圖的綜合，也可看出災情不斷。

**圖十、嘉南地區水災頻度（1898-1990）**

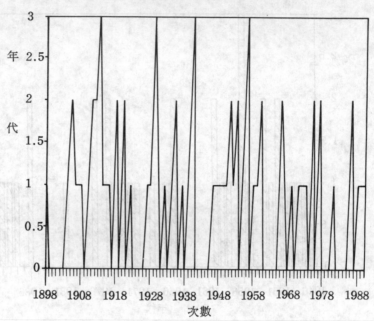

　　圖十一至圖十七,其數據資料皆取自謝信良、陳正改的《臺灣地區氣象災害之調查研究》(民國75年),頁 13-14、40;並稍做調整修正。其資料均爲1961到1985二十五年間的情形。今將其中嘉南地區的部份挑出來,製成圖表。圖十一爲嘉義風災農業損失圖,從中可見1969以及1975年爲最嚴重,其次爲1971及1982年。

### 圖十一、嘉南風災農業損失圖 (1961-1985)

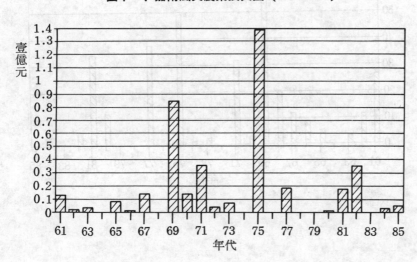

　　圖十二爲臺南市風災農業損失圖，也是以1969以及1975年爲最嚴重，其次爲1971,1977和1981年，每次都在3,000萬圓以上。

**圖十二、臺南市風災農業損失圖（1961-1985）**

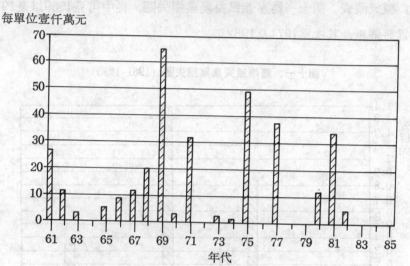

　　圖十三爲臺南縣風災農業損失圖，也是以1969以及1975年爲最嚴重，其次爲1971，1977，1981和1982年，每次都在３億圓以上。

**圖十三、臺南縣風災農業損失圖 (1961–1985)**

　　圖十四爲 25 年來嘉南地區風災農業損失圖，最大的一次是在 1975 年，損失達25億元以上，其次是1969年損失近20億元，再其次是1971，1977，1981以及1982年，每次都在 5 億元以上。

### 圖十四、嘉南風災農業損失圖 (1961-1985)

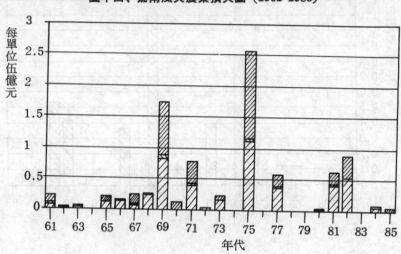

　　圖十五爲二十五年來嘉南地區風災農業損失比率圖，以臺灣全島而論，臺南縣最多，佔全部的10.4%；其次是嘉義縣市，佔 9.2%；臺南市只佔0.7%。純就風災而言，損失約佔全島的五分之一。

**圖十五、嘉南風災農業損失比率圖 (1961–1985)**

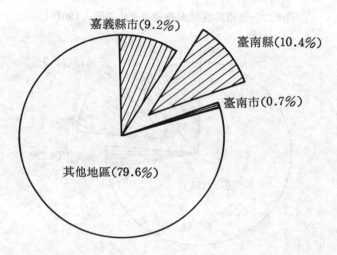

　　圖十六爲二十五年來嘉南地區由於異常降水農業損失比率圖，以臺灣全島而論，臺南縣最多，佔全部的11.9%；其次是嘉義縣市，佔11.8%；臺南市佔 4.2%。純就異常降水而言，損失約佔全島的四分之一強。換言之，就全島而言，嘉南地區異常降水造成的損失較颱風爲大。

**圖十六、嘉南異常降水農業損失比率圖 (1961-1985)**

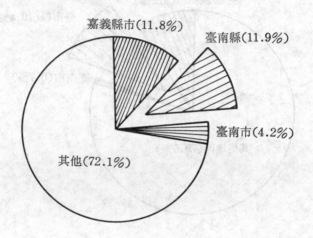

　　圖十七爲二十五年來嘉南地區水災及風災農業損失比率圖，以臺灣全島而論，臺南縣最多，佔全部的10.8%；其次是嘉義縣市，佔9.9%；臺南市只佔1.7%，就整個水災及風災而言，損失約佔全島的22.4%。

### 圖十七、嘉南水災及風災農業損失比率圖 (1961-1985)

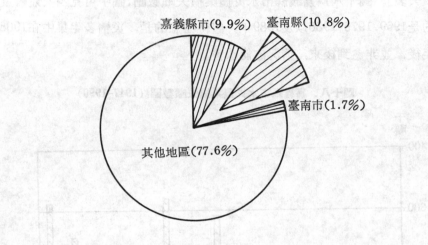

　　圖十八到圖二十三則為四十四年來（1947-1990）嘉南地區的水災（廣義的，包括颱風及豪雨造成的災情）所造成的農業損失總噸數，所有數據分年取自臺灣《農業年報》，加以累計而成，其數值之來源請參見前章之說明。所有數值可參見表六「四十四年來嘉南地區風水害農作損失表」。圖十八為嘉義縣市水災農業損失噸數圖，圖中可見四次最嚴重的是1969,1975,1986以及1989年。值得注意的是，災情多半集中在1968年後，並非愈到後來，情況愈能改善。

**圖十八、嘉義縣市水災農業損失噸數圖（1947-1990）**

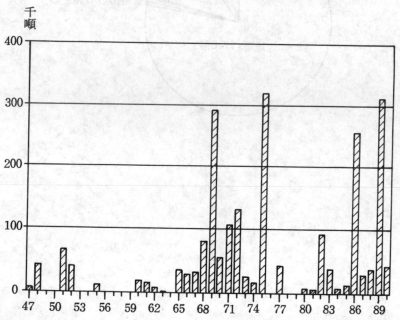

　　圖十九爲四十四年來臺南市水災農業損失圖，其中損失超過20萬噸
的年份爲1950，1969，1972，以及1983年。

**圖十九、臺南市水災農業損失噸數圖（1947-1990）**

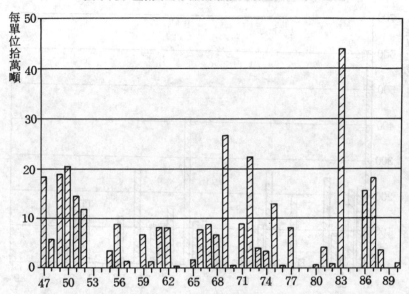

　　圖二十爲四十四年來臺南縣水災農業損失圖，其中損失超過20萬噸的年份爲1947，1948，1949，1952，1956，1959，1969，以及1975年。

圖二十、臺南縣水災農業損失噸數圖（1947-1990）

　　圖二十一以及圖二十二都是四十四年來嘉南地區水災農業損失圖，不同之處在於圖二十一是總計，圖二十二是分縣市。其中損失超過30萬噸的年份爲1947,1952,1969,1975,1986,以及 1989年。比起第十七圖之前的25年間的數據來看，除了1969,1975 年之外，還有 1947,1952,1986以及1989四次是大災年，所以本研究以較長的時間幅度來看，有其參考性，又其中的間隔爲 5 ,17, 6 ,11 以及 3 年，總之，雖不是連年大災，但少則三年，多則不到二十年就會有一次對農業有大損失的災情出現。

圖二十一、嘉南水災農業損失噸數圖（1947–1990）

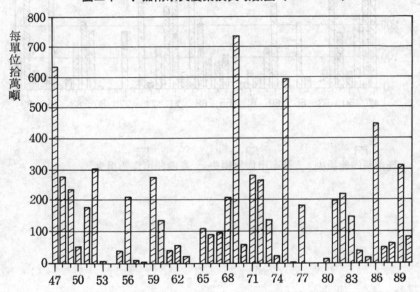

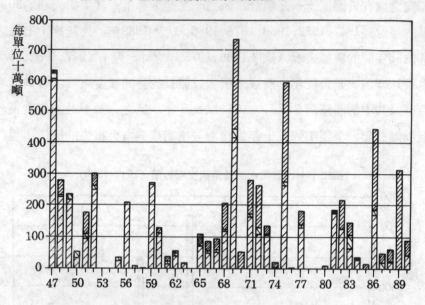

圖二十二、嘉南水災農業損失噸數圖（1947-1990）

　　　臺南縣作物損失　　臺南市作物損失　　嘉義縣市作物損失

　　圖二十三爲四十四年來嘉南地區風水害三縣市農業損失的比率圖，其中南縣最重，佔三縣市的61.9%，其次是嘉義縣市，佔三分之一，臺南幅員最小，災情僅佔4.9%。從長期看來，臺南縣對災情的防治最需措意。

**圖二十三、嘉南水災三縣市農業損失比率圖（1947-1990）**

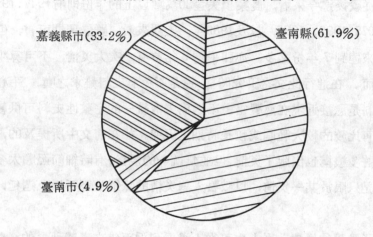

嘉義縣市(33.2%)　　　臺南縣(61.9%)

臺南市(4.9%)

　　表六爲四十四年來嘉南地區四縣市風水害農作損失統計表，也是從《農業年報》中整理出來的統計數字，爲前面圖十八至圖二十三的基礎。

## 七、結　語

　　以上吾人從史料中歸結出近百年來發生於嘉南地區的水災以及其有關的現象。百年以來，可以肯定的說，此區水患是不斷的，平均三年會有兩次的災情出現，最多時，一年會有三次水災的侵襲。除了主要是因風災之外，就是異常降水，災情多半發生於7、8、9三個月，但4月也有，12月也發生過，只有11、1、2、3月未曾有過。在災情上，雖有死傷，平均每次18人，二十五年（1961-1985）之中的農業損失，嘉義市

以1969，1975爲最嚴重，臺南市則以1969，1971，1975，1977，1981較重，南縣則以1969，1971，1975，1981，1983爲重，綜合損失少則數千萬元，多則到25億元以上，以1969，1975兩年最可怕；其損失比率佔全省的五分之一以上。

若從戰後迄今來看，農業損失達30萬噸以上的年份則有1947,1952,1969,1975,1982，1986，以及1989年，宏觀來看，雖無週期可言，但四十餘年來達到7年份之多，亦即平均6年會有一次大災情，不可算少。

然而，在進行此文之研究時，還是不免有史料難求之嘆。平心而論，資料是愈接近現在愈豐富，不過尙未有統一的完整性史料可供較有系統及可比較的較大範圍或較長時期之研究。如在前文中所提及的，我們雖有許多機構也出版了災情,但並無統一的規格,有時細節照顧太多，有時又是只限於某一災情，以致吾人對災情的瞭解並不平均及週延，十分遺憾。

除了具體的災情，吾人也可從上述看到近百年來臺灣社會的一些與救災有關的風俗及情況，軍方參與救災，田賦減免，省長巡視均可看出政治力量在社會上存在及加強影響的標記，以及早期民間社會力量的有限；傷亡損失補償的提高和制度化也可看出繁榮的痕跡；早期美國援助救災以及對美方人員的重視可看出中美關係的密切和美方在臺灣的影響力；民間的社團救災更可看出社會各種力量的興起以及邁向多元化的趨勢，而這些都與其他研究這時期的臺灣之觀察是相符合的。

（本文之完成，承國科會計劃NSC80-0414-P002-23B 輔助，特此誌謝。）

# 從文化觀點看臺灣經驗

## 沈 清 松

## 一、前 言

一般而言， 狹義的臺灣經驗的構成， 是指在六十年代開始臺灣以
十大建設奠下經濟發展的基礎，其後在八十年代又開展了民主政治的格
局，「民主政治」與「自由經濟」是所謂「狹義的」臺灣經驗的兩大柱
樑。然而，就文化層面而言，由於政府務實的取向，以致疏於文化建
設，使得國民的人文素養未能提昇，社會上的價值體系低俗混亂，國民
的精神需求無以滿足，雖然有「臺灣錢淹腳目」的讚嘆，但另外一方面
也有臺灣是「貪婪之島」的譏評，認爲就文化而言，臺灣不但微不足
道，而且文化上粗魯的表現，反過來會侵蝕經濟與政治進步的成果，甚
至影響國家形象。在政經發展的同時未能兼顧文化，這在曾經擔任六年
行政院長的孫運璿資政的遺憾中表露無遺，他說：「一句話講，文化復
興作的不夠。」（注1）在臺灣經驗中凸顯政、經的成果，貶低文化的成
果，是一般普遍的印象。

　　然而就廣義而言，臺灣經驗的形塑也包含了臺灣地區「生活世界」
的形成過程。廣義的來說，就文化層面而言，所謂「臺灣經驗」就是指
臺灣地區人民的生活世界形成的過程，此一過程當然不能僅限於 60 年

---

注1　楊艾俐，《孫運璿傳》，臺北：天下雜誌，民國78年，頁284。

代以降的政治、經濟發展，而是可以遠溯及國民政府遷臺以前的種種歷史過程。因此就政治、經濟的層面來講，狹義的臺灣經驗僅只是近三十年來臺灣發展的經驗；然而就廣義而言，臺灣地區生活世界的形成則是一個延續不斷的歷史過程，如果這三十年來的文化建設沒有太多值得稱道的，然而就整個人民生活其中的生活世界而言，則是無所逃避、無法忽視，而且必須認眞地加以對待的。

「生活世界」(Lebenswelt) 的概念是由哲學家胡塞爾 (E. Husserl) 所提出，原先的用意是爲了面對狹隘的理性化過程的挑戰，以及人類生活中非理性範圍的擴張，而在非理性的領域中，仍然可看出尋求意義動力的端倪，爲了提出一個包容理性和非理性的對比，提出更爲整全的理性觀念，胡塞爾因而提出「生活世界」的觀念，用以指稱先於概念、先於科技，而概念與科技又從其中產生的知覺與人際互動的世界，以及整個理性化所處在的、更爲廣袤的視野（注2）。換言之，生活世界先於理性化的歷程，同時也是理性化得以在其中發展的境域。

然而從德國哲學家哈柏瑪斯 (J. Habermas) 在《溝通行動理論》第二册中的解析看來，胡塞爾所謂的「生活世界」的概念仍然過分理想化，因爲在實際的歷史過程當中，文化本身在科技、生產以及規範領域的理性化過程，成就了日益膨脹的理性化體系。哈柏瑪斯並指出，在體系和生活世界之間有一種張力存在，甚至在現實歷史當中，會造成體系對於生活世界的殖民化（注3）。換言之，在理性化的體系不斷延伸的過程當中，生活世界有屈從於理性化的體系的傾向，這一點在對現代性的反省過程當中是一個非常顯著的現象。

---

注2　Vincent Shen, Life-World and Reason in Husserl's Philosophy of Life, in *Analecta Husserliana*, edited by A. T. Tymieniecka, Vol. XVII, pp.105-116.

注3　J. Habermas, *Theorie des Kommunikativen Handelns, Band 2* (Frankfurt: Suhrkamp Verlag. 1985) pp. 259-266.

　　因而我們在考量臺灣經驗的文化層面之時，要分析臺灣區域生活世界的形成，必須從幾個方面下手。首先，參照索緒爾(F. de Saussure)在其《普通語言學學課錄》所表達的意見，他說：

> 各種科學確然應該更謹慎地劃清其所處理的對象所置立之軸，一切科學皆應按下圖

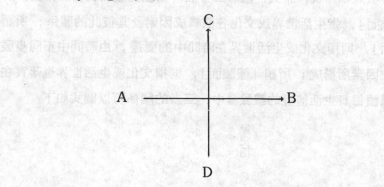

> 區分為；(1)同時性的軸（A→B），關係到共存的事物彼此的關係，在此排除一切時間的介入。(2)連續性的軸（C→D），在此每一次只能考慮一件事物，但其中亦置立了第一軸的一切事物及其變遷（注4）。

　　索緒爾由此發展出「共時性」與「貫時性」的科學觀，但依照索緒爾的結構主義立場，他似乎主張共時性、結構面優先於貫時性、變遷面。當我們要將此兩個層面的分析應用到生活世界的形成之時，我認為不必保留此種共時性優先於貫時性，結構優先於變遷，甚至把後者化約為前者的看法，而必須兼顧系統、結構的一面和歷史、變遷的一面，兩

---

注4　F. de Saussure, *Cours de Linguistique génerale*, édition critique preparée par T. de Maurs (Paris: Payot, 1978) p. 115.

者的關係不是化約性的，而是對比性的<sup>(注5)</sup>。

　　然而，就現象學的角度來看，「生活世界」的概念不能只注意共時結構與貫時變遷的兩面，而必須兼注意當事人的意向性和體驗。用法文來講（生活世界 Le monde Vecu），也就是「體驗的」世界，亦即對於生活世界的考量也必須兼顧體驗的成份。為此，對於文化或生活世界的考量，必須兼顧系統、歷史、體驗三方面，始能完整、切當和落實。所謂「系統面」，指生活世界或文化各個構成因素及其彼此的關係；所謂「歷史面」，則指文化或生活世界在時間中的變遷，由時間中不同步發展的組成因素所構成；所謂「體驗面」，則指文化或生活世界也落實在個人和羣體每日生活情境的體驗當中。三者的關係可以圖式如下：

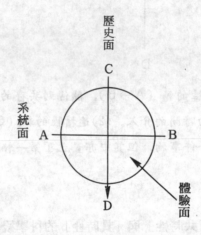

就以上的圖來講，文化的「系統面」是「共時性」的 (Synchronic)，視文化為數個因素彼此關係所形成的整體；「歷史面」則是「貫時性」的 (Diachronic)，視文化為一在時間中變遷的歷程；「體驗面」則是「情境性」的 (Situational)，視文化是具現於個人和羣體生活情境中的意

注5　關於對比的意涵，參見沈清松，《現代哲學論衡》，臺北：黎明公司，民國76年，頁1-28。

向和體驗。以下就這三個層面逐一評估臺灣經驗中文化的生活世界之形
成。

## 二、臺灣生活世界的歷史形構

　　首先，就歷史的變遷而言，臺灣地區的文化是分別由幾個相互重疊
的社會底基所形成的文化體系所構成的，大體上而言，可以分為「前現
代」文化、「現代」文化和「後現代」文化三者。當前臺灣人民的生活世
界的問題，必須從這三者各自的問題和彼此的關係加以指認。

　　1.「前現代」文化：早自舊石器晚期（ 3萬年—1萬5千年前）
就有左鎮人和長濱人陸續移入臺灣；其後在新石器時代，早自六、七千
年前，遲至二千年前漢代之際，也有南方古越族的移入。然而，臺灣主
調文化的形成，主要來自始於宋、元之際及明鄭時代，和清初漢民族的
移入，此處所謂「前現代」的文化，是指在此時期先民所帶來的中華文
化大傳統，和地方上的民間信仰。後者加上在臺灣的拓荒歷程，以及移
民社會的特質 —— 移民社會往往一方面繼承傳統，一方面背叛傳統 ——
歷經這三、四百年，而逐漸發展出具有草根色彩的小傳統。中華文化大
傳統由於民國38年左右的大量移民，以及政府播遷來臺，並提倡中華文
化復興運動，因而再度增強；至民國 76 年底開始，由於兩岸關係的恢
復，又重新接合上大陸文化的母體。但無論是中華文化大傳統或臺灣地
區的小傳統，都是在前現代的農業社會的底基上所形成的，因而皆屬於
前現代的文化。

　　2.「現代」文化：工業社會本身亦蘊含著文化發展的動力。目前臺
灣大部分地區皆已經工業化，雖然仍存在著農村地區，但已皆受到工業
社會的波及。從農業社會轉變為工業社會，人們在價值觀、認知、規
範、表現、行為各方面，都會有顯著的改變，無法從傳統文化分析的概
念獲得理解，例如人們在行為上和規範上會從利他轉向利己，從合作轉

向競爭；在價值觀上會從追求整體的幸福轉向眼前的快樂。自我實現、平等、自由、社會公義、工作休閒均衡、資訊流通等的價值特別凸顯，而結合科技特性、工作效率與遊戲需求的文化特色會更加特別顯著。

3.「後現代」文化：我所謂的「後現代」，並非是指現代結束之後的新文化現象；而是指對現代世界中對主體、表象和理性的過度強調，所引起的批判、質疑和否定（註6）。就此而言，臺灣地區由於交通發達、資訊便利，使得歐、美、日等先進國家的文化風潮，甚至一些前衛性的潮流陸續湧進臺灣，加上臺灣本身的文化矛盾，因而對既成秩序進行解構，並且激起嚴重的反規範現象。此外，不少的文化創作，諸如文學評論、小劇場、繪畫、建築，也以「後現代」為名，此種現象雖然仍屬局部，然而也顯示出在臺灣現代化歷程的質疑和批判。

從以上的分析看來，臺灣地區文化的歷史構成，包含了在前代的農業社會中形成的中華文化大傳統、草根性文化的小傳統，以及現代工業社會的文化動力和後現代的文化衝擊。然而，整體說來，目前對於每一個歷史因素的問題較容易認定，但是對於三者彼此的關係，則是較為困難的問題。

首先就各個歷史因素來講，「前現代」文化中，中華文化大傳統雖然受到政府的重視，視為是政權正統性的依據，然而一方面由於缺乏創造性的詮釋，另外一方面也由於其文化的價值逐漸與現代化和現代生活的步調脫節，因而有逐漸抽離現實生活而轉為僅屬多重論述之一的趨勢。至於臺灣地區草根文化的小傳統，由於過去未能受到文化政策和教育政策的重視，無法經由公共政策的提倡，和在公共領域中的提煉，發揚其中優秀的、理性的特質，目前更由於鄉土的流失，僅能止於宣洩地域性的懷鄉情愁，甚至有低俗、非理性的表現，也成為政治抗爭的工具。

---

註6　關於「後現代」的說明，參見沈清松，《科技、人文價值與後現代》，臺北：社會大學，民國79年，頁125-156。

　　至於在工業社會中發展出來的「現代」文化，一方面由於工業化的程序多來自於西方的移植，對先進國家多所依賴，而政府過去在現代化過程當中，僅重視其中的技術面、生產面和社會面，而很少注意其中文化價值的反省，也因此雖然現代化的歷程愈益加深，然而仍然沒有能創造出自己的現代文化價值。

　　至於「後現代」文化的部份，一方面是來自於西方資訊化的感染，另外一方面因為其中批判、否定的因素較重，也因而有虛無主義的傾向，僅在製造多元論述、在解構、在非中心化上面，有釋放創造力的潛能，但仍然無法在其中辨識出足以積極建設生活世界的動力。

　　其次，對於前三種歷史構成因素彼此的關係，可以有兩種互補的分析方式：

　　第一種分析，是就客觀歷史進程來看，認定當前臺灣生活世界的構成，基本上是在從現代文化走向後現代文化的過程。其中前現代的文化因素所遭遇的問題，諸如中華文化的抽離與貧瘠的傾向，和草根文化的鄉愁性與抗爭性，都是表現出前現代文化因素在現代文化加深的過程當中難以調適的現象。至於後現代的文化因素也是在這種現代化現象加深之後，對於現代文化中的弊端之反省和批評。也因此，從現代走向後現代，並不是一個直線時間觀當中的前進程序，而是顯示：基本上臺灣的文化是在現代化逐層加深的過程，而所謂的後現代，也只是現代化愈益加深當中的回應和反動，不能抗遏此一現代化趨勢，而只能作為這種趨勢當中的批判力量。

　　第二種分析的方式，尤其是扣緊了主觀的體驗面而言，則臺灣當前文化的生活世界的構成，更可說是前現代、現代與後現代雜然並陳，整合不良的狀況。換言之，一方面前現代的中華文化和區域性的草根文化仍然存在，而許多人在價值、認知、規範和行為各方面並未接受現代的洗禮，雖然享受現代化的工具，但是其知覺與行為的模式依然是前現代

的。而現代的部門雖然不斷地擴充，基本上對於前現代的傳承既不能加以終止，更無力加以轉換。除此以外，後現代的引入，也有其一定的代理人和消費者，他們也無法和前現代或現代部門相苟同。因此就當事人體驗的一面來講，很難辨識出從「前現代」往「現代」往「後現代」的發展進程，只不過是一種拼湊性的雜然並陳，談不上時序的演進，更缺乏相互的整合。

基本上，臺灣經驗的現況，就歷史面而言，我們可以將她定位在由於現代化的加深，而邁向後現代的過程。但就主體的體驗來講，則雜然無序，整合不良的情形也是實際的現象。不過，後一種情形正是現代化加深時多元化歷程的表徵，因而所謂「整合不良」正是這種非一致化的過程，而所謂的「拼湊」，正是後現代的概念。也因此對於三者並陳的看法，正好是由現代往後現代的發展過程當中產生的一種論述方式。

## 三、臺灣生活世界的系統性形構

要認定臺灣地區文化的系統性因素，必須從文化的定義和內涵本身著手。本人曾經檢討泰勒（E. B. Taylor）、涂爾幹（E. Durkheim）、賴醉葉（J. Ladrière）等人提出的文化定義，指陳其缺失（注7），並且提出本人對文化的定義：「文化是一個歷史性的生活團體，表現其創造力的歷程與結果的整體，其中包含了信仰系統、認知系統、規範系統、表現系統和行為系統。」（注8）關於此一定義的特性不擬在此討論，不過，我們要指出：文化的系統性因素必須兼顧信仰、認知、規範、表現、行為諸次系統，和其彼此的互動。這五個次系統本身並不是並列的，毫無統一性依據的項目；相反的，我認為文化的最深沈的因

---

注7　參見沈清松，《解除世界魔咒》，臺北：時報公司，民國75年，頁22-24。

注8　同上，頁25。

素在於信仰（包含宗教信仰與人文信仰），由信仰到認知、到規範、到表現、到行爲，是一外顯的次序 (The order of manifestation)，而由行爲到表現、到規範、到認知、到信仰則是一個奠基的次序 (The order of foundation)。

所謂「信仰」，是指個人和羣體生命所投向的最後根基。生命意義若投擲在出自人性，且人性可予完成的價值，例如仁愛、正義、眞理、美善，並以之爲人生意義之所在，則有人文信仰。但如果認爲人文價值有其超越的根基，例如上帝、阿拉、天老爺等，並因而產生神聖性，且進一步有教義、教規、禮儀將其制度化，則有宗教信仰。而由信仰之有否意義，進一步就顯示爲認知的層面。所謂「認知」，是指個人和羣體對自然、社會、和人自身的認識，以及延續並發展此一認識的方法，包含常識、傳說、哲學、科學等等。

根據信仰和認知，更外顯而爲規範。所謂「規範」，就是根據價值的趨避和認知的眞假，而產生個人和羣體用以決定行爲之應然與否，以及人際互動的規則，其中包含倫理規範和法律規範。至於所謂的「表現」系統，則是指個人和羣體透過感性的方式，來表達其信仰、認知和規範的歷程與結果，包含各種文學、建築、雕刻、繪畫、音樂，乃至各種民俗藝術等等。而所謂的「行爲」系統，則是指個人和羣體開發自然、人際互動的方式，行爲中的秩序與美感，往往是前述信仰、認知、規範和表現的總外顯。

根據上述的分析可知，由信仰到行爲是一外顯的歷程，然而由行爲亦可追溯其在表現、規範、認知和信仰當中的基礎。

我曾經在其他的文字當中分析當前臺灣文化每一系統當中的現況和問題，在此不再贅述（注9）。不過，我特別要扣就這些系統因素彼此之

___

注9　沈清松，〈臺灣經驗的文化問題及其展望〉，二十一世紀基金會、時報文教基金會主辦，「臺灣經驗新階段：持續與創新」研討會，臺北，民國79年2月。頁7-15。

間的外顯性和基礎性的雙迴向，檢視當前臺灣文化的基本問題。歸根結底，臺灣在由現代走向後現代的過程當中，其文化諸系統因素之間最根本的問題，在於信仰本身的世俗化和功利化，一方面由於信仰的世俗化歷程的加深，另一方面由於在經濟和政治優先發展的情況下，價值體系轉向此世性、功利性。因此，一方面在宗教上，信仰變成達致世俗目的的手段，在商場、官場、學界、乃至升斗小民都受到感染，熱中於算命、風水、陰宅、陽宅、及其他種種數術之風，民間信仰則側重靈驗性和功利性；至於原有各制度性的大宗教，如佛教、基督教、天主教，也比過去更為關心世俗業務，如辦學校、開醫院、搞社運、重企管等，但對於宣揚教義、闡揚禮儀的意義，以宗教資源提昇大眾心靈則較為忽視。另外在人文信仰方面，經由本人三次對臺灣地區實證性的價值體系的考察，可以看出一方面雖然傳統價值體系仍在，但是另一方面國人的功利性、世俗性的價值優先於超越性、理想性的價值的情形亦嚴重（注10）。

由於價值體系的世俗化、功利化過程，使得目前臺灣地區在認知系統方面，對於物質的控制和生產的認知較多，對於人文社會的認知較少，對於自我的覺識更少，社會上充斥的是對達致目的的手段之知，和操作程序的技術之知，但普遍缺乏目的的認知和理念的釐清。也因為信仰和認知方面的弊端，在規範體系方面，一方面道德的自律和倫理的規範失去約束力，另一方面所立的法律規範往往與生活相違背，立法有如速食麵，無法替代被衝擊、破壞的長久倫理共識。

注10　第一次見沈清松，＜價值體系的現況與評估＞收入《民國77年度中華民國文化發展之評估與展望》，臺北：行政院文建會，民國78年，頁 5-31。第二次見沈清松、詹火生，《臺灣地區1991年社會滿意度民意調查分析報告》，臺北：二十一世紀基金會，民國80年，頁 45-58。第三次見沈清松，＜臺灣地區民眾文化生活與滿意度民意調查分析報告＞，收入《民國80年度中華民國文化發展之評估與展望》，臺北：行政院文建會，付印中。

由於信仰、認知和規範方面的困境，也因而造成在藝術表現方面零亂的情形，從50、60年代完全追求西方現代藝術風潮，轉到70年代之後鄉土的覺醒，傳統民間藝術的興起，到如今完全投合於大衆化和商品化的消費型的文化（註11），主要也是因爲價值的失序，以及自我覺知和人文覺知的薄弱，並且和規範零亂、毫無遊戲規則的情形有密切的關係。更由於前述諸系統中的困難，在現代化的衝擊之下，國人由過去重視生命導向和關係導向的行爲模式，轉向控制導向和權力導向的行爲模式；由過去重視人與自然、社會的和諧，轉向太過重視效率和技術，忽視行爲的理念依據。除了過度技術化之外，整個行爲系統表現出秩序和美感的闕如，尤其就當事人的體驗而言，當前從個人行爲到政治行爲普遍缺乏秩序，更難奢言美感。

目前臺灣生活世界系統性因素所顯示的問題，一方面由於作爲根源和基礎的信仰本身的世俗化和功利化，而造成其他外顯因素方面的問題；另外一方面也是由於行爲、表現和規範缺乏自覺地尋找其根源性的基礎造成的。然而，從另外一方面看來，目前臺灣地區生活世界的情形，未嘗也不是有它的積極性，一方面這是中國傳統文化重實踐、講實用精神的表白，另外一方面也是文化落實的一個必經過程。換言之，所謂的臺灣是「貪婪之島」的說法，一方面可以說是從較高的價值理念出發的一種譏評，另一方面也未嘗不是一種實踐的動力，因爲貪婪的慾望本身也可以是一個動力，重點是在於此一動力是否能夠經由價值層級逐步的提昇，例如由生命價值（包括追求健康、愛護生命等等）的肯定；到工作與休閒的均衡，將工作與休閒視爲生命發展的途徑；進而到利益的追求，所謂的「利」是指生命的順遂，而不單只是指金錢和權力。然而由於人人都求利，勢必產生衝突，因而必須進一步追求秩序與美感，

註11　李亦園，＜臺灣光復以來文化發展的經驗與評估＞，現代華人地區發展經驗與中國前途研究會論文，民國76年，頁13-17。

即傳統文化中所謂的「禮」；而所謂的秩序與美感，則立基於尊重和分寸，亦即傳統文化中所謂的「義」；而尊重與分寸是立基於人對自然和人之間的感通，即是傳統所謂的「仁愛」；而仁愛又立基於「誠」的本體……等等（注12）。這種價值體系的逐層提昇才能夠帶動文化發展本身的積極性。根據我個人近兩次所作的民意調查，在按照羅濟渠（Roke-ach）的價值量表，經由合乎中國人實況與電話訪問的實況的修改，而獲得的調查結果顯示：在重要性當中，「賺錢」的價值已經被視為最不重要的價值之首位，這並不表示貪婪之島的人們不再重視賺錢，而是一方面他們發現了賺錢具有工具性，是追求秩序、美感、社會正義、仁愛、家庭平安等的工具；另外一方面也發現了一些價值的層級性，知道賺錢雖然重要，可是有比賺錢更重要的價值（注13）。就此而言，也可以說是臺灣地區在價值觀上面一個較為積極的徵候。

## 四、臺灣生活世界的體驗面

從文化層面來看生活世界的營造，必須兼顧胡塞爾所謂的「意向性」，以及海德格所謂的「存在」兩個概念，而形成對一個有意義的世界的體驗。此種體驗一般就文化而言，包含了：

1.在日常禮儀、祭祀儀典、生命禮儀和節序禮俗當中產生的秩序和美感，使人們隨著相互的禮貌和儀典、儀式，以及個人生命中的重要階段，以及按照節慶而有的歲時節俗中各種儀式與活動的進行，使得個人與羣體的生命，過去值得回憶，未來值得期待，而當下度得充實。

2.其次還需要有足以為生活編織夢境的文化產品，使人從知覺的對象躍至意象的對象，藉著電影、繪畫、雕刻、音樂等等，為吾人的存在

---

注12 關於此一價值層級的討論，參見沈清松，《傳統的再生》，臺北：業強出版社，民國81年，頁195-203。
注13 沈清松、詹火生，《臺灣地區1991年社會滿意度民意調查分析報告》，頁46。

意義編織夢境。

　　3.此外，還需要整體規劃的生活空間，使人們出門就見到文化、歷史、藝術與詩意，尤其在都市計劃、建築工程、環境保護當中，為人們營造出一個如詩的生活空間，使每一個地方都能夠展現有特色的「地方精神」(Genius Loci)，達到赫德林 (Hoderlin) 所言的「人之居也，如詩」。

　　就這三點來分析，臺灣這幾年來在政治、經濟上所表現的活力，在文化層面上就個人和羣體的體驗而言，是混亂、失序，秩序與美感闕如的情境。在其中，就合禮中節的生活秩序而言，日常禮貌被視為是純屬個人教養，而業務的禮儀由於有成就動機和業務競爭的雙重壓力等外力的敦促，而較具水準，但仍有必要加強人文素養和美感。然而在公共場所和交通活動的禮節方面則最為低落。其次，隨著現代化的加深，各種祭祀儀典，已逐漸失去提昇人的超越心靈的力量，而漸轉變成為社會化的儀典，由超越性轉向內在性，由神聖性轉為世俗性。就生命禮儀而言，出生、成年、結婚、死亡雖仍然保留一些形式性的禮儀，但是中西雜陳，程序相當的混亂，多屬形式化的場面，無法發揮禮儀的秩序化和美感化的作用。至於在節序禮俗方面，也由於工業化的加深和鄉土的流失而漸趨淡薄，無法凝聚人心，使得草根社會中的暴戾之氣倍增(註14)。

　　就編織夢境的文化產品而言，目前臺灣由於財富的累積，人們有多餘的錢來購買文化產品，藉以點綴生活情趣。然而，一般而言，文化產品由於消費性的導向，商品化、庸俗化的侵蝕，不易提昇心靈，製造夢境。其次，文化的產品往往無法立基於現代中國人的生活世界，並針對中國人在此種生活世界中的心靈需要。與生活世界的抽離，是文化產品

---

註14　沈清松，＜個人和羣體生活的秩序與美感＞，收入《民國78年度中華民國文化發展之評估與展望》，臺北：行政院文建會，民國79年，頁 51-58。

無法感動人心的主要原因。最後，文化產品中缺乏足以提振人心的理想和理念，也無法扣緊傳統與現代轉變中的具體情境，因此無法產生耐久的趣味。因此，減少商品化、庸俗化，提升價值的層級，增加文化產品的純粹性和理想性，並將文化產品立根於此時此地中國人的生活世界，才能夠使文化產品以更大的數量、更高的品質出現，在現實生活中編織堪憐的夢境、堪度的生活意義。

最後有關整體規劃的生活空間方面，誠如德國哲學家海德格在〈建築居存思想〉一文中所闡釋的：都市和建築，是人類實現其世間存在的方式，也是一種展現、維護、育養、存有的方式。海德格曾深刻的指出：「人的居存就是在：護存大地、接受蒼天、引領人類、等待神明。」（注15）天、地、人、神四相合一是人的居存空間的根本結構，可見人的生活空間的整體規劃，必須綜合自然、人，及其整體的存在處境。至於中國傳統哲學，亦認為生活空間一方面要如儒家所言，有嚴整的形式，合理的節奏，使人在其中的生活由秩序而產生和諧；另一方面也要如道家所言，保存自由的契機，使人能從秩序中超脫，得以適性地舒展其創造力。宋朝畫家郭熙論畫嘗謂：「世之篤論，謂山水有可行者，有可望者，有可遊者，有可居者。畫凡至此，皆入妙品。……君子之所以渴慕林泉者，正謂此佳處故也。故畫者當以此意造，而鑒者又當以此意窮之。此之謂不失其本意。」（注16）郭熙雖然是在論畫時評及山水林泉，然而其中可游、可居的世界的營造，也是人的空間組織的本意。無論是城市或鄉村的計劃及其空間的經營，都有必要從營造可游、可居的生活空間上著眼。

---

注15 M. Heidegger, *Poetry, Language, Thought* (New York: Harper & Row, 1971), pp. 149–151.

注16 《中國畫論類編》，臺北：河洛圖書出版社，民國 64 年臺影本，頁 639。

　　然而臺灣當前都市的建築，往往顯得老舊的社區與現代的建築參雜並陳，互不搭調，甚至相互衝突的情形。另外一方面，現代化國際風格的建築充斥，而忽視人的體驗和人文的氣息，而且由於交通、道路設計、停車設施，公園綠地等未有完整的規劃，以致造成都市中缺乏秩序和美感。也因此在整體生活空間的營造上，今後有必要更為注意，適當銜接傳統與現代部門，重視人在都市中的體驗與其中的人文氣息，並在各種都市設施當中去整體規劃，以營造秩序與美感。

　　總之，就體驗面而言，目前臺灣生活世界的組織，不單只是品味的問題，而是整體的秩序與美感的營造。這必須從兼具「禮儀」和「禮俗」雙重意義的「禮」，以及營造夢境的文化產品，和整體生活空間的規劃三方面來著手。

## 五、結語：從臺灣經驗到兩岸文化交流

　　自從1987年底政府宣布開放大陸探親和大陸出版品，從此兩岸開始恢復互動關係，之後，臺灣經驗的文化層面就進入到一個新的階段。兩岸關係的恢復可以說是從文化的互動　　開放出版品 ——，和人道主義 —— 開放探親 —— 開始的。而兩岸的文化互動，一方面促進兩岸人民進一步的相互了解，並且開始了在文化上和平競爭的嶄新歷程。

　　不過兩岸文化的發展在經過四十年的隔絕，造成了不少的差異，包含：

　　1.區域性的差異：臺灣從四百年前早期先民移民來臺，帶來了中華文化大傳統和民間信仰，然而由於開拓經營的歷程，以及移民社會的固有特質，因而逐漸在臺灣地區形成小傳統的特色。民國 38 年之後，由於兩岸的隔絕，加上臺灣現代化的突飛猛進，更使區域性的特色更為顯著。

　　2.現代化步調的差異：基本上臺灣的文化逐漸從前現代文化蛻變出

來，甚至由於現代化的加深而產生了後現代的現象。至於大陸地區，則大部分仍停留在前現代的階段，並透過四個現代化而努力在由前現代走向現代。因此臺灣與大陸不只有空間上的移民，也有所謂「時間上的移民」的文化差異。

　　3.政、經框架的差異：臺灣由於自由經濟和民主政治，使得文化發展雖然沒有突破性的創新，可是很自然地感染到民主和自由的氣息。而大陸的文化發展則在中央計劃經濟和集權政治之下，將文化視為社會主義精神文明的建設，屬於一種社會控制的機制。

　　臺灣和大陸的文化交流雖然有以上的差異，不過基本上也可以有兩個主要的共識：其一是「現代化」。臺灣由於在現代化歷程上走得較遠，不僅是經濟制度現代化、政治制度現代化、科技現代化，連同一些個人的心理特質也已合乎現代化的指標，經由楊國樞、張分磊(1977)（注17）、黃俊傑、廖正宏 (1987) （注18）按照對斯楚貝克（Stodbeck）和克魯孔 (Kluckhohn) 修改後的價值量表，對於學生和農民的研究，證明臺灣民眾在價值趨向上，已經有高度比例符合現代化的指標。然而，大陸雖然提倡四個現代化，基本上只有在科技和國防上的現代化成果較為顯著，但是國家的發展受到政治制度的束縛，而更談不上一般的民眾在心理層面採取現代化的價值觀。不過，基本上臺灣在現代化的加深，以及大陸在自前現代向現代過渡而言，「現代化」可以是一個共同的共識。

　　第二個共識乃是「中國的特色」。雖然臺灣現代化的程度繼續在加深，但仍然有不同於其他現代化國家的色調，也就是來自於中華文化的色調。就此而言，臺灣經驗可以視為是中華文化在民主政治和自由經濟的現代化脈絡中實驗與發展的歷程。整個臺灣經驗的發展，大致說來可以

---

注17　楊國樞、張分磊，《大學生的價值取向與個人現代性》，未發表之論文，民國66年。

注18　黃俊傑、廖正宏，《戰後臺灣農民價值取向的轉變》，臺北：聯經出版公司，民國81年，頁13-28。

視爲是一個以實現有中華特色的現代化國家爲目標的過程。而就大陸而言，也強調所謂的「有中國特色的社會主義」。其中所謂中國特色，在八九民運以前，主要是所謂顧及國情、顧及當前落後的條件。在八九民運以後，爲了反西方的和平演變，於是進而強調民族文化，雖然是對民族文化作一種工具性的使用，然而也使得其所謂的「中國特色」逐漸轉向「以民族文化爲特色」的意義。就以上而言，「中華文化」可以說是兩岸可有的共識。

歸結前面兩點，由於臺灣地區在自由經濟和民主制度下，保存了傳統文化的創造活力，也表現出中國人在現代脈絡中創造文化傳統的新方向，因此今後臺灣與大陸的文化交流，也可以看作是將中國大陸接引到有中華文化特色的現代化的歷程。換言之，兩岸的文化交流，其作用在於將中國大陸接引到能使中華文化在現代脈絡中傳承與創造的道路上。因此，臺灣與大陸的文化交流，可以視爲是一種媒介與接引中華文化和現代化的歷程（注19）。

然而這種接引的歷程也不能夠忽視臺灣地區本身文化特色的營造。過去臺灣地區的特色，由於沒有受到文化政策和教育政策的重視，而無法透過公共歷程提昇其優雅和理性的成份，以致今天暴露許多低俗和非理性化的趨勢。然而在臺灣經驗的文化層面的完整發展，理應加強臺灣地區性特色的營造。也因此本人於今年 1 月17日到20日，透過《中國時報》對於全省年滿二十歲以上的成年民衆訪問的結果，在所詢問的三十六個問題當中其中追問，「在以下的文化發展策略當中，請問你比較贊同那一個策略？」——①「優先發展臺灣文化」，②「優先發展中華文化」，③「在發展中華文化時注意臺灣地區特色」，④「放棄傳統文化，開創世界性現代文化」。在1,007個有效樣本當中，回答「發展中華文化時注意

---

注19　沈清松，＜從文化交流展望中國的統一＞，收入《分裂國家的統一歷程》，臺北：國際關係研究中心，民國80年，頁79-108。

臺灣地區性特色」的，佔 55.4%；而單純主張「優先發展臺灣文化」的，僅佔14.8%；單純主張「優先發展中華文化」者，佔11.8%；而主張「放棄傳統文化，開創世界性現代文化」的，只佔 7.7%。由以上結果可以看出，主張「發展中華文化時注意臺灣地區性特色」佔極顯著的多數。

除此以外，在詢問受訪者：「對於政府目前以文化交流爲優先的兩岸政策，請問你是否贊成？」其中表示「很贊成」的佔23%，表示「贊成」的佔55.9%。由此可見，表示贊成的也是佔絕大多數（注20）。

因此，臺灣經驗的文化層面，已經到了一個嶄新的地步，必須透過與大陸的文化互動，接引中華文化和現代化；另一方面，也必須繼續營造臺灣地區的文化特色，使臺灣的文化特色有貢獻於整體中華文化的豐富性和創造性，才能夠藉此而有貢獻於整體的世界文化。

---

注20 沈清松，〈臺灣地區民衆文化生活與滿意度民意調查分析報告〉，付印中。

# 三民大專用書書目——國父遺教

# 三民大專用書書目——歷史・地理

# 三民大專用書書目——社會

# 三民大專用書書目——法律

| 書名 | 著（編）者 | 服務機關 |
|---|---|---|
| 行政法概要 | 管　歐　著 | 東吳大學 |
| 行政法概要 | 左潞生　著 | 前中興大學 |
| 行政法之基礎理論 | 城仲模　著 | 中興大學 |
| 少年事件處理法（修訂版） | 劉作揖　著 | 臺南縣教育局 |
| 犯罪學 | 林山田、林東茂　著 | 臺灣大學　等 |
| 監獄學 | 林紀東　著 | 前臺灣大學 |
| 交通法規概要 | 管　歐　著 | 東吳大學 |
| 郵政法原理 | 劉承漢　著 | 成功大學 |
| 土地法釋論 | 焦祖涵　著 | 前東吳大學 |
| 土地登記之理論與實務 | 焦祖涵　著 | 前東吳大學 |
| 引渡之理論與實踐 | 陳榮傑　著 | 自立報系 |
| 國際私法 | 劉甲一　著 | 前臺灣大學 |
| 國際私法新論 | 梅仲協　著 | 前臺灣大學 |
| 國際私法論叢 | 劉鐵錚　著 | 司法院大法官 |
| 現代國際法 | 丘宏達　等著 | 馬利蘭大學　等 |
| 現代國際法基本文件 | 丘宏達　編 | 馬利蘭大學 |
| 國際法概要 | 彭明敏　著 |  |
| 平時國際法 | 蘇義雄　著 | 中興大學 |
| 中國法制史概要 | 陳顧遠　著 |  |
| 中國法制史 | 戴炎輝　著 | 前臺灣大學 |
| 法學緒論 | 鄭玉波　著 | 前臺灣大學 |
| 法學緒論 | 孫致中　編著 | 各大專院校 |
| 法律實務問題彙編 | 周叔厚、段紹元　編著 | 司法院 |
| 誠實信用原則與衡平法 | 何孝元　著 |  |
| 工業所有權之研究 | 何孝元　著 |  |
| 強制執行法 | 陳榮宗　著 | 臺灣大學 |
| 法院組織法論 | 管　歐　著 | 東吳大學 |
| 國際海洋法——衡平劃界論 | 傅崐成　著 | 臺灣大學 |
| 最新綜合六法（要旨增編／判解指引／法令援引／事項引得）全書 | 陶百川、王澤鑑、劉克川　編 | 國策顧問／臺灣大學／臺灣大學／國策顧問 |
| 最新六法全書 | 陶百川　編 | 國策顧問 |
| 基本六法 |  |  |
| 憲法、民法、刑法（最新增修版） |  |  |
| 行政法總論 | 黃　異　著 | 海洋大學 |

# 三民大專用書書目——政治·外交

# 三民大專用書書目——行政・管理

# 三民大專用書書目——心理學